사회복지전달체계의
개편과 민관협력

| 이태수 편저 |

학지사

추천사

1997년 전후부터 심각해지기 시작한 양극화와 2003년경부터 본격화된 저출산 및 인구 고령화가 급속히 진행됨에 따라 주민생활과 관련된 다양한 서비스가 종합적으로 제공되어야 할 필요성도 커졌다. 그러나 국민은 분절된 서비스를 이용하기 위해 개별기관들을 찾아다녀야 했고, 지역사회자원에 대한 정보조차 제공받지 못하는 상황이었다. 다행히도 지난 10년간 정부에서는 사회서비스 확충을 위해 다각적으로 노력하는 한편 전달체계의 개편도 추진하였다.

이 책은 본인이 고령화 및 미래사회위원회장과 청와대 사회정책수석비서관으로 재직하는 동안 저자들과 함께 추진했던 주민서비스전달체계의 개편 과정, 성과와 의미를 알기 쉽게 설명하고 있다.

새로운 전달체계는 그동안 공급자 중심으로 제공되던 서비스를 수요자인 국민을 중심으로 개편하여 (복지 · 보건 · 고용 · 주거 · 평생교육 · 생활체육 · 문화 · 관광) 8대 서비스를 통합적으로 제공하고 있다. 또한 지역사회자원을 최대한 발굴하고 정확한 정보를 제공하고, 공공 · 민간의 서비스를 연계하며, 개인이 필요한 서비스를 한 번의 방문으로 제공하게 하였다. 일선 담당자들의 역량을 강화하여 질적 향상도 도모하였다.

이론적 배경과 그동안의 경과, 향후의 과제와 전망에 이르기까지 소상히 정리해 주신 저자들께 감사드린다. 이러한 노력이 최근의 어려움에도 굴하지 않는, 미래 정책 발전을 위한 디딤돌이 되기를 기대한다.

김용익(현 서울대학교 의과대학 교수, 전 청와대 사회정책수석)

머리말

사회복지전달체계가 중앙정부의 주도로 전국적 차원에서 전면적으로 개편되는 것은 그리 흔한 일이 아니다. 사실 2006년 노무현 정부 시절에 주민생활서비스중심의 공공복지전달체계 개편이 있기 이전에는 한 번도 일어난 적이 없을 정도다. 바로 그런 '대사건'이 2006년 7월부터 2007년 7월에 걸쳐 우리나라 사회복지의 발전사에 한 페이지를 장식하게 되었다.

물론 아직 그것이 어떤 성과를 낳고 한계를 보였는지를 정확히 알 수 있는 단계는 아니다. 시간적으로 충분히 경과하지 않은 것이 이유의 하나이고 이러한 개편에 필수적으로 동반되어야 했던 여러 여건들이 갖추어지지 않은 것도 또 다른 이유다. 그러나 그것의 가장 두드러진 이유는 정권의 교체와 함께 이러한 전달체계 개편에 대한 의도와 전망이 일관되게 견지되지 못한 채 '새로운' 정권의 이름으로 '새로운' 전달체계가 더 바람직한 것으로 치부되어 여러 가지 다른 시도로 점철되고 있다는 것이다. 그렇다고 이전 것이 더 바람직하다는 또 다른 오류를 스스로 바탕에 까는 것도 아니지만, 적어도 정치적 목적으로 시도된 것이 아니라 전문가와 관료들에 의해 설계되고 시행된 정책에서 그 시행과정이 일관성 있게 점검되고 추진되어야 한다는 발상이 그리 도발적이지는 않을 것이다.

이 책은 주민생활서비스체제로의 복지전달체계 전면개편이라는 대사건을 기록하고자 하는 의도에서 기획되었다. 개편이 어떤 배경과 목적을 가지고 어떤 경과를 거쳐 이루어지게 되었는지에 대하여 전문가는 물론 관련 공무원, 연구자 그리고 일반 대중에게 알리고자 하는 최소한의 기록이다.

향후 주민생활서비스중심의 전달체계는 더욱 보완되고 진화하면서 우리나라가 복지국가가 되는 뼈대로서 정착되어야 한다. 저자들은 무엇보다 더욱 진지하고 신중한 접근을 통해 일선의 혼란과 국민의 고통이 가중되지 않는 방향으로 진행되는 것이 분명한 원칙이어야 함을 지적하고자 하였다.

이 책은 그간 주민생활서비스체제로의 개편을 전후하여 생산된 연구보고서 가운데 핵심적인 장들을 발췌하고 일부를 수정 · 보완하여 펴낸 것이다. 그러기에 현재 시제의 독창적 산물은 아니지만 이 연구들이 사장됨으로써 혹 놓칠 수 있는 정책시행단계에서의 내부 고민과 그 의도성, 애초의 취지 등을 밝혀야 한다는 의무감이 이 책에 구성과 내용의 한계가 있음에도 불구하고 출간을 서두르게 된 계기임을 고백한다. 또한 강호제현의 질정으로 향후 더 진전된 성과물의 등장으로 이어지길 기대한다.

이 책의 출간이 가능했던 것은 학지사의 김진환 사장께서 출간 의도를 세세히 설명하지 않았음에도 저자들의 의중을 널리 헤아려 출간 의사를 받아들였기 때문이다. 언제나 감탄하는 것인데, 편집부 이하나 선생님의 꼼꼼한 편집과 검토가 이 책의 내용을 좀 더 정갈하게 하는 데 기여하였다. 두 분과 출판 관계자 여러분들께 감사드린다.

주민생활서비스체계로의 개편 과정에서 당연히 뒤따랐어야 할 담당공무원 수의 증가가 실현되지 못하여 오히려 더욱 열악한 근무환경이 되어 버린 사회복지직공무원 등 주민생활서비스 관련 공무원들과 진정한 민관협력의 시대가 지역사회에 꽃피워지리라 기대하고 민-민 · 민-관 네트워크를 만들며 분주히 활동한 지역활동가들을 떠올려 본다. 그들에게 이 책의 출간 자체가 위로가 되지는 않겠지만, 적어도 더 나은 복지전달체계를 향한 희망만큼은 접을 수 없다는 다짐을 하는 계기가 되어 이 혼란한 시대를 지켜 나갈 용기를 가지는 데 작은 도움이 되기를 바라는 마음이다.

노고봉 자락에서

편저자 이태수

차 례

서 론

이태수

1. 우리나라의 사회복지전달체계는 왜 후진적이었나

우리나라 사회복지발전사 자체가 아직도 미흡하지만 특히나 사회복지전달체계의 발전 역사는 미진하기만 하다. 사회복지의 대상자에게 사회복지급여를 어떻게 전달할 것인가의 문제는 국가와 사회가 사회복지제도를 통해 궁극적으로 성취하려는 목표에서 매우 결정적인 것임에도 이 전달체계에 대한 연구나 현실에서의 진지한 노력은 그다지 충분하지 못하였다.

이렇게 상대적으로 부족한 역사를 거치게 된 데에는 몇 가지 이유가 있다. 첫째, 국가나 지방자치단체의 정책에서 사회복지부문의 위상이 결코 높지 않았기 때문에 사회복지의 전달체계에 대한 전문성이나 효과성의 추구가 정책 우선순위의 대상이 되지 않았다. 따라서 사회복지부문을 수많은 행정업무들과 다를 것이 없으며, 오히려 일방적인 시혜의 산물이라는 시각이 강하여 행정가의 권위를 바탕으로 이루어질 수 있는 업무의 전형으로 인식하였다. 특히 지방자치단체의 경우 이러한 경향은 매우 심각하여, 전문적이고 투명하며 엄밀한 기준에 의거하여 대상자를 선별하고 지원해야 하는 복지업무의 특성을 이해하지 못한 채 오랫동안 복지행정업무는 관성적으로 취급되었다.

둘째, 역사적으로 보았을 때, 우리나라 사회복지서비스의 실시가 주로 민간에 맡겨짐으로써 복지전달체계에서 정부의 역할이 매우 제약적이고 소극적일 수밖에 없는 토대를 이미 지니고 있었다. 이는 8 · 15광복 이후 월남민(越南民)과 전쟁고아 등에 대한 정부 차원의 대책을 마련하기 이전에 민간의 응급구호가 시작되었고, 정부는 이들에 대한 감독과 관리 기능을 주로 수행하게 되었던 것이 우리나라의 공공복지전달체계의 특성으로 자리잡게 된 역사와 무관하지 않다. 따라서 복지전달체계의 특성은 '공공의 위탁—민간법인의 대행—공공의 관리감독'으로 단선화되었으며, 이에 대한 부처 내의 문제의식도 거의 부재한 채 최근까지 지속되었다.

셋째, 사회복지의 특성상 전달체계 자체가 갖는 어려움이 존재한다. 일반적으로 상품(commodity)에는 유형의 재화(財貨)와 무형의 용역(用役)이 있는데, 먼저 재화의 생산은 생산과정과 유통과정이 분리되어 존재하며 이로써 생산자와 소비자의 역할이 명확히 구분되는 것에 비하여, 서비스라는 용역은 생산과 동시에 소비가 이루어지는 경향이 있어 생산과정과 유통과정이 분리되지 않는 특성이 있다. 여기에 사회복지서비스는 공공재적 성격이 강하여 단순히 시장에서의 교환만으로 설명되지 않는다. 즉, 이 서비스들은 공공의 필요에 의해 기획되고 특정한 대상층을 겨냥한 선택적 공급이 필요하며, 주로 공공의 재원을 통해 제공되는 서비스에 해당한다. 그러므로 공급이 이루어진 후에도 그 효과성에 대하여도 개개인의 만족도 및 문제해결 정도라는 관점에서 공공의 주체에 의해 인위적으로 이루어져야 하는 특수성도 존재한다. 이러한 특성이 사회복지전달체계 구축의 어려움을 가중시킨다.

이러한 특성들이 맞물려 우리나라에서의 복지전달체계는 오랫동안 관성적인 상태로 답습되어 온 것이 사실이다. 그러나 분명한 것은 복지전달체계에 대한 관심이 결국 사회복지정책 전반의 정책적 우선순위가 높아지는 것과 연관될 수밖에 없다는 점이다.

2. 지역사회로의 중심축 이동이 전달체계 개편의 궁극적인 기반이다

현대사회는 세계화와 함께 지방화가 동시에 진행되는 경향을 보이고 있다. 이른바 글로컬라이제이션(glocalization)이 그것이다. 우리나라에서는 오랫동안 중앙집권식 정치, 경제, 사회체제가 온존되어 온 것이 사실이며, 비록 지방자치시대를 1990년대 전반부터 열었다고는 하지만 그 내실은 부실하여 지방자치단체장의 선거가 이루어진 점이 변화의 핵심일 뿐 중앙정부가 여전히 지방정부의 조직체계와 인사, 인력 규모에 대해 조정 · 관리되고 있었으며, 무엇보다도 재정에 대한 중앙정부 의존도가 수도권을 제외하고는 매우 심하여 지방자치 시대의 실현과는 거리가 먼 상태였다.

이처럼 '어설프게' 진행되어 온 지방화시대에 대해 노무현 정부는 과감한 시도를 했던 것이 사실이다. 노무현 정부는 집권하자마자 지방분권혁신위원회를 대통령자문기구로 두고 5개년계획의 개혁과제 47개를 발표하는 등 빠른 행보를 이어나갔다.

정부의 이러한 정책의지는 복지 분야에도 영향을 미쳤고, 지역사회 및 지방정부의 복지를 둘러싼 새로운 역할이 대두되게 되었다. 복지의 지방분권을 조장하는 흐름에는 크게 두 가지가 있는데, 첫째가 복지재정에서의 지방분권이며, 둘째가 지역사회복지협의체를 통한 지역사회 내 복지부문의 새로운 협치(governance)의 등장이다.

전자는 2005년 지방의 재정자율권을 신장시키기 위해 중앙정부의 국고보조금 사업 중 일부를 분권교부세라는 명목으로 지방에 이양하는 과정에서 당시 보건복지부가 관장해온 국고보조금 사업의 12.1%를 지방에 이양한 것인데, 국민기초생활보장제도하의 급여를 제외하면 주로 사회복지서비스로 분류되는 국고보조금 사업 중 무려 44.8%가 분권교부금으로 지방정부에 최종 결정권이 이양되는 사업이었다. 이로써 지방정부가 복지재정과 관련하여 전적으로 국고보조금에 의존하여 세부사업 역시 중앙정부의 운영지침과 관리방식에만 기대던 방식에서 자율적인 재원배분과 주체적인 사업운영의 가능성이 열리게 되었음은 그 자체가 의미하는 바가 매우 크다.

후자는 국민의 정부 때 설계하여 이미 2002년 국회에서 「사회복지사업법」 개정을 통해 확정한 것이었으나 발효 시기가 노무현 정부 임기 초인 2004년 7월 30일이었기에 노무현 정부의 지방자치정책과 결합하여 그 효과가 커지게 된 부분이다. 이전까지 지방정부에 의해 배타적으로 행정권한이 행사되면서 이 과정에서의 민간의 역할은 없었지만, 지역사회복지 협의체를 통해 지방자치단체의 장과 민간대표가 공동위원장이 되어 지역사회복지계획을 비롯하여 지역의 주요한 복지과제를 논의하고 심의 · 결정하는 기능을 민-관의 합동체제를 가동하게 된 것이다. 이 역시 지역사회 내 민간의 역할과 민-관 관계에 있어 큰 변화를 가져올 수 있는 사안이었다.

결국 지역사회 차원에서 볼 때, 자율적인 복지재원의 생성과 민-관의 협력적 의사결정체제 구축이라는 새로운 흐름은 지역사회라는 장(場)을 좀 더 주체적이고 역동적이며 실제적인 곳을 만드는 계기가 조성되는 것이라 해석할 수 있다. 지금까지 지역사회는 적어도 복지라는 측면에서 볼 때 명목적이며 형식적이고 수동적이었는데, 이러한 흐름은 지역사회의 '새로운 발견' 이라 표현할 수 있을 것이다.

그동안 중앙정부와 마찬가지로 지방정부는 주민의 생활을 시장실패로부터 보호하는 공공서비스의 기획과 실현이라는 측면보다는 지역개발을 내세운 경제적 기능이나 규제, 감독과 같은 지역관리기능에 충실해 온 것이 사실이다. 실제 지방재정지출의 기능상 분류를 볼 때 지방정부는 사회복지 영역에 15% 정도의 예산을 투여하고 있었고, 그 대부분도 중앙정부의 국고보조금에 지방정부의 대응자금이 결합하여 구성된 재원일 뿐이었다. 따라서 이제 지방정부의 기능도 서구 국가들처럼 지역사회의 복지 증진에 자신들의 역할을 해야 한다.

앞서 언급하였듯이, 재정분권의 실마리가 제공되며 협치를 바탕으로 한 지역사회 내의 새로운 흐름이 지역사회가 복지에 대해 새로운 단계를 맞이하기 위한 마중물의 역할을 하는 것이라면, 여기에 지방정부 스스로의 변화가 뒤따라야 함은 필연적인 일이다. 바로 이러한 지방정부의 능동적 변화를 염두에 둘 때, 지방행정조직, 즉 지방정부의 공공복지전달체계에 대한 대대적인 개혁의 시도는 비로소 그 정당성을 인정받게 된다.

3. 왜 주민생활서비스인가

그렇다면 이렇듯 복지를 중심으로 하여 지역사회가 새로운 환경에 노출되고 있고 지방정부가 이에 대응해야 한다고 할 때 왜 통합적인 관점의 주민생활서비스라는 개념이 필요한 것일까?

우선 이미 우리나라 국민의 욕구의 수준과 다양성의 정도가 달라지고 있으며 향후의 변화를 생각해서라도 공공서비스의 개념이나 전달방식에 대한 수술이 필요하다. 특히 현재처럼 공공서비스의 영역이 협소하거나 각 부처 내, 각 부서 내에 분절적으로 접근되는 것은 바람직하지도 않고, 그 한계가 곧 문제점으로 드러나고 있다는 점에 주목하지 않을 수 없다.

복지에 대한 정부 내의 인식은 이중적이다. 제한적인 복지, 잔여적인 복지를 벗어나려는 기류와 여전히 한계계층에게 우선적으로 집중하려는 기류가 혼재하고 있다. 교육복지, 주거복지, 문화복지, 농촌복지 등등의 명칭이 정부 내에 공식적으로 채택됨으로써 '복지' 개념이 중앙정부의 다양한 정책 영역에 '침투'하는 경향을 보이면서 보건복지가족부의 사업으로만 제한적으로 인식되던 영역이 좀 더 확대되고 있다. 더욱이 이러한 인식을 연장하면 시장에서의 화폐와 상품을 통한 거래만으로는 해결되지 못하면서 국민 생활 및 사회통합에 기여하는 생활밀착형 공공서비스의 영역이 더욱 확대될 수 있는데, 구체적으로는 평생학습, 생활체육, 사고안전 등이 대표적이다. 따라서 공공부조와 사회보험, 취약계층에 대한 대인서비스 등을 포함한 전통적인 복지부문, 그와 밀접하게 연계됨이 인정되어 온 보건부문 및 고용부문, 나아가 주거부문, 문화부문, 생활체육부문, 평생학습부문, 그리고 주민관광부문 등 모두 8개 분야가 '주민생활서비스부문'으로 새롭게 영역화되어 정책 대상으로 삼게 되었다.

더군다나 이 부문들은 수요자중심적 사고에서 볼 때 오랫동안 익숙하게 전개되어 온 분절적 행정체계로 계속적으로 다루어질 때는 오히려 '칸막이 현상'으로 막대한 비효율과 불편함이 가속화될 것이므로 연계(cordination)와 통합(integration)의 개념으로 이들 전달체계를 재구조화할 필요가 있었다. 특히 이들을 다루는 중앙부처가 각기 달라 상이한 대상자선정기준, 급여수준 및 관리지침이 혼재하는 것은 물론 전달체계조차 독자적인 경우가 많아 원천적인 문제점을 안고 있었다.

따라서 이렇듯 주민을 위한 생활밀착형 공공서비스 영역에 대해 중앙정부 내의 조정과 통합적 관리를 전제하면서도 궁극적으로는 지방정부가 이들 서비스를 통합적으로 다루고 주민중심으로 실현하기 위해 시·군·구 및 읍·면·동의 행정체계를 적절히 개선하는 것은 당연한 조치라 할 수 있다. 이것이 또한 앞서 언급한 대로 지방정부가 점점 중요성이 커지는 복지부문에 대해 스스로의 기능과 역할을 강화하기 위한 행정조직 차원의 대응이란 의미도 함께 실현하는 길이기도 하다.

결국 이러한 배경하에 2006년 7월부터 주민생활지원국을 시 · 군 · 구에 신설하거나 개편설치하는 것을 권고하고 읍 · 면 · 동은 아예 지금까지의 행정사무소라는 이름 대신 '주민센터'라는 서비스기관으로서의 이미지를 전제한 명칭으로 개칭한 후 여기에 주민생활지원팀을 만들어 사회복지전담공무원 1인 복지행정체계를 주민생활지원팀에 의한 팀 체계로 전환하도록 적극 유도하게 되었다. 노무현 정부의 이러한 시도가 이명박 정부에 들어 '민생지원단' 등의 명칭으로 부분적인 수정을 거치거나 시 · 군 · 구의 자율적 판단으로 다소 재조정되기도 하였지만 커다란 골격은 유지되고 있다.

이러한 공공행정체계에서의 복지영역 확대와 조직체계 개편은 좀 더 보편주의적인 복지체제에 대응하는 것이기도 하다. 생활체육, 문화, 평생학습, 주민관광 등은 지역주민 전체의 욕구와 연결되어 있어 이제 복지의 대상이 소득보전이 필요한 빈곤계층이나 장애인, 노인, 한부모 등 선형적인 취약계층에 머물지 않고 결국 일반 주민 전체로 변화된다는 점을 강력히 시사하는 것이기도 하다.

이에 따라 발생하는 공공과 민간자원의 상대적 부족 현상은 민-관의 협력체제에 대해 깊이 고민하지 않을 수 없게 만들었다. 특히 과거 군사독재 정부하에서 관과 민의 이해관계가 서로 다르고 이념, 가치 및 행동방식에서 극단적인 대척점을 갖고 갈등하던 시대와는 달리, 궁극적으로 주민의 삶의 질과 복지 수준의 향상에 민과 관의 관심과 목적이 수렴되는 상황에서 협치(governance)의 정신을 살리지 않을 이유가 없다. 따라서 오랫동안 지속되어 온 지역사회 내의 관공 중심적 사고와 질서를 개편하는 것이 필요하게 되었고, 민간 영역에서의 주체적인 네트워크가 기초를 이루고 이를 토대로 민과 관 사이의 수평적인 협력체계가 갖추어지는 것이 바람직하다는 인식이 대두되었다. 이러한 인식이 기초가 되어, 지역사회 내에 더욱 강화된 민관협력체계를 구축할 필요성이 강하게 제기되었고 급기야 8대 영역의 주민생활서비스 영역을 반영한 민관협의체를 구축하는 시도로 이어지게 된 것이다. 물론 이러한 과정에서 중앙부처 간의 이해 상충과 법적, 제도적, 재정적 지원체계 부족으로 노무현 정부 말부터 많은 혼선이 야기되어 왔으며, 지역사회복지협의체와의 역할 조정에도 혼란을 초래하게 되었던 점은 매우 아쉬운 대목이 아닐 수 없다.

이런 아쉬움에도 불구하고 지역사회 내외의 환경변화와 주민의 복지욕구가 양적으로나 질적으로 팽창할 수밖에 없어 정부 내 행정조직상의 변화와 민간과의 관계 자체가 근본적으로 진화해야 한다는 판단은 매우 정확한 것이었으며, 이에 따라 노무현 정부 말부터 지금까지 시도되는 공공복지전달체계의 개편이나 민관협력체제의 강화 움직임은 각별한 관심과 이해가 필요한 부분이다.

4. 이 책의 구성

이 책은 앞에서 서술한 내용들을 가장 충실히 추적한 것이다. 그러나 공공복지전달체계의 변화는 지금 이 시간도 끊임없이 시도되고 있어 아직도 미완성체제이므로 계속하여 현실의 변화 궤적으로 추적해야 하지만 적어도 노무현 정부에서 시도된 극적인 변화들을 충실히 설명할 필요성은 분명하다고 보아 이 책을 기획하게 되었다.

정권의 변화가 정책의 변화로 이어지는 것은 당연하지만, 전 정부의 노력과 시도의 참뜻을 숙고하지도 않은 채 무조건 새로운 내용으로 대체해 버린다는 것은 누가 보아도 불행한 정책적 선택이 아닐 수 없다. 따라서 이 시점까지 아직 완성도가 높지 않은 주민생활서비스중심의 전달체계 개편을 놔두고 또다시 새로운 시도를 모색하고 있는 것은 한편 기대되면서도 또한 매우 우려되기도 하다.

이 책은 크게 두 가지 영역으로 구성되었는데, 대다수의 원고가 새롭게 구성되었다기보다는 전달체계 개편과 관련되어 실제 정부정책의 변화에 기반이 된 연구사업의 일부분을 활용하는 형태로 만들어졌다.

제1부 '주민생활서비스전달체계 구축의 배경, 경과 및 과제'는 2005년에 당시 대통령자문기구인 고령화및미래사회위원회(이후 '저출산 · 고령사회위원회'로 변경)에서 의뢰하여 이태수, 이인재, 강혜규, 김형욱, 변재관 등 다수의 연구자들이 집필한 연구서와 이태수가 집필 · 감수한 참여정부 백서의 내용 일부 등을 재구성한 것이다. 이 중 전자는 주민생활서비스중심의 전달체계 개편의 이론적 기초가 되었다는 점에서 기여하는 바가 크다.

제1장 '복지전달체계의 이론적 접근'에서는 복지전달체계를 구성하는 원리가 무엇이며 공공과 민간의 역할과 기능은 무엇인지 등 원론적인 부분을 다루었다. 특히 공공과 민간의 결합관계를 병행보완모형, 병행보충모형, 협동대리모형, 협동동반모형 등으로 구분하여 향후 전달체계의 개편에서는 협동동반모형이 추구되어야 한다는 사실을 전제하고 있다.

제2장 '공공복지전달체계의 변천 과정'에서는 주민생활서비스체계가 구축되기 이전에 시도되었던 공공복지전달체계의 변화 시도를 집약하고 있다. 김영삼 정부 시기인 1994년부터 5년 동안 시범사업으로 진행되었던 보건복지사무소사업, 김대중 정부 시기인 2001년부터 약 1년여 동안 시범사업으로 전개된 지역사회복지협의체사업, 노무현 정부 시기인 2004년부터 2년 동안 역시 시범사업으로 시도되었던 사회복지사무소사업, 동시에 2005년 초 발표된 대통령자문 빈부격차차별시정위원회의 전달체계 개편안 그리고 그해 10월 발표되어 가장 결정적으로 주민생활지원체계로의 개편을 선도한 '희망한국 21'에서의 개편안 등을 차례로 소개함으로써 지난 시기 동안 각각의 정부에서 시도한 공공전달체계의 개편 시도를 일목요연하게 이해할 수 있게 정리하였다.

제3장 '외국의 공공복지전달체계'에서는 다른 나라의 공공복지전달체

계는 어떻게 구성되고 운영되고 있는지를 소개하고 있다. 일본의 사회복지 관계법 개정과 사회복지사무소 설치 · 운영과 관련된 일련의 전개 과정과 현재 상황, 그리고 보건과 복지 연계사업 등을 정리하고 있으며, 미국의 경우에는 연방정부의 복지담당 조직체계와 주차원에서의 복지-노동-보건의 연계사업을 위한 조직체계, 그리고 공공복지인력의 특성 등을 다루고 있다. 영국 편에서는 그간의 공공부조의 역사와 그에 따른 공적전달체계의 변화 과정을, 그리고 호주 편에서는 한때 주목받았던 센터링크(centre link) 조직에 대하여 소개하고 있다.

제4장 '주민생활서비스전달체계의 내용과 개편 과정' 에서는 본격적으로 주민생활서비스체계가 구상된 배경과 원래의 구상안, 그리고 실제로 2006년 4월부터 시작된 본격적인 개편시도단계에서의 실제 행정부처의 지침 내용, 그 경과, 그리고 이에 따른 당시 시점에서의 문제점과 보완방안 등에 대한 내용들을 담고 있다. 이 장에서 실제 적용된 행정부처의 지침을 중심으로 하지 않은 이유는 애초 주민생활서비스가 충실히 구현되기 위해 준비했던 원안을 살펴봄으로써 행정부처의 집행단계를 거치는 동안 이들이 어떻게 변형되었는지를 알아보고 정책집행과정에서의 다양한 역학을 후에라도 추적할 수 있도록 하였다. 또한 이 원안을 통해 민관협력의 의미와 그 실현구도에 대해서도 애초의 의도와 생각을 읽을 수 있다.

제2부는 '주민생활서비스통합체계와 민관협력' 으로서, 이는 2006년 당시 행정자치부(현재의 행정안전부)에서 주민생활서비스의 구현을 위한 민관협력방안이 무엇인지를 연구하도록 이태수, 함철호, 김필두, 김신렬, 지은구, 강창현 등에 의뢰한 연구성과물의 일부와 2007년 당시 기획예산처에서 민관협력의 기능 조정을 위해 발주 의뢰한 연구성과물의 일부 등을 추출하여 구성되었다.

제5장 '민관협력의 이론적 접근' 은 민관협력이 가지는 이론적 함의를 다양하게 분석하고 정리해 놓은 장이다. 민관협력의 일반적 필요성을 논하

면서, 결국 민관협력의 기초는 네트워크라고 규정하여 네트워크에 대한 기초이론과 그 유형, 사회적 자본론에 기초한 핵심적인 요소 등을 정리하고 있다. 이 부분은 최근 사회복지계의 주된 관심이 되고 있는 네트워크 구축과 활용에 중요한 이론적 전거가 될 만한 것으로 의의가 크다.

제6장 '외국의 민관협력 사례' 는 미국과 일본을 중심으로 다양한 민관협력 사례를 수합, 정리한 것으로 자료로서의 훌륭한 가치를 갖고 있다. 미국의 경우 각종 협의체(collaboratives) 등을 통해 민-민 간, 민-관 간의 네트워크체제가 활성화되어 있음을 확인할 수 있다. 일본 또한 1980년대 이후 '새로운 공공' 이라는 사조하에 자치단체와 NPO들의 관계가 새롭게 정립되는 신경향을 수록하고 있다.

제7장 '주민생활서비스전달체계하의 민관협력 구축방안과 과제' 는 지방자치단체 조직의 주민생활서비스체계로의 개편과 함께 민관협력관계를 더욱 강화하기 위해 지역사회복지협의체와는 다른 형태의 협력체제가 제시된 배경과 구체적인 모형, 그리고 이것이 지역사회복지협의체와 궁극적으로 어떤 관계 유형을 형성할 수 있는지를 제시함으로써 지역사회 내에서 두 개의 민관협력이 상생할 수 있는 가능성을 모색한 것도 의미가 있는 부분이다. 민관네트워크 구축의 실례는 민관네트워크가 실제 어떻게 기능하고 있는지를 예시한 장인데, 지역사회복지협의체의 경우와 주민통합서비스실현을 위한 전국네트워크를 통한 민민네트워크의 사례, 그리고 전주와 진주에서 행해지고 있는 네트워크 사례 등을 다룸으로써 민관협력의 실상을 알 수 있게 구성되었다.

제3부는 '공공복지전달체계 개편의 성공적 정착을 위한 과제' 를 다룬 장으로서 이태수, 강혜규, 남기철 등이 논한 것이다.

제8장 '공공복지행정인력의 새로운 사명과 과제' 에서는 공공복지전달체계에서 가장 핵심적으로 기능할 사회복지전담공무원들의 활약과 향후 변화될 위상, 역할, 전문성 등에 대해 전망하고 어떻게 대처해야 하는지를

다루고 있다. 전담공무원들 스스로 8대 영역에 대한 이해를 넓히고 연계와 조정, 통합의 원리를 실현해 나감은 물론 공공부조에 천착된 역할로부터 지역사회 내의 최종적인 공신력을 갖춘 조정자로서 역할로 이동해야 한다는 기조에서 서술되었다. 이를 위해 전담공무원의 숫자를 늘리고 이들에게 전문적인 재량권을 부여하는 등의 근본적인 제도상의 변화에 대해서도 언급하고 있다.

마지막 장인 제9장 '이명박 정부 공공복지전달체계의 개편 전망과 문제점' 에서는 이명박 정부에 들어 스스로 또다시 복지전달체계의 효율성을 여전히 강조하면서 민생지원단이나 희망129콜센터를 추진하고자 하는 최근의 경향을 소개하고, 이것에 대한 평가와 향후 전망을 담았다.

제**1**부

주민생활서비스전달체계 구축의 배경, 경과 및 과제

제1장

복지전달체계의 이론적 접근

이인재 · 변재관

1. 복지전달체계 구성 요소의 기능과 역할[1)]

일반적으로 복지전달체계에 대한 명확한 구상을 위해서는 지역복지실천 주체들 간에 명확한 역할 분담이 이루어져야 한다. 중앙정부와 지방정부, 광역지방정부와 기초지방정부, 공공과 민간의 역할 분담이 이루어져야 자원의 효율적이고 효과적인 배분이 가능해지며, 궁극적으로 지역주민의 복지욕구가 원활하게 충족될 수 있을 것이다.

역할 분담 논의가 구체화되기 위해서는 서비스를 제공하는 전문인력에 대한 직무 분석이 이루어져야 한다. 공공과 민간의 역할 분담에 대한 이론적 논의가 현실화되기 위해서는 지역복지를 제공하는 실천의 장에서 지역복지실천가들의 직무 분석에 기반한 역할 분담이 고려되어야 한다. 현재

---

1) 이인재(2004)에서 발췌한 내용이다.

사회복지관에서 일하는 사회복지사의 업무와 사회복지담당공무원의 업무 내용을 비교해 보면 업무 내용이 상당 부분 중복되어 혼선이 초래되고 있다. 직접적인 대인서비스 영역(사례 발견이나 개별 상담 업무의 중복), 자원개발 및 연계 영역, 지역사회 대상 활동 그리고 행정 및 조사연구 영역에서 상당 부분 업무가 중복되고 있다. 따라서 지역 단위에서 공공과 민간의 적절한 역할 분담이 가능하기 위해서는 지역복지 전문인력에 대한 직무 분석을 통한 담당 인력의 업무 영역 설정 및 직무의 체계화가 이루어져야 한다.

공공의 역할 및 중앙정부, 지방정부 그리고 민간이 담당하는 핵심적인 역할은 다음과 같다.

1) 공공의 역할

지역복지서비스를 위한 공공의 역할은 다음의 세 가지로 정리할 수 있다.

첫째, 지역 내 복지자원의 연계 및 조정이다. 공공과 민간복지자원과의 효율적인 연계 및 조정 그리고 업무 분담을 통해 복지서비스의 중복과 누락을 피하고 서비스의 양과 질을 제고시키는 역할을 해야 한다. 2000년 10월에 시작된 「국민기초생활보장법」의 특징 중 하나는 자활사업의 실제화에 있다. 자활사업의 특성상 지역 차원의 자활프로그램이 활성화되어야 하며, 현재 우리의 여건에서 자활프로그램의 성공은 공공의 복지자원 제공, 민간의 프로그램 마련 등 공공과 민간의 업무 분담이 전제되어야 한다.

둘째, 사회적 요구가 많음에도 불구하고 시장기구에 의하여 적절한 공급이 어렵거나 민간이 제공하기 어려운 서비스들, 예를 들어 노인 개호서비스와 장애인 개호서비스 등을 제공해야 한다.

셋째, 공공 영역의 역할 중 하나는 공공과 민간의 역할 분담에 기반한 민간 영역의 활성화를 추구하는 것이다. 예를 들어, 민간사회복지시설이나 기관의 활성화 방안이 적극 마련되어야 한다. 이를 위해서는 현재 정부 담당 업무 중에서 민간에서 담당할 수 있는 업무는 과감하게 민간으로 이양해야 하며, 민간기관에 권한과 의무를 위탁할 경우에는 명확한 계약관계를 정립해야 한다.

2) 중앙정부의 역할

중앙정부의 역할은 크게 두 가지로 나누어 볼 수 있다. 즉, 지역복지체계의 정립 및 지역복지체계를 위한 각 주체들의 역할 정립 및 실천 방안 마련이다.

첫째, 중앙정부는 지역복지체계의 전반적인 정책방향 및 기준을 설정 · 제시하고, 민간참여 확대를 포함한 지역복지체계 구축에 필요한 법이나 제도의 마련, 각종 사업의 시범 실시 및 확대, 그리고 다양한 지역복지모형에 대한 평가와 확산 등의 역할을 담당해야 한다.

둘째, 중앙정부는 지역복지 활성화 방안을 고려하여 전체적인 보건복지정책의 방향 제시, 기준 및 표준 제정, 재정의 확보와 운용, 지방자치단체와 산하단체 및 민간기관에 대한 심사, 조정 및 평가 업무를 담당해야 한다. 현행 업무 중 각종 인허가 사무와 단순 업무는 지자체나 공공단체 및 민간단체에 이양 또는 위임해야 한다.

3) 지방정부의 역할

지역복지체계 구성과 관련된 지방자치단체의 역할은 다음과 같다. 즉, 지역사회 내의 문제해결을 위한 조사 · 기획 그리고 정책 우선순위 선정, 지역 내 다양한 자원의 조정 및 동원, 민간자원과의 협력체계 구축, '살기 좋은 지역 만들기' 운동 주도 · 참가 · 후원 등의 역할을 담당해야 한다.

광역자치단체는 광역 수준에서, 기초단체는 기초 수준에서의 정책과 집행을 담당하여 정확히 역할을 분담해야 한다. 광역자치단체는 지역복지와 관련한 광역 수준의 정책 개발, 기획, 연구 및 정보 관리를 담당한다. 그리고 광역자치단체의 산하단체 및 민간기관, 기초자치단체에 대한 심사, 조정 및 평가를 담당한다. 기초자치단체는 지역복지와 관련한 기초 수준의 정책개발, 기획, 연구 및 정보 관리와 정책 집행을 담당하며, 기초자치단체 산하의 민간기관에 대한 심사, 조정 및 평가를 담당한다.

4) 민간의 역할

지역복지체계의 정착을 위해서는 지역사회 내에 존재하는 다양한 주체들의 자발적인 참여와 실천이 이루어져야 한다. 지역 민간자원의 기능 및 역할은 〈표 1-1〉과 같이 정리할 수 있다.

〈표 1-1〉 지역 민간자원의 기능 및 역할

조 직	기능 및 역할
사회복지활동가 조직 및 사회복지기관	• 사회복지협의회, 사회복지사협회 등 조직을 통해 사회복지기관장, 사회복지사, 사회복지전문요원 등 사회복지실천을 위한 현장 활동가들의 적극적 참여가 이루어질 수 있도록 한다. • 지역사회 문제해결을 위해 자원 조사 활동, 사회적 약자 및 가족에 대한 물질적 · 비물질적 지원을 하는 일선 역할을 수행한다.
종교단체	• 개별 종교기관들의 지역사회 봉사활동을 지역별로 체계화하며, 공식적 연결망을 갖추도록 한다(천주교연합회, 기독교연합회, 불교연합회 등 지역 내 종교단체협의회 차원의 참여가 필요하다).
경제계	• 지역 내 상공회의소, 기업인협의회, 금융기관연합회 등의 참여가 필요하다. • 지역 내 상공회의소는 지역 내 중소기업의 인력 수요를 조사하고 실업자와 연결시키는 역할을 수행하도록 한다.
전문가단체	• 변호사, 의사, 한의사, 치과의사, 약사 등의 조직적 참여를 유도하여 그들의 능력을 지역사회로 환원할 수 있는 기회를 마련한다.

〈계속〉

조 직	기능 및 역할
학계	• 사회복지에 관련된 전공 교수들은 지역 내 사회적 약자 실태 조사, 인적 · 물적 복지자원의 발굴 및 동원 작업을 수행하도록 한다. • 자연계 교수들은 지역 내 중소기업들과 산학협동활동을 통해 경제 위기 극복에 일조할 수 있도록 한다. • 초 · 중 · 고교 교사들은 아동 · 청소년 문제해결의 역할을 담당하도록 한다.
노동조직	• 노동조합 등은 개별 사업장의 이해관계를 넘어 지역사회의 문제해결을 위한 주도적 역할을 수행한다.
지역 시민사회단체	• 경실련, 참여연대, YMCA, YWCA 등 시민사회단체들은 지역 내 민간단체협의체를 실질적으로 운영하는 동력이 되도록 하며, 단체 간 연대활동과 개별활동을 조정하도록 한다.

출처: 이인재 외(1999).

2. 복지전달체계에 대한 이론[2)]

복지전달체계 구축을 위해서는 다양한 사회주체들의 참여를 유인할 수 있는 구도를 어떻게 확립하느냐가 중요하다. 이때 사회주체들 간의 관계를 형성하기 위한 핵심적인 요소는 인센티브 구조의 창출이며, 이는 결국 정부의 법률 및 규정의 제 · 개정 작업과 장기적인 목표의 맥락에서 이루어질 수 있을 것이다(이인재 외, 2002: 83).

크게 볼 때 앞에서 제시한 제주체들인 공공과 민간의 관계 유형에서 순수한 정부지배모형과 순수한 민간지배모형을 배제한다면, 네 가지 형태의 공공과 민간의 협력관계를 상정할 수 있다(Gidron, Kramer, & Salamon, 2000).

첫째, 병행보완모형(Parallel Supplement Model)이다. 공공과 민간이 각각 재원을 조달하고, 급여의 대상은 각각 다르게 하는 경우다. 이 경우 공

2) 변재관 외(2000)에서 발췌한 내용이다.

공과 민간의 협력은 결국 급여대상자를 결정하는 과정에서 이루어진다. 가령 민간은 공공급여의 사각지대에 위치한 수요자에게 급여하는 역할을 수행하는 것이다.

둘째, 병행보충모형(Parallel Complement Model)이다. 공공과 민간이 각각 재원을 조달하고 급여의 대상에 대해 의견은 같지만, 서로 다른 급여를 제공하는 것이다. 동일한 복지수요자에게 민간은 사회복지서비스를, 공공은 현금을 급여하는 경우가 여기에 해당되는데, 공공과 민간의 협력은 결국 급여의 내용을 결정하는 과정에서 이루어진다.

셋째, 협동대리모형(Collaborative Vendor Model)이다. 여기에서 공공은 재원조달의 책임을 맡고, 민간은 급여의 책임을 맡는다. 다만, 공공과 민간의 관계가 일방적이라는 특성을 가진다. 즉, 이 모형에서 민간은 정부의 대리인으로 기능하며, 정부는 민간의 역할을 세세하게 규정하고 평가, 감독한다. 이 모형에서 정부와 민간의 협력은 재원을 배분하는 과정에서 이루어진다.

넷째, 협동동반모형(Collaborative Partnership Model)이다. 공공이 재원조달의 책임을 맡고 민간이 급여를 맡는다는 점은 협동대리모형과 같지만, 공공과 민간의 관계가 쌍방적이라는 점에서 다르다. 즉, 이 모형에서 민간은 프로그램 관리나 정책개발에서 상당한 재량권을 가지며, 또한 공공의 정책결정 과정에도 영향을 미친다.

이상의 네 가지 모형과 관련하여 우선 강조되어야 할 것은 공공과 민간의 역학관계에 따라 쉽게 하나의 모형에서 다른 모형으로 변화될 수 있다는 점이다. 가령 협동대리모형에 기초한 협력은 민간조직의 역량강화에 따라 협동동반모형의 그것으로 전환될 수 있다. 반대로 협동동반모형에 따라 협력에 참여한 민간조직이 공공재원의 활용을 위해 조직의 목표를 변화시키게 되면 공공과 민간의 협력은 협동대리모형에 더 가까운 것이 된다.

각 모형을 자세히 살펴보면 다음과 같다.

1) 병행보완모형

병행보완모형에서는 복지수혜자에 대한 선정과 관련하여 공공조직과 민간조직의 협력이 구축되는데, 중요한 전제는 공공조직에서 제공하는 복지급여로부터 제외된 복지수요자가 존재한다는 점이다.

병행보완모형이 가지는 약점은 재원조달로부터 급여에 이르는 과정을 독자적으로 주도할 수 있는 민간조직이 그리 많지 않다는 점이다. 그러므로 병행보완모형에 기초한 협력 구축 방안에서는 지역사회에서 자발적인 자원 동원 능력이 상대적으로 우월한 참여 주체들, 즉 기업과 종교단체가 우선적으로 고려될 필요가 있다.

IMF 외환위기 이후 경제위기 극복을 위한 사회적 대응의 일환으로 조직된 실업극복국민운동이 병행보완모형의 대표적인 사례라고 할 수 있다. 실업극복국민운동은 저소득실직가정돕기 및 범국민결연사업으로, 전국의 민간단체들을 총동원해 전국 단위로 정부 지원의 사각지대에 있는 저소득실직가정을 찾아내 일정 기간 동안 최소한의 생계유지에 필요한 월 10만 원 상당의 물품을 지원하는 사업을 벌였다. 이 운동은 정부의 공공부조 대상에서 제외되어 있으나 지원이 필요한 사각지대의 가정을 민간의 전달체계를 이용하여 돕는 것이었다. 실업극복국민운동의 각 지역협의체에서는 독자적인 여러 활동들을 통해 공공부문의 역량이 미치지 못하는 실직자, 저소득층 등에 대해서 긴급한 생계문제를 해결하고 이들이 실업의 고통으로부터 벗어나도록 도왔다.

병행보완모형에 입각한 참여복지체계의 구축을 위해서는 특히 다음과 같은 정책 방안이 지역 수준에서 모색되어야 한다.

첫째, 자발적인 재원조달 및 급여가 가능한 민간조직들을 발굴하여, 이들의 참여를 지원할 필요가 있다. 세제상의 우대조치 방안을 비롯하여 이들에 대한 공공요금을 할인하고, 요금지불 능력이 있는 복지수요자의 경우에 실비의 요금을 받을 수 있도록 허용하는 방안이 모색되어야 한다. 실업자종합지원서울센터의 경우 구청으로부터 지원받던 사무 공간이 폐쇄되면서 그 기능과 역할을 급격히 상실하였다. 지역 차원에서의 적절한 지원이 부족할 경우 충분한 능력이 있는 민간자원을 상실하게 된다.

둘째, 공공조직이 제공하는 복지급여의 자격 조건 설정 시 민간조직들이 참여할 수 있는 구조를 창출해야 한다. 특히 각종 사회복지서비스의 수혜자격 조건을 설정할 때는 병행보완모형에 입각하여 참여복지체계에 참여하는 민간조직들이 정책결정 과정에 참여할 수 있도록 해야 한다.

셋째, 공공조직이 제공하는 복지급여의 수혜자와 민간조직이 제공하는 급여 수혜자의 중복을 막기 위해 사례관리접근(case management approach)이 이루어져야 한다. 이 사례관리접근은 시·군·구 단위에서 이루어져야 하기 때문에 전달체계의 개편과도 밀접한 관련을 갖는다.

2) 병행보충모형

병행보충모형은 재원의 조달과 급여에서 공공조직과 민간조직이 제각각의 역할을 수행한다는 점이 병행보완모형과 같다. 하지만 병행보완모형이 복지수요자의 선택과 관련하여 협력이 결정되는 데 비해, 병행보충모형은 제공하는 급여의 종류와 관련하여 공공과 민간의 협력이 마련된다. 이 모형의 기본 전제는 복지수요자의 욕구는 다층적이기 때문에, 특정한 제공주체가 복지수요자의 욕구를 모두 충족시키는 것은 불가능하다는 점이다. 이 모형에 입각하여 참여복지체계를 구축하기 위해서는 지역 수준에서 사회구성원들이 가진 다양한 욕구들이 구체화되고, 그 욕구의 우선순위가 결정되어야 한다. 그를 위해서는 지역 단위의 포괄적인 욕구 조사가 이루어질 필요가 있다.

IMF 외환위기 이후 지역의 극심한 실업문제를 해결하기 위해 만들어진

전북대학교 실직자 사회복지지원센터는 병행보충모형의 한 사례다. 전북대학교 실직자 사회복지지원센터는 1998년 7월 개소한 이후 2년에 걸쳐 봄과 가을에 각각 담쟁이 학교를, 여름과 겨울에는 각각 담쟁이 캠프를 실시하여 현재 전주시 15개 동에서 실시 중인 꿈나무 교실의 원형적인 모형을 제시했을 뿐만 아니라, 정서지원 및 무료학습지도 프로그램을 제공받는 실직가정 자녀들과 실직가정 부모들에게도 매우 긍정적인 평가를 받았다.

병행보충모형에 입각한 참여복지체계의 구축을 위해서는 특히 다음과 같은 정책 방안이 지역 수준에서 모색되어야 한다.

첫째, 병행보완모형과 마찬가지로 자발적인 재원조달 및 급여가 가능한 민간조직들을 찾아내고, 이들의 참여를 지원할 필요가 있다. 세제상의 우대조치를 비롯하여 이들에 대한 공공요금을 할인하고, 요금지불 능력이 있는 복지수요자의 경우에 실비의 요금을 받을 수 있도록 허용하는 방안이 모색되어야 한다.

둘째, 지역주민이 가진 욕구를 명세화하고 우선순위를 정할 수 있는 욕구 조사가 정기적으로 이루어져야 한다. 그리고 그러한 욕구 조사에 기초하여 공공조직과 민간조직의 역할 분담 방안이 모색되어야 한다.

셋째, 복지급여의 중복 지원을 막아야 한다. 협력의 시너지 효과를 위해서 동일한 복지급여를 여러 조직에서 제공하는 사례들은 제거되어야 한다. 이를 위해서는 지역 단위에서 제공되는 복지급여의 전체 목록을 작성하고, 지역 현실을 감안하여 급여의 주체들을 선정하는 작업이 이루어져야 한다. 물론 이러한 작업은 민간조직들이 참여하는 지역복지체계를 통해 이루어져야 한다.

3) 협동대리모형

협동대리모형은 재원의 조달은 공공조직이, 급여의 생산 및 제공은 민간조직이 수행한다는 특성을 가진다. 이 경우의 협력은 공공조직이 조성한 재원을 민간조직들에 배분하는 지점에서 구축된다. 이 모형은 공공조직과 민간조직의 특성상 공공조직은 재원의 조달에, 민간조직은 급여의 생산 및 제공에 더 적합하다고 가정한다. 공공조직은 재원을 좀 더 안정적으로 공급할 수 있으며, 기부자들의 개인적 선호가 아닌 민주적 과정에 기초하여 우선순위를 설정할 수 있고, 급여를 하나의 권리로 인정할 수 있을 뿐 아니라, 민간조직의 분파주의를 극복하고 질적 통제 기준을 통해 보호의 질을 개선시킬 수 있는 잠재력을 가진다고 본다. 반면, 민간조직은 공공조직보다는 더 작은 규모로 운영되기 때문에 관료제에서 나타나는 문제를 피할 수 있고, 서비스를 수요자 입장에서 개별적으로 제공할 수 있을 뿐 아니라, 경쟁을 통해 더욱 효과적이며 효율적인 급여를 제공할 수 있다는 것이다.

지역 단위의 민간사회안전망 구축을 위한 관악실업극복운동이나 노원자활지원센터의 간병인 사업단 '평화 나눔 공동체'가 대표적인 협동대리모형의 사례다. 관악실업극복운동의 경우 실업극복국민운동본부 및 정부조직에서 지원을 받아 지역사회안전망 구축 사업을 전개하였는데, 관악실업극복국민운동본부는 지역 내의 빈민 지역에서 대부분 10년 이상 활동해 온 비영리 복지시설과의 긴밀한 협조 속에서 주민의 실생활 형편을 보다 밀접하게 관찰하고 지원을 결정하였다. 또 주변의 비영리 민간복지시설과의 협력체계를 통해 구직 및 공공근로 민간위탁사업, 생계비 지원, 영유아 보육 및 아동 · 청소년 방과 후 지도, 의료지원사업 등의 서비스를 적절히 제공하였다. 노원자활지원센터는 설립 초기부터 성북자활지원센터와 결연하여 간병인, 파출부, 보모 지원 및 산후 조리 등의 사업을 시작하였다. 1998년 하반기에 보건복지부로부터 특별취로사업을 위탁받으면서 본격적으로 사업을 전개하여, 중증환자가 많고 하루 종일 서비스가 필요한 노인이 많은 지역인 영구임대주택단지 두 곳을 중심으로 간병사업을 실시하였고, 지역 내 병원에 간병인을 파견하기도 하였다. 활동이 전개되면서 일부 인력을 공공근로사업으로부터 지원받기도 하였다. 공공근로 사업은 2000년을 전후하여 전국의 여러 민간단체들에 위탁되었다.

이 모형에 기초하여 참여복지체계를 구축하기 위해서는 다음의 방안들이 마련되어야 한다.

첫째, 재원조달의 책임을 공공조직이 가지는 만큼, 이 모형에서는 민간조직에 대한 공공 관여의 필요성이 인정되어야 할 뿐 아니라, 민간조직에 대한 회계적 책임을 공공조직이 요구해야 한다. 즉, 민간조직은 급여의 생산 및 제공에 관한 책무성(accountability)을 입증해야 하며, 공공조직은 그것을 정기적으로 모니터링해야 한다. 책무성의 강화를 위해서는 수의계약 방식의 재원배분보다는 기간을 설정한 공모계약 방식, 혹은 보조금 지급 방식의 재원배분이 바람직할 것이다.

둘째, 참여의 시너지 효과를 높이기 위해서는 다양한 사회주체들의 공조나 협력, 공동사업 형태의 급여 생신 및 제공에 더 많은 인센티브를 부여할 필요가 있다. 가령, 공모 시에 이러한 사업주체에 대해 가산점을 부여하는 방법 등이 검토될 수 있다.

셋째, 민간조직의 참여를 촉진하기 위해 몇 가지 인센티브를 제시해야 한다. 즉, 공모계약이나 보조금 지불 방식이 민간조직으로 하여금 많은 비용을 지출하지 않도록 해야 하며, 급여의 생산 및 제공과 관련되지 않은 민간조직의 기능에 대해서는 정당하지 않은 간섭을 피해야 한다. 또한 민간조직의 융통성, 독립성의 유지에 중요한 민간기부금을 계속적으로 장려함과 동시에 그러한 노력을 보상하는 자금 지원 방식을 개발해야 한다.

넷째, 재원배분의 투명성 확보와 특정 민간조직과의 유착을 피하기 위해 다양한 주체들이 참여하는 자원배분위원회를 독립비상설기구로 설치해야 한다. 이 위원회는 공공조직과 민간조직의 압력을 피하기 위해 독립적이어야 할 뿐 아니라, 전체 지역주민을 대표할 수 있는 배분위원을 무작위로 선정하여 배분이 필요한 시점에 한시적으로 운영하는 것이 바람직하다.

4) 협동동반모형

협동대리모형은 다양한 사회주체들의 참여를 통한 참여복지체계의 구축에 적합하다. 하지만 협동대리모형의 중요한 문제점은 민간조직이 공공조직의 재원조달에 의존함으로써 자율성과 독립성을 상실하거나 정부재원 활용을 위해 조직의 목적을 변화시킬 수 있다는 점, 그리고 그 결과로 민간조직의 장점을 상실하여 관료화되거나 과잉 전문화될 위험이 상존한다는 점이다. 이러한 점은 앞서 지적했던 것처럼, 우리나라 민간전달체계에서도 나타나는 문제점이다. 이를 극복하기 위해서는 공공조직과 민간조직의 관계가 쌍방적일 필요가 있다. 그러한 측면이 강조되는 것이 여기서 말하는 협동동반모형인데, 이 모형에서 민간조직은 프로그램 관리나 정책개발에 상당한 재량권을 가질 뿐 아니라, 공공조직의 정책결정 과정에 직·간접적인 영향을 행사할 수 있다.

협동동반모형을 통한 참여복지체계 구축은 다소 이상적인 면에 치우쳐 현실 적합성이 상대적으로 떨어지지만, 다음과 같은 실천 방안들을 통해 적극적 모형으로 인정받아 도입이 검토될 수 있다.

첫째, 재원조달의 책임을 공공조직이 가지는 것은 협동대리모형과 같기 때문에 민간조직에 대한 공공 관여의 필요성이 인정되어야 할 뿐 아니라, 민간조직에 대한 회계적 책임을 공공조직이 요구해야 한다. 즉, 민간조직은 급여의 생산 및 제공에 관한 책무성을 입증해야 하며, 공공조직은 그것을 정기적으로 모니터링해야 한다. 책무성의 강화를 위해서는 수의계약 방식의 재원배분보다는 기간을 설정한 공모계약 방식, 혹은 보조금 지급 방식의 재원배분이 바람직할 것이다.

둘째, 참여의 시너지 효과를 높이기 위해서 다양한 사회주체들의 공조나 협력, 공동사업 형태의 급여 생산 및 제공에 더 많은 인센티브를 부여할 필요가 있다.

셋째, 민간조직의 참여를 촉진하기 위해 공모계약이나 보조금의 지불 방식이 민간조직으로 하여금 많은 비용을 지출하지 않도록 해야 하며, 급여의 생산 및 제공과 관련되지 않은 민간조직의 기능에 대해서는 정당하지 않은 간섭을 피해야 한다. 또한 민간조직의 융통성, 독립성의 유지에 중요한 민간기부금을 계속적으로 장려함과 동시에 그러한 노력을 보상하는 자금 지원 방식을 개발해야 한다.

넷째, 정책결정 과정에 민간조직이 참여할 수 있는 구조를 창출해야 한다. 이 구조는 정책형성 과정이나 정책평가 과정 중 어느 시점에 창출되어도 상관없다. 가령 특정 문제에 대해 민간조직이 참여할 수 있는 지역 수준의 공청회, 포럼 등이 상설화되어야 하며, 정책 집행에 대한 감시 · 평가 활동의 자율성이 보장되어야 한다.

다섯째, 대변가 및 행동가의 역할을 수행하는 민간조직과 제공자의 역할을 수행하는 민간조직이 분화되어야 한다. 가령 지역단위에서 활동하는 복지 관련 시민운동단체는 대변자나 행동가의 역할을 수행할 수 있고, 사회복지관이나 자활지원센터 등은 제공자의 역할을 수행할 수 있다. 여기에서 중요한 점은 2개의 기능을 모두 수행하는 민간조직은 되도록 배제하는 것이 바람직하다는 것이다.

이상의 전달체계 구축과 관련한 다양한 모형을 생각해 볼 때 〈표 1-2〉와 같이 각 모형의 특징을 정리할 수 있다. 〈표 1-2〉의 특징을 고려할 때, 현재 지역 내 사회서비스를 둘러싼 현실을 고려하면 병행보완모형과 협동동반모형의 장점을 각기 활용하여 체계를 구축하는 것이 타당하다.

구체적으로 그 근거를 살펴보면 다음과 같다. 첫째, 현재 우리나라 복지자원의 현실상 공공자원에 비하여 민간이 제공하는 자원의 양이 결코 적지 않으며, 이들 민간자원 제공자 및 중간자의 역할이 크므로 이 민간자원과 기관의 역할을 일정하게 부여하는 것이 필요하다. 특히 정부가 공공부조와 사회보험의 틀을 통해 빈곤계층을 지원하고 특별한 사회적 위험에 전 국민

〈표 1-2〉 전달체계 관련 모형의 특징 비교

항목 \ 모형	병행보완모형	병행보충모형	협동대리모형	협동동반모형
재원조달 책임	공공, 민간		공공	
급여 제공 책임	공공, 민간		민간	
공공과 민간의 급여 대상 (예시)	다름 (공공: 법정대상 민간: 사각지대)	동일	-	
공공과 민간의 급여 내용 (예시)	동일	다름 (공공: 현금급여 민간: 서비스)	-	
공공과 민간의 관계	급여의 대상에 대해 상호보완적	급여의 내용에서 상호보완적	민간은 정부의 대리인	상호 쌍방적 영향

이 대비토록 하는 역할을 하는 반면, 민간은 차상위계층에 대한 보충급여와 지역주민 일반에 대한 서비스를 담당하도록 역할을 분담함으로써 네 가지 모형 중 병행보완모형에 입각하는 것이 타당하다.

둘째, 민-관의 역학관계는 공공부문에 대해 자율성을 상실할 위험이 있는 협동대리모형보다는 쌍방적 관계가 기본이 되는 협동동반모형을 기반으로 하는 것이 적절하다. 특히 민간의 자율적인 참여를 유도하고 민-관 간의 협치가 이루어지도록 수평적인 관계가 보장되는 참여체계인 협의체를 만드는 데에는 앞에서 살핀 모형 중 협동동반모형이 적절하다.

그러나 병행보완모형과 협동동반모형을 적용할 때 민간의 참여에 대한 인센티브를 어떻게 부여할 것인지는 매우 중요한 문제이므로 이에 대한 다양한 방안이 강구되어야 할 것이다.

제2장

공공복지전달체계의 변천 과정

이인재 · 강혜규

1. 개 관

고령 인구의 급속한 증가, 장애 발생율 증가, 가족 해체의 진행, 여성 사회참여의 확대 등 인구사회학적 여건 변화에 따라서 대인복지서비스(personal social services)의 급속한 확대가 예상된다. 이에 따른 기존의 공공부조제도 중심의 지방 사회복지행정체계의 개편이 불가피해졌다.

1980년대 중반 이래로 지방 사회복지행정체계 개편에 관해 지속적 논의가 있었다. 이후 1990년대 후반까지의 논의는 주로 공공복지서비스 전달을 위한 전담행정기구 구축에 관한 것이었다. 1992년에 「사회복지사업법」을 개정하면서 '복지전담기구 설치'에 관한 규정이 신설되었으며, 사회복지사무소에 대한 연구 결과가 발표되기도 하였다(박경숙 · 강혜규, 1992). 그러나 사회복지사무소는 복지전담기구의 독자적 설치에 대한 정부 부처 간의 이견과 재원 확보의 문제로 현실화되지 못하였다.

그런 가운데 1995년도부터 4년간 사회복지사무소 대신에 보건복지사무소 시범사업이 실시되었다. 보건복지사무소 시범사업 종결 이후 조직 간의 연계, 서비스체계에 대한 관심이 생겨 났지만, 이 사업이 제도적인 변화로 정착되지는 못했다. 이후 IMF 외환위기를 겪게 된 1990년대 후반, 지방행정체계 개편의 일환으로 읍·면·동사무소의 기능 전환에 대한 논의가 시작되면서 공공복지전달체계의 대안적 모형에 대한 관심이 재차 대두되었다. 동시에 복지수요의 증가와 자원 활용의 효율화 모색이라는 복지환경의 변화에 따라 지역 단위의 복지시스템 구축의 현실적 필요성이 제기되면서 마침내 2002년에는 지역복지협의체 시범사업이 시도되었으며, 참여정부 등장 이후인 2004년 7월부터는 독자적인 전달체계인 사회복지사무소를 설치해 시범사업을 실시하게 되었다.

그러나 2005년 들어 대통령자문 빈부격차차별시정위원회 주관으로 사회복지전달체계의 개선안이 제시되어 긴급지원 및 찾아가는 서비스를 행

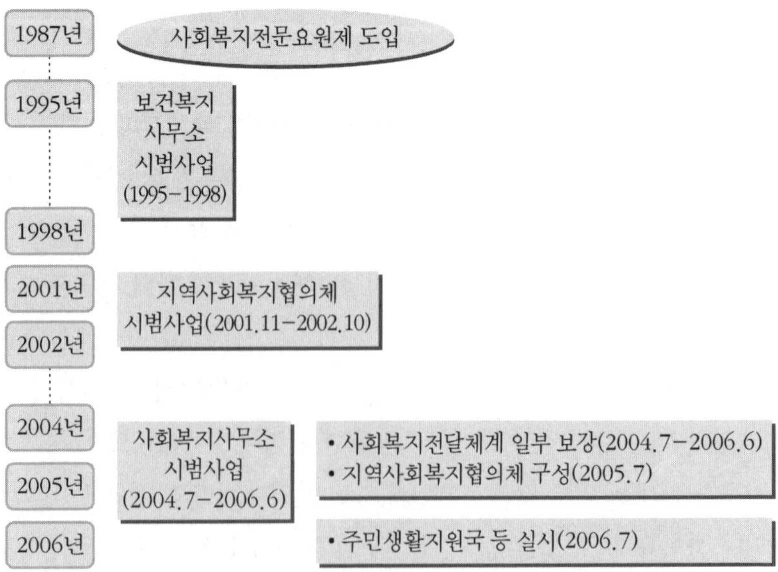

[그림 2-1] 우리나라 복지전달체계상의 개편 시도 및 변화 흐름

할 수 있는 방향으로 일부 보완이 이루어졌다. 그해 7월부터는 개정사회복지사업법에 따라 지역사회복지협의체가 출범하였고, 이어 10월에는 정부에서 '희망한국 21'을 발표하면서 시 · 군 · 구의 행정조직에 주민생활지원국을, 읍 · 면 · 동의 행정조직에 주민센터를 설치하는 방안이 발표되기에 이르렀다.

2. 시범보건복지사무소 사업

1) 시범사업 개요 및 추진 경과

보건복지사무소는 일반 행정체계에 속해 있던 사회복지사업 부서를 이전한 조직 구조와 읍 · 면 · 동사무소에서 근무하던 사회복지전문요원을 시 · 군 · 구 단위로 보건소 조직에 재배치하여 사회복지 업무를 담당하게 하는 형태로 시작되었다. 담당 업무는 생활보호대상자 선정, 지원 및 사후관리를 중심으로 공공부조 업무, 노인 · 아동 · 장애인 등을 위한 사회복지서비스 업무, 지역민간자원 발굴 및 연계 그리고 방문보건복지사업 등 보건복지연계서비스 제공 등이다. 서울 관악구, 대구 달서구, 경기 안산시, 강원 홍천군, 전북 완주군의 5개 지역에서 1995년 7월부터 1999년 12월까지 4년 6개월간 시범사업이 진행되었다. 다만 안산과 홍천에서는 1998년 9월 지방정부 조직 개편에 따라 시범사업이 중단되었다.

시범사업 초기(1, 2차년도)에는 보건복지인력 간 갈등과 무관심, 중앙정부 지원의 미비로 사업 추진이 미흡하였으며, 시범사업 추진에 대한 책임 소재도 불분명하였다. 그러나 3차년도(1997년)에는 시범사업의 본래 취지에 따라 '복지사업'이 정착되고, 보건복지 부문 간의 연계를 위한 긍정적 변화가 일어났다. 지역별로 시범사업이 정착되면서 방문간호요원과 사회복지전문요원 간의 상호 이해와 연계 필요성에 대한 인식이 제고되었고, 이에 따라 연계할 수 있는 서비스 제공 방식의 개발 및 새로운 사업의 모색이 시도되었다. 복지사업의 경우 시 · 군 · 구 단위의 통합 일선 행정조직을 만들어 효율적인 행정집행체계를 통해 대인서비스프로그램 수행과 지역자원 발굴에 집중하게 된 것은 큰 성과라고 할 수 있다.

4차년도(1998)부터는 지방자치단체 구조조정 과정에서 지역별로 시범사업의 형태가 변모하고 사회복지전문요원이 감원되는 등 사업의 제반 환경이 악화되었다. 사업 수행의 핵심인 사회복지전문요원들의 업무 부담과 사기 저하로 체계화되어 가던 복지부문 사업 집행 절차나 서비스프로그램 수행이 침체되었다. 보건복지 연계사업의 경우, 지역에 따른 대상자 발굴 및 정보 제공, 자원동원 및 의뢰, 공동 서비스 제공 등 보건복지 부문에서 상호 협력할 필요를 느끼게 됨에 따라 이를 조직화하려는 시도가 이루어졌다.

시범사업 전반을 거쳐 볼 때, 복지사업은 공공부조 업무, 복지서비스 업무, 자원관리 및 개발 등이 중심이 되었으며, 공통 업무는 공공부조 업무와 장애인, 모 · 부자가정, 소년소녀가장, 저소득노인 등의 대상 선정, 급여 지급 및 관리, 상담 및 사후관리, 가정방문 업무 등이었다. 사업 성격별로는 기초생활보장을 위한 현금 지급, 정서적 지원, 저소득주민 생활편의 지원 등이 다루어졌다.

보건 · 복지 연계사업은 기존 보건소에서 실시하던 방문간호를 중심으로 시도되었으며, 방문진료 및 저소득주민 순회진료, 가정방문, 건강관리, 환자관리, 보건교육, 건강 관련 문제점 연계처리, 건강진단, 동사무소 민원인 건강상담 등이 이루어졌으나 대체로 부진하다는 평가를 받았다. 연계사업이 부진한 이유로는 기존 방문간호 인력의 부족, 보건 · 복지 부문 간 사업 대상의 차이, 보건복지 연계 프로그램과 서비스의 제공 및 개발 여건 미흡 등의 문제가 지적되었다.

사회복지전문요원은 대부분 지역 담당과 업무 담당을 겸임하여 업무 수행에 어려움을 겪었다. 다만 대구에서는 내 · 외근제를 통한 업무 분장제를 도입하여 이 문제를 해결하였다. 시 · 군 · 구청에서는 일반 주민 대상의 복지 업무, 시설관리, 가정의례 등을 담당하고, 보건복지사무소에서는 저소득취약주민 대상의 업무를 담당해 복지부문 업무의 이원화가 이루어졌다. 보건과 복지업무의 연계를 위해 방문간호팀을 복지사업과 안에 설치하는 경우도 1개소(대구 달서구)에서 이루어졌다. 시범사업 인력과 보호대상자 수를 비교하면 지역별 편차가 크며, 농촌 지역의 경우 심각한 업무부담의 문제가 대두되었다.

2) 시범사업의 성과 및 문제점

(1) 시범사업의 성과: 복지부문에 대한 집중화의 성과

보건복지사무소 시범사업의 성과는 한마디로 복지부문에 대한 집중화가 이루어졌다는 것으로 압축된다. 이를 구체적으로 살펴보면 다음의 네 가지로 정리된다.

첫째, 복지 업무 집중에 따른 규모의 경제 효과가 나타났다. 시범사업의 긍정적 효과는 대부분 복지부문의 부분적 집중화에서 나타났다. 시범사업 기간 중 복지 업무 담당자 간의 분담체계 정립, 지역복지자원 발굴 업무 증대, 복지서비스사업 개발 등이 이루어졌다.

둘째, 복지전달체계의 책임성, 신속성, 공정성, 일관성, 전문성의 향상이 이루어졌다. 개별적으로 다시 정리하면 다음과 같다.

- 책임성 차원에서 복지 사무의 체계적 처리와 상급자 감독이 가능해짐으로써 서비스 이용자들의 욕구에 보다 적극적으로 대응하는 것이 가능해졌다.
- 신속성 차원에서는 읍 · 면 · 동 단계를 거치지 않음으로써 업무 처리

속도가 빨라졌다.

- 공정성 차원에서는 복지전담조직이 생김으로써 대상자 선정 과정에서 객관적 판단 기준을 적용하는 것이 가능해졌다.
- 일관성 차원에서는 복지담당인력의 업무 집중도가 향상되었으며, 복지 업무의 조직적 관리가 가능해져 업무의 일관성이 향상되었다.
- 전문성 차원에서는 일반행정 업무 부담의 대폭 감소로 복지 업무에의 집중도가 향상되어 업무 처리의 전문화가 이루어졌다.

셋째, 복지행정의 포괄성이 향상되었다. 서비스 이용자 모두에게 동일한 질의 복지서비스를 제공함으로써 복지전달체계의 통합성이 향상되었다.

넷째, 이용자 중심의 통합 복지서비스전달체계의 구축이 이루어졌다. 그동안 노인, 장애인, 모자가정 등을 대상으로 사업별로 이루어지던 업무와 공공부조 업무를 대상자 중심으로 전환함에 따라 업무의 효율성이 강화되었다.

(2) 시범사업의 문제점

시범사업에서 몇 가지 문제점이 도출되기도 하였는데, 이는 다음과 같다.

첫째, 복지행정조직이 이원화되고, 동일 대상자에 대한 업무가 복지지원의 종류에 따라 시 · 군 · 구청과 복지사무소에서 분산 수행됨으로써 업무 효율이 경감되는 결과를 초래하였다. 이원화된 기획부서와 집행부서 간에 감독과 책임의 영역을 둘러싸고 갈등이 발생할 가능성이 있으며, 다양한 복지서비스 공급기관들의 일관된 협조체계가 설정되지 않아 대상자에 대한 일관된 사후관리가 어렵고, 종합적 서비스제공체계 구축에서 어려움이 나타났다.

이 문제는 시 · 군 · 구 차원의 동일 행정체계에 통합서비스를 제공하는 체계를 구축하여 해결해야 하며, 협조체계 구축은 지역복지협의체의 제도화를 통해 해결이 가능할 것이다.

둘째, 접근성 감소의 문제가 나타났다. 전체적으로 지리적 접근성이 감소되었으며, 도시 지역의 경우는 문제가 없는 것으로 보고되었다. 그러나 농촌 지역의 경우 지리적 접근성 감소는 문제가 되었으며, 심리적 접근성 역시 감소한 것으로 나타났다. 접근성 문제는 단순한 거리의 문제가 아니라, 한 번의 방문으로 필요한 서비스를 바로 받을 수 있는가 하는 점, 즉 원스톱서비스(one stop service) 제공 여부가 관건이 된다. 원스톱서비스를 위해서는 수요자 중심의 서비스 연계가 반드시 필요하다.

셋째, 보건 및 복지 전달체계 통합의 상승 효과가 미흡하게 나타났다. 보건·복지서비스에서 대인서비스 비중이 낮으며, 통합서비스 제공의 노하우가 부족하며, 상호 간 제공되는 서비스의 효과성에 대한 이해 역시 미흡하였다.

이를 통하여 조직 통합을 통한 통합서비스 제공보다는 서비스 이용자를 중심으로 보건과 복지서비스 연계를 통해 서비스를 전달하는 것의 효과성을 높이는 방안을 고려하는 것이 더 현실적이라는 시사점을 발견할 수 있다. 수원 노인보건복지 연계프로그램 등 지방자치단체 차원에서 이루어진 보건과 복지서비스 연계의 경험들이 참고가 될 것이다.

3) 보건복지사무소 개선 방안

지방 차원의 복지전달체계는 복지전달의 최종 단위를 현행 읍·면·동 수준에서 시·군·구 수준으로 조정하여, 복지부문의 부분적 집중에 따른 업무 효율을 증대시켜야 할 것이다. 당시 시범사업을 통해 제기된 개선 방안은 대체로 다음의 세 가지로 정리되었다.

첫째, 복지전달체계 일원화를 위한 개선 방안으로, 대상자 구분 없이 복지 관련 업무의 기획, 관리, 조정, 집행기관의 일원화를 통해 복지사업 전반을 책임지는 조직체계를 구성하는 것이 필요하다.

둘째, 보건과 복지의 연계를 위한 개선 방안으로, 전산화 과정을 거쳐 대상자 기록카드의 공유를 통해 보건 · 복지 부문 간 정보교환 및 공유프로그램을 개발하고, 보건 · 복지 부문 상호 간에 서비스 대상자의 의뢰체계를 구축하는 것이 필요하다. 그리고 보건복지 통합서비스체계 구축을 위한 복지 인력과 보건 인력의 상호 활용안 등이 고려되어야 한다.

셋째, 지역 특성에 적합한 공공복지 및 보건 · 복지 체계의 설계가 요구된다. 도시 지역은 복지 전달의 최종 단위를 시 · 구로 하는 것과 복지 관련 조직의 통일이 시급한 정책 과제로 나타났다. 마찬가지로 농촌 지역에서도 복지 관련 조직의 일원화가 필요하다. 급속한 인구고령화에 따른 복지수요의 확대에 비해 민간자원이 취약한 농촌 지역의 경우 공공복지서비스를 늘리는 것은 시급한 과제이며, 지리적 접근도를 고려하여 지역거점별 지소 운영을 적극적으로 고려해야 할 것이다.

3. 지역사회복지협의체 시범사업

1) 지역사회복지협의체(이하 협의체) 시범사업의 개요

협의체 시범사업은 2001년 10월부터 2002년 11월까지 전국의 15개 시 · 군 · 구에서 시행되었다. 그 개요를 정리하면 다음과 같다.

(1) 목적

협의체는 복지 관련 서비스 제공자를 중심으로 연계 · 협력을 도모하여 효율적인 복지자원의 활용과 서비스의 양과 질을 제고하는 데 목적이 있다.

(2) 기능

협의체는 크게 지역사회복지협의체, 실무협의체, 실무팀의 차원에서 구성되며, 주요 기능은 지역사회복지계획의 수립, 복지서비스 연계 기반 마련, 복지자원의 개발, 지역의 복지발전을 위한 의견 수렴 및 건의 등이다.

(3) 운영

협의체 운영 원칙은 기본적으로 지역 특성이 반영되도록 탄력적인 운영을 하며, 협의체 내 참여자 간의 의사소통 창구를 다양화하고, 지역사회의 공식·비공식적 자원 활용을 극대화하며, 복지서비스 수요자에 대한 서비스 중복의 감소 및 서비스 제공자 관리에 대한 합리적 협의가 이뤄지도록 한다.

(4) 모형

협의체의 기본 모형은 자원의 실태(사회복지시설의 수)와 지역 내 연계 경험의 수준에 따라 네 가지 모형(가형: 자원 풍부, 연계 경험 유, 나형: 자원 풍부, 연계 경험 무, 다형: 자원 부족, 연계 경험 유, 라형: 자원 부족, 연계 경험 무)으로 구분한다.

2) 협의체 시범사업 평가

(1) 구성 차원의 평가

협의체는 구성 과정에서 협의체 준비단을 구성한 경우, 준비단을 구성하지 않고 민간기관이 주도한 경우, 지자체 혹은 사회복지협의회가 주도한 경우 등 세 가지로 나눌 수 있다. 협의체의 구성 과정에서 나타난 다양한 접근은 지역 내 복지자원, 연계 경험 및 연계조직 구성 여부, 주도 세력의 특성 등에 의해 중요한 영향을 받는 것으로 추정된다.

협의체의 구성 및 운영 과정에서 지자체가 중심적인 역할을 담당한 '관주도' 지역과 민간사회복지시설 및 사회복지협의회가 적극적으로 활동했던 '민간주도' 지역의 구분이 가능하며, 이에 대하여 각 지역의 민간복지자원의 활용 정도와 기존 연계 경험 유무가 모두 영향을 미치고 있는 것으로 나타났다.

(2) 운영 차원의 평가

협의체 시범사업 과정에서 활용하도록 추진된 '지역사회협의체 홈페이지' 의 이용은 주로 실무협의체와 실무팀에서 많이 이루어진 편이며, 서비스 제공 관련 정보교환, 협의체 진행 관련 정보를 파악하기 위해 사용되었던 것으로 나타났다.

예산의 편성 및 집행 방법은 협의체 회의를 통해 논의되었으나, 이는 대체로 지자체의 의지에 따라 그 방안이 제시된 것으로 판단된다. 예산의 집행은 지자체에서 직접 관리하는 방식보다는 협의체에 보조금을 위탁하여 관리하는 방식을 선택한 지역이 많았다.

(3) 주요 사업 평가

협의체의 기본 사업은 지역사회 복지계획 수립, 실험 사례에 대한 서비스 연계 및 조정이었다.

첫째, 지역사회 복지계획의 수립은 지역욕구조사, 지역사회자원 조사를 거쳐 초안이 작성되고, 초안에 대한 의견수립 과정을 거쳐 지역복지계획이 마련되어 지자체에 제출되었다. 지역복지계획의 내용은 지역복지계획 기본 방향, 기존 복지욕구 및 자원 평가 결과, 부문별 사업계획, 자원개발계획, 협력체계 강화 방안, 주민참여 촉진 방안, 추진사업 등을 포함하였다.

둘째, 서비스 연계 및 조정 과정에서는 실무팀을 중심으로 대상 사례의 선정과 사례관리자의 결정 그리고 서비스제공 및 연계가 이루어졌다. 사례관리자는 복지관의 사회복지실무자, 사회복지전담공무원, 보건 분야 실무자로 선정되었다. 서비스 연계 및 조정과 관련하여 연계 · 조정 과정에서 발견된 문제와 사안들을 실무협의체 회의에서 다루는 일은 미흡하게 나타났다. 보건 분야와의 연계는 보편적으로 필요성은 인정되지만 시범사업 기간 중 어려움을 겪었다. 서비스 연계의 성공을 위해서는 지자체의 협조가 필수 요건이며, 일부 지역은 민간의료기관과의 연계를 시도하기도 하였다. 서비스 연계 및 조정의 효과도 대체로 긍정적으로 나타났다. 서비스 연계는 쉬운 사업과 제한된 사례부터 적용을 시도하여 단계적으로 확대하고 전 대상에까지 적용될 수 있도록 구도를 잡아야 한다. 사업 차원에서 볼 때, 협의체 운영의 시사점을 제공하는 민간의 참여와 활동이 두드러졌으며, 특히 실무자들의 활동이 매우 중요한 것으로 나타났다.

(4) 시범사업 결과

시범사업에 대한 지역별 평가위원의 평가 내용에 근거하면 참여자들의 의식 변화가 시범사업을 통하여 얻는 중요한 성과의 하나였다. 시범사업 참여자들은 지역사회복지협의체가 지역의 복지 문제와 관련하여 도움이 되었다고 평가하였다.

3) 지역사회복지협의체 모형의 모색

(1) 협의체의 역할과 위상

협의체는 민간, 공공복지 관계자와 학계 전문가, 보건 분야 핵심 관계자로 구성된 지역사회 복지 문제의 협의 구조를 이룬다. 협의체의 기능은 지역사회복지에 대한 체계적인 의견 수렴 및 협의를 통하여 지역사회복지의 개선 방안 마련, 지역사회 복지서비스의 연계 및 조정을 위한 기반 마련, 지역사회복지자원의 개발 및 효율적 활용 등으로 설정할 수 있었다.

(2) 기본 원칙과 기본 모형

공공과 민간, 학계를 포함한 관련 주체의 폭넓은 참여를 확보하며, 실무자의 참여를 포함하는 다층적인 구성이 이루어져야 하며, 기관장을 중심으로 하여 협의체와 실무자를 중심으로 한 실무협의체를 구성해야 한다.

협의체 기본 구성원으로 지역 내의 모든 사회복지시설 기관장, 사회복지 생활시설 기관장 대표, 지방자치단체 대표, 보건소장, 복지 분야 학계 전문가 등이 포함되어야 한다. 지역사회복지협의체 운영은 서비스 이용자-실무분과-실무 협의체-협의체 순으로 일선의 서비스 관련 정보와 안건이 전달되고, 역순으로 지역사회의 복지 관련 협의사항 및 결정사항이 전달되고 수행되는 관계로 구성할 수 있다.

(3) 지역 특성과 지역사회복지협의체의 기본 모형의 적용

자원의 분포는 협의체의 특성을 결정짓는 가장 근원적인 요인이다. 따라서 협의체 기본 모형의 적용 기준으로 지역사회의 복지 관련 자원의 분포를 고려하였다.

세 가지 모형(가형: 복지 관련 기본 자원이 구비된 지역, 나형: 복지 관련 기본 자원이 구비되었으나 부족한 지역, 다형: 복지 관련 기본 자원이 구비되지 않은 지역)에 따라 상이하게 적용되어야 한다. 가형은 민간주도형으로, 다양한 단위조직 구성이 가능하다. 나형은 민간주도, 공공지원형으로, 기본 연계가 가능하며, 주요 대상 위주로 실무 분과가 조직화되어야 한다. 다형은 공공주도형으로, 사회복지전담공무원, 보건소 내 방문간호사를 중심으로 실무 분과가 조직화되어야 한다.

4) 지역사회복지협의체 활성화를 위한 과제

(1) 협의체 활성화 방향

장기적으로 보건을 포함하여 복지와 관련된 제분야와의 연계를 달성하여야 하지만, 우선은 복지부문 내의 연계를 강화하고 가능한 수준에서 보건과의 연계를 시도하며, 점차 보건부문 전체 및 고용과 관련된 타 부문과의 전체적인 연계가 도모될 수 있도록 하는 단계적인 접근이 필요하다.

(2) 협의체 활성화를 위한 기반 조성

협의체가 적절히 구성·운영되기 위해서는 지역사회 내의 협치에 대한 능력과 조건이 확보되어야 한다. 즉, 지자체와 민간복지계 사이의 협치에 대한 경험과 인식, 자세, 구체적인 유인체계가 필요하다. 처음부터 완벽한 수준의 협의체가 구성되기는 불가능하므로, 협의체를 활성화하기 위해서는 적절하게 인센티브제를 병행하여야 한다. 또한 지역의 사회복지자원도 확충되어야 하며, 지역사회복지 관련 정보의 전산화가 이루어져 정보 교류에 대한 장애가 제거되어야만 협의체 활동에 대한 필요성이 체감될 것이고, 이를 통해 활성화가 촉진될 것이다.

4. 사회복지사무소 시범사업

광역단체에 비해 기초단체 수준의 공공복지서비스체계 구축은 공급자, 수요자와 보다 밀접한 관계에 있다는 점에서 서비스의 효과에 매우 큰 영향을 가져다 줄 것이다. 기초자치단체는 중앙정부·광역자치단체의 제도를 집행하는 기능적 역할에서 벗어나 해당 지역의 특성을 반영한 지자체 사업을 지속적으로 개발·수행하고, 민간복지부문과 협력관계(partnership)를 유지하며 민간의 사업 추진을 지원하되, 전반적인 지역의 복지시스템을 기획하고 실행을 주도·점검하는 역할을 담당하도록 해야 한다. 기초지자체가 이러한 적극적 역할을 수행하기 위해서는 복지 부문 업무를 일원화할 수 있는 복지전담행정기구(사회복지사무소) 설치를 고려할 수 있다. 사회복지사무소는 사회복지서비스 기획 단계부터 최종 서비스 전달까지 수요자 중심의 정책이 일관되게 전달되는 체계로 만들어져야 한다. 즉, 지역 단위의 주민복지서비스를 확충하고, 기초생활보장제도를 비롯한 공공부조 제도의 효과적인 집행이 이루어지도록 전반적인 복지행정인력의 활용, 복지정책의 기획, 집행, 관리가 일관되게 이루어질 조직 개편이 구상되어야 한다.

복지전담행정기관의 개편 시 중요하게 고려되어야 할 사항은 다음과 같다. 첫째, 조직의 구조와 업무 범위를 결정하는 서비스의 내용 및 수준, 둘째, 서비스의 수요자인 대상자의 규모와 특성, 셋째, 업무 수행 성과에 영향을 미치는 담당인력의 규모 및 전문성 등 세 가지 차원에서 〈표 2-1〉과 같이 여러 가지 사항을 구체적으로 고려해야 한다.

〈표 2-1〉 복지전담행정기관 개편 시 고려사항

차 원	주요 고려사항
복지서비스 내용 및 수준	• 현행 기초생활보장 중심인 복지행정 업무 내용의 전문복지서비스 업무 확대 방안 고려 • 공공서비스의 범위 설정 논의(지역 특성에 따른 민간기관과의 역할 분담 고려) • 급여지급, 고용(자활)서비스, 보건서비스 업무 조정 검토: 중앙정부, 지방자치단체 차원의 연계 · 협력 고려 • 향후 아동 · 성인 · 고령 · 퇴직자를 포괄하는 생애주기 중심의 보편적 서비스 확대(보건서비스 수준으로 복지서비스 수준 향상 및 다양화하기)
대상자 규모 및 특성	• 지역별 고령화 정도 등 인구 특성 감안: 군 지역(농촌)의 경우 보건서비스와의 보다 밀접한 연계방안 모색 • 장애인 규모, 아동 · 청소년 문제 정도, 젊은 빈곤층 규모 등을 감안: 조직구조 설계, 업무분담 시 반영
인력 규모 및 전문성	• 복지, 보건, 고용 각 부문의 복지서비스 제공을 위한 적정 인력 확충 • 핵심적 서비스(사례관리, 방문서비스 등)를 위한 인력 보강 • 사회복지업무 수행을 위한 보수교육 · 훈련 · 인력관리 시스템 체계화: 시범사업 시 관련 분야 참여 인력에 대한 지속적 교육 프로그램 운영

출처: 강혜규(2003).

1) 사회복지사무소에 대한 기존 논의

지방 사회복지전달체계의 모형으로 사회복지사무소를 제시한 주요 연구들 중에서 서상목 · 최일섭 · 김상균(1988), 박경숙 · 강혜규(1992), 변재관 · 강혜규(1999) 등의 주요한 논의들을 소개한다(심재호, 2003).

(1) 서상목 · 최일섭 · 김상균 모형

공공부조와 사회복지서비스에 추가하여 사회보험 업무까지 담당하는 전달체계를 강조하는 것은 서상목 · 최일섭 · 김상균(1988)의 모형이다([그림 2-2]). 이들은 첫째, 사회복지사무소와 민간복지기관과의 관계 및 역할 분담에 대해서 특별히 언급하지는 않고 있으며, 단지 시 · 도의 사회복지청이 민간복지기관을 지도 · 감독하며, 일상 업무는 사회복지사무소와 협의하도록 한다는 점을 지적하고 있을 뿐이다. 둘째, 지역화 단위로는 시 · 군 · 구를 기본 단위로 하되 서비스 대상자가 많은 내도시와 서비스 대상자가 지역적으로 분산되어 있는 농어촌에는 출장소를 둘 것을 제시하였다. 셋째, 내부 조직에 대해서는 3과 1계 9담당 등으로 나누어 총 25명의 인원이 필

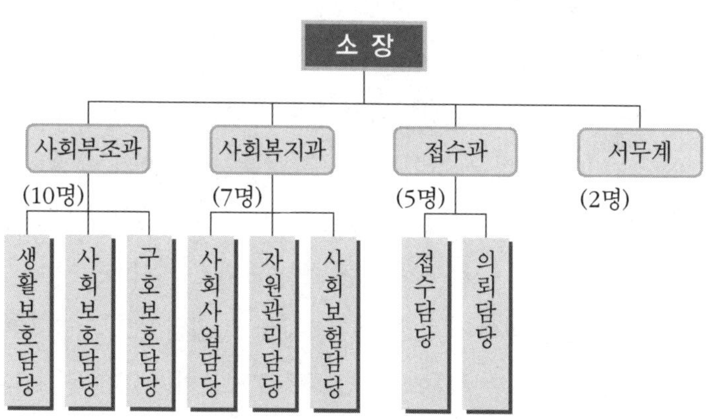

[그림 2-2] 서상목 · 최일섭 · 김상균의 사회복지사무소 조직

출처: 서상목 · 최일섭 · 김상균(1988).

요하다고 추정하였다. 넷째, 사회복지사무소의 업무는 크게 사회부조(생활보호, 구호사업 등)와 사회복지(상담, 가족강화프로그램, 청소년선도, 요보호여성프로그램, 사회보험 등)로 구분된다. 다섯째, 사회복지사무소의 인력은 사회복지 분야의 전문 교육을 받은 사회복지사 중에서 국가고시를 통해 선발된 전문 인력을 배치해야 한다고 주장하였다. 여섯째, 사회복지사무소와 타 정부기관의 역할 분담에 대해서 사회복지청과 사회복지사무소는 현재의 시 · 도 보건사회국의 업무 중에서 보건 및 노동 관련 업무를 제외한 사회 관련 업무를 수행하도록 하고 있다.

(2) 박경숙 · 강혜규 모형

먼저 공공부조와 사회복지서비스만을 담당하는 전달체계를 강조하는 것은 박경숙 · 강혜규(1992)의 모형([그림 2-3])이다.

이들은 첫째, 사회복지사무소와 민간복지기관과의 관계 및 역할 분담을 언급할 때, 법적 급여와 상담 및 보호조치서비스들은 기본적으로 사회복지사무소에서 제공하고 예방적 서비스는 사회복지관이 제공해야 한다고 주장하였다. 다만 상담과 노인 · 장애자의 재가보호 영역에서는 앞으로 민간복지기관과 사회복지사무소 간 역할 분담이 재조정될 필요가 있다고 보았다. 그래서 사회복지사무소는 경미하고 단기적인 상담을, 민간복지기관은 전문가의 자율성이 요구되는 장기적인 전문적 상담을 맡는 것이 더욱 적합하다고 주장하였다. 이들은 장기적으로 사회복지사무소가 정착되면 사회보험을 중앙정부의 위임 업무로 받아들일 수 있다고 하였다.

둘째, 지역화 단위로는 시 · 군 · 구를 기본 단위로 제시하고 있다.

셋째, 내부 조직에 대해서는 한 복지사무소당 평균적으로 27명의 인원을 배정하되 소장 1명, 총무과에 14명, 공적부조과에 15명, 복지서비스과에 14명, 복지시설과에 3명씩을 두도록 제안하였다.

넷째, 사회복지사무소의 업무로는 생활보호와 의료보호 그리고 장애인,

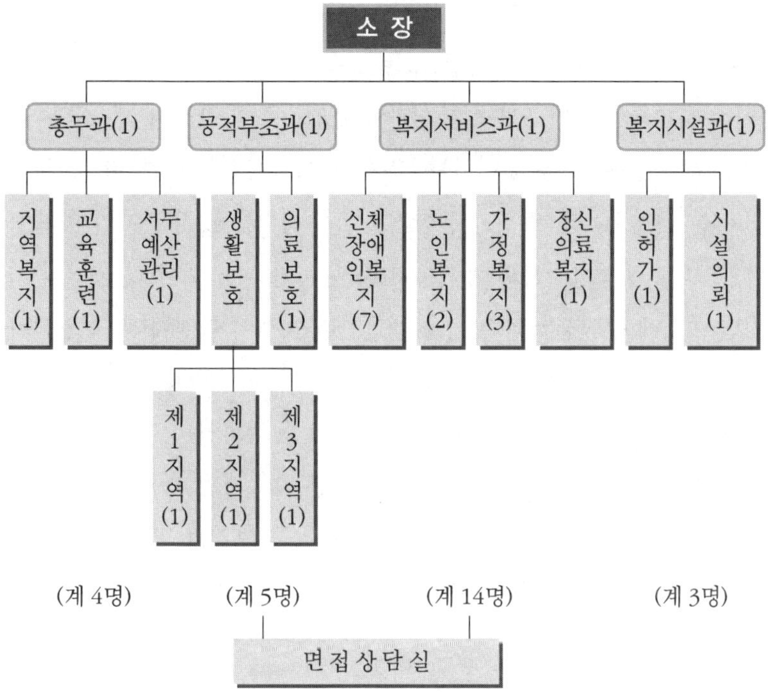

[그림 2-3] 박경숙 · 강혜규의 사회복지사무소 내부 조직

주: 괄호안은 해당 부서 담당공무원 수.
출처: 박경숙 · 강혜규(1992).

노인, 모자, 아동에 대한 정신의료복지서비스를 제시하였다.

다섯째, 사회복지사무소의 인력에 관해서는 사회복지 분야의 전문 교육을 받았거나 그에 상당하는 경험을 가진 전문 인력을 배치하여 조직의 전문성을 확보하여야 한다고 주장하였다.

여섯째, 사회복지사무소와 타 정부기관의 역할 분담에 대해서, 사회복지사무소는 전문성을 최대한 발휘할 수 있도록 시 · 군 · 구 및 읍 · 면 · 동의 일반행정과 분리하여 설치하도록 하며(즉, 시 · 군 · 구청의 외부계선조직으로 만든다), 보건의료조직과도 조직적으로는 분리시키고, 프로그램 운영상 연계되는 방안을 제시하고 있다.

(3) 변재관 · 강혜규 모형

변재관 · 강혜규(1999)의 방안([그림 2-4])은 보건복지사무소와 유사하게 기존 시 · 군 · 구청 내 사회복지과와 보건소를 통합하여 시 · 군 · 구 단위에 보건복지사무소를 설치하는 것을 구상하였는데, 한 가지 다른 점은 보건-복지-사회보험 업무가 통합적으로 수행되는 조직을 제안했다는 점이다. 그리고 행정자치부의 계획에 따라 읍 · 면 · 동사무소의 통합이 이루어지면 여기에 주민센터의 설치를 제안한다는 점이 특징이다. 주민센터는 현재의 읍 · 면 · 동사무소 건물을 활용하고, 특히 농어촌의 경우 보건지소 · 보건진료소와 연계하여 보건의료서비스를 강화하며, 센터 내에 방문사업을 전담하는 방문보건복지팀(사회복지전문요원 1명, 방문간호요원 1명으로 구성)을 설치할 것을 제안하였다. 주민센터는 보건소 및 시 · 군 · 구 사회복지과(2단계의 경우 보건복지사무소장)의 지시를 받으며, 센터의 장은 구성원 중 가장 직급이 높은 선임자로 하고 지역적 특성을 고려하여 변경할 수 있도록 하였다.

주민센터의 기능은 기존 보건소가 주민을 대상으로 제공하던 보건의료서비스를 제공하고 동사무소 단위에서 수행하던 복지행정 업무와 복지서

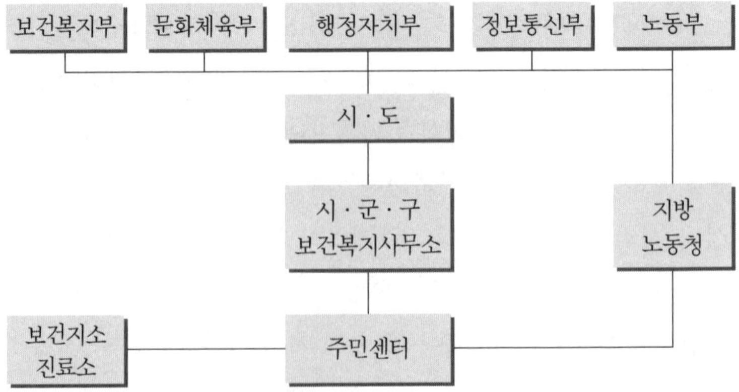

[그림 2-4] 변재관 · 강혜규의 모형(주민센터)

출처: 변재관 · 강혜규(1999).

비스, 나아가 사회보험, 고용 및 문화 · 정보 관련 업무를 보다 전문적이고 통합적으로 수행하는 것이다. 주민센터의 보건 · 복지 관련 업무를 살펴보면, 보건소(보건복지사무소) 및 보건지소 등과 연계하여 기본적으로 방문보건복지 사업을 중심으로 하며, 공공부조 대상자 발굴, 민간복지자원의 발굴 · 동원, 민간복지기관과의 연계 기능 등으로 업무를 확대해 가도록 하였다.

이때 도시 지역에 두는 주민센터의 경우, 복지 부문은 사회복지전문요원들이 일정한 지역을 담당하여 사회취약계층을 중심으로 방문복지사업을 시행하며, 민간복지자원과의 효율적인 연계 및 업무 분담을 통하여 중복서비스를 피하고 서비스의 양과 질을 제고시키고자 하였다. 농어촌 지역의 경우, 보건 부문은 방문보건사업을 중심으로 하되 기존 보건지소의 기능을 지원하는 데 비중을 두도록 하고, 보건진료소를 지역 특성상 통폐합하는 경우는 잉여 인력을 인근 주민센터에 배치하여 활용하도록 하였다. 복지 부문은 민간복지 환경이 열악하므로 보건부문과 연계하여 대민직접서비스를 중심으로 하는 방문복지사업을 전문적이고 통합적으로 수행하게 하였다.

주민센터에 소요되는 인력은 방문보건복지사업의 경우 사회복지전문요원 1인과 방문간호요원 1인이 한 팀으로 배치되어 서비스대상자 지정 및 서비스전달을 동시에 수행하고, 대상자 관리 기록을 공동으로 작성 · 관리하도록 하였다. 즉, 최일선에서의 기본 행정과 서비스를 한 팀에서 공동 수행하도록 하는 것이다. 이는 법정 대상자의 발굴, 책정을 담당하는 기존 사회복지전문요원 1인에 2명의 방문보건복지를 담당하는 전문 인력이 추가되는 것이다. 사회복지전문요원 중 주민센터가 설치되지 않은 지역의 1인을 관할 시 · 군 · 구청 단위의 보건복지사무소에 배치하여 복지행정 업무를 담당하게 하였다. 또한 와상노인 등 이용 대상자가 많은 농어촌 지역의 주민센터에는 공익근무요원, 사회봉사명령자 등을 민간자원과 함께 적극 활용하도록 제안하였다.

2) 사회복지사무소 설치의 원칙

사회복지사무소는 기초자치 단위에서 지역복지의 거점 역할을 담당해야 하며, 기초생활보장, 사회복지서비스의 기획 및 제공, 대상자 선정 및 급여제공, 보건, 고용 등 관련 서비스와의 연계 체계 구축 서비스체계 구축(원스톱), 민간기관과의 의뢰, 서비스이용자들의 정보 수집, 활용 체계 구축을 맡아야 한다. 사회복지전담공무원은 서비스 조정자의 역할을 포함한 사례관리자의 역할을 수행해야 한다. 이와 같은 역할을 수행하기 위해서는 다음과 같은 원칙하에 사회복지사무소의 구조와 운영이 고려되어야 한다.

(1) 전문성: 전문 인력에 의한 복지행정 일원화 및 집중화

전문성이란 전달체계를 조직하는 데 전문성의 수준에 따라 전문가, 준전문가, 비전문가에게 적절하게 업무를 담당할 수 있도록 조직을 만들어야 함을 의미한다. 사회복지사무소 설치 시 사회복지전담공무원을 중심으로 행정일원화와 집중화가 가능하다.

(2) 통합성: 업무 중심이 아닌 이용자 중심의 서비스전달체계 구축

통합성의 원칙은 이용자의 입장에서 그들의 복합적인 욕구를 충족시키기 위해 다양한 서비스를 통합적으로 제공하는 것을 의미한다. 사회복지사무소 운용 시 이용자 중심의 행정조직체계 구축이 가능해진다.

(3) 효율성: 복지서비스자원의 효율적 관리

복지서비스 제공 시 한정된 자원의 사용을 고려한다면 자원의 효율적 관리는 중요한 요인이 된다. 사회복지사무소가 설치되어 지역복지협의체를 통한 서비스 연계, 조정 업무의 활성화가 이루어지면 자원의 효율적 관리가 가능해진다.

(4) 책임성: 서비스 이용자의 욕구에 보다 적극적으로 대응

서비스 이용자의 욕구에 보다 적극적으로 대응하는 책임성의 보장도 전달체계 구성 시 중요한 원칙이다. 사회복지사무소의 설치는 사회복지 전담조직을 통한 이용자의 욕구에 적극적으로 대응하는 것을 가능하게 한다.

(5) 신속성: 서비스 이용자의 욕구에 신속하게 대응

전달체계 구성 시 고려되어야 할 사항은 서비스 이용자의 욕구에 신속하게 대응하는 것이다. 시 · 군 · 구 차원에 사회복지사무소를 설치하면 서비스 전달체계에서 읍 · 면 · 동 단위를 생략함으로써 신속성을 확보할 수 있게 한다.

(6) 공정성: 이용자 선정 과정부터 급여 제공, 사후관리까지 객관적 판단 기준 적용

이용자 선정 과정부터 급여 제공, 사후관리까지 모든 서비스 이용자들에게 공정하고 객관적인 판단 기준을 제공하는 것을 의미한다. 사회복지사무소를 통한 집중적인 업무 제공은 복지서비스 제공 전 과정에 공정성 확보를 가능하게 한다.

(7) 일관성: 복지담당인력의 업무 집중도, 복지업무의 조직적 관리

인력과 업무 조직 관리에 대한 일관성의 견지는 중요한 원칙이다. 사회복지사무소의 운용은 사회복지전담인력의 확대, 적정 배치를 통한 업무 집중도 향상 및 조직적 관리를 가능하게 한다.

(8) 접근성: 지리적 접근성과 심리적 접근성

접근성은 지리적 접근성과 심리적 접근성의 두 측면이 있다. 지리적 접근성은 서비스 이용자가 얼마나 가까운 거리에서 서비스 공급자를 접촉할 수 있는가를 의미한다. 지리적 접근성 못지않게 중요한 것이 심리적 접근성이다. 단 한 번의 방문으로 다양한 복합적 욕구를 충족시킬 수 있는 경우와 두세 번 반복해서 여러 기관을 중복 방문해야 할 경우에 나타나는 만족도의 차이는 바로 심리적 접근성의 정도 차이를 의미한다. 시 · 군 · 구 차원에서 사회복지사무소를 설치할 경우, 도시의 저소득층 밀집 지역과 농어촌 지역은 팀 단위의 지소를 설치하여 지리적 접근성을 확보하고, 사회복지사무소 내 원스톱서비스 체계를 갖추어 심리적 접근성을 높일 수 있을 것이다.

(9) 서비스 연계: 보건, 고용 등 복지서비스와 밀접한 관련이 있는 서비스 연계

서비스 이용자의 복합적 욕구를 고려하면, 복지서비스 제공뿐만 아니라 보건과 고용서비스와의 연계가 이용자 만족의 중요한 관건이 된다. 사회복지사무소 설치 시 정보화 인프라, 지역복지협의체를 통해 서비스 연계망을 동시에 구축하여 다양한 서비스 제공이 가능할 것이다.

3) 사회복지사무소 구조

[그림 2-5]는 앞에서 살펴본 다양한 원칙들이 반영된 하나의 복지행정기관 설치안이다. 현행 시 · 도-시 · 군 · 구-읍 · 면 · 동의 단계를 도시 지역은 2단계, 농촌 지역은 지소(branch) 형태를 포함하여 3단계로 변경하도록 하고, 시 · 군 · 구 사회복지과의 기능을 포함하는 '복지전담 행정기관(사회복지사무소)'의 설치를 추진하는 것이다. 이때 설치 단위가 우선 논의될 수 있는데, 행정 단위를 고려하여 시 · 군 · 구 단위에 설치하는 방안이

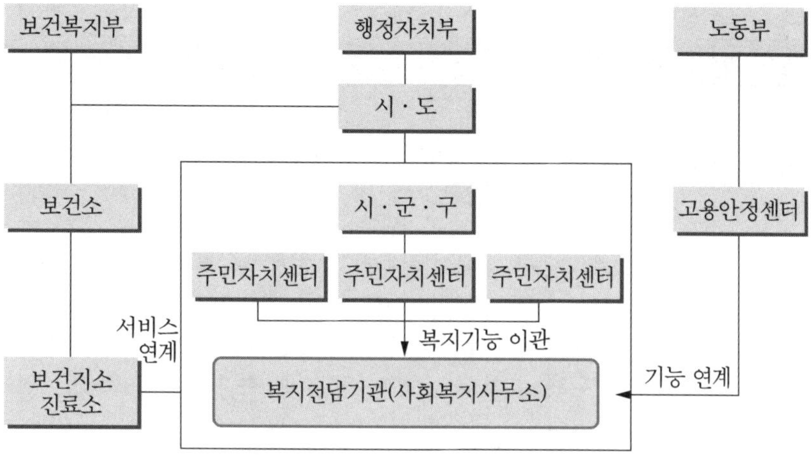

[그림 2-5] 복지전담행정기관 개편안

출처: 강혜규(2003).

가장 용이할 것으로 보인다. 농촌 지역의 경우에는 군 단위에 '복지전담행정기관(사회복지사무소)' 을 설치하고 도시 지역보다 소규모로 다수의 지소를 설치하도록 한다(강혜규, 2003).

사회복지사무소의 내부 조직 구조에 대해서는 연구자들 사이에 다양한 견해가 존재한다. 심재호(2003)의 경우는 공공부조과, 복지서비스과, 행정지원과 등 3과 8팀 체제를, 김진학(2003)의 경우는 복지1과, 복지2과, 복지3과 등 3과 12팀 체제를, 이재완(2003)의 경우는 서비스조정실, 생활보장과, 가정복지서비스과, 복지정책과의 1실 3과 체제를, 보건복지부는 사회복지과, 가정복지과 등 2개과 11팀 체제를 내부안으로 제시하고 있다(〈표 2-2〉 참조).

〈표 2-2〉 사회복지사무소 내부 조직안 비교

구 분	체제	내 용
보건복지부안	2과11팀	• 사회복지과: 지역복지행정팀, 기초생활보장팀, 자활사업팀, 의료급여팀, 시설관리팀, 복지지원팀 • 가정복지과: 노인복지팀, 장애인복지팀, 가정아동복지팀, 여성복지팀, 방문상담팀
김진학안	3과12팀	• 복지1과: 복지행정팀, 복지정책팀, 복지지원팀, 복지시설팀 • 복지2과: 기초생활보장팀, 자활사업팀, 지역복지팀, 의료보장팀 • 복지3과: 노인복지팀, 장애인복지팀, 아동청소년팀, 가족복지팀
심재호안	3과 8팀	• 행정지원과: 행정지원팀, 인사관리팀 • 공공부조과: 기초생활보장팀, 자활사업팀, 시설지원팀 • 복지서비스과: 복지서비스1팀, 복지서비스2팀, 방문서비스팀
이재완안	1실 3과	• 서비스조정실: 접수 및 전문상담 • 생활보장과: 기초생활보장 및 자활담당 • 가정복지서비스: 아동, 청소년, 노인, 장애인 등 담당 • 복지정책과: 정책 · 기획팀, 자원관리팀

기존 안들을 비교 평가하여 2개과 13팀 체제의 내부 구조안을 제시하고자 한다. 사회복지사무소장 직할의 행정팀(인사, 재무 등 사무소의 기본 행정 담당) 외 2개과 13개 팀의 내역은 〈표 2-3〉과 같다.

〈표 2-3〉 사회복지사무소 기본 내부 구조안

기초생활보장과	지역복지정책, 기초생활보장 업무 담당
기초생활보장팀	기초생활보장 프로그램 담당
자활사업팀	자활후견기관, 자활공동체 등 자활사업 전반 담당
의료급여팀	의료급여프로그램 전반 담당
시설관리팀	사회복지관, 생활시설 등 사회복지시설 관리 담당
복지지원팀	자원봉사 등 민간자원 동원, 연계, 조정업무 담당

〈계속〉

복지서비스과	대상자별 사회복지서비스 업무 담당
노인복지팀	노인복지서비스 담당
장애인복지팀	장애인복지서비스 담당
아동청소년팀	아동청소년서비스 담당
가족복지팀	가족복지서비스 담당
여성복지팀	여성복지서비스 담당
상담/방문팀	초기상담 및 방문상담 담당
지역복지정책팀	지역복지계획 수립 등 지역복지정책 전반 담당
상담 · 서비스연계팀	초기접수 상담 및 사무소 내외 자원과의 연결 담당

출처: 강혜규(2003).

그러나 〈표 2-3〉에서 제시된 안은 기본형이며, 인구 규모 및 복지서비스 욕구, 서비스제공기관의 수 등을 고려하여 대도시형([그림 2-6]), 중소도시형([그림 2-7]), 농어촌 모형으로 나누고 보건복지시설이 일정 정도 존재하는 경우([그림 2-8])와 그렇지 않은 경우([그림 2-9]) 등으로 나누어 다양하게 사회복지사무소의 모형을 설계할 수 있다.

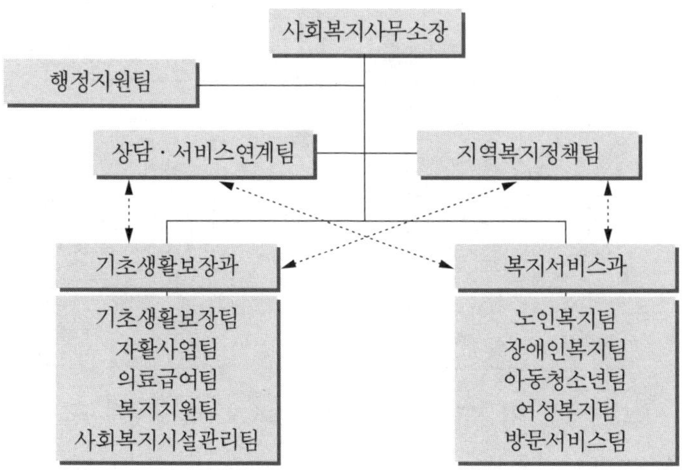

[그림 2-6] 사회복지사무소(A형-대도시형) 구조표

주: 점선은 과와 팀 간의 연계를 뜻함. 이하 동일.
출처: 강혜규(2003).

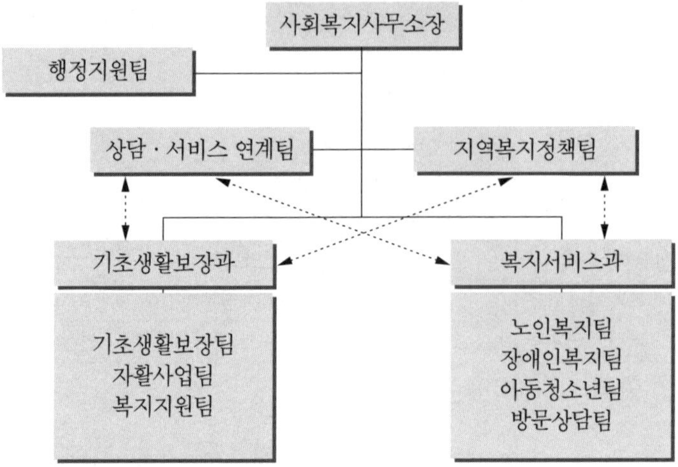

[그림 2-7] 사회복지사무소(B형-중소도시형) 구조표

출처: 강혜규(2003).

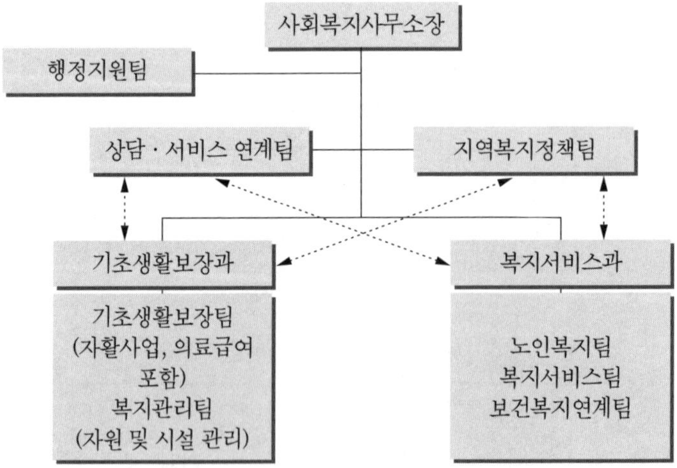

[그림 2-8] 사회복지사무소(C형-농어촌/보건복지시설 충분형) 구조표

출처: 강혜규(2003).

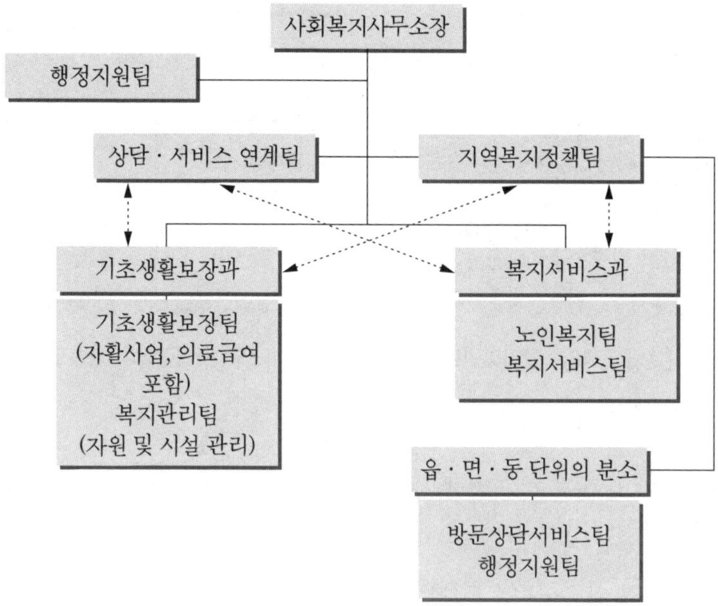

[그림 2-9] 사회복지사무소(D형 농어촌/복지시설 부족형) 구조표

출처: 강혜규(2003).

이 네 가지 유형은 모두 공통적으로 기초생활보장과와 복지서비스과를 기본으로 하여 지자체 공무원 수의 과다에 따라 팀의 수가 차이가 나지만, 지원팀이나 연계팀을 별도로 두는지 또는 팀 대신 상담요원 등을 배치하는지에 따라 조금씩 다른 조직구도를 보이고 있을 뿐이다.

4) 사회복지사무소 업무 내용 및 전담인력의 역할

사회복지사무소는 기존의 사회복지 업무를 이관하여 수행하는 동시에 추가로 사회복지서비스를 제공하고, 지역 차원의 사회복지자원을 조정 · 연계하는 역할을 수행한다. 여기서 사회복지사무소를 통한 통합적 업무 수행이 중요한 것은 서비스의 이용자가 하나의 기관에서 자신에게 필요한 다양

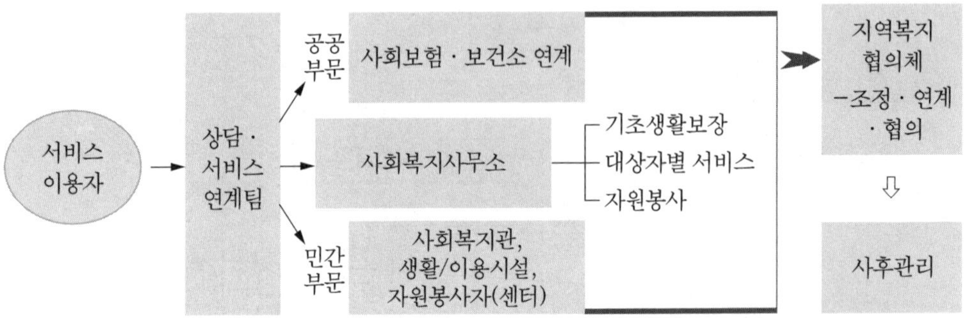

[그림 2-10] 클라이언트에 대한 원스톱서비스와 사례관리의 흐름도

출처: 강혜규(2003).

한 서비스와 급여를 한꺼번에 해결할 수 있는, 이른바 원스톱서비스를 제공하는 데 있다. 즉, [그림 2-10]과 같이 지역주민의 문제에 대하여 사회복지사무소의 상담서비스연계팀이 대응하여 기초생활보장에 필요한 급여와 대상자별 서비스 그리고 자원봉사자를 연결하여 주며, 나아가 지역사회복지협의체에서의 조정 · 연계 결과를 반영하여 사후관리까지 일관되게 조정하는 것이다.

(1) 복지행정업무, 복지서비스업무(행정가와 전문가 역할 담당)

지방의 공공복지 업무는 현금급여 중심의 복지행정 업무와 현물급여 중심의 복지서비스 업무를 동시에 담당해야 한다. 복지서비스 업무의 경우 지역복지협의체를 통해 사회복지관 등 민간사회복지기관과 공식적으로 업무를 연계해야 한다.

지역 단위에서 공공-민간, 복지-보건-고용-문화-기업 등 공동체가 형성되어 지역의 복지 문제를 해결해 갈 수 있도록 지역 단위 복지 관련 협의체(network)의 구축 기반을 마련해야 한다. 이는 관련 기관 간 협력으로 지역 단위의 복지자원 활용을 효율화하고, 복지수요에 기반한 종합적인 서비스 제공 계획 수립, 지역자원 동원 배분, 연계서비스 제공이 이루어지도록 하는 것이다. 이때 민간자원이 풍부한 도시 지역에서는 민간부문에서, 복지자원이 취약한 농촌 지역에서는 공공부문에서 모임의 동력을 부여하며 주도할 수 있도록 지역 특성이 반영된 모형 및 역할을 개발하여야 한다. 이러한 지역 단위 협력체 구성에 기관의 자발적 참여가 활성화되도록 각종 기관평가제도 및 예산지원 등 인센티브의 제도화 방안을 마련하며, 협의체 구성을 위한 법적 근거가 마련되도록 해야 할 것이다. 한편, 이를 통해 복지정책의 기획 · 집행 · 평가 과정에 주민의 참여 경로가 확보되도록 할 수 있다(강혜규, 2003).

(2) 국민기초생활 업무, 자활 업무 등 공공부조 업무 중심

사회복지사무소의 일차적 과제는 기초생활보장대상자 및 자활대상자 방문, 발굴, 선정, 급여 관리 등 기초법 수급자들에 대한 사례관리 역할을 하는 것이다. 재산 기준, 부양의무자 기준 등의 현실화를 통한 기초법 수급자들의 확대, 차상위계층에 대한 부분 급여제도의 도입 등에 따른 기초법 관련 업무의 확대가 예상된다. 나아가 자활사업의 차상위계층으로의 확대와 사회적 일자리의 제도화 등의 변화는 자활 업무의 확대로 이어질 것이며, 이러한 변화들은 향후 공공부조 업무의 대폭적인 확대를 가져올 것이다.

(3) 노인, 장애인, 아동 등 대인서비스 업무

공공부조 업무뿐만 아니라 인구 고령화, 가족 해체 등을 다루도록 새롭게 확대되고 있는 대인서비스 업무 역시 사회복지사무소의 주요 담당 업무가 된다. 대인서비스 영역의 경우도 노인, 장애인, 아동, 청소년, 가족복지서비스 등 시간이 지날수록 업무의 확대가 예상된다. 급속한 인구 고령화에 따라 거동이 가능한 노인에게는 일자리 제공과 문화여가프로그램 마련의 과제를 해결해야 하며, 거동이 어려운 노인에게는 장기요양보험 등 요양제도의 제공이 요구된다. 건전 가정 육성을 위한 각종 프로그램, 보육, 아동 ·

청소년, 장애인복지 영역에서도 지속적인 업무의 확대가 예상되고 있다.

(4) 지역복지 기획, 연계, 민간기관 관리 기능

그동안의 필요성에도 불구하고 사회복지사무소의 설립은 현실적으로 적용이 어렵던 지역 단위 복지사업의 기획은 물론 복지, 보건, 고용 등과의 연계 그리고 민간기관 관리를 가능하게 한다. 특히, 2003년 6월 「사회복지사업법」 개정을 통해 지역 단위 복지계획 수립이 법제화된 것은 지역 차원에서 이러한 사업의 중요성을 확인할 수 있는 계기가 되었다. 공공과 민간기관과의 연계 및 민간기관 관리 등의 업무는 사회복지사무소를 중심으로 '지역복지협의체 프로그램' 을 통해 가능할 것이다.

(5) 복지서비스와 보건, 고용 서비스 간 연계의 필요성

사회복지사무소에서는 그동안 분산되어 제공되던 복지서비스 간의 통합 및 연계는 기본이고, 복지와 보건, 고용서비스 간의 연계를 통해 수요자 입장을 고려한 원스톱서비스 제공이 가능해야 한다. 사회복지사무소를 출발점으로 해서 여러 기관들의 다양한 서비스들이 연계, 조정될 수 있을 것이다. 예를 들어 수급자의 경우, 사회복지사무소에서 사회복지전담공무원과의 초기상담과 지역복지협의체 사례회의를 거쳐, 사례관리자(사회복지전담공무원, 사회복지관 사회복지사, 고용안정센터 고용상담원 등)를 통해 필요한 지원기관(사회복지사무소, 사회복지관, 고용안정센터)을 소개받게 되며, 지속적인 사례관리를 받게 될 것이다.

(6) 사회복지전담인력의 역할

먼저 전문적 행정가로서 사례관리자가 필요하다. 사회복지 수요자에 대한 관리는 기본이고, 다양한 공급자 관리라는 기능까지 담당해야 한다. 사례관리자의 역할을 수행할 때 대상자 선정–서비스 제공–서비스 연계 · 조정 등 서비스 이용자의 복합적 욕구를 고려해야 한다.

사회복지사무소의 사회복지전담인력이 사례관리자로서의 역할을 수행한다고 볼 때, 구체적인 업무의 영역과 역할은 다음과 같이 구상해 볼 수 있다.

① 복지 대상자에 대한 종합적인 계획 수립
② 복지서비스 조직 및 주요 영역들에 대한 정보의 수립
③ 욕구에 관한 정보와 욕구 충족을 위하여 제공되는 서비스 현황 파악
④ 실행되는 서비스와 사회적 지지활동의 영향 및 적절성에 대한 환류
⑤ 누락된 대상자에 대한 서비스 제공 촉진
⑥ 사회적 네트워크 구성원에 대한 지지와 서비스 제공 촉진
⑦ 지역사회 내의 복지서비스와의 연계
⑧ 서비스 중복 및 누락에 관한 조정

(7) 사회복지사무소 설치 시 기대 효과 및 전략적 고려

첫째, 초기 상담 과정을 전문화할 수 있다. 현재의 체계 내에서는 업무 역할 분담이나 조직체계상 초기상담이 부실하게 이루어질 수밖에 없다. 그러나 사회복지서비스 제공의 일차 관문인 초기상담의 실패는 서비스의 효과적인 제공에 부정적인 영향을 미친다. 사회복지사무소 설치를 통해 초기상담팀을 두게 될 경우 사회복지사무소를 찾는 사람들은 누구나 전문적 초기상담을 통해 적절한 서비스를 제공받을 수 있게 될 것이다.

둘째, 사례관리시스템의 도입이 가능해진다. 지역사회 내 다양한 복지자원에 대한 관리와 초기상담을 통한 복지수요의 파악은 지속적인 사례관리시스템의 운용을 가능하게 할 것이다. 사례관리시스템의 도입은 서비스의 중복, 누락의 방지는 물론이고 서비스의 효과성을 높여 줄 것이다.

셋째, 사회복지서비스 대상자를 확대할 수 있다. 지금까지의 사회복지행

정은 공공부조 수급자를 주된 대상으로 하였으나, 사회복지사무소의 설립은 인구 고령화 등에 따라 확대되는 사회복지서비스 욕구에 보다 원활하게 대응할 수 있게 된다. 뿐만 아니라 자활사업 등 근로연계형 복지프로그램의 본격화에 따라 차상위계층 등 일반 저소득층까지 서비스의 주요 대상자를 확대하는 것이 가능해진다.

넷째, 다양한 지역사회자원의 활용이 가능해진다. 사회복지사무소를 통한 지역복지계획의 수립, 지역사회복지협의체의 실질화 등은 보건소, 고용안정센터 등 공공기관은 물론이고 사회복지관, 장애인복지관, 노인복지관 등 지역사회 내 복지시설, 종교시설, 지역민간단체 등 다양한 지역사회 내의 자원 활용을 가능하게 할 것이다. 이러한 자원 활용의 증가는 지역사회에서 사회복지 쟁점의 제기를 활발하게 하여, 나눔을 실천할 수 있는 지역사회의 변화도 가능하게 할 것이다.

다섯째, 지역 특성을 고려한 복지계획 수립이 가능해 진다. 사회복지사무소를 통한 지역복지계획 기능의 강화는 기존의 획일적인 서비스 제공의 틀을 넘어서서 지역 특성을 반영한 복지계획 수립을 가능하게 한다. 예를 들어, 도시 지역의 경우 취업의 욕구를 고려한 복지와 고용의 연계에 중점을 두는 반면, 농촌 지역의 경우 인구 고령화에 대응한 복지와 보건의 연계를 우선 고려할 수 있다.

여섯째, 복지-고용-보건의 서비스 연계 및 조정이 가능해진다. 사회복지사무소의 설립은 그동안 별개의 조직에서 분산적으로 제공되던 복지서비스, 고용서비스, 보건서비스 등을 수요자 입장에서 통합적으로 제공할 수 있을 것이다. 사회복지사무소는 다양한 서비스들이 연계 및 조정되는 일차 관문 역할을 할 수 있을 것이다.

사회복지사무소를 전국적으로 일시에 설치할 것이 아니라, 대도시, 중소도시, 농어촌 등 유형에 따른 시범사업을 통해 효과를 검증하고 사회복지사무소 운영에 따른 문제점을 점검할 필요가 있다. 시범사업의 성공을 위해서는 시범사업이 이루어지는 해당 지방자치단체의 준비 정도와 적성이 고려되어야 하며(시범사업 공모제 등), 보건복지부 차원의 지속적인 관리와 행정자치부, 광역지방자치단체 등의 적극적인 협조체제가 전제되어야 한다. 그리고 사회복지사무소의 설치는 그동안 지역사회에서 사회복지서비스 제공을 담당해 왔던 사회복지관 등 민간 사회복지기관들과의 역할 조정 문제를 가져올 것이다. 민간기관과의 관계 설정 문제는 시범사업을 통해 조정되어야 할 것이다.

5. 참여정부 내에서의 복지전달체계 개편의 동향

1) 대통령자문 빈부격차차별시정위원회의 전달체계 개편

2005년 1월 대통령자문 빈부격차차별시정위원회에서 주도한 사회복지전달체계 개선 방안에서는 복지체계의 국민체감도를 증대하는 방향의 개선방안을 제시하였다.

고령화, 저출산 등 최근 복지환경의 큰 변화와 국민의 복지수요 증가, 그리고 서민 경제의 어려움 등에 의한 생계형 사건 · 사고가 증가함에 따라 위기가정 조기발견체계 구축과 국민의 복지체감도 향상 등을 위한 사회복지전달체계 개선이 과제로 대두되고 있으며, 또한 지방분권화로 복지 사업의 지방 이양이 확대됨에 따라 지방자치단체의 복지 역량 강화도 과제로 인식되는 것이 보고서 작성의 배경으로 인식되고 있다.

또한 개선 방안의 목적은 다음과 같다.

첫째, 위기가정을 조기에 발견 · 지원하는 시스템을 구축한다.

둘째, 시 · 군 · 구 및 읍 · 면 · 동의 복지기능 조정 후 적정 인력을 충원하여 시 · 군 · 구의 복지 기획 능력과 읍 · 면 · 동의 현장성을 강화한다.

셋째, 지자체에 대한 복지 부문 평가의 내실화 등을 중심으로 전달체계 개편의 기본 방향과 정책 방안을 제시하는 것이다.

특히 보고서는 전달체계 개선의 기본 방향을 [그림 2-11]과 같이 나타내고 있는데, 결국 현재 8개 중앙부처에서 비롯된 각종 복지급여가 궁극적으로는 읍 · 면 · 동에 '깔때기' 모양의 적체 현상을 보이고 있고 '기다리는 복지' 수준을 넘지 못하므로, 이를 긴급지원체계와 복지콜시스템을 도입하고 지역사회복지협의체를 활용하면서 '찾아가는 복지' 수준으로 대전환

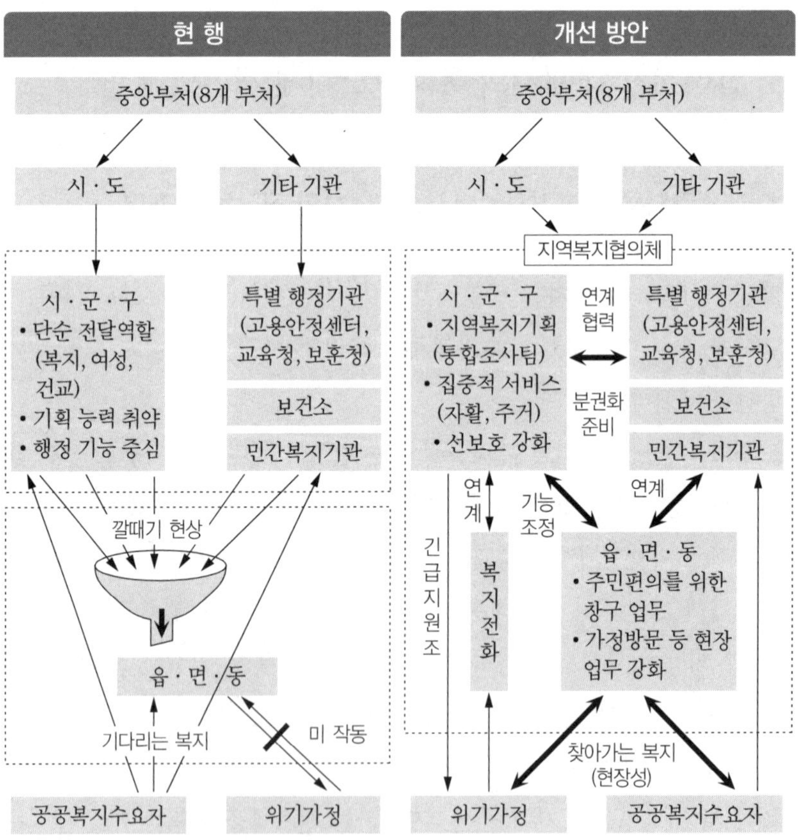

[그림 2-11] 빈부격차차별시정위원회가 밝힌 사회복지전달체계상의 문제점과 개선 방안

출처: 대통령자문 빈부격차차별시정위원회(2005).

을 하자는 것을 핵심 개선 방안 내용으로 제시하고 있다.

구체적인 세부 개선 사항을 정리하면 다음과 같다.

① 위기가정 발견 시스템 구축 및 긴급지원체계 개선

• 유관기관 협조를 통한 발견체계 강화

–건강보험공단, 국민연금관리공단, 지역경찰서 등을 통해 긴급지원 대상자를 발견하고, 사회복지관, 보건소, 공동모금회, 푸드뱅크, 위기가정상담센터, 자원봉사센터 등 지역민간기관이 참여하는 '지역사회복지협의체' 를 통해 지역 차원의 민관 발견체계를 구축하고 지역의사회, 약사회 등 보건의료단체 및 사회복지기관(단체), 학교 등을 통한 홍보(안내)로 취약계층 발견 시 신고를 유도한다.

• 'SOS 이웃지킴이' 사업 추진

–통 · 리 · 반장 및 직능단체 참여자 등을 복지위원으로 적극 활용하고, 전국적으로 2,500여 명의 복지도우미를 활용하여 전담공무원의 업무를 보조하며 야쿠르트 등 음료 배달을 통해 빈곤위기가정을 수시 확인하여 읍 · 면 · 동사무소로 알리는 방안을 지자체 자체사업으로 확산 추진한다.

• 통합복지콜센터 가동

–위기가정 신고 · 상담 등 복지 관련 전화번호를 네 자리 번호로 통합하여 복지부에 '통합복지콜센터' 를 설치한다. 긴급지원을 요하는 사항인 경우 발신 지역 시 · 군 · 구의 긴급지원팀으로 하여금 방문조사 등 조치에 필요한 사항을 전달하고 처리 결과를 확인한다.

• 시 · 군 · 구에 '긴급지원팀' 운영

–위기가정 발견 시 신속히 대응할 수 있도록 시 · 군 · 구에 긴급지원팀을 운영하고, 긴급지원팀은 금번 대책을 통해 충원되는 시 · 군 · 구 내의 복지공무원(시 · 군 · 구당 평균 8명) 등을 활용하여 구성한다.

• 「긴급지원에 관한 특별법」(가칭) 제정 추진

–현행 긴급지원제도는 임시방편적 성격이 강하다는 한계가 있으므로 보다 체계적으로 제도화시킬 필요가 있다는 측면에서 기존의 급여체계와는 구별된 일시적 지원을 내용으로 하는 긴급지원특별법 제정을 추진한다.

② 시 · 군 · 구 및 읍 · 면 · 동의 기능 재조정과 담당 인력의 확충

• 시 · 군 · 구 및 읍 · 면 · 동 간의 기능 재조정

–우선 시 · 군 · 구와 읍 · 면 · 동 간의 복지기능 재조정을 통해 업무혁신을 추진함으로써 인력 활용의 효율성을 극대화하고 [그림 2–12]와 같이 업무를 재조정한다.

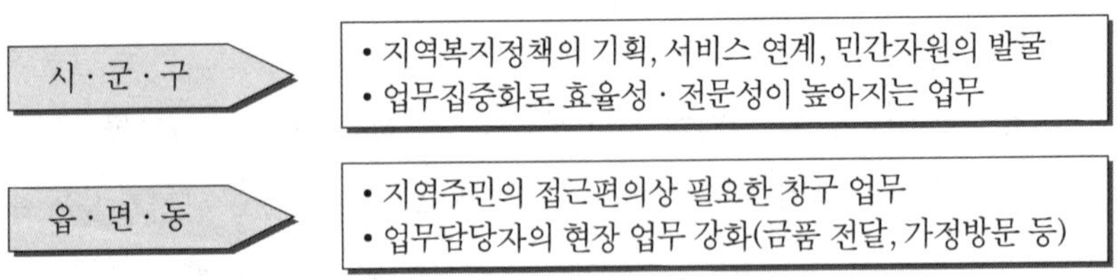

[그림 2–12] 시 · 군 · 구, 읍 · 면 · 동의 기능 재조정 방향

출처: 대통령자문 빈부격차차별시정위원회(2005).

• 사회복지담당공무원의 충원

–시 · 군 · 구의 복지기획 능력 및 현장성 강화 측면에서 234개 시 · 군 · 구당 평균 8명씩의 전담공무원 인력을 충원토록 하여 2005년도까지 총 1,800여 명으로 증원한다. 또한 2006년도 이후는 2005년도에 시 · 군 · 구, 읍 · 면 · 동의 사회복지업무에 대한 직무 분석을 관계부처 합동으로 실시하여 그 결과에 따라 결정하되, 담당 인력은 지자체의 실정에 따라 일반직공무원 또는 사회복지직공무원으로 충원한다.

③ 지역사회 민관협력의 강화

• 지역사회복지협의체의 구성(2005. 7. 시행)

－지역사회의 복지서비스를 체계화하고 연계기반을 마련하기 위해 지역사회복지협의체를 지역 특성에 맞게 구성한다. 특히, 이 협의체를 통하여 첫째, 지역사회복지에 관한 체계적인 의견수렴과 협의를 바탕으로 지역사회복지 개선 방안을 마련하고, 둘째, 지역복지서비스의 연계 및 조정 역할을 하며, 셋째, 지역의 사회복지자원 개발과 효율적 활용 등을 추진한다.

• 지역사회복지협의체의 조기 정착 지원

－제도화된 지역사회복지협의체가 조기에 정착될 수 있도록 정부차원의 다각적인 지원책 강구를 통해 복지부장관이 주재하는 시·도별 우수 협의체 운영사례 보고대회를 정례화하고 단체장의 관심을 유도한다. 협의체 운영에 필요한 사업비(상근유급직원 등) 등 초기 정착을 위해 필요한 사항을 지자체에서 지원하도록 한다.

④ 교육, 훈련 및 성과평가를 통한 복지서비스 질의 제고

• 사회복지전담공무원의 교육, 훈련 강화

－[그림 2-13]과 같이 사회복지전담공무원의 교육훈련체계를 개편한다. 즉, 복지부 주관으로 한국보건복지인력개발원에서 경력별 '지정교육과정'을 통하여 4년마다 1회씩의 교육 기회를 부여하는 한편, 16개 시·도의 지방공무원교육원을 통하여 직무별 교육, 훈련 기회를 적극 제공토록 유도한다. 이를 위해 한국보건복지인력개발원의 교육과정을 단계적으로 확충하고, 직급별·분야별로 교육 과정을 세분화한다.

경력별 교육 (정기교육)	• 보건복지부장관 지정 교육 • 4년마다 1회씩 의무 교육 이수 • 한국보건복지인력개발원에서 교육 주도
직무별 교육 (수시교육)	• 수시로 자율적 이수 교육 • 특히, 통합조사팀 등 위기가정 대응 담당자 교육 및 서비스 연계 과정 개설 • 한국보건복지인력개발원에서 프로그램과 강사를 개발하여 지방공무원교육원에 보급함으로써 교육의 질 담보

[그림 2-13] 사회복지담당공무원에 대한 교육 확충 개요

출처: 대통령자문 빈부격차차별시정위원회(2005).

한편, 이 보고서에서는 추후 과제로서 '지역주민의 입장을 고려한 공공부조 중심의 전달체계 이외에 고용, 교육, 생활체육, 보건의료 등 지역주민의 일상생활 편의서비스가 제대로 전달될 수 있는 공공복지 전달체계'를 개발할 필요가 있다고 말하면서 이를 대통령자문 고령화 및 미래사회위원회에서 준비 중임을 밝히고 있다.

2) 지역사회복지협의체 출범

2002년까지 시범사업을 거친 지역사회복지협의체는 마침내 2003년 7월 30일, 사회복지사업법 개정안에 포함되어 공포되었고, 이 조항의 발효시점인 2005년 7월 31일을 기해 전국적으로 구성되게 되었다.

우선 개정사회복지사업법에 의할 때 지역사회 내의 복지환경에 변화를 줄 수 있는 조항은 다음과 같다.

① 지역사회복지체계의 구축을 사회복지사업법의 목적으로 규정(1조)

② 사회복지서비스와 보건서비스의 연계 규정 신설(4조 2항)

③ 사회복지사업에 관한 중요 사항과 지역복지 계획을 심의 · 건의하는

기능을 수행하는 지역사회복지협의체를 구성(7조의 2)

④ 시 · 군 · 구 및 시 · 도 차원의 지역사회복지계획 수립을 의무화하고 이를 지역보건계획과 연계하여 수립하도록 규정(15조의 3에서 15조의 6까지)

⑤ '재가복지' 라는 장을 신설하여 가정봉사서비스와 주간 · 단기보호서비스 등의 재가복지서비스를 제공하고 가정봉사원 육성 등을 규정(3장의 2)

⑥ 사회복지서비스의 실시에 관한 장(제2장의 2)을 신설하여 지방정부의 책임을 강화하고 보호대상자별 보호 계획의 수립을 규정(33조의 5)

이 중에서 지역사회복지협의체 설치 규정과 지역사회복지계획 수립 규정, 대상자별 보호계획 수립 규정은 2005년 7월 31일부터 시행하게 된 것이다. 결국 이와 같이 개정된 「사회복지사업법」에서는 지역사회복지체계를 구축하기 위해 지방정부로 하여금 지역복지계획을 수립하도록 하고, 또한 지역주민의 서비스 신청에 따라 대상자별 서비스 보호계획을 수립하고 실시하도록 함으로써 사회복지서비스에 대한 지방정부의 책임을 강화하려는 의지를 담고 있다. 이로써 사회복지서비스 공급에서 지방정부의 책임성, 자율성의 강화는 지방정부 수준에서 다음과 같은 변화가 요구되었다.

첫째, 지방정부의 사회복지서비스 기획 능력의 강화를 요구한다.

둘째, 공공서비스의 대행자, 보충적 서비스 공급자, 보완적 서비스 공급자로서 활동하는 민간 부문의 서비스 기획, 집행, 평가 과정에 실질적인 참여를 보장한다.

셋째, 사회적 약자를 옹호하고 대변하는 집단의 요구는 물론 서비스의 이용자인 주민의 요구와 의견을 지역복지서비스의 공급에 반영하는 것을 제도적으로 보장한다.

이 가운데에서 시 · 군 · 구와 시 · 도 단위에서 지역복지계획 수립을 의무화하고 시 · 도지사와 보건복지부 장관이 시 · 군 · 구와 시 · 도에 서비스의 계획의 조정을 권고할 수 있도록 하는 것이 사회복지서비스 발전을 위한 중요한 계기로 작용하는 것에 주목할 필요가 있다. 그동안 사회복지서비스의 기획은 중앙정부의 국고보조금 사업 지침에 의해 중앙집권적으로 이루어져 지방이 지역주민의 복지 욕구에 부응하는 서비스를 기획하지 못하였다. 지역복지계획에는 지역의 복지수요와 전망, 시설 및 재가복지에 대한 공급 대책, 인력 조직 및 재정 등 복지자원 조달, 전달체계, 보건서비스와의 연계 계획 등이 포함되도록 하여, 잘 운영된다면 지역사회의 복지수준을 한 단계 상승시킬 수 있는 좋은 계기가 될 수 있다고 보았다.

이러한 지역사회복지계획의 수립 등 새로운 변화가 일고 있는 상태에서 대부분의 시 · 군 · 구가 관련 조례 및 준비단 구성을 거쳐 지역사회복지협의체를 구성하기에 이르렀다.

그러나 지역 내 협의구조의 제도화에 대한 기대와 함께, 민간-기관의 협의체에 대한 인식의 차이, 상근인력 미배치, 예산 배정에 대한 의회의 비협조, 일부 지역에서의 복지자원 부족 등에 따라 시행착오 가능성에 대한 우려가 제기되고 있던 것도 사실이었다. 특히 일부 지자체는 민간의 참여가 오히려 행정력을 약화시킬 수 있다는 부정적 인식을 갖고 있으며, 선출직 지방자치단체장의 정치적 판단에 의해 민간의 참여 기회가 차단되고 민간-기관 간 위화감이 발생할 소지가 있음도 우려되고 있었다.

3) '희망한국 21'의 전달체계 개편안

대통령자문 빈부격차차별시정위원회의 사회복지전달체계 개선 방안 보고 뒤, 전달체계의 범위를 고용지원, 보건 · 복지, 생활체육 등 일상생활 편의서비스로 확대한 영역을 바탕으로 전달체계 개편 방안을 준비하는 가운데, 정부 내에서는 국무총리실 주관으로 '저출산 · 사회안전망개혁방안:

Social Safety Plan 2005'를 논의하였으며, 마침내 2005년 10월에 국민에게 이를 공표하였다.

일명 '희망한국 21'로 불리는 이 개혁안에는 시 · 군 · 구 및 읍 · 면 · 동의 지방행정조직에 지역주민생활서비스통합체계를 포함하고 있다. 이에 따르면, 시 · 군 · 구, 읍 · 면 · 동의 기능 확충 및 운영구조를 개편하여 최일선 사회정책(복지 · 고용 · 보건 · 주거 등)을 집행하는 시 · 군 · 구 및 읍 · 면 · 동의 사회복지조직 강화, 인력의 확충 및 전문성 강화를 도모하는데, 핵심은 [그림 2-14]와 같은 체계다.

이 개혁안의 좀 더 구체적인 내용을 보면, 첫째, 시 · 군 · 구에 주민생활지원담당부서를 설치('국' 또는 '과')한다. 모든 시 · 군 · 구의 조직체계를 개편, 주민생활지원담당부서('국' 또는 '과')를 설치하여 주민생활과 밀접한 행정서비스를 지방자치단체에서 통합 제공한다. 이를 위해 현행 '국' 단위 운영 지역은 1개 과를 추가 설치하고, '과' 단위 운영 지역은 과 내 담

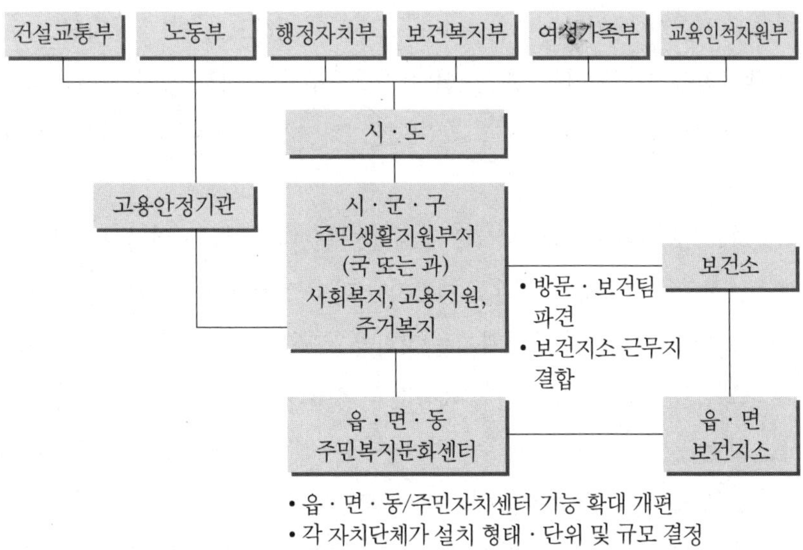

[그림 2-14] '희망한국 21'의 지역주민서비스통합체계 구축 방안

당팀을 확대하거나 또는 1개 과를 추가 설치한다. 이렇게 개편된 조직에서는 복지(여성 · 가족) · 고용 · 보건 · 주거 등 주민생활지원과 관련된 포괄적인 사회정책 영역에서의 지방 기획기능 및 자원관리 · 연계를 담당한다. 또한 전문적인 기획 · 행정업무, 공공부조 및 사회복지서비스를 비롯한 각종 생활지원을 위한 통합조사 · 상담, 복지수요자 관리, 서비스 연계 등 업무 기능별로 조직을 편성하고, 이를 위해 시 · 군 · 구 및 읍 · 면 · 동 간의 기능을 조정한다.

둘째, 읍 · 면 · 동 및 주민자치센터를 '주민복지문화센터'로 단계적으로 확대, 개편한다. 현장의 복지 · 고용 · 보건 · 주거 서비스를 제공하는 일선 창구(branch)로서 읍 · 면 · 동 및 주민자치센터를 '주민복지문화센터'로 개편하고, 이를 통해 시 · 군 · 구가 기획한 주민복지 업무를 집행할 체계를 마련하고, 주민상담 · 정보 제공 등을 통해 현장성 · 접근성을 강화한다.

셋째, 복지직, 행정직공무원의 업무 배치 재편 및 교육 기회 확대를 꾀한다. 2005년 확충 계획된 복지직공무원(1,830명)을 비롯하여 복지 기획 및 자원관리 담당 복지직공무원(시 · 군 · 구)을 확대하고, 주민생활지원 업무에 행정직을 재배치하는 한편, 전체 지방공무원에 대하여 일상생활 지원 및 복지 관련 기획 · 인식 제고 교육을 강화하고, 지방공무원 신규임용시험에 사회복지 과목을 포함한다.

넷째, 수요자에게 용이한 접근 경로를 마련한다. 긴급 · 위기상황에서의 접근성 향상, 이에 대한 서비스 제공기관 간의 원활한 서비스 연계(referral system) 및 지속적 사후관리체계를 정비하고, 특히 보건복지부가 운영하는 '보건복지콜센터'의 지역 현장 대응성을 제고한다. 아울러 웹을 기반으로 하는 보건복지정보화사업을 추진하고, 행정–민간 간 시스템을 통합 · 조정하기 위해 국가복지정보시스템(2005~2008)을 조기에 구축하도록 한다.

다섯째, 공공 · 민간 간의 협력체계를 구성한다. 지역주민생활서비스와 관련하여 민관협의체를 구성하고 복지, 보건, 고용 등 서비스 제공 주체와 자원봉사단체, 종교기관, 기업, 노조, 대학 등의 참여를 통해 사회적 자본의 활성화를 도모할 협의 구조를 마련한다. 이를 위해 「사회복지사업법」에 근거한 지역사회복지협의체의 참여대상을 확대하고 운영을 활성화하는 방안을 취한다.

여섯째, 민간자원의 확충 및 지역주민의 자발적 활동을 활성화한다. 지역 생활지원서비스의 총량 확대를 위해 필요한 제공기관을 확충하고 관련 민간・자원활동(민간복지시설, NGO, 기업, 노조, 종교단체, 대학, 자원봉사자 등) 인력에 대한 교육 기회를 확대하며, 지역 민간복지기관의 역할 강화를 위한 운영・지원 체계를 개편한다.

6. 시사점

그동안의 시범사업 및 최근 전달체계 개편에 대한 고찰을 통해 사회복지 전달체계 개편에서 몇 가지 시사점을 얻을 수 있다.

첫째, 조직적 통합 또는 분절적 운영은 현재의 지방행정체계의 특성상 운영상의 갈등을 불러일으킬 소지가 있다는 점이다. 시범 보건복지사무소는 조직적 통합을, 시범 사회복지사무소는 독립적 운영을 꾀하였다. 시범 보건복지사무소는 보건소와 조직적 통합을 시도하였으나 결국 그 벽을 넘지 못하였다. 물론 시범 사회복지사무소는 아직 진행 중이므로 최종적으로 평가하기는 이르지만, 여타 지방행정조직과 분리되어 독립적 조직 형태가 되는 데서 오는 단점으로서 행정상의 연계나 협조체계의 문제가 등장할 수 있다. 따라서 행정조직상의 무리함이 최소화된 상태에서 복지행정의 전문성과 업무 효율성이 극대화되는 방식을 추구하여야 할 것이다.

둘째, 민과 관의 자원량을 효과적으로, 통합적으로 활용할 수 있는 방안도 모색되어야 한다는 점이다. 지금까지의 전달체계 개편이 주로 공공 영역에 국한된 것이었으나, 지역사회복지협의체와 같이 민간과 함께 자원을 공유하고 이를 지역주민의 입장에서 통합적으로 제공할 수 있는 방안을 모색하는 것이 향후 전달체계 개편에 핵심적으로 고려되어야 할 것이다.

셋째, 이때 민간의 복지 주체들과의 민주적 협력관계를 이룰 수 있는 방안을 유도할 수 있어야 한다. 시범 지역사회복지협의체 사업에서 드러난 문제점을 고려할 때, 민간-기관 간의 협치를 바탕으로 한 협의체 구성이 쉽지 않으므로 이에 대한 좀 더 정치한 작업이 시도되어야 할 것이다.

따라서 현재까지 진행된 전달체계의 개편 노력과 최근 제기되는 민간자원과 공공자원의 연계 활용 및 공공전달체계상의 깔때기 현상 배제, 수요자 중심의 공공 서비스 제공의 중요성 등을 고려한 좀 더 진전된 전달체계 개선 방안이 제시되어야 한다.

제3장

외국의 공공복지전달체계

이인재 · 변재관 · 강혜규

외국의 경우 복지 관련 전달체계가 매우 다양하고 다양한 방식으로 구성되고 있다. 중앙정부 차원에서 복지 기능과 고용 기능을 통합해서 제공하는 나라는 독일과 일본으로, 이들은 동일 부서에서 고용 기능과 복지 기능을 연계하여 제공하고 있다. 독일의 경우 고령자, 여성, 청소년 등 사회취약계층에 대한 복지 기능은 별도의 부처(가정 · 고령자 · 여성 · 청소년부)에서 수행하고 있다. 영국의 경우 최근까지 두 기능을 분리하여 별개의 부처에서 제공하였으나, 근로연계복지제도의 확대에 맞추어 최근에는 통합의 움직임을 보이고 있다. 미국의 경우 중앙정부 차원에서는 분리해서 서비스를 제공하나, 지방정부 차원에서는 서비스를 통합 제공하고 있다. 호주의 경우도 최근 센터링크(centre link)를 통하여 중앙부처의 각종 급여를 지역단위에서 일괄적이고 통합적으로 제공하는 위탁기구를 설치하는 개혁을 단행하였다.

이러한 외국의 전달체계 현황에 대해 좀 더 자세히 서술하고자 한다.

1. 일본의 전달체계와 보건-복지 연계 현황

일본은 고령화 사회,[1] 소자화(小子化) 사회, 의료개혁, 연금제도의 붕괴, 공적 개호(介護)보험제도 실시, 고실업률, 실업보험급여 감소, 중 · 고령자 고용, 직장의 남녀차별 철폐, 구조조정 지옥 등의 사회경제적 환경의 변화로 사회보장의 구조개혁이 절실한 과제로 떠올랐다. 이를 실현할 수 있는 행정조직 개편이 요구되었고, 결국 2001년 1월 6일부터 후생성과 노동성이 '후생노동성'으로 통합되는 중앙정부조직의 개편이 이루어졌다. 이와 같은 중앙정부조직상의 개편 외에도 2000년 4월부터 고령자를 대상으로 일상생활의 보조 및 만성적인 질병 등에 대한 의료서비스를 제공하기 위하여 공적보험의 일환으로서 '개호보험제도'를 실시하게 되었다. 이는 개호문제를 고령화 사회의 최대 과제로 규정한 일본 정부의 의지가 반영된 것이며, 이를 통하여 고령자의 개호문제가 종래 가족 단위에서 사회 전체 규모의 지원으로 확대되었다(김은지, 2002). 2000년 6월에는 사회복지 기초구조 개혁의 차원에서 「사회복지사업법등개정일괄법」이 등장하였는데, 이에 따라 '자치단체를 기반으로 하는 새로운 사회복지'로서의 '지역복지'와 '복지행정'이 제도적으로 실시될 수 있게 되었다(방성수 · 김한양, 2002).

---

1) 1995~2025년 인구 구성 변화의 추이

연령	1995년	2000년	2010년	2025년
0~19세	2,836(22.8%)	2,593(20.4%)	2,295(18.1%)	1,910(16.2%)
20~64세	7,775(62.5%)	7,894(62.2%)	7,521(59.5%)	6,527(55.5%)
65세 이상	1,819(14.6%)	2,187(17.2%)	2,813(22.2%)	3,312(28.1%)
인구 합계(만 명)	12,439(100.0%)	12,674(100.0%)	12,628(100.0%)	11,748(100.0%)
현역 세대/고령자 세대	4.3명	3.6명	2.7명	2.0명

출처: 中村 實 · 和田理都子(2001); 김은지(2002) 재인용.

여기서는 일본의 사회복지 관련 행정체계 및 전달체계의 변화 과정들을 살펴보고, 이러한 개혁 과정들이 우리나라에 시사하는 함의를 검토하고자 한다. 특히 일본 공적 사회복지전달체계의 대표격이라고 할 수 있는 '복지사무소'를 둘러싼 개혁 과정들을 중심으로 검토한다.

1) 일본의 공적 사회복지전달체계의 변화 과정

우선 일본의 공적 사회복지전달체계의 주요한 변화 과정들을 시기별로 간략하게 검토하고자 한다. 전후 일본의 사회복지정책의 시기를 대략 네 가지로 구분하여 각 시기의 특징을 살펴보고자 한다(오오토모 노부까쯔, 2003).

(1) 전후 사회복지의 전개(1946~1973년)

일본은 제2차 세계대전에서 패한 후 연합군의 점령통치를 받는 동안 사회보장제도의 기본 틀을 형성하였다. 이 시기 동안 「생활보호법」(1946년), 「아동복지법」(1947년), 「신체장애자복지법」(1949년)이 제정되었다. 「생활보호법」은 「헌법」 25조의 생존권 보장에 근거하여 보호 청구권과 최저생활의 보장, 무차별평등의 원칙 등에 개선을 더하여 1950년에 새로운 「생활보호법」으로 개정되었다. 「사회복지사업법」은 GHQ(연합국군최고지령관총사령부)의 제안을 받아들여 제정한 사회복지사업의 조직, 운영에 관한 법률로서 복지사무소, 사회복지주사제도 등에 대해 규정한 제도다. 이 법률은 2000년의 제도 개정까지, 전후 일본의 사회복지 기초 구조를 담당하는 역할을 해 왔다고 할 수 있다. 1960년대 전반에는 복지3법에서 복지6법 체제로의 변화가 이루어지는데, 새로 「정신박약자복지법」(1960년), 「노인복지법」(1963년), 「모자복지법」(1964년)이 제도화된 것이다. 복지6법 체제는 일본의 사회복지제도의 기초 구조를 형성하는 것으로, 생활보호에서 복지서비스로의 새로운 정책 변화를 만들어 내는 요인이 되었다.

(2) 저성장기의 사회복지정책(1974~1989년)

1970년대 초반에 들어와 사회보장체제를 본격적으로 구축하고자 시도했으나, 1973년 오일쇼크를 계기로 일본의 고도경제성장이 저성장의 시기로 접어들면서 이러한 시도가 좌절되었다. 사회복지의 획기적인 발전을 도모하고자 1973년을 '복지원년'으로 설정하고 노인의료비의 전국적인 무료화를 제도화하는 등의 새로운 사회복지사업을 구상했으나 좌절되고 말았다. 이에 따라 1979년 '일본형 복지사회'를 내걸고 사회복지 축소를 주장하였다. 이러한 과정에서 1981년 제2차 임시행정조사회가 설치되어 전면적인 행정 · 재정 개혁을 시도하였다. 이를 통해 '작은 정부론'을 목적으로 재정주도에 의한 국고보조율의 삭감을 단행했는데, 이는 높은 비율의 보조(중앙정부 80%, 지방정부 20%)의 전형으로서 복지서비스가 긴축의 대상이 되었다. 생활보호행정은 제3차 '적정화'라고 불리는 재정 긴축 상태에 접어들어 신청 절차의 복잡화, 자산조사의 강화를 도입하여 감사를 통해 체크하는 행정지도를 실시하였다. 또한 중앙정부와 지방정부의 역할 분담이 중앙과 지방정부 간의 분권화에 따라 1986년에 검토의 대상이 되었다. 「생활보호법」은 기관위임사무, 그 외의 복지5법은 단체(위임)사무로서, 지방정부의 분권화가 행정 업무의 집행, 운영상의 과제로서 나타나는 것이 특징이다. 중앙정부와 지방정부 간의 분권화의 계기는 국고보조율의 삭감에 동반되는 지방정부의 비용 부담의 증가로부터 시작된다.

(3) 사회복지정책의 전환과 복지개혁(1990~1999년)

1990년대에 들어와 일본은 다시 사회보장개혁을 추진하게 되었다. 특히 1995년에 사회보장심의회가 발표한 '사회보장제도 재구축에 관한 권고-안심하고 생활할 수 있는 21세기의 사회를 목표로'에 기초하여 일본정부는 사회보장제도를 전면적으로 재구축하고 있다(심재호, 1999). 이와 같이 현재 전개 중인 사회복지전달체계의 변화의 직접적인 계기는 1990년에 시행된 '사회복지관계8법 개정'이라고 할 수 있다. 사회복지관계8법 개정은 '노인복지법의 일부를 개정하는 법률'로 지칭되기도 하는데, 가장 중요한 부분은 시·정·촌의 역할 중시가 제도화된 것이다. 즉, 특별양호노인홈, 양호노인홈의 입소결정권이 도·도·부·현에서 시·정·촌으로 이전된 것이다. 이와 함께 신체장애자 갱생원호시설의 입소결정권도 시·정·촌으로 이행되었다. 시는 복지사무소의 설치 의무가 있으므로 복지6법을 소관하지만, 정·촌은 처음으로 복지2법(「노인복지법」「신체장애자복지법」)을 담당하는 실무기관이 되었다.

그리고 「노인복지법 및 노인보건법」의 일부 개정은 시·정·촌의 노인보건복지계획의 책정을 의무화하고 있는데, 이는 시·정·촌을 중심으로 한 지역복지의 계획화 시대에 접어들었음을 의미한다. 도·도·부·현은 시·정·촌에 대하여 필요한 행정지도와 조정을 시행하지만, 책정과 실무의 권한과 책임은 시·정·촌이 담당하도록 제도화된 것이 특징이다. 고령자보건복지계획은 정상화(normalization)의 이념, 주민 참여의 원칙, 보건·의료·복지의 연계, 재택서비스와 시설서비스의 통합, 사회복지전문인력의 전문성 향상에 영향을 미쳐, 개호의 사회화를 촉진시키는 계기가 되었다고 볼 수 있다.

(4) 사회복지기초구조개혁(2000년~현재)

사회복지기초구조개혁은 2000년 「사회복지법」의 시행으로 새로운 제도화 시기에 진입했다고 볼 수 있다. 「사회복지법」은 전후 개혁의 역할을 담당해 온 「사회복지사업법」(1951년)을 근본적으로 바꾸었는데, 이용자가 복지서비스를 스스로 선택하고 결정하도록 하는 계약·이용 제도를 중시한다. 그리고 「사회복지법」은 지역복지계획의 책정을 시·정·촌에 요구하고 있다. 지역복지계획은 「사회복지관계8법」 개정에 근거하여 노인보건복지계획뿐만 아니라, 장애자계획, 아동양육지원계획, 개호보험사업계획을 통합화한 계획으로, 종합적인 지역자립생활을 지원하는 것을 목적으로 하고 있다. 지역복지계획은 새로운 시 · 정 · 촌 합병의 움직임 속에서, 특히 인구 규모가 작고 고령화율이 높은 과소 지역일수록 재정력도 약해지고 계획화의 작업도 늦어지는 경향이 있다.

또한 2000년 「개호보험법」이 시행되었는데, 이 문제는 현재 일본 사회에서 가장 논란의 대상이 되고 있다. 개호보험은 사회보험 방식이지만, 공비가 45%, 보험료가 45%, 이용자가 10%로 비용을 부담하게 되어 있다. 개호보험이 첫째, 계약 · 이용 방식인 점, 둘째, 저소득층에게 불리한 것이 많은 점, 셋째, 개호(介護)서비스 필요자의 인정방법과 컴퓨터화의 타당성 등을 둘러싸고 논쟁이 있었다. 개호보험의 실시 주체는 시 · 정 · 촌이지만, 개호서비스 필요자에 대한 인정 기준, 개호 보수는 중앙정부의 역할과 권한으로 되어 있다. 즉, 집권적 분권 방식이라고도 할 수 있는 사무의 역할분담체계로 되어 있다고 할 수 있다.

2) 사회복지사무소의 현황

앞서 살펴보았듯이 사회복지전달체계는 1970년대 중반의 '복지재검토론'과 그에 이은 1980~1990년대의 복지개혁이 전개되는 과정에서 주요한 쟁점 중의 하나였다. 그런데 이 과정에서 이루어진 전달체계에 대한 논의들은 주로 중앙 · 지방 · 민간 간의 역할 분담이나 재정문제 등 거시적 측면에 초점을 맞춘 것이었고, 구체적인 전달체계의 기능과 조직이나 구조 또는 인력 등에 대한 논의는 부족하였다. 특히 복지사무소와 같은 일선 조직에 대한 논의는 제대로 이루어지지 않았다. 현재 일본의 일선 공적 사회복지전달체계로는 복지사무소 외에도 신체장애자갱생상담소, 부인상담소, 아동상담소, 정신박약자갱생상담소 등이 있는데, 이 중에서 복지사무소가 수나 기능 면에서 대표적이라고 할 수 있다. 복지사무소는 제2차 세계대전 후 미군의 점령하에서 제정된 사회복지사업법에 근거하여 1951년 10월에 '복지행정의 최일선 실무기관'으로 설치된 후, 1960년대 초반에 사회복지 관련 법들의 개정 및 제정에 의해, 그리고 1970년대 신(新)복지사무소 운영지침 · 복지센터구성 · 실험복지사무소의 운영 등에 따라 많은 변화를 겪어 왔다. 특히 복지관계8법 개정에 따라 전달체계의 다양화가 모색되면서, 복지사무소의 구조 · 기능 · 재정 · 인력 · 관할지역 · 관련 기관과의 연계 등 모든 면에서 큰 변화가 있었다. 현재 복지사무소는 각 지방자치체에 따라 매우 다양한 형태로 바뀌어 가고 있다(심재호, 1997).

이러한 변화 과정에서 나타나는 다양한 양상들은 사회복지전달체계의 구축을 모색하면서 검토할 필요가 있으며, 여러 가지 시사점을 나타낼 것으로 기대된다. 일본의 대표적 공적 사회복지전달체계인 복지사무소는 이전에 시범사업으로 실시된 보건복지사무소와 관련되며, 현재 시범사업 중인 '사회복지사무소', 더 나아가 향후의 전달체계 개편방향의 구상에도 다양한 함의를 지닐 것이므로 면밀한 검토가 필요하다고 할 수 있다. 특히 1990년대 이후 전개 중인 복지사무소의 변화 과정과 그 의미를 살펴보고, 우리에게 주는 함의를 찾아보고자 한다.

3) 복지사무소의 조직과 기능

(1) 복지사무소의 조직 구조

신(新)복지사무소 운영 지침에 따르면, 복지사무소의 조직은 관내 인구 10만의 경우 소장 밑에 보호과, 복지과, 사회과, 총무과, 상담실을 두고 있다. 여기에 신체장애자복지사, 정신박약자복지사, 노인복지지도주사, 가정아동복지주사, 면접상담원, 현업원(現業員; case worker) 등을 배치하고 있다. 복지사무소는 「사회복지사업법」에 기초하여 설치되는데, 그 설치 기준은 〈표 3-1〉과 같다.

〈표 3-1〉 복지사무소 설치 기준

설치 주체	구 역	설치 수
도·도·부·현(都·道·府·縣)	지방사무소 또는 지청(道의 경우는 지청출장소 포함)의 관할 구역 기타 구역	지방사무소 또는 지청(道의 경우는 지청출장소 포함)마다 1개 인구 약 10만 명당 1개
지정도시		인구 약 10만 명당 1개
특별구		인구 약 10만 명당 1개
시(지정 도시 제외)	시(市)의 소관 구역	1개(단, 정령지정에 따라 인구 20만 명 이상의 시는 2개 이상 설치 가능)
정·촌(町村)	정·촌(町·村)의 소관 구역	1개(임의 설치) 일부 사무조합을 세워 설치 가능

출처: 변재관 외, 2000.

복지사무소의 설치 주체는 도·도·부·현(都·道·府·縣), 시, 특별구, 정·촌(町·村) 등인데, 이 중에서 정·촌은 임의 설치하는 것이며, 나머지 지역은 의무적으로 설치해야 한다.

(2) 주요 기능과 인력

복지사무소의 핵심 부서는 보호과와 복지과라고 할 수 있는데, 보호과는 생활보호 업무를, 복지과는 복지5법 업무(「노인복지법」「아동복지법」「신체장애자복지법」「정신박약자복지법」「모자복지법」 등 사회복지서비스)를 담당한다. 복지과에서는 복지5법의 기능을 충실히 수행하고자 신체장애자복지사, 정신박약자복지사, 노인복지지도주사, 가정아동복지주사, 면접상담원, 현업원 등을 배치하고 있다. 그리고 사회과는 복지6법(「생활보호법」「노인복지법」「아동복지법」「신체장애자복지법」「정신박약자복지법」「모자복지법」) 외의 사회복지행정업무, 즉 민생위원, 사회복지협의회, 공동모금 등의 업무를 담당한다. 상담실은 전문적 기술이 필요한 종합적 상담을 실시하는데, 여기에는 계장급을 배치한다. 끝으로 총무과는 일반행정사무를 취급하며, 지역복지계획이나 사회조사 등 기획 부분도 담당한다.

복지사무소의 인력은 소장, 지도감독원(supervisor), 신체장애자복지사, 정신박약자복지사, 노인복지지도주사, 가정아동복지주사, 모자상담원, 부인상담원, 가정상담원, 현업원, 사무직원 등으로 구성된다. 이들 중에서 실무의 핵심은 현업원이라고 할 수 있는데, 그 배치 기준에 따르면, 도·도·부·현의 경우 피보호세대 65가구당 1명씩이고, 시·특별구·정·촌의 경우 80세대당 1명씩 둔다.

(3) 복지사무소의 변화 과정-복지관계8법 개정을 중심으로

1990년 6월에 시행된 복지관계8법 개정은 전반적인 사회복지전달체계의 변화를 초래하였다.[2] 이 개정에서 복지사무소와 관련된 개혁은 기본적으로 '주민에 밀착된 행정은 될 수 있는 대로 주민의 곁에 있는 지방공공단체가 실시하도록'하였다. 이것은 복지관계 3심의회의 보고서에서 제시된 "도·도·부·현은 광역적인 관점에서 각종 서비스의 종합저 조정을 행하고, 시·정·촌은 재택 및 시설 복지서비스를 일원적으로 제공할 수 있는 체제 구축을 추진한다"는 것을 토대로 한 것이다(심재호, 1997). 복지관계8법 개정에 따른 복지사무소의 변화는 '주로 기능상의 변화에 한정되며, 복지사무소의 조직 구조에 관한 규정의 변화는 거의 없다.'라고 요약된다. 하지만 실제로 나타난 현상을 보면 기능의 변화는 조직 구조의 변화를 수반하고 있으며, 따라서 이를 단순한 변화로 간주해서는 안 되며, 8법 개정

2) 1970년대 전반에 복지센터 구상이나 실험복지사무소의 설치 등이 이루어진 시기를 제1차 개혁으로 본다면, 8법 개정에 따른 변화는 제2차 개혁이라고 말할 수 있다. 제1차 개혁은 생활보호사무소에서 종합적 복지사무소로의 전환을 목표로 후생성이 주도한 개혁이었으나, 제2차 개혁은 복지관계8법 개정을 비롯해 골드플랜이나 지역보건법 제정 등을 배경으로 각 자치체가 고령자대책을 추구하려는 독자적인 움직임에 의해 이루어지고 있다. 하지만 정령(政令)도시를 중심으로 볼 때 다음과 같은 공통점이 있다. 첫째, 지역복지의 전개에 대응하기 위해 복지사무소의 조직이나 기능을 변화시키고, 둘째, 보건부문과의 통합을 시도하고 있으며, 셋째, 컴퓨터를 활용한 사회복지 종합정보시스템을 구축하고 있다. 구체적인 개혁 방법은 자치체에 따라서 매우 다양하며, 표면상으로는 전혀 다른 방법을 취하는 것처럼 보이기도 한다(심재호, 1997).

이후 각 지방별로 복지사무소가 위축되는 양상이 점차 확산되고 있다. 8법 개정에 따른 복지사무소의 구체적인 변화를 요약하면 다음과 같다(변재관 외, 2000).

첫째, 과거에는 도 · 도 · 부 · 현과 시 · 정 · 촌 복지사무소가 모두 복지6법체제였으나, 복지4법체제(도 · 도 · 부 · 현), 복지6법체제(시), 복지2법체제(정 · 촌)의 3유형으로 분리되었다. 즉, 복지관계8법 개정 전에는 「사회복지사업법」에서 도 · 도 · 부 · 현이 설치하는 복지사무소와 시 · 정 · 촌이 설치하는 복지사무소의 기능이 완전히 동일하였다. 하지만 노인 및 신체장애자에 관한 시설입소 결정권 등이 정 · 촌으로 이양됨에 따라 「사회복지사업법」상에서 도 · 도 · 부 · 현 복지사무소는 소위 복지4법 사무소가 되었고, 시 · 정 · 촌 복지사무소는 과거와 마찬가지로 복지6법 사무소가 되었다. 이에 따라 복지사무소는 기능과 조직면에서 상당한 변화를 보이게 되었는데, 전체적으로 평가할 때 복지사무소가 축소된 것으로 보인다. 즉, 많은 지역에서 복지사무소의 복지5법 기능(사회복지서비스)이 축소되어 생활보호사무소로 전락되는 양상을 보이고 있다.

둘째, 복지사무소의 중심 기능인 현업(現業; 서비스 제공) 기능에 욕구 파악, 계획, 관계조정 등의 기능이 추가되었다.

셋째, 관계 사무를 정 · 촌으로 이양함에 따라 따라 복지사무소 직원체제의 변동(복지5법 담당 직원의 배치 기준인 인구별 산정 기준의 재평가나 사회복지주사 자격의 변경 등)이 이루어졌다.

끝으로 이전에 정 · 촌을 담당했던 군부(郡部) 복지사무소가 시 · 정 · 촌을 포함한 광역권을, 시부(市部) 복지사무소는 관할복지지구를, 정 · 촌은 당해 정 · 촌 구역을 소관 구역으로 하도록 재편되었다.

또한 복지사무소의 인력 즉, 사회복지주사(社會福祉主事)와 관련된 변화 내용을 살펴보면, 복지관계8법 개정 전에는 도 · 도 · 부 · 현 및 시 · 정 · 촌은 사회복지주사를 둔다고 되어 있고, 그 직무는 「생활보호법」 등 복지 관련법에 의해 정해진 원호·육성·갱생의 조치에 관한 사무를 행하는 것으로 되어 있었다. 그런데 복지관계8법 개정에 따라 자격 규정을 제외한 사회복지주사의 설치 및 직무에 관한 내용이 변경되었다. 변화된 사회복지주사와 복지사무소와의 관계를 보면, 과거에는 복지사무소와 사회복지주사는 분리될 수 없는 관계였지만, 복지관계8법 개정에 따라 사회복지주사가 복지사무소를 설치하지 않은 정·촌에도 배치될 수 있도록 되었기 때문에 사회복지주사는 복지사무소와 분리·독립된 관계로 존재하게 되었다. 이와 같은 복지사무소의 변화 내용은 〈표 3-2〉에 자세하게 제시되어 있다.

복지관계8법 개정에 따른 복지사무소의 변화는 그 과정과 결과 모두에서 문제를 갖고 있는데, 복지사무소에 대한 주요한 논의가 전개되지 못했다는 점이다. 이런 상황에서 복지사무소는 수동적인 입장에서 변화의 결과를 수용할 수밖에 없었고, 그 결과 복지사무소는 기존의 문제를 해결하지 못한 채 새로운 업무를 추가로 담당하게 되어 또 다른 문제를 표출시키게 되었던 것이다. 일선 사회복지전달체계는 비록 그것이 하부 조직이라고 하더라도 직접 복지서비스를 제공한다는 점에서 사회복지의 효과성과 효율성을 좌우할 수 있으므로 매우 중요한 위치에 있다. 따라서 사회복지전달체계를 형성하거나 기존의 사회복지전달체계에 변화를 줄 새로운 환경을 조성할 때, 일선 사회복지전달체계에 어떤 영향을 미칠 것인지를 먼저 고려해야 함에도 불구하고 일본은 그렇지 못하였다. 결과 측면에서도, 생활보호와 사회복지서비스를 모두 담당해 왔던 사회복지사무소가 점차 생활보호사무소로 전락하고 있다는 점이 문제다. 이는 재가복지 또는 지역복지의 강화 추세와 맞물려 국가의 역할을 축소하는 결과를 초래하고 있다(변재관 외, 2000; 심재호, 1997).

〈표 3-2〉 복지관계8법 개정에 따른 복지사무소의 변화 내용

구 분	군부(君部)복지사무소 (340개)		시부(市部)복지사무소 (839개, 정 · 촌 설치 3개 포함)
설치 주체	도 · 도 · 부 · 현(都 · 道 · 府 · 縣)	정 · 촌(町 · 村)	지정도시(指定都市) · 특별구(特別區) · 시 · 정 · 촌(市 · 町 · 村)
기능	• 계획 –도 · 도 · 부 · 현 노인보건복지계획 광역권 계획책정업무 –시 · 정 · 촌 노인보건복지계획 작성에 대한 지원 업무 • 관계 조정 –시 · 정 · 촌 간의 연락 조절 –정부 제공 · 기술적 지원 • 현업 –종합적 상담 원조 · 실태 파악 –정 · 촌에서 대응할 수 없는 상담 지원 • 욕구 파악 –광역권의 실태 파악 및 장래 예측	• 계획 –도 · 도 · 부 · 현 노인보건복지계획과의 조정 –정 · 촌 노인보건복지계획 책정 • 관계 조정 –도 · 도 · 부 · 현 –시 · 정 · 촌 간의 연락 조정 • 현업 –종합적 상담 원조 –실태 파악 • 욕구 파악 –당해 정 · 촌의 실태 파악 및 장래 예측	• 계획 –도 · 도 · 부 · 현 노인보건복지계획과의 조정 –특별구 및 시 · 정 · 촌 노인보건복지계획 책정 업무 • 관계 조정 –도 · 도 · 부 · 현, 지정도시, 특별구, 시 · 정 · 촌 간의 연락 조정 • 현업 –종합적 상담 원조 –실태 파악 • 욕구 파악 –당해 지정도시, 특별구, 시 · 정 · 촌의 실태 파악 및 장래 예측
재원 (부담 비율)	• 「생활보호법」 –국가(3/4) 도 · 도 · 부 · 현(1/4) • 「아동 및 정신박약자복지법」 –국가(1/2) 도 · 도 · 부 · 현(1/2) • 「노인 및 신체장애자복지법」 –국가(1/2) 도 · 도 · 부 · 현(4/1) 정 · 촌(1/4)	• 「노인 및 신체장애자복지법」 –정 · 촌(1/4)	• 「생활보호법」 –국가(3/4) 특별구, 시(1/4) • 「아동 및 정신박약자복지법」 –국가(1/2) 특별구, 시(1/2) • 「노인 및 신체장애자복지법」 –국가(1/2) 특별구, 시(1/2)
인력 체제	• 전문 직원 –사회복지주사 • 인력 배치 –신체장애자복지사는 신체장애자갱생상담소로 이동 배치	• 전문 직원 –사회복지주사가 아니어도 됨 • 인력 배치 • 증원 조치(지방교부세에 의해)	• 전문 직원 –사회복지주사 • 인력 배치 –종전대로
소장 사무	• 복지6법 관련: 「생활보호법」 「아동복지법」 「정신박약자복지법」 「모자 및 과부복지법」 • 기타: 부인보호, 재해구조, 민생아동위원, 사회복지협의회, 생활복지지금 등에 관한 사무 등	• 복지6법 관련: 「신체장애자복지법」 「노인복지법」 • 기타: 부인보호, 재해구조, 민생아동위원, 사회복지협의회, 생활복지자금 등에 관한 사무 등	• 복지6법 관련: 「생활보호법」 「아동복지법」 「정신박약자복지법」 「모자 및 과부복지법」 「신체장애자복지법」 • 기타: 부인보호, 재해구조, 민생아동위원, 사회복지협의회, 생활복지자금 등에 관한 사무 등

〈계속〉

관련 기관	아동상담소, 신체장애자갱생상담소, 정신박약자갱생상담소, 부인상담소, 사회복지협의회, 재택개호지원센터, 보건소 등	사회복지협의회, 보건센터 등	아동상담소(지정도시), 정신박약자갱생상담소(지정도시), 사회복지협의회, 재택개호지원센터, 보건소, 보건센터 등
복지 지부	• 지방사무소 또는 시청마다 1개소씩 • 기타 약 인구 10만 명마다 1개소씩	• 당해 정 · 촌 소관 구역	• 지정도시 및 특별구: 약 인구 10만 명마다 1개소씩 • 시: 당해 시의 구역 • 정 · 촌(임의): 당해 정 · 촌의 구역

출처: 심재호(1997).

4) 보건 · 복지 연계

보건 · 복지 연계사업의 전개 형태는 '복지사무소'의 위상 및 기능의 변화와 밀접한 관계가 있다(전광현, 1992). 복지사무소는 1970년대 전반 후생성 주관하에 복지센터의 구상 및 실험복지사무소의 실시 등으로 대표되는 일련의 개혁 과정을 거쳐 '생활보호사무소(生活保護事務所)'에서 '종합적 복지사무소'로 탈바꿈하였다. 한편, 현재 대부분의 도시에서 진행 중인 복지사무소의 개혁은 골드플랜, 「지역보건법」 개정 등을 배경으로 하여 고령자 대책을 축으로 하는 각 자치단체의 독자적인 변혁의 움직임이다.[3] 이러한 변혁의 내용은 크게 세 가지로 요약된다. 첫째, 하나는 지역복지의 전개에 대응하기 위한 복지사무소의 조직 및 기능의 변천, 둘째, 보건과 복지

3) 일본의 노인보건 · 복지 정책에서 보건 · 복지의 연계가 본격화된 것은 1989년 골드플랜, 즉 '고령자 보건복지추진 10개년 전략' 및 이를 수정한 1994년의 신골드플랜에서 '고령자개호'를 중심으로 한 보건 · 복지정책을 입안하면서부터다. 골드플랜의 골자는 다음과 같다(변재관, 1997). 1999년도까지 10개년의 목표를 정해, 시 · 정 · 촌 단위에서 재택복지대책의 정비, '와상(臥床)노인 없애기 작전' 전개, 재택복지 등을 충실하게 하기 위한 '장수사회복지기금'의 설치, 복지시설의 정비, '고령자 삶의 보람 찾기' 대책 추진, 장수과학연구추진 10개년 사업 전개, 고령자를 위한 종합적 시설 정비 등 일곱 가지를 중점 사업으로 하고 있다. 1994년에 만들어진 신골드플랜은 기존의 골드플랜을 기반으로 하여 고령자 보건 · 복지시책을 더욱 강화하며 구체화하는 내용으로 되어 있다(이현송 · 강혜규, 1997).

부문의 통합, 셋째는 업무의 전산화를 통한 복지종합정보시스템의 구축, 즉 개인정보와 서비스정보의 데이터베이스화 및 네트워크화다.

한편, 최근에 나타나는 현상 중 주목되는 것은 보건소와 사회복지사무소의 통합추세다. 이것은 복지욕구와 보건의료욕구를 동시에 지닌 노인 인구의 급속한 증가에 대한 대응책으로 전개되고 있는데, 특히 1994년에 「지역보건법」이 제정됨으로써 전국적으로 확산되고 있다. 고령화 사회로 진입함에 따라 보건과 복지서비스의 연계 및 통합에 대한 인식이 높아지기는 하지만, 상이한 인적 · 물적 자원을 결합시키는 구체적인 방법, 조직 형태 및 서비스 제공을 둘러싼 업무 분할과 협력체계 구축에 관해서는 아직까지 모색단계에 머물러 있는 것으로 보인다. 보건소와 복지사무소를 전면적으로 하나의 조직으로 통합한 형태부터 간호지도 등 개인서비스의 기능만을 복지사무소에 도입한 형태에 이르기까지 지역 및 사례에 따라 다양한 규모, 조직, 사업 내용 및 명칭으로 보건과 복지의 연계 노력이 이루어지고 있다.

이러한 공공보건 · 복지서비스전달체계의 차원에서 보건과 복지가 연계 및 통합된 형태는 지역에 따라 매우 다양하게 전개되고 있는데, 크게 다음과 같은 세 가지 유형으로 구분될 수 있다(변재관 외, 2000; 山本, 1995).

(1) 보건소와 복지사무소의 전면적 조직 통합

첫째 유형은 보건소와 복지사무소를 하나의 조직체로서 전면적으로 통합한 북큐슈시(北九州市)의 사례를 통해 알 수 있다. 북큐슈시는 1994년 4월에 관내 7개의 보건소와 9개의 복지사무소를 통합하여 7구(區)에 모두 보건복지센터를 설치하였다. 지역복지연계망 구축을 위하여 지역주민조직의 협력을 얻고자 구청장이 센터장을 겸임하며, 센터장 밑에 복지부와 보건부를 설치하였다. 보건부는 과거 보건소에 해당하며, 보건예방과와 생활위생과를 하위조직으로 두고 있다. 복지부는 과거 복지사무소에 해당하는데,

새로 설치된 보건복지부에는 복지 관련 현업원 외에 보건소의 보건예방과에서 보건부(保健婦) 전원이 이동해 왔고, 고령자만이 장애자와 아동 및 모자가족에 대한 상담과 지원을 현업원과 함께 일체적으로 실시한다. 또한 보건복지과에는 고령자의 종합적인 상담창구인 연장자상담코너를 설치하고 보건부와 현업원 및 사무 담당 직원 등을 배치하여 복지와 보건이 통합된 상담 활동을 시행하고 있다. 서비스 제공 결정권은 보건복지센터가 지닌다.

(2) 복지사무소에 보건소 기능의 일부를 추가

보건과 복지가 연계된 두 번째 유형은 기존의 복지사무소에 보건소체계 및 기능의 일부를 추가한 형태다. 이는 현재 가장 많이 발견되는 유형으로 삿포로시, 센다이시, 고베시, 히로시마시에서 실행되고 있으며, 각 사례에 따라 다양한 변이를 보이고 있다.

삿포로시나 센다이시의 경우, 1994년 복지사무소에 종합상담창구를 개설하여 보건부직의 고령자보건상담주사, 고령자복지상담주사 및 일반사무직 몇 명을 배치하였다. 이곳은 보건 · 복지의 종합상담, 조사, 서비스 종류의 결정 등의 기능을 담당하며, 필요에 따라 조정팀 회의를 통하여 서비스 처리 방안이 검토된다. 복지서비스에 관하여는 복지사무소가, 보건서비스에 관하여는 보건소가 서비스 결정권을 가지고 있으며, 고령자보건상담주사가 중심이 되어 보건소와의 연계 기능을 수행하고 있다. 고베시의 경우 1993년 말 각 복지사무소에 노인보건복지 상담창구를 개설하였는데, 조직도상에서는 복지사무소와 보건소가 동시에 소관으로 하였다. 상담창구에는 창구담당계장, 보건소 보건부, 노인복지 담당 현업원, 복지상담원이 배치되며, 보건부는 보건소에서 순환근무파견의 형태로 운영되고 있다(이현송 · 강혜규, 1997).

한편, 히로시마현의 경우 기존의 복지사무소 조직 전부와 보건소 조직의 일부를 새로이 발족된 현 단위의 종합복지보건센터 및 지역종합복지보건센터로 통합시켰다. 기존의 복지사무소 8개소와 보건소 12개소를 종합복지보건센터 8개소 및 지역종합복지보건센터 5개소로 개편하여 복지와 보건서비스의 종합화를 기도하였다. 그러나 기존 보건소의 조직체계 또한 부분적으로 유지시켜, 현 단위 및 지역의 종합복지보건센터의 소장직을 복지 및 행정직 소장과 의사 출신의 보건소장이 공동으로 맡도록 하였으며, 보건소의 조직 개편을 통하여 8개의 보건소 및 5개의 보건지소로 조정하여 유지시켰다. 한편, 현 단위로 설치된 종합복지보건센터 및 지역의 종합복지보건센터에는 복지부, 보건부, 환경부를 두어 주민의 종합적인 복지, 보건, 생활서비스 요구에 종합적으로 대응할 수 있도록 하였다(이현송 · 강혜규, 1997; 廣島縣 福祉保健府, 1994).

(3) 제3의 기관으로 보건복지상담창구 설치

보건과 복지서비스를 연계하는 세 번째 형태로, 복지사무소나 보건소 이외의 제3의 기관으로 '보건복지상담창구' 를 개설한 요코하마시(橫兵市)를 대표적인 예로 들 수 있다. 요코하마시에서는 1992년 12월부터 구청장 직속으로 구청 내에 '구(區)복지보건상담실' 을 설치하고 있다. 직원체제는 실장(과장급), 담당계장, 현업원, 보건부, 촉탁직원 등으로 구성되어 있다. 이는 고령자를 포함한 일반 주민 모두에게 주로 복지6법 관련 종합상담, 보건상담 등을 행하도록 하고 있다. 이전과 같이 복지사무소와 보건소가 각각 해당 서비스 제공의 결정권을 쥐고 있으며, 구(區)복지보건상담창구를 통한 연계에 의하여 서비스를 제공하는 형태를 띠고 있다.

지금까지 살펴본 보건부문과 복지사무소의 통합은 기본적으로 보건의료서비스와 사회복지서비스를 통합하여 제공할 필요성에서 비롯된 것이다. 이와 같은 통합의 목적은 첫째, 서비스수혜자의 만족도를 최대화하고, 둘째, 서비스의 중복 제공을 방지하고, 셋째, 장기요보호자를 가정에서 보호하자는 것이다. 그리고 이러한 통합의 효과로는 노인의료비 절감과 노인의 사회복귀 촉진 등을 들 수 있다.

이러한 세 가지 유형에서는 종합상담창구의 기능에 더하여 서비스 제공의 결정 및 방문 조사 활동 나아가 서비스 제공 계획의 입안에 이르기까지 보건과 복지서비스가 연계하는 첫 번째의 수순으로 대부분 진행되고 있는 고령자 종합상담창구를 조직상 보건소보다는 복지사무소에 설치한 경우가 대부분인데, 이는 보건소와 복지사무소 각각의 업무의 양을 비교할 때 해당 서비스의 양이 압도적으로 많은 복지사무소에 설치하는 것이 보다 용이하기 때문이다. 인력배치의 측면에서는, 종합상담창구의 개설과 함께 담당 직원과 보건부의 직원을 함께 배치한 예도 있기는 하지만, 대부분의 경우 기존의 보건소 및 복지사무소의 직원을 파견 근무하도록 한 경우가 대부분이다. 이러한 파견 근무의 형태를 취할 경우, 보건복지의 종합적 상담을 위해 추가적으로 소요되는 시간 및 업무량의 증대 현상에 반하여 인원의 증원이 이루어지지 않아 이에 따른 문제점이 나타난다(이현송 · 강혜규, 1997).

복지관계8법 개정 후에 복지사무소에서는 행정조직의 정비가 다양하게 진행되고 있다. 또한 새로운 움직임으로서 복지와 보건의 연계를 조직적으로 통합한 소위 복지보건센터나 종합복지센터 등이 출현하고 있다. 그런데 이러한 현재의 변화 양상이 앞으로 어떻게 전개될 것인지는 현재로서는 쉽게 판단하기 어렵다. 왜냐하면 복지사무소를 포함한 사회복지전달체계의 변화가 지역마다 너무 다양하게 전개되고 있어서, 그중에서 어떤 유형이 보편화될지는 앞으로 더 지켜보아야 하기 때문이다. 다만 현재로서는 복지사무소의 향후 진행 방향에 대해 크게 두 가지 가능성을 꼽을 수 있다. 하나는 복지사무소의 역할과 기능을 강화하는 방향으로서 기능의 확대, 업무의 확대, 소지역 종합담당제 등이 이루어질 것이라 생각할 수 있다. 다른 하나는 복지사무소의 기능을 분리시키는 방향으로서 기능의 축소, 업무의 축소, 관할 지역의 대규모화, 사항별 담당제 등이 나타날 것이라고 생각할 수 있다. 전반적으로 복지사무소의 축소가 진행되고 있는 듯 하지만, 사회복지를 강조하는 일부 지역에서는 오히려 복지사무소가 사회복지서비스 영역까지 포괄하도록 확대 개편되고 있다(변재관 외, 2000).

(4) 보건 · 복지연계사업의 지역사례

일본에서는 보건 · 복지의 연계 및 통합사업과 관련하여 많은 시도가 이루어지고 있으나, 많은 지역에서 조직 및 기능상의 문제가 나타나고 있는 것으로 알려지고 있다. 그러나 비교적 성공한 사례를 살펴보면, 대부분이 보건과 복지의 순차적 연계 및 통합과정을 거친 것으로 나타났다. 복지사무소와 보건소 및 기타 보건 관련 부문과의 사업상의 연계가 장기간에 걸쳐 형성되고, 이 과정에서 복지부문과 복지서비스를 주로 다루면서 발생하는 보건서비스 수요를 자체 내의 조직체계를 통하여 소화함과 동시에, 보건부문에서도 보건서비스를 주로 다루면서 발생하는 복지서비스 수요를 자체 내의 조직체계에서 수용하는 과정을 한동안 거치게 된다. 이렇게 보건과 복지조직 각각에서 상대의 영역과 연결되는 서비스의 수요가 증가함에 따라, 즉 사업상 공통되는 영역이 증가함에 따라 조직의 통합이 수반되게 된다.

보건 · 복지 연계가 비교적 잘 진행되고 있는 것으로 평가된 이와테현(岩手縣) 도노시(遠野市)의 사례를 중심으로 보건과 복지가 연계되는 과정 및 사업을 검토하고 연계의 효과와 문제점들을 살펴보기로 한다(이현송 · 강혜규, 1997; 菊池, 1993). 참고로 이 시는 인구 약 3만 명의 규모에 주민들 간에 지역 연대감이 비교적 높은 중소도시다.

보건 · 복지 서비스가 종합적 체계로 제공되기 시작한 계기는 '시민센터' 라 불리는 '종합복지센터'가 1971년에 건립된 것이다. 이는 시민회관, 체육관, 시민광장, 근로청소년홈, 아동공원, 노인휴식홈, 도서관 등을 포괄하고 있는데 10년에 걸쳐 만들어졌다. 설립 이후 이곳에서의 업무 진행은 업무 영역 간의 벽을 허무는 역할을 수행한 것으로 평가된다. 시민센터가 중앙 거점 시설로 기능하는 한편, 촌 단위에서는 '컨트리파크' 라는 이름의 지구센터가 건립되었다. 이 지구센터에는 3명의 시 소속 직원이 배속되어 있는데, 이 중 1인은 보건부로서 지역의 보건 · 복지 관련 정보를 수집한다. 또한 이 지구센터는 지역주민이 어느 때나 방문하여 서비스 관련 정보를 얻는 장소가 되었다.

한편, 1985년부터 재택와상(在宅臥床)노인에 대하여 군립병원과 지역사회의 협력으로 노인의 집을 방문하여 각종 검사를 행하는 와상노인 방문진료를 실시하기 시작하였다. 고령자서비스조정팀 회의에서 대상자를 결정하고, 군립병원의 부원장, 간호부, 진료방사선기사, 임상검사기사가 참여하며, 시에서는 보건부, 방문간호부, 노인복지담당자가 참여하는 형식이다. 1988년에는 이 지역이 방문간호 등에 의해 '재택개호 종합추진모델사업 지역' 으로 지정되어 이를 추진하게 되있다. 이는 개호 서비스 대상 노인들이 지역과 가정에서 가족과 주위의 돌봄을 받으면서 생활유지가 가능하도록 하기 위하여 방문간호 및 기타 보건 · 복지 서비스의 연계 제공을 통한 종합적인 재택서비스를 제공하는 것을 목적으로 한다. 보건위생과와 복지사무소 간에 두 부서의 겸임직원과 함께 전임직원 1명, 방문간호부 4명으로 구성된 '노인재택개호추진실' 을 설치하고 재택개호사업을 추진하였다. 재택와상노인에 대한 방문진료는 당초 복지부문이 창구가 되어 보건부문과의 연계가 추진된 분야다. 새로운 재택개호 사례의 선정은 담당간호부가 '재택고령자 등 사례처우 검토표' 에 의거하여 간단한 조사를 하고 방문검진의 대상으로 할 것인가 여부를 고령자서비스조정팀 회의에 출석하여 보고 후 판정하여 이루어진다. 또한 담당간호부는 직접적인 방문진료 및 사후지도회에도 참여하는데, 이러한 전 과정을 복지사무소담당자와 지속적인 연락을 취하면서 진행함으로써 대상자에 대한 보건 · 복지 서비스의 연계가 원활하게 이루어졌다.

한편, 복지사무소에 속한 사회복지사의 주관으로 와상노인을 돌보고 있는 개호자 및 담당보건부, 간호부, 홈헬퍼(home helper)가 팀을 이루어 가족개호자와 함께 개호 계획을 만들며 필요한 조치가 적절히 이루어질 수 있도록 조정한다.

보건 · 복지 연계 서비스 제공에서 고령자서비스조정팀의 역할이 중요하다. 서비스조정팀 회의에서는 방문진료요원이 중심이 되어 사례의 가정 및 주위 상황 파악에 근거하여 적합한 서비스를 계획하여 제공한다. 여기서 중요한 점은 사례의 상황에 적절한 서비스를 조정하고 개호서비스 계획을 설정한다는 것이다. 사례에 따라서 매우 자세한 검토가 이루어지며, 수차례에 걸쳐 동일 사례에 대한 재검토를 진행하기도 한다.

이러한 보건 · 복지 간의 연계는 서비스 질의 향상과 함께 복지서비스의 일반화 효과를 가져온 것으로 평가되었다. 지구센터에서 매월 1회 개최되는 민생아동위원의 정례회에는 보건부도 참석하며, 여기에서 지역 내 와상노인의 현황을 보고하고 상호 간 정보를 교환한다. 또한 복지사무소의 담당자는 민생아동위원 수의 2배에 이르는 보건추진위원으로부터 와상노인의 입 · 퇴원 정보를 얻어 복지서비스 수요의 발생에 신속하게 대응한다. 보건 · 복지 연계 서비스의 또 다른 효과로서, 복지에 대한 부정적인 인식으로 복지서비스 수혜를 꺼려하던 사람들에게 보건요원이 접근하여 복지서비스와 연결시킴으로써 복지서비스의 일반화에 기여했다는 점을 들 수 있다.

한편 보건 · 복지 연계 서비스와 관련하여 보건부는 보건위생과에, 홈헬퍼는 복지사무소에, 방문간호부는 노인재택개호추진실에 각각 소속되어 상호 간의 조정으로 소요되는 손실 또한 적지 않은 것으로 나타났다. 보건부 10인, 방문간호부 4인, 홈헬퍼 20인이 이 연계사업에 참여하고 있는데, 영역 간의 분할주의에 기인한 대상자 불편 요소의 발생에 대하여 개선의 요구가 높아졌다. 이러한 문제점에 대응하기 위해 별도의 조직으로 '건강복지센터' 를 건립하려는 계획이 추진되었다.

보건부문에서 이 센터는 건강관리의 거점으로 기능하며, 신생아에서 노인에 이르기까지 검진, 건강지도, 재활 및 영양지도, 보건지도 등을 수행한다. 보건부는 지구센터에 머무르면서 한 주에 며칠씩 정기적으로 건강복지센터에 모여 활동하며, 방문간호부 등 기타 보건관계자는 이 건강복지센터에 상주한다. 복지부문에서 이 센터는 사회복지사, 홈헬퍼, 노인상담원 등으로 구성되어 개호지원센터로서의 기능을 한다. 개호 대상 노인의 이용시설로 특별욕실, 재활실, 휴양실, 식당 등을 구비하며, 주간보호 기능과 개호자의 연수 기능 및 자활봉사자에 의한 탁로사업 등 개호 대상 노인이 집에서 생활을 영위할 수 있도록 하는 지원 기능을 종합적으로 수행한다.

주요 사업으로는 우선 중앙진료소의 의사와 연계하여 질병예방사업, 특히 와상노인의 주요 질환 원인인 뇌혈관장해에 대한 예방사업을 실시한다. 또한 뇌혈관장해 등의 후유증으로 병원 혹은 노인보건시설에서 퇴원한 허약자 및 와상노인이 집에서 생활을 영위할 수 있도록 방문진료 및 방문간호를 실시한다. 그 외에 노인의 서비스 욕구를 파악하여 주간보호, 재활시설, 탁로사업 등 각 사례에 맞는 적절한 서비스가 제공될 수 있도록 주선 및 대행을 신청한다. 또한 자원봉사자의 역할을 주선하여 탁로사업을 위한 장소 제공 및 기타 자원봉사자의 활동을 지원하는 서비스를 제공한다.

지금까지의 경험에 비추어 볼 때, 서비스 연계 및 통합의 어려움은 서비스수요자 측면에서보다는 서비스공급자 측에서 보다 많이 나타나는 것으로 보인다. 현재 일본 전역에서 보건과 복지 간의 서비스 연계 및 통합에 대한 시도가 많이 진행되고 있으나 원활하게 운영되는 것으로 보고되는 지역은 드문 것으로 알려져 있다. 그러나 비교적 순조롭게 진행되는 지역을 살펴보면, 그 비결은 서비스 욕구에 부응하여 순차적인 연계 및 공급 과정을 거친 데 있는 것으로 보인다. 앞에서 소개한 도노시(遠野市)의 경우, 1970년대 초반부터 다양한 사업을 통해 보건과 복지서비스를 연계하여 공급하는 기회를 많이 가졌으며, 그 결과 보건과 복지부문 상호 간 업무 영역에 대한 이해가 깊어짐에 따라 사업 연계를 넘어선 조직 통합의 목소리가 높아지게 되었고, 결국 실행에 옮기게 되었다고 할 수 있다. 그러나 이 경우에도 기존 보건 · 복지서비스 조직의 일부는 계속 유지한 채 별도로 계획된 조직을 통해 통합이 이루어졌다. 이러한 통합 조직이 얼마나 순조롭게 운영되고 있는지, 통합의 상승 효과가 얼마나 큰지에 대해서는 자료 부족으로 알기가 어려우나, 이렇게 오랜 기간에 걸쳐 진행되어 탄생된 조직이라면 기존 서비스 연계 제공 시 드러난 한계를 어느 정도는 극복할 수 있을 것으로 생각된다(이현송 · 강혜규, 1997).

일본의 경우에 비추어 볼 때, 우리나라에서도 보건 · 복지서비스의 연계 및 통합에 대한 논의가 개호서비스에 대한 수요 및 정부의 공급 능력 파악을 기반으로 하여 이루어져야 할 것이다. 현재 사회복지서비스가 매우 미약하며, 보건부문에서의 방문간호서비스 또한 그러하다. 따라서 정부의 개호서비스 공급을 위한 재정 능력의 확충에 맞추어 보건 · 복지 서비스의 연계 노력이 함께 이루어져야 할 것이다.

2. 미국의 전달체계와 복지-노동 · 보건 등의 연계 현황

1) 미국의 공공복지 발전 과정과 공공인력의 역할 변화

미국의 공공복지부문은 강력한 민간 사회복지의 전통에 밀려 역할과 기능이 상대적으로 미약하지만, 최근 사회복지 개혁과 함께 공공부문의 새로운 역할과 정체성에 관한 논의가 활발하게 진행되고 있다(윤혜미, 2000). 20세기 초기의 미국 사회복지는 주로 민간부문인 자선조직협회의 우애방문원이 담당해 왔으나, 1935년 「사회보장법」 제정 이후 빈곤계층에 대한 정부의 책임과 개입이 인정되면서 그 역할이 정부공무원으로 이전되었다. 이것이 미국 공공복지의 시작이라고 볼 수 있는데, 이 시대의 공공복지는 빈민의 재활을 목표로 하는 공공구호 차원의 소득지원이 주 업무였다. 1950년대에는 늘어나는 복지수급자를 줄이기 위한 고육책으로 민간의 전문사회복지사들을 공공부문에서 대거 고용해 공공부조 대상자에게 소득지원과 사회서비스를 동시에 제공하도록 하였다. 따라서 이 시기의 공공부문 사회복지인력은 빈곤의 문제를 개별 사회사업으로 풀어야 하는 과제를 지게 되었으나(이창호, 1990), 이 접근 방법은 실패하였다.

1962년, 존슨 행정부의 '빈곤과의 전쟁(War on the Poverty)' 은 소득지원과 함께 환경적 차원의 변화를 목적으로 하는 사회서비스를 병행하여 직업훈련, 교육, 보육사업, 아동 · 청소년 사업 등을 실시하였다. 이어서 닉슨 행정부 시절인 1972년에는 복지예산의 감축을 위해 공적 복지의 핵심인 소득유지프로그램에서 사회서비스를 분리시켜 공공부문에서 사회복지인력의 탈자격화(declassification)가 진행되었다. 그 결과 공공부문의 사회복지사는 대개 아동 및 가정복지과나 인간봉사과, 노인과와 같이 사회서비스만을 제공하는 부서에서 일하거나 정신보건부문에서 일하게 되었고, 소득유지업무는 비전문가들이 맡게 되었다.

1988년, 「가족지원법(Family Support Act: FSA)」 시행 이후 공공복지가 소득지원을 강조하는 체제에서 서비스전달을 강조하는 체제로 방향을 전환하면서 한 차례 더 변화가 나타나게 된다. FSA는 AFDC[4] 등 수급자의 근로요구조건을 한층 강화한 것이다. Welfare-to-work와 동일선상에서 1996년 클린턴 행정부가 복지를 "이제까지 알고 있던 것과는 전혀 판이한"[5] 것으로 만들겠다는 의도로 수십 년 동안 공공복지의 핵심 제도였던

4) AFDC: Aid to Families with Dependent Children

5) Weekly compilation of presidential documents, 1996, p. 2891.

AFDC, AFDC-EA[6](응급구호)와 '직업 기회와 기본 기술 훈련프로그램(JOBS)'[7]을 폐지하고 내놓은 '개인책임과 근로기회 조정법(PRWORA)'은 공공부조부문과 사회복지사의 역할 및 기능에 일대 변혁을 요구하고 있다.

미국 사회복지제도의 주요 변천 과정을 정리하면 〈표 3-3〉과 같다. 다음에서는 시대별로 좀 더 자세히 살펴보고자 한다.

〈표 3-3〉 미국의 주요 사회복지제도 도입 연표

연 대	내 용
1910년대	• 11개 주에서 산업재해보험 도입(1911년), 1920년 이전에 4/5의 주에 도입됨 • 여러 주에서 mother's pension(아동이 있는 미망인 지원) 도입
1920년대	
1930년대	• 노령연금(1935) • 빈곤노인부조(1935) • 실업보험(1935) • 빈곤아동부조(1935) • 맹인부조(1935) • 유족 및 장애연금(연금제도 확대, 1939)
1940년대	
1950년대	• 빈곤영구완전장애인 부조(1950)
1960년대	• 빈곤노인의료부조(Medicaid, 1960) • 노인의료보험(Medicare, 1965) • 빈곤층의료부조(Medicaid 확대, 1965) • 빈곤층식품부조(Food Stamps, 1965)
1970년대	• 보충연금급여(빈곤노인, 맹인, 장애인 부조, Supplemental Security Income, 1972): 연방-주 정부 공동 프로그램을 연방 프로그램으로 전환
1980년대	• 아동이 있는 빈곤실업가구부조(AFDC-UP 각 주에 도입 의무화, 1988)
1990년대	• 근로능력이 있는 빈곤가구한시부조(AFDC→TANF, 1996)

6) EA: Emergency Asistance Program

7) JOBS: Job Opportunity and Basic Skills Training Program

(1) 뉴딜 시대와 공공부조 서비스인력의 역할

Midgley(1995)는 미국의 복지 형태를 제2차 세계대전을 중심으로 그 이전 루스벨트 행정부의 뉴딜정책으로 대표되는 국가복지주의(State Welfarism)와 제2차 세계대전 이후에 등장한 복지다원주의(Welfare Pluralism)로 나누고 있다.

20세기로 넘어오던 시기에 연방정부에 의해 운영되던 복지제도는 남북전쟁 당시의 북군참가자에 대한 연금(Civil War pensions)이 유일하다. 이외에는 각 주별로 「구빈법(Poor Law)」에 의해 진행하던 빈곤구제프로그램이 있었다. 이들 복지제도들은 행정관료조직이 발달하지 못한 가운데에 운영되었기 때문에, 지역 차원에서 영향력을 행사하는 정치집단과의 연고에 의해 복지수혜가 좌우되었다(황덕순, 2003).

대공황은 전통적으로 미국 사회복지의 근간을 이루어 온 민간부문과 주정부 주도의 공공복지가 감당할 수 없는 부담이었다. 그 결과 공공부문, 특히 연방정부에 의한 사회복지가 대규모로 진행될 수 있는 계기가 되었고, 1930년대의 뉴딜정책이야말로 1960~1970년대까지 이어진 공공복지의 기본적 체계를 제공한 것이었다. 1930년대의 「사회보장법」에 따른 사회보험의 도입과 1960년대의 '빈곤과의 전쟁' 프로그램은 연방정부의 사회복지에 대한 개입을 강화시켜 미국의 국가복지주의를 뿌리내리게 하였다. 그러나 현금부조만으로는 저소득 클라이언트의 욕구를 적절히 만족시킬 수 없다는 주장에도 불구하고 아동복지서비스를 제외한 사회서비스들은 「사회보장법」에 포함되지 못하였다. 미국 공공부조서비스에서 아동복지서비스만이 유일하게 사회복지전문인력을 갖추고 전문적인 프로그램으로 발달되어 온 것은 여기서 비롯되었다고 해도 과언이 아닐 것이다. 그러나 이 시기에 미국의 공공복지는 소득유지프로그램이나 노령연금, 고용보험, 장애인 및 곤궁한 가족을 위한 현금부조와 같은 주요 프로그램에 비하면 이차적인 수준에 머물고 있었다. 1950년대에 들어서면서 연방정부가 늘어나는 복지수급자를 줄이기 위한 방편으로 주정부가 개인에 대한 상담등의 사회서비스를 연계하는 재활프로그램을 시행하고 연방정부가 소요예산의 50%까지를 교부금으로 부담하게 되었는데, 이때 이런 재활서비스와 소득지원서비스를 동시에 제공할 인력으로서 사회복지사들이 공공부조부문에 많이 진출하게 되었다(윤혜미, 2000).

그러나 뉴딜 시기에 도입된 복지제도가 대중의 요구를 그대로 반영한 것은 아니었다. 여기에는 루스벨트를 비롯한 주요 정치적 행위자들 및 과거 제도의 유산들이 반영되었다. 루스벨트는 주 차원의 제도 및 기여에 기초한 사회보험제도를 강력히 옹호하였다. 그 결과로서 도입된 것이 1935년에 제정된 「사회보장법」이다. 연방 차원의 강제 사회보험으로서의 노령연금제도, 연방과 주에 의해 공동으로 관리되지만 강제적이지도 않고 급여 및 수혜자격이 주에 의해 결정되는 실업보험, 주에 의해 관리되지만 연방과 주가 함께 재원을 부담하는 선택적인 프로그램으로서의 공공부조프로그램이 「사회보장법」에 도입되었다. 이때 도입된 공공부조프로그램이 빈곤아동(Aid to Dependent Children)과 노인(Old Age Assistance), 시각장애인을 보호하는 프로그램이었다(황덕순, 2003).

(2) '빈곤과의 전쟁'과 공공부조서비스인력의 역할

1962년의 사회보장법 개정에 이르러서 연방정부는 공공복지프로그램 수급자에 대한 사회서비스 제공의 주된 책임을 인정하게 된다. '빈곤과의 전쟁'으로 불리는 이 개혁안은 소득보전과 사회서비스라는 양대 프로그램을 묶어 빈곤의 극복을 꾀했으며, 예방과 재활프로그램, 가족보전프로그램들에 소요되는 비용을 75%까지 연방정부가 부담하였다. 그러나 사회서비스의 제공이 복지수급인구를 감소시키지 못하여 실패로 기록되었다. 여기에는 이 프로그램들을 운영할 전문적으로 훈련된 사회복지인력이 공공부조부문에 부족했던 것도 한 이유로 지적되었고(Reisch, 1995; 윤혜미, 2003

재인용), 보다 근본적으로는 사회서비스 내용이 개인의 심리적 측면을 중시한 치료에 치중해 사회환경적 측면이 무시되었기 때문이라고 할 수 있다.

1967년에 재개정된 「사회보장법」의 특징은 사회적 서비스의 초점을 개인 중심의 상담과 같은 'soft'한 프로그램에서 직업훈련이나 아동보육과 같은 'hard'한 환경적 서비스로 옮겨가게 된 것인데, 근로유인책인 Work Incentive WIN(프로그램)이 이 전략 중의 하나라 할 수 있다. WIN은 복지수급을 노동력 제공과 연계시킨 근로연계복지정책의 초기 형태였다. 자연히 공공부문 사회복지사들의 역할도 이전의 심리적 개입에서 교육, 훈련, 아동보육지원 등 환경적 서비스를 제공하는 쪽으로 선회하였지만, 공공부문에서 이런 다양한 서비스를 생산하고 전달할 여건은 되지 못했다. 이런 맥락에서 1967년에 연방정부는 주정부가 민간기관과 계약을 맺어 사회적 서비스를 제공하는 것을 허용하게 되고, 1972년에는 「사회보장개정법」의 Title XX에 근거하여 이런 관행이 크게 확대되게 된다. 공식부문만으로는 주민의 서비스 욕구 확대에 대응할 수 없게 되어 서비스를 민간비영리기관을 통하여 제공할 수 있게 한 것이다.

'빈곤과의 전쟁' 시기에 공공부조서비스에 일어난 또 하나의 변화는 1972년에 소득유지프로그램에서 현금부조와 사회서비스가 분리된 것이다. 분리의 주된 이유는 이전 제도하에서는 재정지원을 필요로 하는 저소득층 클라이언트가 거의 자동적으로 사회서비스를 부여받게 되어 재정을 압박하기 때문에(1967년 28억 1,600만 달러, 1972년 168억 8,400만 달러) 꼭 필요한 클라이언트에 대해서만 사회서비스를 제공하도록 하려는 의도였다. 이로 인해 공공부문에서 일하던 사회복지인력들은 소득유지복지사(income maintenance worker)가 되거나 사례관리복지사(caseworker)가 되는 양자택일을 강요받게 되고, 소득유지부문은 상대적으로 전문성이 낮다는 판단하에 자격요건이 완화되는 결과를 가져와 전문인력이 대거 이탈하게 되었다. 그리고 전문인력의 이탈은 사회복지사의 공공부조에서의 역할을 많이 위축시키게 되었다(윤혜미, 2000).

공공부조에서 소득지원과 사회서비스가 분리된 이후, 현장에서 가장 큰 관심은 욕구가 있는 클라이언트의 현금부조 수급자격을 가능하면 정확하게 파악하여 지원하는 것이었다. 공공부조의 사회서비스는 여전히 사회복지의 전문성이 요구되었으나 그 중요성이 많이 쇠퇴하였기 때문이다. 사회서비스 예산은 이러한 분리에도 불구하고 닉슨 행정부 시기인 1973년에는 25억 달러에 이르렀다. 뿐만 아니라 소득유지와 사회서비스의 분리가 복지수급자의 사회서비스 수급권을 제한한다는 비난도 꾸준히 제기되었다. 1976년, 이러한 분리원칙을 더 이상 강요하지 않게 되었으나 대부분의 주들이 아직도 분리정책을 지속하고 있었다. Wyers(1983)와 Hagen (1987)은 소득유지부문에서 사회서비스를 분리한 것을 비판하면서 이 부문에서도 여전히 사회서비스 제공능력이 필요함을 강력히 시사하였다. 단적으로 소득지원의 자격요건을 검사하는 인력이 사회서비스의 필요성 유무를 판단해야 하므로 전문성 없이는 클라이언트가 제대로 서비스를 받지 못하는 결과를 가져온다는 것이다.

실제로 Hagen과 Wang은 1993년에 올버니의 사회서비스과(Department of Social Services) 인력을 대상으로 실시한 조사에서 공공복지사무소의 일선 사회복지인력은 주당 근무 시간의 27.9%를 클라이언트와의 대면 접촉에, 21.4%를 서류 작업에, 16.9%를 클라이언트와의 전화 접촉에, 그리고 16.4%를 다른 기관의 직원과의 접촉에 보낸다고 보고하였다. 또 공공복지사무소를 방문하는 클라이언트들이 가지고 있는 심각한 문제(노숙자가 될 처지에 있음, 심각한 정신질환 증세를 보임, 매우 불안함, 부적절하게 분노하거나 폭력적임, 약물이나 알코올 남용의 경험을 보임 등)에 대해 일선 사회복지사의 36%는 대처할 준비가 되어 있다고 응답한 반면 30%는 전혀 준비가 되어 있지 않다고 대답하여 전문인력의 보강이 얼마나 시급한지를 보여 주었다. 특히 고졸 학력인 비전문가들이 이러한 클라이언트들을 처음

접수하게 된다는 사실은 시사하는 바가 크다. 이들은 또한 자신들의 주 기능을 소득유지→접수와 사정→정보 제공, 의뢰, 아웃리치(outreach), 옹호서비스→상담과 사례관리로 우선순위를 두었으며, 자신들의 주 역할을 지역사회의 다른 기관에 클라이언트를 연결시키고 의뢰하는 중개인(broker) 역할로 인식하였다. 사회서비스를 담당하는 개별사회사업가가 다른 인력들과 구분되는 점은 이들이 클라이언트에게 기관 외부의 서비스를 연계해 준다는 점, 아웃리치를 수행한다는 점, 그리고 기관 내 · 외부에서 클라이언트에 대한 옹호서비스를 주요한 과업으로 여기고 있다는 점이었다.

(3) 레이건 행정부의 복지 민영화와 공공부조서비스 인력의 역할

1980년대에 들어서면서 레이건 행정부는 복지에서 연방정부의 역할을 축소하고 주정부와 연방정부 간의 관계를 재구조화하려는 노력을 하게 되었다. 세금을 줄이고 사회복지부문에 지출되는 비용의 삭감을 통해 침체된 경기를 회복시키려는 의도가 있었는데, 주된 내용은 사회서비스 정액교부금프로그램(Social Services Block Grant Program)이었다. 57개의 보건과 사회서비스 기금들을 9개의 포괄보조금(block grant)으로 묶어 20~25%의 예산 삭감을 단행하는 대신, 교부금을 어떻게 사용하는가에 관해서 주정부에 전권을 주었다.

이러한 맥락에서 통과된 1988년의 「가족지원법」은 현금급여의 정확한 지급뿐만 아니라 'JOBS'라는 근로연계가 강화된 복지고용프로그램이 요구하는 다양한 서비스를 전달하고 조정해야 하는 과제를 공공부조부문에 부과하였다. JOBS가 시행됨으로써 공공부조부문에서는 소득지원의 정확도를 중시하는 체제에서 서비스의 전달을 강조하는 체제로의 변환이 요구된 것이다(Hagen & Wang, 1993). 공공부조부문의 사회복지사에게는 개인의 욕구사정, 고용계획, 일자리 탐색, 배치, 교육, 훈련 및 지원서비스를 전달하고 조정할 책임이 주어짐에 따라 당연히 사회서비스부문의 역할이 강화되었다. 그러나 공공복지기관의 사회복지인력은 JOBS가 요구하는 사회서비스를 직접적으로 생산할 능력이나 체제를 갖추지 못했기 때문에 이들의 역할에서 욕구사정을 통해 지역사회에 존재하는 적절한 다른 공·사 기관에 연결하고 의뢰하는 일에 연계기능이 국한되었다. 즉, 민간기관과 공공기관 사이에 새로운 관계가 성립되었다.

레이건 행정부의 이러한 정책은 사회복지의 민영화(privatization)를 중요한 정책 목표로 한 정치적 보수주의로서, 정부가 재정을 지원하는 민간서비스제공자와의 서비스 계약 형태가 나타났고 일부 사회복지기능에 대한 정부의 책임을 폐기하고, 정부예산상의 지원 없이 이들 기능을 민간서비스제공자들에게 넘김으로써 사회복지 분야에서의 상업적 서비스제공자들과 사적인 시장의 성장을 자극한 것이다. 이러한 기관 간 조정과 협력의 시험대가 바로 지방정부나 지역사회 수준에서의 사회복지기관들이었고, 그 대표적인 기능적 통합의 형태가 공공기관과 민간기관 사이의 서비스구매계약(Purchase of Services Contracting: POSC)이다.[8)] 이러한 관행은 과거에는 정부기관 스스로 행하던 서비스의 제공에 대한 민간기관의 개입을 크게 확대시켰다. Salamon(1995)은, 1971년에는 주정부의 모든 사회적 서비스에 대한 지출의 25%를 이루던 비영리민간기관으로부터의 서비스계약구매가 1979년에는 55%에 이르렀고, 1982년에는 정부야말로 민간비영

8) 서비스구매계약은 민간기관이 공공기관과 법적으로 보장된 계약관계를 맺고 정부의 규칙과 기준 및 방법에 따라 정부나 공공기관이 의뢰하는 클라이언트에 대한 서비스를 제공할 책임을 지게 되는 것을 말한다. 정부는 서비스계약구매를 융통성 있는 서비스와 개혁적인 프로그램을 통해 낮은 비용으로 제공할 수 있다는 이유로 이를 선호하게 되었다. 특히 주정부는 아동학대 치료 및 예방 프로그램과 같은 정치적으로 민감한 성격의 서비스를 서비스구매계약을 통해 민간기관 주도로 제공함으로써 논란을 잠재울 수 있기 때문에 이 제도를 도입하는 데 열성적이었다. 예를 들어, 매사추세츠주의 경우 학대나 방임의 대상이 된 아동들을 위한 아동보호서비스는 조사와 평가만 주립사회복지국(Deptartment of Social Services: DSS)이 시행하고 나머지 주요 서비스(아동의 일시보호, 위탁 및 시설보호, 아동과 가해자에 대한 상담 및 치료서비스 등)는 서비스구매계약을 체결한 민간기관이 제공하고 있다.

리기관의 가장 큰 단일수입원이 되었다고 지적하였다. 1980년대에 들어서면서 사회서비스프로그램에 대한 연방정부의 지원이 축소되자 계약을 맺기 위한 민간기관들 사이의 경쟁은 더욱 심화되었고 많은 민간비영리기관들이 부족한 재정을 충당하기 위해 서비스이용자에게 요금을 부과하는 방식을 채택함으로써 상업화의 길로 들어섰으며, 정신보건, 아동보호, 노인보호 같은 분야에서 상업적 서비스의 성장이 촉진되었다.

(4) 클린턴 행정부의 복지개혁과 공공부조서비스 인력의 역할

① 빈곤가구한시부조제(Temporary Assistance for Needy Families: TANF) 도입

1990년대는 기관 간의 협동과 조정을 통한 사회서비스의 효과적인 전달이라는 목적하에 시작된 서비스구매의 대상이 종래의 민간비영리기관뿐 아니라 민간의 상업적 사회서비스기관 쪽으로 선회하면서 1980년대에 시작되었던 미국사회복지체계의 시장화(marketization)가 한층 진전되는 시점이라고 할 수 있다. 이처럼 복지주체가 다원화되는 상황에서 1996년 클린턴 행정부는 미국 공공복지의 커다란 획을 긋는 개혁을 단행하였다. 60여 년간 미국 공공복지의 근간을 이루어온 AFDC, AFDC-EA 그리고 복지고용프로그램인 JOBS를 폐지하고 「개인책임과 근로기회조정법(Personal Responsibility and Work Opportunity Reconciliation Act: PRWORA)」을 시행하기로 한 것이다. 이 개혁의 내용은 근로연계복지정책인 '빈곤가구한시부조(Temporary Assistnace for Needy Families)'로 정리될 수 있다. 기본적인 지침은 1967년의 WIN과 1988년의 JOBS와 같이 복지급여를 근로와 연계시키는 것이지만,[9] 연방정부의 책임을 주정부로 모두 이관하고 복지프

9) 1967년의 WIN(Work Incentive) 프로그램은 6세 이하의 자녀를 둔 여성을 제외하고는 모든 수급자가 교육이나 훈련을 받거나 직업을 구하는 활동을 돕는 work-promoting 프로그램에 참여

로그램의 운용에 대한 전적인 자율성과 융통성을 허용하되, 연방정부의 포괄보조금 지급 조건으로 수급자와 제공자 모두에게 보다 강력한 요구를 담고 있다. 이 법령은 복지수급자가 보다 적극적으로 일을 하려는 노력을 보여야 하며, 복지수급자는 물론 주정부도 근로 요구를 충족시킬 책임(2002년까지는 성인 복지수급자의 70%가 일을 한다는 목표)을 지도록 한 것이 특징이다.

수급자에 대한 규정은 다음과 같다. 복지수급 기간은 가족당 5년으로 제한되며 성인 수급자는 급여수급 2년 이후, 또는 주정부가 정하는 시기에 일을 하고 있어야 하고 만약 그렇지 않으면 주정부는 전 가족에 대한 복지급여를 삭감하거나 중단할 수 있다. 단 1세 이하의 영아를 둔 편모나 십대 미혼모로서 가장이면서 학교에 다니거나 직업교육을 받고 있는 경우에만 예외가 인정된다. 그리고 직업훈련의 경우에도 근로 기간으로 인정될 수 있는 한계가 12개월로 삭감되었다. 학교를 다니지 않거나 성인 감독자가 없는 상황에서 생활하는 십대 부모에게는 지급이 중단된다. 둘째, 성인 수급자에 대한 요구 근로 시간이 주당 20시간에서 30시간으로 상향 조정되

하도록 하는 것이었다. 복지를 일과 연계시켜 개혁하려는 두 번째 접근은 work for welfare 프로그램으로 workfare, 지역사회서비스 등으로 다양하게 불렸으나 원칙적으로 복지급여는 노동과 교환되어야 한다는 것이었다(Gueron, 1996). 그러나 이 제도 역시 수급자들이 정상적인 노동시장에 고용되는 비율이 너무 낮아 많은 논란이 되었다. 세 번째 접근은 1988년 유례 없는 지원 속에 통과된 「가족지원법」으로서, 이 법은 복지수급자와 복지기관 사이의 상호의무에 기초한 새로운 사회계약이라고 할 수 있다(Moynihan, 1990). 복지수급자는 경제적 자립을 위해 노력할 의무가 있고 그 대가로 정부는 자격이 있는 가족에 대해 지속적으로 소득지원 그리고 JOBS를 통한 교육, 훈련, 고용서비스, 필요한 탁아서비스 등, 일을 하거나 일을 할 준비에 필요한 서비스를 제공하겠다는 것이었다. JOBS하에서는 학령 전 자녀를 둔 여성도 고용프로그램에 참여할 의무가 있었다. 즉, 탁아서비스를 제공하는 한 어린 자녀가 있다는 것이 여성이 고용프로그램에서 제외될 이유는 아니라는 것이다. 정책 실시 2년 후 수급자의 57%는 여전히 AFDC를 받고 있었는데, 이 정책은 정책 자체는 훌륭하지만 JOBS의 다양한 서비스와 탁아, 그리고 기타 지원서비스를 제공할 재정이 충분치 않아 기대만큼의 성과를 거두지 못했다고 평가되었다. 이 세 가지 접근에서 발견되는 공통점은 과거 30여 년 동안의 복지 개혁은 빈곤한 모자에 대한 소득지원으로부터 근로나 또는 근로를 가능하게 해 줄 능력 개발로 옮겨 가는 것이었지만, 편모가정의 아동에 대한 최소한의 소득지원은 보장해 주는 것이었다.

었다. 양부모 가정의 경우에는 35시간, 6세 이하의 자녀를 둔 편모가정의 경우는 20시간으로 결정되어 전반적인 근로시간의 연장을 가져왔다. 셋째, JOBS에서와는 달리 TANF는 탁아를 보장해 주지 않지만(학령 전 아동을 둔 편모의 경우에는 근로요구를 다 채우지 못해도 실패로 인정하지 않음) 자녀를 둔 여성의 노동시장 참여를 강력히 요구하고 있다. 넷째, 주정부는 복지급여를 받는 부모에게서 태어난 영아에 대해 현금부조를 전면 금지할 수도 있고 이민자에 대해서도 거부할 수 있다.

연방정부의 포괄보조금을 받기 위한 주정부의 의무 사항이 강화되었는데, 기준을 달성하지 못하면 첫해에는 5%, 두 번째 해부터는 2% 씩 21%에 달할 때까지 연방정부의 TANF 재정이 삭감되도록 되어 있어 주정부로서는 매우 큰 부담을 지게 되었다.

TANF의 문제는 근로와 관련된 기준이 강화되었으나 적절한 아동보육서비스가 줄어들어 여성이 기준을 채우지 못할 확률이 높아졌고, 기준을 채우지 못할 경우 전체 가족에 대한 복지급여가 중단됨으로써 여성과 아동이 더욱 위험해질 수 있다는 점이다. 또 TANF는 주별로 차이를 인정하지만 근로연계의 종류를 실제적인 근로에 제한함으로써 과거 JOBS하에서처럼 교육이나 훈련이 근로에 포함되는 예(1994년, 42.7%의 JOBS 참여자는 교육 프로그램에 등록되어 있었고 18.8%는 대학교육을 받고 있었다)가 많이 줄어들게 되었다(1년 이내). 즉, TANF는 인간자원개발보다는 근로윤리라는 가치적 측면에 복지고용프로그램의 초점을 두고 있는데, 경험적으로 볼 때 교육이야말로 복지수급의 악순환을 끊을 수 있는 가장 좋은 수단이라는 점과 미래의 고용시장이 기술 집약적이고 전문적인 형태로 변화할 것이라는 점을 고려하면 이러한 제한은 많은 문제점을 안고 있다고 볼 수 있다.

② TANF의 근로연계서비스와 사회복지사의 역할

1996년 PRWORA는 주정부로 하여금 지금까지의 AFDC 프로그램을 재구조화하고 변화시켜서 고용배치와 지원서비스센터를 만들도록 한 것이다 (U.S. GAO, 1998). TANF의 근로연계복지정책은 공공부조의 변두리에 위치하고 있던 사회서비스 기능의 재검토를 요구하게 되었다. 공공복지기관의 변화를 주도하는 것이 새 법령의 근로연계서비스이기 때문에 소득유지 담당자들보다 사회서비스를 담당하는 사회복지사의 역할이 한층 부각되었고 연계 기능을 강화하기 위한 노력들이 제기되었다. 이러한 일들이 어떤 영향을 미쳤는가를 살펴보면 다음과 같다.

근로연계복지정책의 효과를 높이기 위한 전략 한 가지는 공공복지기관을 소득지원, 고용지원 그리고 교육과 훈련프로그램을 한 곳에서 제공하는 원스톱서비스전달체계로 만드는 것이고, 다른 한 가지는 소득지원과 근로연계서비스를 연계하여 통합적인 사례관리모델을 개발하는 것이었다 (Brock & Harknett, 1998). 그런데 이러한 노력은 공공복지기관의 문화를 배려하지 않은 시도였기 때문에 내부인력들의 긴장을 가져왔다. 복지행정(소득부조 자격요건 검사 등)과 고용 및 사회서비스를 제공하는 것(클라이언트의 욕구사정, 적절한 서비스를 찾아내는 것, 클라이언트가 자기 행동을 바꾸도록 인도하는 것) 사이에는 매우 큰 차이가 있기 때문이다. 즉, 복지수급 자격요건 심사를 위한 관료적 구조는 고용과 지원서비스를 제공하기 위해 필요한 전문적 구조와 양립하기가 힘들다. 자격요건 심사는 고도로 표준화되고 명료한 규칙, 수급 자격요건에만 관련된 짧고 한정된 클라이언트와의 상호작용이 요구되므로 여기에 적절한 조직구조 역시 합리적인 관료주의라고 볼 수 있다. 반면에 근로연계와 같은 사회서비스의 제공은, 서비스 결정이 각 클라이언트가 제시하는 특수한 상황과 문제에 대한 사정 그리고 가장 효과적인 개입 방법의 선택이라는 전문적 모델을 따르기 때문에 클라이언트와의 지속적이고 집중적인 상호작용이 요구되고 사회복지사는 클라이언트의 복지에 영향을 미칠지도 모르는 특성에 관심을 두게 되어 조직적인 측면에서도 상당한 자율성을 요구하는 전문적 구조가 필요하다. 따라서

TANF 법령하에서 공공부조부문의 사회복지사들은 매우 원천적이고 구조적인 문제를 안게 되었다.

이들의 또 다른 고민은 공공복지기관이 TANF에 의해 고용을 복지수급과 연계하여 근로를 강제하는 것을 사회복지적 측면에서는 어떻게 보아야 할 것인가의 문제였다. 규정된 만큼의 근로를 하지 않으면 전체 가족에 대한 지원을 종결할 수 있다는 제재는 분명 일부 복지수급자로 하여금 보다 적극적으로 일을 찾아 나서게 하는 효과가 있을 것이다. 그런데 제재를 받을 가능성이 있는 클라이언트일수록 좀 더 어려운 처지에 있는 사람일 것이라는 점을 간과하고 있다. 이들은 고등학교를 졸업하지 못하였거나 개인적인 문제로 일해 본 경험이 없고 특별한 기술도 없으며 약물남용, 가정폭력, 정신건강 등의 문제가 있는 사람일 가능성이 높다. 이런 사람들은 TANF의 고용프로그램에도 잘 적응하지 못할 것이고 이들에게 제공될 적절한 프로그램도 없을 가능성이 높아, 제재를 받는다면 곤란한 형편이 더 어려워질 것이라는 점이 고려되어야 하는데, 이처럼 어려운 사례들에 대해 복종을 유도하기 위해 제재가 계획되어 있는 TANF 프로그램은 사회복지의 지향점과는 분명히 차이가 있다. 또 이들에 대한 사회복지사의 사례관리는 주로 클라이언트를 제재하기 위해 이용될 가능성이 크다. 잘못되면 이 프로그램은 고용과 교육서비스를 제공해서 클라이언트를 돕기보다는 클라이언트의 프로그램 내에서의 지위를 결정하고 기한 내에 보고서를 작성하는 일에 초점을 둘지도 모른다는 문제를 가지고 있다.

따라서 프로그램의 강제성과 클라이언트를 복종시키기 위한 제재 조항은 프로그램이 원래 제공하는 교육, 훈련 및 지지적 서비스의 목적 달성과 결코 공존할 수 없다는 것이 Hasenfeld(2000)의 주장이다. 왜냐하면 강제참여를 합법화하는 프로그램은 '희생자 비난하기'의 이념에서 비롯되는 것이며, 클라이언트에 대해 부정적인 이미지를 가지고 있는 것이기 때문이다. 따라서 사회복지사는 사회복지활동의 근간이 되는 신뢰관계에서 오는 원천적인 보상을 받기 어렵다. 즉, PRWORA의 개혁은 일견 공공부조에 대한 사회서비스 기능을 강화함으로써 사회복지의 전문적 역할을 강화하는 듯하지만 구체적 실천 과정에서 법을 따르다 보면 주로 클라이언트를 제재하는 일을 하게 되고 가장 어려운 처지에 처한 클라이언트들을 그들이 근로 조건을 충족시키지 못했다는 이유로 보호망에서 추방하게 될 정책의 변화는 이처럼 사회복지사의 역할과 기능의 변화뿐만 아니라 대상자의 복지에도 영향을 미쳐 공공사회복지사와 클라이언트에 대한 정치적 반감(political negativism)을 형성하게 될 수 있다.

2) 미국의 공적 사회복지전달체계

(1) 미국 공공복지 개관

미국의 공공복지는 다른 국가들과 뚜렷이 구분되는 몇 가지 특징을 가지고 있다.

첫째, 국가가 제공하는 공공복지보다 시장에 대한 참여를 통해 수혜받는 복지가 우선적으로 배치되어 있고, 전달체계에서도 민간의 중요성이 매우 크다(Esping-Andersen, 1990). 이는 노동 능력이 있는 계층에 대해서 제공되는 공공복지가 매우 미약하다는 점과 함께, 기업에 의해서 제공되는 복지가 국가복지의 미미한 부분을 보완하고 있다는 점에서 잘 드러난다. 그러나 최근 민간복지를 통해서 공공복지를 보완하는 미국의 제도는 점차 한계를 드러내고 있는 것으로 평가되는 한편, 전달체계에서의 민간의 참여는 지속적으로 확대되는 추세에 있다(황덕순, 2003).

둘째, 공공복지 내에서 사회보험원리에 의해서 운영되는 제도, 특히 공적 연금과 공공부조 사이에 사회적 인식의 차이가 크다. 이러한 차이는 1980년대 이후의 복지국가재편 과정에서 더욱 확대되어 왔다. 상당한 부담이 따르는 공적 연금의 축소는 신중하게 추진된 반면, 공공부조 수급권 및 지출의 축소에는 성공한 것에서도 나타난다(황덕순, 2003).

셋째, 공공복지의 책임에서 연방과 주의 역할이 구분되어 있으며, 주정부가 자율성을 강력히 행사하는 경우가 많다. 이러한 특징은 연방제 국가로서의 미국의 형성 과정과 연관되어 있다. 50개 주는 하나의 연방정부하에 있지만 각각 별개의 주법(州法)과 주법(州軍)을 가지는 독립된 정치 및 행정 주체로 역할하고 있고, 주정부 밑에는 다시 다양한 수준의 지방정부(local government)가 있다.

이와 같이 강력하고 다양한 지방자치제의 전통은 사회복지부문에서도 예외는 아니어서 미국에는 국가의 모든 복지서비스를 총합적으로 관리하고 책임지는 단일한 상위행정체계는 존재하지 않는다. 미국 공공복지의 특징은 한마디로 각 지역에 뿌리를 둔 다양한 복지서비스들을 총괄하는 전국적인 사회복지연계망이 없고 통일된 전달체계망도 없다는 점이라 할 수 있다. 비록 연방정부의 입법에 의해 제공되는 프로그램이라 할지라도 연방정부는 광범위한 기준과 범주를 제공할 뿐 실제적인 운영과 서비스의 제공은 주정부에 위임되어 있고, 주정부 또한 경우에 따라 기준을 제시하는 선에서 그치고 실천은 하위 지방정부의 자율운영에 위임하는 형태여서 주별로, 지방별로 복지행정체계와 프로그램 그리고 그에 따른 인력의 자격과 직무도 상이하게 나타난다. 연방정부가 직접 서비스를 제공하는 것은 SSI (Suplementary Security Income)와 VA(Veteran's Administration), 그리고 Medicare를 포함한 사회보장서비스뿐이고, 다른 대부분의 사회복지서비스는 주정부 수준에서 공공부문과 민간부문이 공유하고 있다. Reisch는 미국의 복지제도가 연방정부보다 주정부 중심으로 발달되었고 사회서비스의 경우 범주적 프로그램에 초점이 주어졌으며 프로그램 발달과 시행 과정에서 비영리민간단체의 역할이 컸던 점, 소득유지프로그램과 사회서비스를 성공적으로 통합할 수 있는 정책이나 프로그램을 만드는 데 실패한 점이 그 이유라고 지적하였다. 사회서비스 제공에 대한 연방정부의 역할을 축소하고 주정부의 자율권을 대폭 강화한 1996년의 복지개혁 과정에서 사회복지제도의 분권화 및 전달체계의 분권화가 더욱 확대되고 있다(윤혜미, 2000: 황덕순, 2003).

(2) 미국의 공공복지행정체계

① 연방정부

미국 사회복지의 중추적 역할을 하는 연방정부의 행정부서는 보건복지부(Department of Health and Human Servicesx: D/HHS)다. D/HHS는 소득보장 및 기타 주요한 사회복지서비스의 기본적 골격을 담당하고 있는데, 보다 구체적으로는 첫째, 전국적 규모로 시행되는 공공복지사업의 재정을 제공하고, 둘째, 최소한의 기본적 운영 기준을 설정하여 행정적 절차와 규칙을 정하며, 셋째, 복지 관련 조사 연구의 기금을 제공하는 등 가장 일반적이고 기본적인 역할을 담당한다. D/HHS는 노령행정기관(AOA), 아동 및 가족행정기관(ACF), 공중보건조사기관(AHRQ), 약물남용 및 정신보건서비스기관(SAMSHSA), 보건재정행정기관(HCFA), 질병통제 및 예방센터(CDC), 독극물 및 질병등록기관(ATSPR), 보건지원 및 서비스기관(IHS), 식약안전청(FDA), 원주민보건서비스(IHS), 국립보건기구(NIH), 프로그램 지원센터(PSC)의 열 가지로 구성되어 있다. D/HHS는 이 열 가지 전담부서를 통해 현재 미국 사회복지서비스의 표적인구라 할 수 있는 빈곤자, 실업자, 요보호아동(편부모가정의 아동, 학대 또는 방임아동), 노인(노인의 건강보호, 소득문제, 치매 및 알츠하이머병, 양로원, 지역사회 노인프로그램), 장애자, 정신장애자, 약물중독자, 범법자(범죄자와 비행청소년), 정신지체자, 부랑인(Homeless), AIDS 환자 등(Schmolling, Jr. et al., 1989)에 대해 공공부조(Public Aid), 식량부조 프로그램, 현물급여, 보건과 기타 사회복지와 관련된 서비스프로그램을 제공한다. 전통적 사회서비스는 주정부에 대한 연방

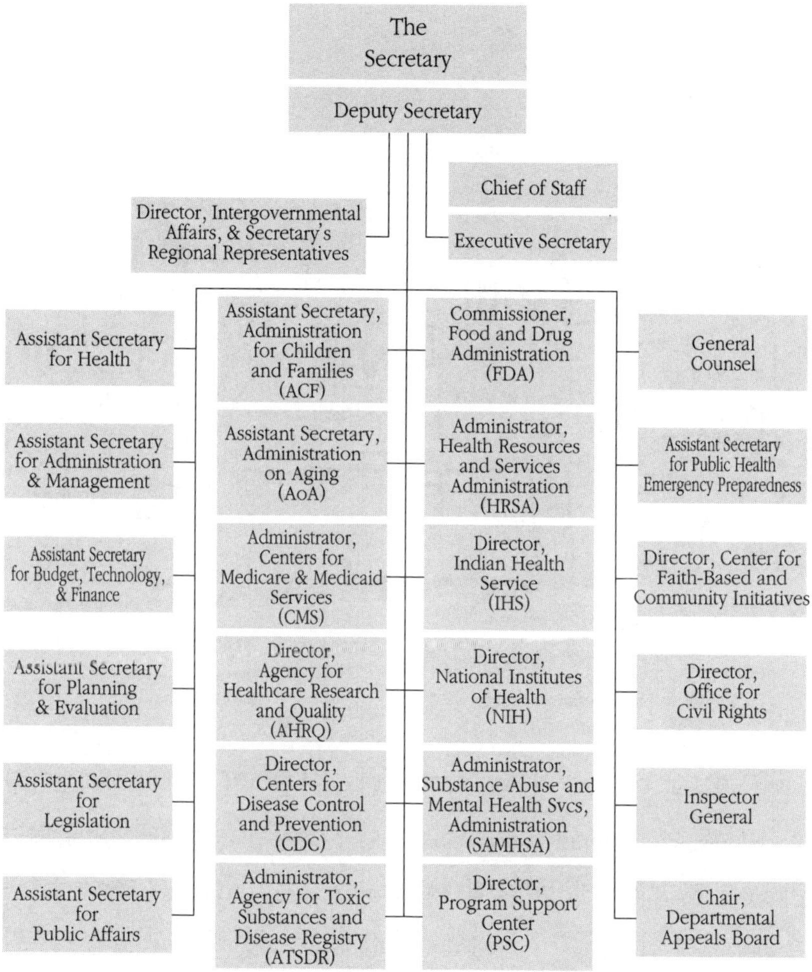

[그림 3-1] 미국의 보건복지부(D/HHS)의 조직도

출처: http://www.hhs.gov/about/orgchart.html.

정부의 교부금을 통해 제공된다. 연방정부가 주정부에 대한 교부금을 통해 지원하는 서비스는 아동복지서비스, 직업재활, 노령인구보호, 모자보건서비스, 모성 및 영유아 보호프로젝트, 포괄적인 보건서비스와 다양한 공중보건 활동이 있으며, 특히 아동과 가족에 대한 서비스가 주를 이루고 있다.

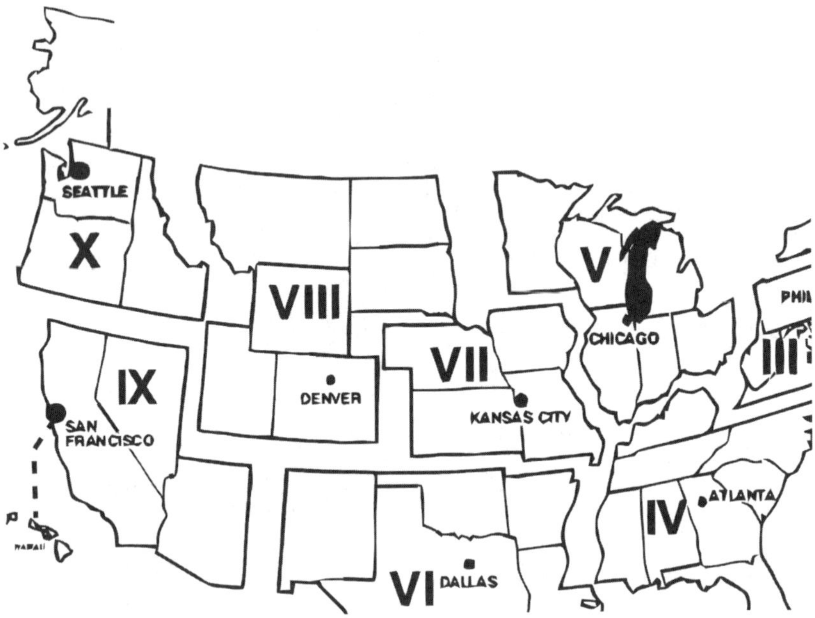

[그림 3-2] 미국 보건복지부의 지역 구분도

출처: http://www.hhs.gov/about/regions.

연방정부의 D/HHS 외에도 행정부 내의 독립적인 기관인 사회보장청(Social Security Administration: SSA)[10]이 사회보험의 관장과 질병급여의 관리운영 및 보건복지정책의 집행을 맡고 있으며, D/HHS와 SSA는 [그림 3-2]와 같이 전국을 10개 지역으로 각각 동일하게 구분하고 있고 지역별로 사회보장사무소 지역 본부(Regioanl Office)와 지방조직으로 1,300여 개의 사회보장사무소(Social Security Office)와 37개의 전화서비스센터를 두어 프로그램을 실행하고 있다.

② 주정부

주정부 단위로 내려가면 주로 Department of Social Services, Public

10) 사회보장청은 원래 D/HHS 산하기관이었으나 1995년 독립기구가 되었다.

Welfare Department 또는 Department of Human Services나 Human Resources Agencies라는 이름의 공공복지기관이 과거의 AFDC(현 TANF), Food Stamps, 아동복지서비스 그리고 주마다 조금씩 상이한 다양한 영역의 사회서비스를 담당하고 있다. 1996년 이전까지는 대개의 경우 주정부의 사회서비스 기관은 연방정부의 교부금에 의한 서비스인 가정봉사원, 탁아, 그리고 고용배치 및 훈련프로그램 등을 제공하였으나, 1996년 PRWORA 이후 그 서비스 영역에 대한 제한이 없어졌다. 이처럼 주정부의 공공복지 부서의 이름이나 조직도 다르고 인력의 자격 기준에 대한 설정도 서로 다르지만 이 기관들이 사회복지인력의 주된 공공부문 고용기관이다. 현재 미국 공공복지의 핵심은 빈곤계층에 대한 소득 보전과 이들의 환경 개선을 통한 복지 의존의 극복에 있다고 할 수 있으며, 사회서비스로서는 아동복지부문이 가장 전문화되어 있다(윤혜미, 2000).

3) 지역차원에서의 서비스연계와 협력구조

(1) 노동과 복지서비스의 연계와 협력

미국은 보건복지부에서 보건의료, 식품 · 의약품 안전, 노인 · 장애인 건강보험과 저소득층 건강보호, 공공부조, 아동복지, 노인복지 등에 관한 보건복지정책을, 보건복지부와 독립된 SSA에서 보건복지정책 집행(연금, 노인의료보험, 장애인복지, 가족복지 등)을 담당하고 있다. 고용과 관련된 기능은 노동부에서 담당하고 있다. 중앙정부의 서비스 분리 제공과는 달리 1981년 WIN 시범사업, 1986년 JOBS, 1996년 PRWORA 등을 거치면서 주정부에 의해 복지전달체계가 주도되는 통합모형으로의 전환이 이루어졌다(홍경준, 2002).

미국은 복지와 노동을 연계하는 '근로연계 복지' 를 지향해 왔으며, 이를 위한 일련의 복지 개혁은 1996년 PRWORA를 통해 TANF가 도입되면서 일단락되었다. TANF를 통해 모든 수급자에게 근로 활동에 대한 참여가 의무화되면서 수급자에 대한 사례관리 및 복지와 고용서비스 연계가 중요한 과제로 부각되었다. 또한 1997년도에는 'Welfare to Work Grants(WtW)' 제도를 도입하여, TANF 수급자 가운데 가장 취업에 애로를 겪는 수급자에 대해 고용서비스를 제공하도록 하였다. TANF가 D/HHS에 의해 주관되고, 각 주정부에서 자율성을 갖고 운영하는 것과 달리 WtW는 노동부(DOL)의 주관하에 직업안정기관을 통해 운영된다. WtW가 TANF 수급자를 대상으로 한다는 점에서 지역 차원에서 TANF 서비스 전달기관과 고용서비스 전달기관을 연계하는 것이 불가피하다(황덕순, 2003).

복지와 고용서비스의 연계도 아직 완전히 정착되었다고 보기 어렵다. 또한 각 제도의 운영이 각 주에서 상당한 자율성을 가지고 운영되기 때문에 복지와 고용서비스의 연계에 대해 전국적으로 표준화된 통계나 자료는 아직 구하기 어렵다. 따라서 여기에서는 지금까지 수행된 각 지역에 대한 사례연구의 결과를 중심으로 살펴보고자 한다.

Pindus 등(Pindus et al., 2000)의 경우 12개 지역에서의 복지와 고용서비스의 연계에 대해 조사하였고, Pavetti 등(2000)은 20개 지역을 대상으로 TANF와 WtW를 통한 복지수급자에 대한 고용서비스전달체계를 조사하였다. 또한 Nightingale(2001)은 11개 지역에서의 WtW에 대한 심층 연구결과를 제시하고 있다.

Pindus 등(2000)과 Pavetti 등(2000a)에 따르면, 복지서비스와 고용서비스의 연계방식은 복지사무소(welfare office)가 어떤 역할을 수행하는가에 의해 주로 좌우된다. 복지사무소가 고용 관련 서비스의 상당 부분을 직접 제공할 수도 있고(복지사무소 중심형), 복지서비스와 고용서비스를 완전히 통합해서 고용서비스를 전달하는 원스톱경력센터(One-Stop Career Center)에서 이를 통합적으로 제공할 수도 있기 때문이다. Pindus 등(2000)이 조사한 12개 지역 가운데 5개는 복지사무소 중심형이고, 1개소는 통합형이며, 나머지는 이 둘을 혼합한 형태다.

복지사무소가 고용서비스의 상당 부분을 직접 제공하는 경우, 구직활동 지원 및 직업준비 훈련이 복지사무소의 직원에 의해 제공될 것이다. 이 경우에도 수급자가 장기간 취업에 실패하는 경우에는 직업안정기관에 의해 관리되는 WtW 프로그램을 통해 직업안정기관으로 위탁될 수 있다.

한편, 통합형에서는 복지서비스와 고용서비스가 모두 원스톱경력센터를 통해 운영된다. 수급신청자는 이 센터에서 수급 신청을 하고, 곧바로 고용서비스를 제공받기 시작한다. TANF에 대한 안내는 같은 건물에 있는 보건복지 관련 부서로부터 받게 된다. 이후에 수급자격 및 급여 관리는 여전히 복지 관련 부서에서 담당하지만, 고용서비스는 직업안정기관을 통해서 제공받게 된다.

Pavetti 등(2000)의 20개 사례 지역 가운데 4개 지역에서는 직업안정기관이 TANF 및 WtW의 고용서비스를 통합해서 전달하고 있었고, 나머지 16개 지역에서는 복지사무소가 TANF, 직업안정기관이 WtW를 담당하고 있었다. 그러나 이 경우에도 직업안정기관은 TANF의 고용서비스전달체계의 일부로 참여하게 된다. Pavetti 등의 연구는 고용서비스전달에 참여하는 다양한 중개기관(intermediary)들에 초점을 맞추었다. 중개기관들은 TANF 수급자의 취업을 지원하는 기관으로 정의되는데, 다시 대부분의 수급자에 대해 구직활동 및 취업알선을 지원하는 1차 중개기관과, 일부 수급자에 대해 근로경험, 교육, 훈련, 취업 유지, 기타 고용서비스를 전달하는 2차 중개기관으로 나뉜다.

이와 같이 복지수급자에 대한 고용 관련 서비스가 전달되는 체계는 매우 다양한 방식으로 나타날 수 있지만, 공통적인 변화는 이전에 비해서 복지수혜자에게 어떤 형태로든지 매우 강화된 고용 관련 서비스가 제공되고 사례관리가 이루어지기 시작했다는 점이다(황덕순, 2003).

(2) 노인복지부문의 의료 및 각종 서비스의 연계와 협력

미국의 사회복지가 분산적으로 수행되고 있기는 하지만 노인복지행정체계는 각 분야에서 다소 차이가 있음에도 불구하고 연방정부, 주정부, 지방정부 및 민간기관으로 이어지는 '노인복지서비스망(Aging Network)'을 중심으로 이루어져 있으며, 이를 통해 지방자치제의 성격을 띠고 노인복지서비스가 수행되고 있다(원영희 외, 2001). 미국에서는 노인복지서비스 분야에서 민간단체가 행하는 역할이 매우 중요한데, 이들 민간단체가 정부기관들과 연계되어 공공복지서비스의 미흡한 점을 효과적으로 보완하는 역할을 수행하는 것으로 평가되고 있다.

노인복지를 관할하는 주무 부서는 보건복지부 내 연방노인청으로 차관급인 노인청장이 책임을 맡고 있다. 연방노인청(AoA)은 노인의 욕구나 문제에 관련된 사항을 보건복지부 장관과의 직접적인 논의를 통해서 노인 관련 정책과 프로그램을 평가하며 노인복지 관련 부서에 대해 협력을 권고한다. 또한 연방노인청 내 10개의 광역사무소를 통해 광범위한 미국 내의 지역적 특성을 고려한 노인복지 관련 사항을 의논하고 실행하는 역할을 수행하고 있다. 주정부 차원에서는 자체 내 주정부 노인국(SUA)을 두고 복지정책을 실행하고 있으며, 주정부 노인자문위원회(Area Advisory Counsels)가 구성되어 지역사회의 노인의 욕구와 문제를 해결하기 위한 노력을 행정적 체계를 통해 확립하고 있다.

미국은 노인복지에서 역할의 분담과 책임을 명확히 하여 연방노인청이 주정부 노인국에 대한 재정지원을 하고 국가적 차원에서 노인복지에 대한 포괄적인 기획 및 정책 수립을 담당하고 있다. SUA는 주 차원의 정책과 기획을 담당하고 하부기관인 지역노인과(AAA)는 재정지원을 위한 예산 분배를 담당하고 지역사회의 민간서비스기관과 계약을 체결하여 노인들에게 직접서비스를 제공하는 역할을 담당한다. 또한 노인복지 관련 서비스에 대한 효과성 및 효율성을 위해 연방정부와 주정부를 통해 지원되는 모든 프

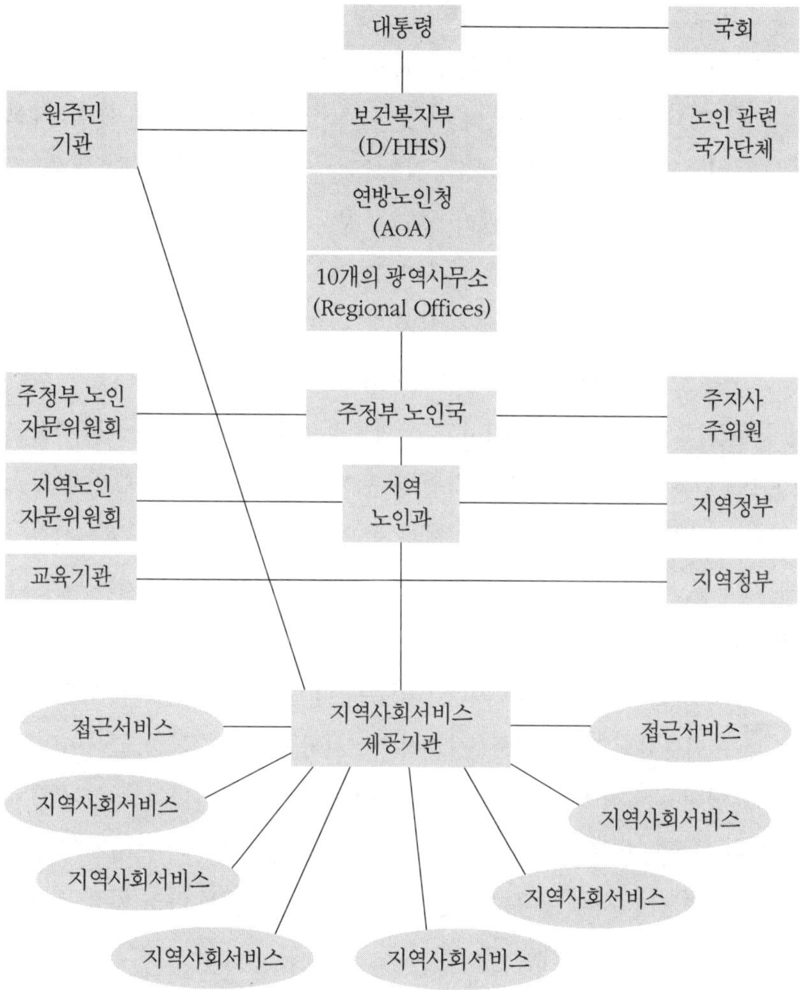

[그림 3-3] 미국 노인복지서비스망

출처: 원영희 외(2001).

로그램에 대한 수행평가(performance evaluation)를 강화하고 있는데, 이는 행정기관의 책임성을 강화하는 역할을 한다(원영희 외, 2001).

(3) 미국의 공공부조서비스 인력의 특성

전미사회복지사협회(NASW)는 사회복지사의 활동을 영역별로 구분하고 있는데, 그 내용을 보면 약물남용과 중독, 노령, 아동복지, 공적 복지, 학교사회사업, 교정, 발달장애, 고용복지, 보건, 정신보건 · 임상사회복지, 지역사회조직, 국제사회복지, 관리 · 행정, 정책과 계획, 정치 그리고 조사연구의 16가지다. 이를 고용주의 유형으로 나누어 보면 공적 복지(public welfare)는 온전히 공공부문에 속하지만, 나머지 부문들은 공공과 민간이 공히 고용 주체가 되어 있다. 전체적으로 보아 '공적 복지' 분야를 포함한 공공부문에 진출한 사회복지사와 사회보장부문에 진출한 사회복지사는 1991년 현재 전체 NASW 등록회원 중 39%로 1982년의 45%에 비해 감소하였다. 이렇게 보면 공공부문이 매우 중요한 사회복지인력의 고용시장인데, 정부를 제외한 나머지의 경우 고용 주체의 내용과 법적 근거가 매우 다양하다.

전통적으로 미국의 사회복지는 민간부문이 강세를 보여 왔다. 민간부문이 보다 세분화되고 전문화된 사회복지실천활동으로 중산층 클라이언트, 개인개업이라는 이미지를 가지고 있다면, 공공복지는 가난하고 힘이 없으며 또한 복합적인 문제를 가진 클라이언트에 대한 비전문적 서비스가 주업무이며 행정적인 서류 업무가 과중하고 낮은 보수체계를 가진 일로 특징지어져 왔다.

전문직의 전문성 발달 정도를 표현하는 한 방법으로 때로 자격의 세분화가 이용되기도 하는데, 미국의 사회복지인력은 보통 social service aide(고교 졸업자), social service technician(전문대 이상 졸업자), social worker(4년제 대학 이상 졸업자), certified social worker(석사과정 이상 졸업자), social work fellow(박사과정 이상 졸업자)로 구분한다. 그런데 지난 30여 년간 미국의 공공복지현장에서 빈곤자와 일하는 사회사업의 역할이 점점 축소되어 오면서, 공공부조서비스 석사학위를 가진 사회복지사들보다 주로 사회사업 학사학위나 전공을 불문한 학사학위 소지자, 또는 일정 훈련을 거친 고교 졸업자들이 주된 인력을 이루고 있다. 예를 들어, 뉴욕 주 올버니 카운티의 사회복지국(Department of Social Service)에 근무하는 일선 사회복지인력들은 사무원(clerk), 검사관(examiner), 주임검사관(senior examiner), 책임검사관(principal examiner), 수석검사관(head examiner)과 개별사회사업가(caseworker)로 구성되어 있는데, 클라이언트와 최초로 접촉해서 접수 신청서를 작성하게 하여 공공복지체계로 인도하면서 클라이언트의 서비스에 대한 욕구에 따라 적절한 부서와 직원에게 연결하는 역할을 하는 사무원의 81.0%가 고교 졸업 학력을 가진 비전문인력이며 주로 사회부조의 소득보전을 담당하는 검사관의 27.4%가 고교 졸업자로 구성되어 있다는 사실은 공공부조서비스 인력의 전문성 부족을 단적으로 보여 주는 것이다. 공공부조서비스에서 학사 이상의 학위 소지자로만 구성된 직책은 특수한 욕구(교육이나 직업훈련)나 환경(알코올 또는 약물문제, 특수한 보건 관련 문제, 가정폭력문제, 노숙자[homeless] 위기 등)에 처한 사람을 대상으로 사회서비스를 제공하는 개별사회사업가뿐이었다(Hagen & Wang, 1993). 그리고 이들 중에서도 비전공자가 35.7%에 달했다. 실제로 Gibelman과 Schervish(1997)의 연구에 따르면, NASW에 등록된 구성원들 중 공공복지를 주 실천 현장이라고 밝힌 사람은 오직 0.8%(1972년에는 8%)에 지나지 않아 공공부문은 전문 사회복지교육을 받은 인력에게 별로 인기가 없는 실천 현장임을 보여 준다.[11)]

Reisch(1995)는 현재 공공부문에서 일하는 사회복지사의 기본 기능을 다음과 같이 소개하고 있다.

11) 사회복지전문인력의 부족은 공공복지 영역에만 국한된 것은 아니다. 사회보장청이나 다른 복지 관련 국가기관의 경우에도 사회복지사는 다른 전공자들과 같은 조건에서 채용됨으로써 공공부문에서 강세를 점하지 못하고 있다.

① 연계 기능: 개인이 필요로 하는 프로그램에 대한 접근을 가능하게 해 주는 것이다. 정보 제공이나 의뢰, 위기관리 핫 라인, 사례 옹호, 지역사회 조직과 발달 등이 여기에 해당하는 기능으로, 미국 사회의 다양한 사회 문제와 인구 구성의 변화를 생각할 때 이 기능은 저소득계층과 이민자 및 난민에게는 결정적인 중요성을 갖고 있다.

② 치료 및 통제 기능: 주로 정부기금으로 운영되는 서비스인 보호관찰, 개인과 가족에 대한 상담, 위탁보호 및 성인보호서비스 등의 기능이다.

③ 강화 기능: 주로 개인과 가족의 성장과 발달에 초점을 둔 서비스로서 산업화 이전의 사회에서 가족과 이웃이 제공하던 종류의 서비스다. 발달에 적합한 프로그램을 제공하는 아동보육서비스, 문화, 교육, 사회적인 프로그램을 노인에게 제공하는 노인센터프로그램과 가정봉사원서비스가 이에 해당되는데, 이 기능은 개인이 자기보호와 지지의 수준을 향상시킬 수 있게 해 주고, 남에게 이용당하거나 다른 사람을 이용하지 않게 해 주며, 불필요한 시설 수용을 막고, 필요한 경우 적절한 시설 및 서비스를 제공하고, 사람을 다른 사람과 연결해 주며, 가족의 안정성을 유지시켜 주는 서비스들이다.

그런데 이러한 실제로 기능들은 그 역할이 그리 명료하지 않은데, 1970년대 이후 전통적인 사회복지 영역에 타 전문직들이 대거 등장하여 경쟁관계를 형성하게 되었고 민간기관, 특히 공적 자금이 유입되는 영리기관이 사회서비스를 제공할 수 있게 됨에 따라 사회서비스 영역에서 공공부문의 전문 영역이 모호해졌다. 게다가 가족 보존이나 복지 의존도의 감축과 같은 주제를 둘러싼 사회서비스와 현금부조의 분리 및 재통합 움직임이 혼란을 가중시켰으며, 민간부문에서 사회복지사의 개인개업이 활발해지면서 저소득계층에 대한 서비스가 사회복지실천의 우선적인 과업이라는 생각이 희석되고 공공부문의 사회복지사도 개인개업의 유혹을 받게 되었다. 또 주마다, 또는 주 내에서도 상이한 보수체계가 존재하는 점, 학사와 석사 사회복지사 간의 사회적 서비스 책임이 달리 부여되는 등 역할 모호성의 문제가 많은 것이 사실이다(윤혜미, 2000).

3. 영국의 전달체계와 복지-노동 연계 현황

1) 영국 공공복지의 발달 과정

사회보장제도가 발달된 서구 자본주의 국가들의 경우 사회민주주의가 퇴조하면서 복지국가의 위기가 오고 있다는 의견이 제시되었다. 그 원인으로 세계화 및 노동자 내부 구성의 이질화 등을 들고 있으나, 사실은 복지비용의 지나친 지출에 따른 국가재정의 악화와 일을 하고자 하는 의욕의 감퇴와 같은 도덕적 의식의 소멸 등이 이에 대한 근본적인 원인으로 작용하고 있다. 각국의 정부는 이러한 문제를 해결하기 위해 부단한 노력을 기울이고 있는데, 영국 공공복지의 발달 과정 역시 이러한 노력을 꾸준히 보이고 있다.

초기 영국의 사회복지체제는 오랜 전통을 가진 구빈법과 베버리지의 원칙에 의해 일정한 수준의 생활을 보장하는 사회보장제도가 근간을 이루고 있었다. 영국 사회보장제도가 지향하던 목표들은 다음과 같다. 첫째, 예견하지 못한 금전적 수요에 대처하기 위해서 사회가 공동으로 대처한다. 둘째, 사회 구성원에게 부가적 비용이 발생할 때 공공부담으로 사회적 형평을 도모한다. 셋째, 도움이 필요한 가족을 지원한다. 넷째, 빈곤에서 벗어날 수 있도록 돕는다. 다섯째, 소득재원을 재분배하여 시기적인 또는 계층적인 빈부의 격차를 완화시킨다.

이와 같이 영국은 자유주의 사상을 기반으로 기회의 평등을 추구하는 사회보장제도를 채택하고 있다. 이 방식의 제도는 경제정책의 측면에서 민간의 협력을 통해 경제성장을 추구하고 공공사업을 통해 완전고용을 추구하는 한편, 개인재산 상실자에 대해서는 최저생활을 보장하는 경제적 평등을 제공하려고 노력했다.

1930년대의 빈곤과 대량실업 사태를 거치며 영국 정부는 국민의 건강보호, 교육의 기회보장, 최저생계수준 보장, 완전고용 추구 등을 바탕으로 한 정부 주도의 사회정책들을 실시해 왔고, 1960년대까지는 그 지출에서 큰 변화가 없었다. 그러나 1970년대 중반 경기침체가 계속되고 사회보장에 따른 지출이 폭발적으로 증가하게 되자, 1979년 집권한 대처의 보수당 정부는 '작고 강한 정부'라는 표어를 내세우고 시장 기능을 도입하는 방식으로 사회보장제도의 개혁을 시도하였다. 주택, 연금과 의료서비스, 사회적 서비스 부문에서 민영화와 지방정부 및 개인으로의 권리와 의무 이전이 이루어지고 세제 개혁과 규제의 철폐 등을 정책 수단으로 삼았다.

대처와 메이저로 이어지는 18년 동안의 집권 기간 동안 영국의 보수당 정부는 사람을 일자리로 이동시키는 목표를 세우고 근로를 유인하는 동기를 일으키고 복지혜택을 받으려는 의존 동기를 억제하는 당근과 채찍을 적절히 결합하는 정책을 구사하였다. 이는 1979년 집권 이후 1980년대 중반까지 복지수급자의 수가 폭발적으로 증가한 데서 그 원인을 찾을 수 있다. 이러한 상황에서 1986년 「사회보장법(Social Security Act)」이 제정되었고, 이 법은 자산조사 급여체계를 단순화하고 불필요한 지급사례를 없애기 위해 소득평가에 관한 단일 기준을 마련하여 자의적인 추가급여와 수급자격의 불명확성을 제거하였다. 1988년부터 보충급여는 생계비지원이라는 명칭으로 단일기준에 의한 수급과 급여자격을 적용하였다.

1988년 대처 정부는 사회기금을 만들고 긴급한 필요가 있는 국민에게 교부금과 대출의 방법으로 그 수요를 충족시키려고 시도하였다. 이는 개인의 책임을 강화하고 사회부조의 지출을 예산한도 내에서 억제하는 개혁조치였다. 결과적으로 사회부조가 필요한 저소득층의 다양한 요구를 충족시키는 것이 어려워졌으며, 개인적으로 자신의 욕구를 위해 노력해야 하는 복지환경으로 바뀌어 갔다.

요컨대, 영국은 '요람에서 무덤까지'라는 개념의 복지국가를 추구하다가 사회경제적 변화가 발생하면서 개혁을 급격히 진행하게 된 대표적인 사례다. 또한 영국에서의 복지제도의 개혁은 오랫동안 사회보장제도가 정착화된 국가에서 수혜계층의 기득권이 존재하는 상황에서 진행된 개혁이었기 때문에 개혁에 대한 저항이나 갈등의 문제가 심각하게 발생하는 것이 예견된 경우라 할 수 있다. 그럼에도 불구하고 복지제도와 노동정책의 융합을 통해 최대의 효과를 기대하는 개혁조치들이 현재 진행되고 있다.

2) 영국 공공복지의 노동 연계를 위한 재편

영국은 국가부조제도를 기초로 보충급여와 가족소득보조를 보완하는 체계를 오랫동안 유지해 왔는데, 1953년 국민보험부와 연금부가 통합되어 연금 및 국민 보험부가 되었고, 1968년 11월에는 보건부와 통합되어 보건 및 사회보장부가 되었다. 그러나 1988년부터 복지의존, 근로의욕 저하 방지를 위한 목적으로 공공부조체계를 재편하기 시작하였으며, 1989년 11월에 사회보장부(Department of Social Security)와 보건부(Department of Health)로 다시 분리되었다(이영찬, 1998). 사회보장부에서 사회복지정책 전반을, 교육 · 고용부에서 고용 관련 기능을 수행하며, 국가보건정책은 보건부에서 담당하고 있다.

영국 정부는 1990년대 중반에 경제 상황이 더욱 악화되자 급여대상 및 급여 전략보다 근로연계복지 전략에 초점을 둔 대대적인 공공부조 개혁을 단행하기 시작하였는데, 대대적인 정부 현대화 개혁(Government Modernizing)에 돌입하게 되면서 근로연계복지를 강화하기 위한 행정 개혁이 과감하게 이루어졌다(정영순 · 이은정, 2002). 즉, 블레어 정부는 '복지+노동'이라는 통합적 전달체계의 확립을 위하여 2001년 6월에 사회보장부와 교육고용부의 일부 부서를 근로연금부(Department for Work and Pensions)로 통합하였다(홍경준, 2002).[12] 신설된 근로연금부(Department of Work and Pension)는 사회보장부와 교육고용부로 분리하여 관할하던 기여기초형과 소득기초형 구직자수당제도를 단일한 행정체계로 통합하였다. 이로써 급여와 자활지원서비스를 근로연금부 산하의 구직센터에서 통합적으로 관리하게 되어 실직자와 시간제 근로자의 자활지원서비스에의 참여를 더욱 촉구할 수 있게 되었고, 통합 이전보다 자활지원서비스의 종합적 계획 수립, 적극적인 개발과 효율적인 운영이 강화될 수 있게 되었다.

차별화된 근로유인전략을 효율적으로 집행하기 위한 구체적인 행정체계의 개편 내용을 살펴보면 다음과 같다(정영순 · 이은정, 2002). 1999년 이전에는 소득보조제도, 가족공제제도, 장애근로수당제도의 경우 종전대로 사회보장부 관할하에 지역 내의 사회보장사무소에서 대상 선정 및 급여를 담당하도록 하였다. 반면, 2001년 이전까지 실업보험과 실업자 대상 공공부조제도의 행정체계는 완전한 통합을 이루지는 않았으나, 다만 기존의 실업보험에 공공부조의 실업자 및 시간제 근로자를 통합시킨 구직자수당제도를 도입함에 따라 행정체계는 다른 공공부조제도와는 다른 형태로 운영되었다. 즉, 종전과 같이 기여기초형은 교육고용부가 소득기초형은 사회보장부가 관할하고, 소득기초형은 사회보장부 산하 사회보장사무소에서, 기여기초형은 교육고용부 산하 구직센터에서 대상 선정 및 급여 업무를 담당하나, 다만 소득기초형의 자활지원 업무만 분리시켜 기여기초형과 함께 구직센터에서 담당하도록 하였다([그림 3-4] 참고). 이렇게 급여와 자활지원 업

---

12) 2003년 4월 현재 교육과 고용에 필요한 기술 제공은 교육기술부(Department of Education and Skills)에서 제공하며, 노동연금부에서는 근로기회 제공, 아동빈곤 예방, 연금과 장애인복지정책을 담당하고 있다(http://www.dwp.gov.uk).

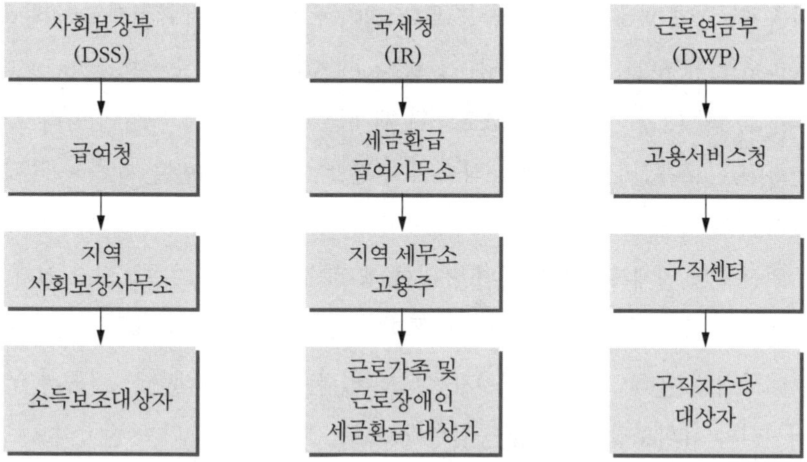

[그림 3-4] 2001년 이후 영국의 공공부조제도 행정체계

출처: 정영순 · 이은정(2002).

무가 이원화되었지만, 사회보장사무소 직원을 구직센터에 파견하여 자활지원서비스는 물론 대상 선정 및 급여 업무까지 한곳에서 제공하도록 함으로써 다양한 업무에 대한 대상자의 접근성과 자활지원서비스 참여자에 대한 관리의 효율성을 높였다. 더불어 각 지역의 구직센터를 중심으로 지역사회 내 지방정부, 자원봉사기관, 노동조합, 훈련기관, 기업 등과 긴밀한 협력체계를 구축하여 다양한 고용증진프로그램이 원활하게 제공될 수 있도록 하였다.

이러한 행정체계의 변화뿐만 아니라, 제도구조상의 변화도 발생하였다. 1996년에 기존의 실업보험을 구직자수당으로 개정하면서, 기존의 실업보험 대상자는 기여기초형으로, 실업자 및 시간제 근로자를 소득기초형으로 포괄하여 실업자 및 시간제 근로자의 구직활동과 자활지원서비스를 강화하였다. 1999년에는 급여와 세금을 통합하기 위해 가족공제는 근로가족세금공제로, 근로장애인수당은 근로장애인세금공제로 변경하고 소득공제비율을 높여 근로를 더욱 장려하였다. 이로써 영국은 공공부조 대상별로 근로

가족세금공제(Working Family Tax Credit), 근로장애인세금공제(Disabled Person Tax Credit), 구직자수당(Job seeker's Allowance), 소득보조(Income Support)의 네 가지 제도로 구조화된 체계를 갖추어 대상 특성에 따라 차별화된 근로유인 전략을 적극적으로 추진할 수 있는 기반을 마련하게 되었다.

최근 근로연계복지체계 개편을 위한 행정체계 개편이 가속화되고 있다. 우선 사회적 서비스 급여와 고용의 통합적 적용을 위해 근로연금부 산하에 확대구직센터(Job Centre Plus)가 신설되었다. 확대구직센터는 기존의 구직센터와 사회보장사무소를 통합한 것으로, 2003년 6월 현재 전국적으로 26개소가 설치되어 있으며, 2006년까지는 전국적으로 설치될 예정이다. 완전 통합 전까지는 기존 구직센터와 사회보장사무소에서 관련 서비스를 제공하는 것으로 되어 있다. 확대구직센터에서는 16~65세의 남녀를 대상으로 일을 할 수 있는 사람에게는 일과 교육훈련을, 일을 할 수 없는 사람에게는 적절한 재정지원을 한다. 그 외 구직자를 찾는 고용주들을 위한 서비스도 제공하고 있다(www.jobcentreplus.gov.uk).

인적 · 사회적 서비스를 제공하는 전문 인력의 추이를 보면 1992년 23만

〈표 3-3〉 영국의 인적 · 사회적 서비스담당인력 추이

구 분	1992년	1995년	1996년	1997년	1998년	1999년	2000년	2001년
경영/관리직	29,433	-	-	-	-	-	-	-
가정봉사원	58,004	56,961	55,430	53,575	50,417	47,227	42,583	40,200
일선 사회사업가	26,509	31,926	32,140	32,990	33,400	33,900	34,700	35,200
주간봉사원	28,596	31,109	31,605	30,839	30,300	30,800	30,800	29,500
재가봉사원	78,918	68,651	67,975	65,422	62,100	59,200	56,600	53,800
기타	5,049	-	-	-	-	-	-	-
총 원	235,240	233,861	233,655	229,439	223,500	221,700	217,200	212,000

출처: 정영순 · 이은정(2002).

4,240명에서 2001년 21만 2,000명으로 약간의 감소 추세를 보이고 있다. 가정봉사원(home help service)의 경우 1992년 5만 8,004명에서 2001년 4만,200명으로, 재가봉사원(residental care staff)의 경우도 1992년 7만 8,918명에서 2001년 5만 3,800명으로 지속적인 감소 추세를 보이고 있다. 이에 비해 현장사회사업가(Field Social Workers)들은 1992년 2만 6,509명에서 2001년 3만 5,200명으로 소폭이지만 지속적인 증가를, 주간봉사원(Day care establishments staff)의 경우는 1992년 2만 8,596명에서 2001년 2만 9,500명으로 비슷한 수준을 유지하고 있다.

4. 호주의 전달체계와 서비스 종합연계 현황[13)]

1) 센터링크 이전의 사회보장전달체계

호주의 사회보장은 「사회보장법(Social Security Act)」(1991)을 통해 아동이 있는 가정, 실업 혹은 질병, 장애, 퇴직, 그밖에 특별한 욕구가 있는 경우에 대한 급여, 수당, 연금 등이 이루어졌다. 이를 위한 전달체계의 기본은 사회보장사무소(Social Security Offices)였다. 이 사무소는 도시 및 농촌 지역에 다수의 센터를 가지고 있으며, 대부분의 사회보장제도 집행을 담당하고 급여(payments)와 서비스를 제공하는 기본적인 기능을 수행하는 지방사무소(client service network of regional and local offices)와 이를 지원하고 이용이 어려운 지역에 대한 서비스를 전달하는 지역사무소(area office) 그리고 수도에 위치하여 관리 및 정책개발을 담당하는 중앙집행기관(National Administration) 등으로 구성되어 있었다.

---

13) 정무성(2005)에서 발췌한 내용이다.

2) 센터링크를 중심으로 한 서비스 종합연계 현황

센터링크란 호주 사회에 연방정부 서비스를 전달하기 위한 원스톱기관(One-Stop Shop)으로서, 모든 국민이 필요로 하는 도움을 한 장소에서 제공할 수 있도록 하기 위해 설립되었다. 이는 호주 정부의 인간적 측면을 나타내는 것으로서, 그 임무는 가족, 지역사회, 개인의 삶을 향상시켜 주는 양질의 정부와 지역사회서비스에 쉽고 편리하게 접근하도록 서비스를 제공하는 것이다. 이곳은 정책과 서비스 전달을 분리하기 위한 체계로서, 특정 서비스협약(contract)에 따라 호주 정부의 서비스를 전달하는 책임을 지니고 있다. 이때 25개 정부기관을 대신하여 연간 600억 호주달러에 달하는 급여를 전달하고 있으며, 연간 650만 명의 고객, 2만 5,000여 명의 직원 규모를 자랑하고 있다.

이곳의 업무는 각종 급여지원(초기접수, 상담, 급여결정)뿐만 아니라, 320개 서비스센터(Customer Service Centres)에 배치된 사회복지사에 의한 각종 사회복지서비스(Social Work Services) 실시, 지역기관과 연계한 센터링크 서비스에 대한 정보 제공 담당 등으로 구성된다.

센터링크는 호주 정부에 연계하여 지역사회에 특별한 서비스를 제공하기 위해 만들어졌으며, 서비스전달체계가 잘 기능하도록 하는 것을 목적으로 한다. 즉, 개인, 가족, 지역사회에 긍정적인 변화를 만들어 내기 위한 역할과 기능을 담당하며, 더욱 견고한 지역사회를 만들어가기 위해 노력한다. 그 목적은 다음과 같다.

① 단일화된 창구에 의한 정부 서비스로의 접근 용이성 확보
② 생애 중요 시기에 문화적으로 적절하고 개혁적이며, 개별화된 서비스 및 기회와 자원 제공
③ 관계자에게 강한 책임을 보증하여 높은 수준의 고객서비스 유지

④ 호주 사회의 안녕을 증진하기 위한 기업 및 지역사회와의 질 높은 관계 구축

한편, 클라이언트 기관으로 25개 기관의 업무를 집행하고 있으며, 600억 호주달러의 급여를 지급하고 있다. 이 센터링크의 업무는 다음과 같다.

⑤ 가족 생계비 및 부양비 지원
⑥ 가뭄, 홍수 및 산불과 같은 비상사태에 지역사회 원조
⑦ 실직, 은퇴, 장애와 같은 상황에서 재정적으로 어려운 사람에 대한 지원
⑧ 노숙자 및 소외계층에 대한 지원
⑨ 가족 및 개인 문제에 대한 지원
⑩ 개인이 사회경제적 참여를 통해 자신의 지역사회와 재연결되도록 장려 · 지원
⑪ 기업과 지역사회에 적용되는 변화에 대한 지원
⑫ 자원의 효율적인 활용과 낭비 억제를 통해 환경에 주는 부정적 영향 최소화
⑬ 사회적 자본 및 지역사회의 능력 육성을 위한 정부, 기업, 지역사회와의 연계

센터링크는 센터링크를 대신하여 다양한 서비스를 제공하기로 계약한 각 지방의 500여 개 지역사무소(Agent)와 창구(Access Point)들과 광범위한 협력체제를 형성하고 있다. 지역사무소들은 일반적인 질문에 대응하고, 도움이 더 필요한 경우 센터링크 직원(전문가 등)에게 직접 연계하는 역할을 담당하며, 또한 센터링크 서식과 간행물에 대한 이용과 고객서비스센터(Customer Service Centre)에 정보전달, 센터링크 콜센터에 대한 무료

전화서비스 이용, 인근 서비스센터와의 만남 약속 등을 포함한 다양한 서비스들을 제공한다. 이 기관들은 인터넷, 팩스, 사진 전송, 프린트, 취업네트워크(Job Network) 등의 접근이 가능하도록 하고 있으며, 일부 기관들은 이동의 필요를 줄이기 위하여 센터링크 직원들과의 화상회의(video conference)가 가능하도록 하고 있다.

센터링크를 운영하는 재정을 보면, 수입은 클라이언트 기관(연방정부 부처)과의 사업협력협약에 의해 조달되는데, 각 클라이언트 기관에 예산이 할당되고 각 클라이언트 기관은 특정 서비스에 대한 대가를 센터링크에 지불하는 방식이다.

센터링크의 초점은 고객이므로 서비스전달체계는 고객 중심으로 조직되어 있다. 고객서비스센터에는 고객의 용무 전반에 대한 책임을 지는 일대일 고객서비스 담당 직원이 존재하며, 정부서비스에 접근하는 고객에게 생활사에 기반한 개별 서비스를 제공하여 업무의 복잡성을 제거하는 서비스를 제공한다. 또한 직원이 고객에게 정확하고 적절한 서비스를 제공할 수 있도록 지원할 의사결정지원체계가 존재하며, 센터링크가 수행하는 현재의 면대면(face to face) 및 전화서비스의 개선과 유지뿐만 아니라 인터넷 등 전자적 접근 형태를 포함하여 고객을 위해 보다 나은 접근 대안의 대상범위를 지속적으로 확대하고 있다. 또한 고객 및 직원의 시간을 절약하고 정부서비스 전달에 보다 통합성을 기하기 위한 지속적인 개선체계를 추구하고 있다.

센터링크의 사업 개선 방향은 다음과 같다. 첫째, 접근성으로, 인터넷, 콜센터, 면대면 서비스의 영역확대로 고객과 지역사회의 접근성을 증대시킨다. 둘째, 사업성으로, 전략적 · 일상적 운영 방식의 지속적 개선을 꾀한다. 셋째, 정확성으로, 과정 개선, 직원 훈련, 의사결정 지원체계를 도입하여 사업의 정확성을 추구한다. 넷째, 전달력으로, 고객에 대한 적절한 서비스전달을 유지, 개선한다. 다섯째, 효율성과 효과성으로, 새로운 협력관계 수립, 지식경영 도입, 클라이언트 기관들과의 연계 향상으로 보다 빠르고 저렴하며 세련된 운영을 도모한다. 여섯째는 응집력으로, 지역사회 관계와 e-business 전략 향상을 통하여 센터링크가 시민의 중추적 역할을 하도록 하여 연방 및 주 정부와 지역사회에 기초한 지원 조직에 직접 연계한다. 일곱째, 관리능력으로, 이해관계자 사이의 관계에 대한 관리를 강화하고 내부책임을 명확히 하여 조직 효과성을 증대하며 사업 지속성과 성공 달성을 위해 직원 및 협력기관을 돕거나 지원하도록 한다.

3) 센터링크의 성과와 한계

재정적 측면에서 센터링크는 운영 개선 노력의 결과로 연간 2,600만 호주달러의 절감 효과를 보았으며, 효율성 성과로 정부에 총 2만 2,500만 호주달러의 비용 절감을 이룰 수 있도록 하였으나, 센터링크는 여전히 내외적으로 상당한 도전에 직면하여 있으므로 지속적으로 개선, 강화해 가야 할 추진과제라 할 수 있다. 즉, 고객에 대한 대응력의 확보, 지역사회와의 협력관계 형성과 강화, 보다 좋고 많은 생산적인 서비스의 전달, 정보와 기술상의 도전, 새로운 행정방식의 제시 등이 핵심적인 추진과제다.

물론 센터링크에 대한 비판도 있다. 사회보장정책 자체를 두고 벌어지는 이념적인 논란은 차치하더라도 센터링크에 대한 접근이 용이해져 가장 도움을 필요로 하는 사람이 일반인에 밀려 '적기'를 놓칠 수 있다는 점, 서비스수급적격자를 판단하기가 점점 어려워지는 점, 일부 대출프로그램에서 시민의 부채를 늘리는 결과를 초래하고 있는 점, 성과향상을 위해 고객의 불만에 적절하게 대처하지 못할 수도 있다는 점, 정책결정과 집행 기능의 분리 측면에서 책무성·투명성과 결정 책임의 문제가 발생한다는 점 등이 지적되고 있다.

그러나 기본적으로 호주의 센터링크는 430개의 출장소(outlets)와 1,000여

개의 창구(delivery access points)를 두고, 공공·민간 부문의 조직을 대신하여 전 국민에 대한 서비스를 제공하도록 하는 국가기관이다. 센터링크는 구직자, 가족, 한부모, 퇴직자, 장애인, 미망인, 학생, 청년, 원주민, 이민자 등 다양하고 광범위한 수요자들을 대상으로 하며, 인력과 자원을 연계하여 각자의 생애주기에 적합한 방안들을 발견하도록 하는 데 중점을 두고 있다.

5. 브라질 포르투알레그레의 민관협치모형

민관협치의 가장 전형적인 사례는 브라질 포르투알레그레시(市)의 참여예산제일 것이다. 이를 통해 주민통합서비스 제공체계 구축의 핵심 중 하나인 민관협치의 관점에 대한 시사점을 확인해 볼 수 있다.

브라질에서 지방 권력은 우리나라와 마찬가지로 자치단체장과 지방의회라고 하는 2개의 선출단위로 나뉘어 있다. 1989년부터 브라질노동자당과 인민전선은 포르투알레그레시 정부를 장악하였지만 의회에서 다수를 확보하지는 못하였다. 이런 이유로 참여예산제는 아직 법률적으로 제도화되지 않았다. 참여예산제는 의회의 예산승인권을 무효화하는 경향이 있어 노동자당 소속 외의 시의원들이 내심 참여예산제를 반대하기 때문이다.

브라질에서 공공예산은 연방정부, 주정부, 시(市)정부의 세 가지 수준에서 편성된다. 시정부는 세입과 세출을 결정하는 데 상대적인 자율성을 가지고 있다. 세입은 지방세와 연방정부 혹은 주정부의 이전수입으로 이루어져 있고, 세출은 크게 인건비, 공공서비스, 사업 및 시설투자비로 이루어져 있다. 시정부의 상대적 자율성은 주로 세 번째 세출 영역에서 나타난다. 예산은 수행할 사업과 서비스를 구체적으로 적시할 필요가 없고, 지출한계만 설정해 주면 되기 때문에 집행부는 충분한 재량권을 가지고 예산을 집행한다.

참여예산제는 시정부로부터 직접 지원을 받는 공적 기구의 성격을 띠고 있지만, 공식적으로는 어떠한 법률적 승인도 받은 적이 없다. 현재 상태로는 예산의 확정과 승인은 지방의회의 권한이기 때문에 엄밀한 의미에서 시정부는 의회가 승인하고, 수정하고, 부결할 수 있는 예산안을 편성할 수 있을 뿐이다. 그러나 정치적으로 집행부의 제안은 참여예산기구에 의해 승인되었기 때문에, 즉 예산편성에 참여하는 개별 시민, 시민단체, 지역조직에 의해 승인되었기 때문에 입법부에 대해 기정사실화된다. 왜냐하면 시민과 지역의 뜻에 반대하여 표결을 감행하려면 정치적 위험을 감수해야 하기 때문이다.

1) 기본 원칙

참여예산제는 공동체의 구성원이 자치정부의 예산편성에 참여하는 과정이자 동시에 이러한 참여의 통로가 되는 기구들을 지칭한다. 이러한 기구의 구성과 운영 과정은 다음과 같은 기본 원칙을 따르고 있다.

첫째, 모든 시민에게는 참여할 권리가 있다. 이러한 점에서 지역단체는 특별한 지위나 권리가 없다.

둘째, 참여기구는 참여자가 스스로 결정한 내부규칙에 의해 운영되고, 의결과정은 직접민주주의와 대의제민주주의가 적절히 혼합되어 진행된다.

셋째, 투자자원은 일반 기준(참여기구에 의해 제정된 실질적인 기준)과 전문기준(연방정부, 주정부, 시정부의 법률규정과 기술적 · 경제적 실행 가능성)을 조합한 객관적인 방법에 따라서 배분된다.

2) 참여기구

참여예산제를 실시하기 위해 필요한 기구나 조직은 세 가지 종류로 분류할 수 있다.

첫째, 시민의 토론을 지원하고 관리하는 행정 단위—기획실(GAPLAN), 협력조정관(CRC), 지역조정관들(CROPs), 의제조정관들(CTs), 자치행정센터(CAR)—다. 이 중에서 특히 협력조정관과 기획실이 중요하다. 협력조정관은 직접적으로, 혹은 지역조정관들과 의제조정관들을 통해서 간접적으로 시정부와 시민 · 지역 단체들을 중재하는 기관이다. 그리고 총회와 각종 회의를 지원하는 데서도 역시 중심적 역할을 수행한다. 기획실은 협력조정관과 조정 기능을 공유하고, 시민의 요구를 일반기준과 전문 기준을 통해서 실행 가능한 시정부의 집행으로 전환하는 기능을 한다.

둘째, 시정부에 대해 자율적인 단체들로 주로 지역에 기반해 구성되어 있는데, 시민참여와 우선순위결정 사이에서 비공식적으로 매개기능을 담당한다. 이들은 자율적 구조로 조직화 가능성에 의존하기 때문에 모든 지역에 존재하는 것은 아니다. 이들은 지역 전통에 따라 다양한 형태를 띠고 다양한 방식으로 참여하고 있다. 이들은 민중평의회, 지역노조, 지역연대 등이다.

셋째, 앞의 둘 사이에서 중재와 상호작용을 하기 위해 고안된 기구들이다. 예산평의회(COP), 지역별 총회, 지역별 대의원포럼, 의제별 총회, 의제별 대의원포럼 등이 그것인데, 참여예산제의 공식적인 중심기구다.

3) 참여 과정

참여예산제는 지역별 총회 및 의제별 총회, 대의원포럼, 평의회를 그 축으로 하고 있다. 16개 지역과 6개 의제별로 2차에 걸쳐 총회가 열리고, 총회의 목표는 세 가지다. 즉, 지역별·의제별 요구를 수렴하는 것, 대의원과 평의원을 선출하는 것, 집행부의 업무수행을 평가하는 것이다. 대의원은 평의회와 시민 사이의 매개기능을 하고 요구의 우선순위를 결정하며 예산의 집행을 감시한다. 평의원은 요구의 우선순위와 자원의 배분을 총괄하는 일반 기준을 결정하고 집행부가 제출한 투자 계획을 심의한다.

3월과 4월에 걸쳐 지역별·의제별로 1회씩 개최되는 제1차총회는 다음과 같은 기능을 한다. 집행부가 전년도 투자 계획을 보고하고 금년도 계획을 설명하는 것, 시민과 집행부가 전년도 계획을 평가하는 것, 대의원포럼에 파견할 대의원을 참석자 10명당 1명의 비율로 선출하는 것 등이다. 지역별 총회는 모든 이에게 개방되어 있지만, 지역주민만 표결권이 있다.

제1차총회와 제2차총회 사이인 5월과 6월에 대의원과 조정관으로 구성되는 '중재회의'가 개최된다. 여기에서 각 단체 혹은 조직(예를 들어, 마을연대, 어머니클럽, 스포츠 혹은 문화센터, 주택조합, 노동조합, NGO 등)들이 내부적으로 승인한 요구들에 대의원이 공식적으로 우선순위를 부여한다. 마찬가지로 모든 영역에서 시민이 제안한 특정 사업은 같은 방법으로 서열화된다(도로포장에서 도로 A는 제1순위, 도로 B는 제2순위 등). 의제별 우선순위와 각 의제 내에서의 사업별 우선순위는 집행부로 전달된다.

6월과 7월에 지역별·의제별 제2차총회가 개최된다. 여기에서 각 지역과 부문별로 2명의 평의원과 2명의 예비평의원이 평의회를 구성하기 위하여 선출된다. 평의원은 1년의 임기로 선출되고 재선만 가능하다. 그들은 지역 혹은 의제별 대의원포럼에 소환될 수 있는데, 과반수 참석에 2/3의 찬성으로 소환이 결정된다.

대의원포럼은 현안을 토론하고 집행부를 통제하고 참여를 촉진하는 기능을 가진 기구다. 포럼은 매월 1회 개최되는데, 여기서 대의원이 다루는 주요한 과제는 사업을 감시하고 평의회와 지역별·의제별 총회 사이에서 매개 역할을 하는 것이다.

평의원들은 자치단체의 재정을 파악하고, 자원배분을 위한 일반 기준을 논의하고 확정한다. 그리고 지역과 의제별로 정해진 우선순위를 시정부나 시의회가 변경하지 못하도록 방어한다. 평의회 회기 동안 예산편성과 관련하여 시민과 지역 단체를 시정부와 매개하는 활동이 가장 집중적으로 수행된다. 7, 8월에 일단 회기가 개시되면 매주 1회 오후 6~8시에 평의회가 개최된다. 평의회의 과제는 두 가지 국면에서 수행된다. 8월과 9월에 평의회는 모든 세입과 세출항목을 논의하고 예산안이 집행부로부터 의회로 제출되는 9월 30일까지 자원배분을 위한 일반 기준을 논의한다. 9월부터 12월까지 평의회는 우선권이 부여된 사업의 세부 계획을 논의한다. 동시에 평의회는 의회에서 진행되는 예산안에 대한 논쟁을 모니터하고 의원을 개별적으로 만남으로써 혹은 의사당 밖에서 대규모 집회를 하기 위해 지역과 부문을 동원함으로써 의회에 압력을 가한다.

4) 예산배분의 절차와 기준

투자 자원의 배분은 단계적인 참여 절차를 통해 민주적이고 합리적인 기준을 따른다. 참여절차는 지역별 · 의제별 총회에서 요구가 제기될 때 시작되어 평의회가 각 투자 영역, 지역, 전체 시를 위해 구체화된 사업과 세부계획을 승인할 때 정점에 도달한다. 지역은 각 우선권 내에서 세부 요구를 상세화하고 우선순위를 정한다.

일단 지역별로 우선순위가 확정되면, 평의회가 규정한 일반 기준과 집행부가 규정한 전문기준에 따라서 자원의 배분이 수행된다. 일반 기준은 우선순위, 사회간접자본 및 서비스의 부족도, 지역의 총인구다. 일반 기준의 세 가지 항목별로 각 지역은 지역 실정에 따라 점수를 부여받는다. 또한, 일반 기준의 세 가지 항목은 각각 가중치가 있다. 사회간접자본 및 서비스의 부족도와 우선순위는 가중치가 4이고 총인구는 가중치가 2다.

지역별 예산의 배분은 일반 기준의 각 항목에서 지역이 받은 점수에 가중치를 곱한 후 합산한 점수에 비례하여 결정된다. 다음은 구체적으로 어떻게 예산이 배분되는지의 사례다.

1997년 포르투알레그레시 전체에서 도로 포장의 우선순위에 따라 20km의 도로를 포장하기로 결정하였다. 이것을 각 지역에 배분하는 것은 일반 기준과 가중치를 종합한 결과에 따른다. A와 B, 2개의 지역을 비교하여 보면, A지역은 도로 포장의 우선순위는 제1순위, 필요도 80.21%, 인구 2만 647명이다. B지역은 도로포장이 우선순위에는 들지 못했고, 필요도 0.14%, 인구 29만 3,193명이다. 우선순위 기준에 따라 A는 4점에 가중치를 부여하면 16점이고, B는 0점에 가중치를 부여해도 0점이다. 필요도 기준에 따라 A는 4점에 가중치를 부여하면 16점이고, B는 1점에 가중치를 부여하면 4점이다. 끝으로, 인구 기준에 따라 적용하면 A는 1점에 가중치를 부여하면 2점이고, B는 4점에 가중치를 부여하면 8점이다. 따라서 도로 포장 항목에 대한 총점은 A지역은 26점이고, B지역은 11점이다. 모든 지역의 점수의 합이 262점이어서 A지역은 17%인 3,400m, B지역은 5.5%인 1,100m가 포장되었다.

5) 시사점

이러한 포르투알레그레시의 사례를 통해 우리는 다음과 같은 몇 가지 시사점을 얻는다.

첫째, 민관협치는 지역주민의 자발적인 참여가 기초가 되어야 한다. 이는 예산책정이나 정책수행에서 정부가 지닌 우월적 권한이 기본적으로 있으므로 이에 대한 힘의 균형은 지역주민의 참여를 통해서 가능하다는 것이다.

둘째, 지역주민의 자발적 참여란 적절한 대변단체들에 의해 촉진되고 정제된다. 포르투알레그레시의 참여예산제도의 운영에서도 나름대로의 작은 대의제(代議制)가 기초가 되고 있다.

셋째, 예산의 경우 더욱 그렇지만 과학적인 분석력이 기반이 된다. 지역사회 내의 문제점들에 대한 파악과 주민의 욕구에 대한 과학적 산정, 그리고 자원의 분배 방식에서 합리적 틀의 형성은 매우 중요하다.

이러한 점들을 기초로 할 때 주민협의회 및 민관협의체가 지향해야 하는 것은 장기적으로는 지역주민의 자발적 참여를 추구해야 하며, 이들에 대한 적절한 대변 기능을 수행하는 방법과 정책에 이를 투영하는 방안들에 대한 좀 더 깊은 검토가 있어야 할 것이다.

6. 외국 전달체계의 시사점

살펴본 바와 같이 일본, 미국, 영국, 호주 등의 국가들 역시 나름대로 독특함을 지닌 전달체계를 구현하고 있다.

이 가운데 다음과 같은 몇 가지 특징을 발견할 수 있다.

첫째, 미국을 제외하고는 복지 관련 중앙부처와 지방의 전달체계 간에 긴밀한 관계가 유지되고 있다. 일본은 사회복지사무소를, 영국은 구직센터와 사회보장사무소를 통합한 확대구직센터를, 그리고 호주는 25개 정부기관의 서비스를 대행하는 센터링크를 두고 있다. 이를 통해 이들은 중앙정부의 정책 의지가 지역주민에게 좀 더 정확히 전달되는 통로를 확보하고 있는 것이다.

둘째, 추세가 중앙부처를 포함하여 지방조직에서까지 점차적으로 통합적인 추세를 보이고 있다. 일본과 영국의 경우 기존의 복지담당부처와 고용담당부처가 통합되었고, 또한 지방조직에서는 복지와 보건, 고용, 기타 사회서비스, 더 나아가 정부의 공공서비스 전체를 통합적으로 제공하고 있다는 점이다. 일본의 경우가 보건부문까지를 연계하려 한다면, 영국은 고용 범주까지, 미국의 경우는 사회서비스 범주까지, 호주의 경우는 모든 공공서비스 범주까지를 포함하는 좀 더 확대된 통합서비스로 나아가는 유형을 보여 주고 있다.

셋째, 담당 인력에서는 전문인력과 일반적인 행정 인력 간에 일관성이 존재하지는 않는다. 일본의 경우는 복지주사 위주의 구성이며, 미국의 경우 공공부조는 일반행정직, 서비스부문은 사회복지직으로 구성되어 있다. 그러나 호주의 경우는 민간위탁의 형태이지만 사회복지전문인력의 영역은 한정되어 있다.

제4장

주민생활서비스전달체계의 내용과 개편 과정

이태수 · 강혜규 · 김형욱 · 변재관

1. 주민생활서비스 통합의 필요성, 개념 및 범주

1) 주민생활서비스 통합의 필요성

인간이 해결해야 할 욕구는 매우 다양하다. 의 · 식 · 주에서 시작하여 자아실현까지 다차원적인 욕구가 혼재하고 있다. 이들 가운데 국가가 한 인간의 생존과 관련하여 필수적인 욕구에 대해서 국민기본선(national minimum)을 책임지는 것은 현대 국가의 기초 이념이 되고 있다. 이러한 필수적인 욕구의 범주와 보장해야 하는 수준에 대한 진전이 꾸준히 진행되고 있는 가운데, 그동안 우리 사회는 이에 대해 매우 협소하고 낮은 수준에 머무는 한계를 보여 왔던 것이 사실이다.

게다가 지금까지의 서비스 제공은 공공과 민간을 불문하고 공급자 중심적이며 분절적인 특성을 보여 국민이 체감하는 서비스 수준은 그나마도 매우 열악하였다. 이에 서비스 제공에서 보편적 · 통합적 서비스체계가 절실하다.

무엇보다도 수요자인 주민이 서비스를 일일이 찾아다녀야 하는 불편한 체계가 유지되고 있다. 공공과 민간 영역의 서비스가 공급자 중심으로 제공되고 있고, 지역 내 제공 서비스에 대한 종합안내책자를 제작 · 배포하는 곳도 전무한 상대여서 서비스의 실질적 수요자인 주민은 필요한 소득지원과 다양한 서비스를 제공받기 위해 개별 기관이나 부서를 직접 방문해야 하는 실정이다. 이에 비해 복지선진국인 호주의 경우 25개 부처가 시행하는 소득지원이 400개소 센터링크를 통해 원스톱으로 제공되고, 대민서비스의 경우 관련 비용을 중앙정부가 주정부에 지원, 주정부는 다시 민간기관에 위탁하여 제공하고 있다. 즉, 센터링크에 가면 주민은 정부가 지원하는 모든 소득지원을 원스톱으로 받을 수 있고 지역 내 민간기관에서 제공하는 모든 서비스에 대해 안내를 받을 수 있다.

그동안 정부는 삶의 질 향상과 참여복지 등의 슬로건을 내걸고 보건의료 · 복지 · 고용 · 보육 · 교육 · 생활체육 · 문화 · 여가 등 다양한 분야를 국가가 일정 정도 책임지는 사회서비스 분야로 설정하고 정부 및 대통령자문위원회를 통하여 방안을 연구해 왔다. 따라서 차제에 이러한 성과를 바탕으로 일상생활서비스의 기존 제공체계가 가진 잔여주의적 성격과 서비스공급의 분절성이라는 문제점을 극복하여 보편주의 원칙에 입각한 '주민생활서비스 통합 제공체계'를 구축함으로써 국민의 복지체감도를 증진하는 한편, 공공과 민간의 자원배분의 효과성을 높이고 궁극적으로는 국민의 삶의 질이 고양되도록 할 필요가 있다.

2) 주민생활서비스의 개념과 범주

여기서 말하는 주민생활서비스 통합제공체계는 시 · 군 · 구 지역에서 주민에게 '광의의 사회복지서비스' 인 주민생활서비스를 민관이 합동으로 제공하는 체계를 말한다. 이때 '광의의 사회복지서비스' 란 보건과 복지서비스라는 기존의 서비스 개념을 확장하여 문화, 고용, 생활체육, 안전, 주거, 평생교육, 청소년, 여성 및 보육 등 주민생활의 질 향상에 직접 관련된 공적 서비스를 총칭한다. 또한 주민생활서비스 통합은 기존의 공급자 중심의 분산적이고 개별적인 서비스 체계를 민관이 협력하여 수요자 중심으로 통합 · 연계하고, 조정하는 것을 말한다.

이러한 주민생활서비스의 통합은 다음과 같은 의미를 갖는다.

첫째, 민과 관의 자원 범위를 크게 확장할 수 있다. 관의 경우는 보건복지가족부뿐 아니라, 교과부, 노동부, 여성부, 국토부, 문광부 등 많은 부처의 사회복지서비스를 포괄하는 것을 말하며, 시 · 군 · 구 차원에서는 시 · 군 · 구와 특별행정기관(교육청, 보건소, 고용안전센터), 각종 공단 간에 협력시스템이 구축되는 것을 의미한다. 또한 민간부문에서는 협력 대상을 기존 복지시설과 기관뿐 아니라 종교기관, 기업, 노조, 문화단체, 실업고용단체, 자원봉사단체, 생활체육단체, 풀뿌리시민단체 등의 인력과 재원, 대학생동아리, 학생자원봉사 등까지 지역사회 내 각종 서비스 자원으로 크게 확장할 수 있게 된다.

둘째, 민 · 민 간, 민 · 관 간 협력 방식을 개편하는 것을 의미한다. 중앙부처의 기능별 · 분야별(씨줄) 서비스전달이 새롭게 구축되는 시 · 군 · 구에서의 대상자별(날줄) 서비스전달체계가 수요자 중심으로 전환되어 서비스가 전달되게 하는 그물망체계로 개편된다.

이러한 의미를 지니는 주민생활서비스의 범주를 대상자별로 밝히면 〈표 4-1〉과 같이 정리할 수 있다.

〈표 4-1〉 주민생활서비스의 대상자별 범주

정책 대상자	제공 서비스
노인	• 재가복지서비스(가정봉사원파견에 의한 말벗 · 우애, 가사지원, 도시락 · 밑반찬서비스, 입욕서비스, 주간보호서비스, 단기보호서비스) • 시설(요양, 전문요양시설)입소서비스 • 간병서비스, 호스피스 • 보건소, 보건지소를 통한 보건 · 의료서비스(방문보건, 진료, 구강보건, 질병예방 및 건강증진, 건강진료, 생활위생 등) • 생활체육서비스 • 주택 개 · 보수 및 영구임대, 전 · 월세 소개 등 주거서비스 • 일자리 알선 및 취업을 위한 교육 · 훈련 • 지역대학 · 복지관 · 평생교육센터 등을 통한 평생교육서비스, 정보화지원교육서비스 • 문화 · 여가 서비스 • 사고안전 예방교육 및 사고 시 긴급연락 · 상담서비스 • 장사 · 장묘서비스
장애인	• 재가복지서비스(가정봉사원 파견서비스, 주간보호서비스, 단기보호서비스) • 시설입소서비스 • 간병서비스, 재활서비스 • 보건소, 보건지소를 통한 보건 · 의료서비스 • 생활체육서비스 • 주택 개 · 보수 및 영구임대, 전 · 월세 소개 등 주거서비스 • 일자리 알선 및 취업을 위한 교육 · 훈련 • 지역대학 · 복지관 · 평생교육센터 등을 통한 평생교육서비스, 정보화지원교육서비스 • 문화 · 여가서비스 • 사고안전 예방교육 및 사고 시 긴급연락 · 상담서비스
영유아	• 만 5세아 무상보육 · 교육서비스 • 장애아 무상보육서비스 • 저소득층 및 서민에 대한 보육료 · 유아교육비지원서비스 • 영유아기관(보육시설, 유치원)에서의 보호 · 교육서비스 • 영유아기관에서의 보건서비스 • 영유아기관에서의 영양관리서비스 • 영유아기관에서의 복지서비스(아동 및 가족육아문제 지원) • 영유아기관에서의 문화 및 생활체육서비스 • 육아관련 정보서비스(보육정보센터) • 부모교육 및 부모상담서비스 • 아동학대예방 및 사고 시 긴급연락 · 상담서비스 • 자원봉사활동 등을 통한 1 · 3(노인-아동)세대 통합서비스

〈계속〉

정책 대상자	제공 서비스
아동 · 청소년	• 요보호아동에 대한 조치 • 요보호아동의 시설입소 • 입양 및 가정위탁 업무 • 소년소녀가정보호 • 결식아동 급식지원 • 아동학대예방 및 긴급지원서비스 • 아동입소시설에서의 문화 및 생활체육서비스 • 퇴소아동의 자립지원 • 청소년공부방 운영관리 • 청소년수련관, 쉼터 등 청소년시설 관리 및 지도감독 • 지역 내 아동 · 청소년을 위한 문화서비스 기획 및 실시 • 아동 · 청소년 영양 및 보건증진을 위한 사업기획 및 실시 • 고용대상 아동 · 청소년에 대한 연계서비스
중장년층, 구직자	• 재가복지서비스 • 보건소, 보건지소를 통한 보건 · 의료서비스 • 생활체육서비스 • 취업교육 · 훈련 및 고용지원서비스 • 문화 · 여가서비스 • 주택 개 · 보수 및 영구임대, 전 · 월세 소개 등 주거서비스 • 사고안전예방교육 및 사고 시 긴급연락, 상담서비스 • 기타 가족지원서비스
여성	• 양성평등 진흥사업 • 성폭력 예방 및 성폭력상담소 운영 관리 • 가정폭력 예방 및 가정폭력상담소 운영 관리 • 모자복지시설 운영 관리 • 빈곤모자가정의 아동양육비 지급 • 여성문화회관 등 운영 및 관리 • 모자보건사업 • 여성인력개발센터 운영 및 관리 • 여성의 문화서비스 증진사업 • 일자리 알선 및 취업을 위한 교육 · 훈련 • 지역대학 · 복지관 · 평생교육센터 등을 통한 평생교육서비스, 정보화교육서비스 • 여성보건증진을 위한 서비스 • 생활체육서비스

*이 표는 중앙 및 지방정부의 각종 급여 내용에 대해 수집된 자료를 기초로 정리한 것이다.

2. 주민생활서비스제공의 현실

주민생활서비스 통합의 실현에는 다음과 같은 중대한 문제점이 있다.

첫째, 중앙부처 및 시 · 군 · 구의 서비스 전달부서 간 연계가 미비하다. 보건과 복지의 부분적 연계를 제외하면 고용, 문화, 평생교육, 생활체육, 안전, 주거 등 중앙부처의 서비스 간 연계는 물론 시 · 군 · 구 차원에서도 연계가 이루어지지 않고 있다. 또한 분야별 사업에서도 많은 부처가 중복적으로 서비스를 제공하고 있다([그림 4-1] 참조).

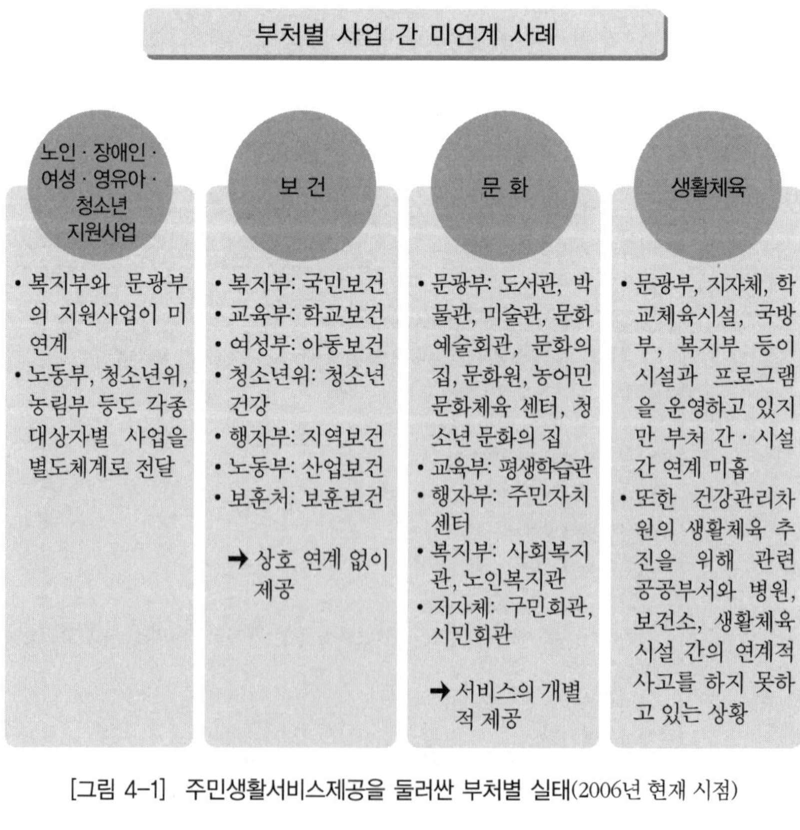

[그림 4-1] 주민생활서비스제공을 둘러싼 부처별 실태(2006년 현재 시점)

이는 부처마다 독자의 지방전달체계를 확충하려는 시도로 연결되어 비효율 · 중복 문제를 야기하고 있다. 그동안 사회복지부문에서는 사회복지사무소의 설치 및 긴급지원체계 수립, 고용부문에서는 고용안정센터의 확충, 보건의료부문에서는 도시보건소의 확충 등 전달체계의 개선과 부족한 인력의 확충 등이 요구되고 있다. 따라서 부처마다 개별적으로 추진하고 있는 전달체계 구축 방안을 통합 · 연계하여 비효율성 · 중복을 최소화할 필요가 있다.

둘째, 민간서비스 자원들 간에도 연계인식이 전무하거나 미미하다. 현재 중앙 차원이나 지역 차원에서 분야별 민간자원제공기관들 간의 협력이 미미하여 서비스제공 대상 및 사업의 중복, 사각지대가 발생하고 있다. 이에

민간기관 간 미연계 사례

복 지

- 복지부 지원을 중점적으로 받고 있는 복지시설
- 정부위탁기관
- 자체적으로 재원을 확보하고 있는 복지단체

➔ 단체 간 연계 부족으로 중복, 사각지대 발생

문 화

- 예술인총연합, 민족예술인총연합의 지역본부, 각종 지역문화단체 간 연계 시작
- 각종 기관의 문화 동아리, 대학생 동아리 등이 지역노인이나 아동, 장애인 등을 대상으로 비상시적인 문화서비스를 제공할 수 있음에도 불구하고 연계 부족으로 서비스 제공이 이루어지지 못함

생활체육

- 관련 단체들이 지자체 등에서 체육시설 활용 우선권 등을 상당 부분 제공받고 있음에도 불구하고 생활체육을 통해 지역서비스 제공 노력이 이루어지고 있는 경우가 매우 적음

[그림 4-2] 통합서비스에 대한 민간기관 간 연계 미비

따라 자원의 적절한 배분이 이루어지고 있지 않고 역할 분담과 조정에 의한 서비스의 심화 및 확장이 이루어지지 못하고 있다([그림 4-2] 참조).

한편, 최근 사회적으로 사회공헌과 봉사활동이 강조되고 각 부처의 사회복지서비스 확대로 민간위탁단체와 기관이 증가하면서 중복해소, 연계 · 조정의 필요성이 급증, 공급자 간 연결망 결성의 필요성이 제기되고 있다. 이에 다음과 같은 사례는 매우 주목할 만하다.

민간서비스제공기관 간 연계 사례

-경기도 안산시 장애아동 사례

- **네트워크 구축 이전 현황**
  - 장애인치료센터로 안산장애인복지관, 초지종합사회복지관, 본오종합사회복지관의 3곳이 있으나 공공치료시설 부족으로 치료대기자가 많은 편이다.
  - 장애아동 부모들은 초지, 본오, 장애인복지관에 중복 대기하고 있다. 아동치료 자리가 생겨도 중복 대기 문제로 바로 자리가 난 기관의 치료를 받지 못하며, 한 기관당 1년간 치료를 하고 케이스 로테이션을 통한 치료를 실시하고 있어, 치료사의 치료 내용에 대한 연계가 되지 않아 치료의 효과성이 떨어진다. 상습적 치료비 미납자에 대한 정보 공유가 없어서 치료비 납부 없이 치료를 받는 사례도 있다.
- **네트워크 구축 이후**
  - 2004년부터 안산의 장애아동 치료 업무를 담당하는 치료사와 사회복지사 네트워크를 월1회 정기적으로 실시하고 있다. 치료 아동에 대한 자료 공유와 치료파일도 공유하고 있어 대기자의 중복 누락은 물론, 아동치료 연계가 가능하고 치료 효과를 높일 수 있다.
  - 안산시에서 수급자 및 차상위계층, 저소득장애가정에 대한 치료비를 지원하게 되기까지('04년, '05년 지원) 중요한 역할을 하였으며, 현재 상호 역할 분담하에 안산시의 무료치료교육을 상호 분담하면서 수행하고 있다. 2005년 네트워크에서 '장애가정을 위한 사회복지서비스 가이드북' 을 공동 제작 준비 중이다.

셋째, 자원배분의 중복과 비효율성이 상존하고 있다. 중앙부처 서비스 지원 예산, 사회복지공동모금회, 기업사회공헌기금, 아름다운 재단 등 규모 있는 지원부처와 기관 간에도 연계가 미비하여 개별기관이나 단체가 여러 곳에 중복지원을 해도 점검이 안 되는 경우가 상당하다. 개별 서비스기관이나 단체의 후원 계좌로 들어오는 금액까지 포함하면 국가와 사회, 개인의 지원이 복잡하게 중복되는 상태다. 현장에서는 한 기관만의 지원금으로는 운영에 어려움이 있어 중복지원을 한다고 불만을 제기하고 있는 실정이다.

넷째, 공공과 민간서비스제공 주체 간의 연계·협력이 매우 미흡하다. 기존의 민관협력은 정부주도 방식이거나 일부의 복지단체에 한정되는 경우가 대부분이다. 현재 사회복지사업법에 의거하여 설치된 지역사회복지협의체는 보건·복지 간 네트워크로 한정되어 다양한 서비스 간의 통합적 요구를 충족하지 못하며, 참여 단체의 대표성 문제, 민간단체들의 참여 배제, 자문회 수준의 회의방식 등으로 여러 가지 한계를 드러낸다.

공공과 민간 간 협력체계 구축사례

- **지방자치단체와 기업체가 손을 잡고 직원식당에서 방학 중에 결식아동의 점심을 제공**(중계3동사무소와 롯데마트 중계지점, 하계1동사무소와 하계테크노타운)
- **효과**
  - 지자체: 결식아동 1인당 한끼 3,000원의 정부지원금을 회사 배려로 2,333원에 계약함으로써 예산 절감
  - 기업: 실비만 받고 식사를 제공함으로써 사회적 이미지 제고
  - 결식아동: 영양불균형 해소, 철저한 위생관리를 통한 식중독 위험 감소

3. 주민생활서비스통합제공체계 구축의 원칙과 전략

주민생활서비스의 통합적 제공의 관점에서 가지는 문제점들을 생각할 때 다음과 같은 원리와 전략을 구사할 필요가 있다.

먼저 다섯 가지 원칙을 제시할 수 있다.

- 제1원칙: 공급자 중심에서 수요자 중심으로 전달체계 개편
  - 부처와 민간의 기능별 · 분야별 전달체계를 시 · 군 · 구에서 대상자별로 통합하여 수요자에게 맞춤형 서비스로 제공한다. 시 · 군 · 구 주민생활지원국이나 민간협력체계 구성 · 지원 시 대상자별 조직이 가장 근간이 되도록 최우선적으로 고려한다.
- 제2원칙: 지역 단위에서의 편리한 종합서비스 제공
  - 읍 · 면 · 동은 공공부조 대상자의 발굴에 이은 철저한 관리 및 지역주민 생활서비스에 대한 통합적인 의뢰(referral) 서비스를 행하며, 시 · 군 · 구는 빈곤계층의 정확한 자산조사 및 차상위계층에 대한 전문적 관리, 지역주민 일반을 위한 보편적 서비스의 기획 및 집행을 담당한다.
- 제3원칙: 민관 결합을 통한 자원 제공 효과의 극대화
  - 민간자원 제공 기관의 자율적 협력체계를 구축하고 이를 공공부문과 다시 연계하도록 함으로써 지역주민을 위한 서비스 총량의 극대화를 꾀한다.
- 제4원칙: 철저한 민관협치(governance)
  - 민관협력의 실질화, 민간조직 구성 시 자율성 확보 및 지지를 위한 제도적 장치를 마련한다.
- 제5원칙: 기존 인력의 활용 후 추가 인력 증원

-선(先) 기존 인력의 재배치, 후(後) 연계에 필요한 인력의 충원을 원칙으로 한다. 필요한 보충 인력은 사회적 일자리 창출 정책에 부응하는 인력들로서 사회서비스 인프라를 확충하는 의미를 가진다.

이러한 원칙을 실현하기 위해 다음과 같은 전략을 구사한다.

첫째, 공공서비스체계 정비를 위해 시 · 군 · 구에 주민생활지원국을 설치한다. 복지 · 고용 · 보건 · 문화 · 평생학습 · 생활체육 · 안전 · 주거 등 주민생활서비스의 통합 · 연계 · 조정체계를 구축함에 있어, 각 부처에서 분절적으로 생산되는 서비스상품을 대상자별로 통합한 후 민간기관과 협력하여 중복 없이 맞춤형 서비스를 제공하는 것이 공공전달체계의 핵심이다. 그간 분절적으로 제공되어 오던 지역주민생활서비스를 동일 국(局) 안에서 통합적으로 해결하도록 지방정부의 조직체계를 재구성한다. 나아가 특별행정기관과의 연계 강화를 위해 특별행정기관의 관계자를 파견토록 한다.

둘째, 읍 · 면 · 동사무소를 주민센터로 전환하여 서비스전달체계의 전초기지로 기능하게 한다. 중앙과 지방정부에서 지원하는 각종 소득지원을 원스톱으로 받을 수 있고 공공 및 민간기관에서 제공하는 각종 서비스를 안내받고, 수요자 종합 상담도 할 수 있도록 읍 · 면 · 동사무소를 통합서비스전달체계의 전초기지로 전환하여 서비스의 국민 체감도를 획기적으로 향상시킨다.

셋째, 민관협력에 의한 대상자별 서비스전달체계를 구축한다. 민-관 및 민-민 간 대상자별 서비스체계를 구축하여 공공과 민간의 서비스 제공기관들 간의 협력적 관계를 바탕으로 서비스 대상자별로 보건, 복지, 고용, 문화, 생활체육, 평생학습, 주거 등 서비스를 연계하여 제공토록 한다. 복지단체 · 기관 외 종교단체, 기업, 노조, 자원봉사단체, 문화단체, 노동단체 및 풀뿌리시민단체 등 서비스를 제공하는 모든 사회단체들을 국가서비

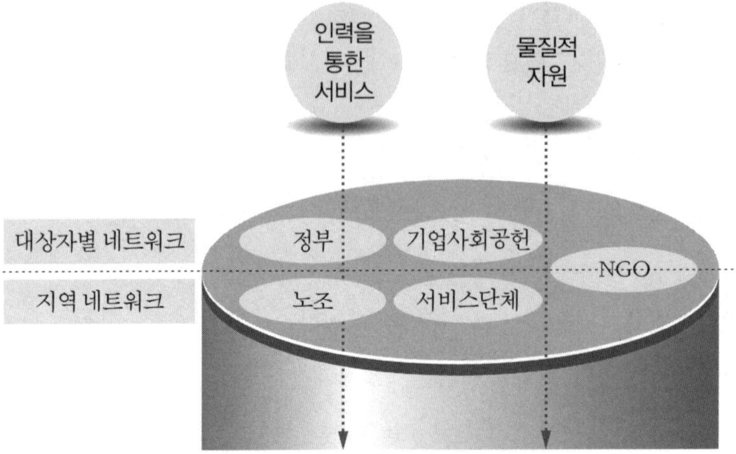

[그림 4-3] 민관네트워크 구축 개념

스전달체계에 포함한다.

공공기관은 물론 기업의 사회공헌, 노조조직, 서비스기관, 시민단체 등 공공 및 민간의 자원보유기관들을 망라한 네트워크를 구축하고 이들 간의 정보 공유 및 합리적 배분시스템의 구축을 통해 민관이 지역사회 내의 자원 총량을 적절히 배분할 수 있는 체계를 구축한다.

넷째, 민간자율조직인 지역주민협의회 구성을 통한 민간단체 · 기관의 서비스주체를 지원한다. 민간의 서비스 · 자원제공기관들이 노인 · 아동 · 장애인 · 실직자 등 대상자별 서비스 분과에 참여하여 상호 정보교환, 서비스 · 자원배분, 공동사업 개발, 대상자별 사례관리를 행할 수 있도록 지원한다. 이를 통해 민간의 자율성이 보장되는 네트워크를 통해 민간참여자들의 자긍심을 확보하고 스스로 지역서비스를 제공하도록 고취한다. 이때 계획 · 집행 · 평가단계에서 민간에게 권한과 책임을 부여하는 것은 매우 중요하다. 관이 세운 계획을 민간이 위탁받아 집행하는 수준의 협력이나 예산집행공무원에 따라 민간단체 운영이 결정되는 기존의 방식에서 탈피하여야 한다.

또한 기존의 협의체처럼 포괄적 정책이나 예산배분에 대한 자문 수준에서 벗어나 구체적인 대상자 서비스를 위해 일상적으로 협력하고, 계획과 집행을 공동으로 모색한다. 아울러 현장에서 서비스를 제공하는 단체와 기관, 자원봉사를 희망하는 개인들이 실질적인 주체가 되도록 해야 한다.

궁극적으로는 민간부문 네트워크에 대한 정부의 적절한 지원과 독자성이 존중되어야 한다. 민간의 자발성에만 의존하는 민간네트워크는 예산과 인력의 한계로 활성화에 한계가 있다. 정부가 예산 등을 지원하되, 민간의 독자성을 침해하지 않도록 한다.

다섯째, 지역서비스제공 역량의 획기적인 확대를 꾀한다. 기존의 지역사회복지협의체에서 더 확대하여 지역에서 서비스를 제공하는 단체와 기관, 동아리, 학생 자원봉사 등까지 종합·발굴하여 체계화할 수 있도록 한다. 이를 위해 기업, 노조 등의 적극적인 참여로 자원봉사인력을 대량으로 확보하고 각종 서비스제공에 필요한 인력을 큰 규모로 확충하고 민관의 전문조직과 연계토록 한다.

공공부문도 민관협력 및 자신의 역할수행에 필요한 인력을 확충하며, 기존의 인력도 재배치 및 재교육한다. 민간부문의 역할을 강화하여 지방자치단체의 주민생활서비스에 대한 관심과 책임성을 높이고, 현실 적합성과 기획력을 강화한다.

지방자치단체장의 교체에 따라 주민생활서비스의 양과 질이 크게 변화하는 것이 큰 문제이므로 민간부문 네트워크가 지속적인 주민감시자의 역할을 수행하여 이를 안정화시킨다.

이와 같은 방법들을 통해 민관 전체의 자원 제공 역량이 상승 효과를 낼 수 있을 것이다.

4. 주민생활서비스전달체계 개편의 기본 구상[1]

1) 기본 방향 및 목적

지방행정조직을 주민생활서비스의 통합적 제공이라는 개념에 의거하여 개편하려 할 때, 첫째, 지방분권에 부응하는 시 · 군 · 구 중심의 주민생활지원 기능을 확충하고 이에 걸맞는 집행부서를 구축하며, 둘째, 복지체감도를 높이기 위하여 읍 · 면 · 동의 일선창구(branch)로서의 현장성 및 전문성을 강화하는 등, 이 두 가지에 초점을 맞추어야 할 것이다. 이로부터 보건 · 복지 · 고용지원 · 문화 · 생활체육 등에 대한 통합적 주민생활지원이 가능하도록 업무수행 여건을 만들며 업무와 인력을 재배치하여야 할 것이다.

구체적으로는 지역주민의 생활지원정책을 포괄적으로 기획 · 조정하며

기본 방향	개편 목적	개편 방안
• 지방분권 추진에 부응하는 시·군·구 중심의 주민생활지원 기능 확충 및 집행부서 개편 • 복지체감도를 높이는 읍·면·동 일선창구의 현장성 및 전문성 강화	• 지역주민생활지원 수요의 다양화 및 지방분권의 가속화에 따른 지방 차원의 대응체계 구축 • 보건·복지·고용지원·문화·생활체육 등 통합적 주민생활지원이 가능한 업무수행 여건 조성 • 관련 부문 간 연계·협력을 활성화하는 업무 및 인력의 확충·재배치	• 지역주민생활지원정책의 포괄적 기획·조정, 자원관리를 강화한 시·군·구 '주민생활지원국'을 설치 • 현장의 주민지원서비스를 강화하여 복지·고용·보건 서비스 등을 통합적으로 제공하는 일선창구로서 읍·면·동 사무소의 '주민센터' 개편 적극 검토

[그림 4-4] 공공전달체계 개편의 기본 구도

1) 이 부분의 내용은 실제 주민생활서비스전달체계 개편의 내용은 아니며, 이태수 외(2006)에 의해 제시된 기본 구상에 해당하는 내용이다.

자원관리 기능을 강화하기 위해 시 · 군 · 구에 '주민생활지원국' 을 설치하며, 현장의 주민지원서비스를 강화하여 복지 · 보건 · 고용 · 문화 · 평생교육 등의 서비스를 통합적으로 제공하기 위한 창구로서 읍 · 면 · 동사무소를 '주민센터' 로 개편하도록 한다.

2) 지방행정조직 개편 방안

(1) 시 · 군 · 구 및 읍 · 면 · 동의 개편

시 · 군 · 구의 사회복지담당 부서를 확대 · 개편하여 기획, 조정, 자원관리 기능을 강화한다. 이는 읍 · 면 · 동에서 통합성을 강조한 현장서비스의 제공이 가능한 일선창구로의 정비를 전제로 한다.

먼저 시 · 군 · 구에 '주민생활지원국' 을 신설하거나 기존 국을 재편하도록 하고, 여기에 주민지원행정과, 주민생활서비스과, 주민생활지원과 등 3개 과를 두되, 기존 사회복지과 · 가정복지과 등 사회복지 관련과를 확대 · 개편한다. 이때, 주민지원행정과는 주민생활지원 전반을 기획하고 서비스 자원을 조정 및 평가하여 협력기반을 마련하며, 대상자 조사 · 선정을 통합적으로 담당한다. 주민생활서비스과는 기존 사회복지과의 인구대상별 팀을 개편해 생애주기별로 주민을 지원 · 담당한다. 주민생활지원과는 주민생활지원을 내실화하기 위하여, 소득, 고용, 주거, 문화생활, 보건 서비스의 연계지원 및 연계기반을 마련 및 담당한다.

이러한 국 · 과를 설치하는 데에는 해당 지자체의 인구와 행정인력 규모 등을 고려하여 국의 설치와 과 및 팀의 수를 조정할 수 있다. 일반적으로 시 · 군 · 구별로 1개 과에 4~6개 팀 정도가 추가 설치될 것으로 생각된다. 이러한 개편 과정에서 인력의 증원 없이 직제를 국장 1명, 과장 1명, 팀장 4~6명 정도로 늘릴 수 있을 것이다.

아울러 고용안정센터, 보건소, 지방교육청 등 고용, 보건, 교육 부문과의 긴밀한 연계체계를 구축할 수 있도록 하고, 건강보험공단과 국민연금관리공단, 근로복지공단 등과의 사회보험업무 연계처리 방안은 단계적으로 강구해 나간다.

한편, 읍 · 면 · 동사무소를 '주민센터'로 개편하는데, 센터 내 '주민생활지원팀'과 '행정민원팀' 등 2개 팀을 설치한다. 주민생활지원팀은 사회복지직과 행정직이 함께 사회복지 등 주민생활지원 업무를 전담하도록 하며, 행정민원팀은 기존 행정업무 수행체계를 효율적으로 정비하여 담당한다. 특히 주민생활지원팀은 시 · 군 · 구가 기획한 주민복지 업무를 집행할 체계로서, 주민상담 · 정보제공 · 관련 기관 의뢰 기능을 강화하여 복지, 고용, 보건, 문화, 평생학습, 주거, 안전, 생활체육 등 서비스에 대한 원스톱 이용이 가능한 일선창구로 개편하되, 업무 내용은 지역 여건에 따라 조정한다.

물론 이러한 기본 구도하에 각 지자체의 여건 차이에 따라 조직 설계를 차별화할 수 있다. 즉, 서울특별시의 자치구에 비해 광역시의 자치구 및 도에 속한 시는 조직 규모나 주민 수에서 차이가 나므로 현재의 4~5개 국에 별도로 '주민생활지원국'을 설치하는 1국 3과 체제는 유지하되, 팀의 수는 8~12개로 축소하여 조정할 수 있다. 또한 도에 속한 군의 경우, 주민생활

서울시 자치구	광역시 자치구 · 도의 시	군
• 구청의 기존 사회복지 관련국을 중심으로 하여 3개 과 12개 팀으로 개편 및 인력 재배치(현 4~5개 국) • 동사무소를 주민복지센터로 개편하여 2개 팀 설치	• 구청(시청)에 주민생활지원국을 신설하고 3개 과 8~12개 팀 편성 및 인력 재배치(현 4~5개 국) • 동사무소를 주민복지센터로 개편하여 2개 팀 설치(동별 행정직 약 2명을 주민생활지원국으로 배치)	• 군청에 주민생활지원국을 신설하고 2개 과 6개 팀 편성 및 인력 재배치(현 1개 과) • 읍 · 면사무소를 주민복지센터로 개편하여 2개 팀 설치(읍별 행정직 4명, 면별 행정직 2명을 주민생활지원국으로 배치)

[그림 4-5] 지역별 설치의 기본 원리

지원국은 설치하되, 1국 2과 체제로 하여 현재의 1과 체제를 확대한 형태를 이룬다.

이 기본 원리에 따라 구체적인 조직도를 차별적으로 제시해 보면 [그림 4-6]과 같다.

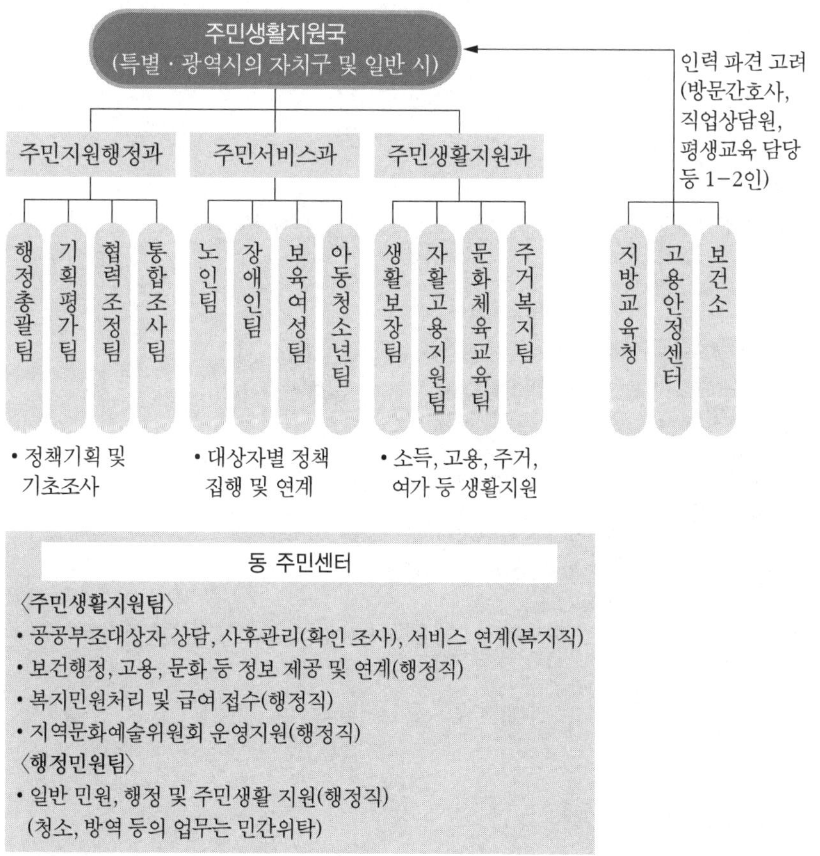

※ 지역 실정에 따라 팀 명칭 및 역할 조정, 특별 · 광역시의 자치구는 12개 팀, 도의 일반 시는 8~10개 팀으로 조정.

※ 복지부 시범사업 중인 '사회복지사무소'는 주민생활지원국으로 재배치하고, 현행 사회복지과는 주민서비스과 등으로 전환.

[그림 4-6] 특별 · 광역시의 자치구 및 일반 시의 조직도

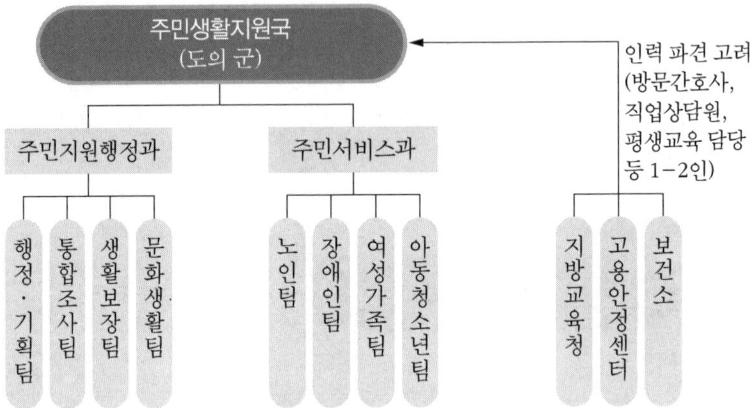

- 정책기획 및 기초조사
- 생활보장팀에서 기초보장 및 고용 · 주거지원 담당

- 대상자별 정책 집행 및 연계
- 문화생활팀에서 문화, 생활체육, 교육지원

읍 · 면 주민센터

〈주민생활지원팀〉
- 공공부조대상자 상담, 사후관리(확인 조사), 서비스 연계(복지직)
- 보건행정 · 고용 · 문화 등 정보제공 및 연계(행정직)
- 복지민원처리 및 급여 접수(행정직)
- 지역문화예술위원회 운영지원(행정직)

〈행정민원팀〉
- 일반 민원, 행정 및 주민생활 지원(행정직)
(청소, 방역 등의 업무는 민간위탁)

※ 지역 실정에 따라 팀 명칭 및 역할 조정.
※ 복지부 시범사업 중인 '사회복지사무소'는 주민생활지원국으로 재배치하고, 현행 사회복지과는 주민서비스과 등으로 전환.

[그림 4-7] 군 단위의 조직도

(2) 업무 분장 및 개선 효과

통합서비스 제공체계의 핵심 중 하나는 시 · 군 · 구는 기획 · 조정 · 관리 업무, 읍 · 면 · 동은 일선 대민서비스 중심으로 분장하는 것이다. 기존 사회복지 업무는 신규 설치되는 시 · 군 · 구 통합조사팀과 생활보장팀, 정책대상별 팀(주민생활서비스과), 읍 · 면 · 동 주민생활지원팀에서 승계하여 수행된다. 특히 기초생활보장제도 등 공공부조 업무 중 대상자 선정을 위한 자산조사는 시 · 군 · 구에 신설되는 '통합조사팀'에서 담당하고, 발굴 · 초기상담, 서비스계획, 사후관리(확인 조사)는 주민센터 내 '주민생활지원팀'에서 담당한다.

신규 업무로서 주거복지, 문화 · 생활체육, 고용지원, 보건서비스 연계 강화를 위하여 시 · 군 · 구는 관련 프로그램의 기획 · 관리를 담당하고 기존 공공기관 · 민간시설과의 연계기반 마련 역시 담당하며 읍 · 면 · 동은 실제 통합적 서비스 제공을 위하여 정보 제공, 상담, 의뢰, 연계 등을 담당한다. 아울러 업무 확대와 재배치가 이루어지는 시 · 군 · 구 팀과 읍 · 면 · 동 주민생활지원팀 간의 협력을 위한 의사소통구조(사례회의 등)를 마련한다. 또한 시 · 군 · 구 사무를 읍 · 면 · 동 주민센터로 재이관하는 역조치가 이루어지지 않도록 행정지도 및 감사를 통해 상시 점검할 필요가 있다.

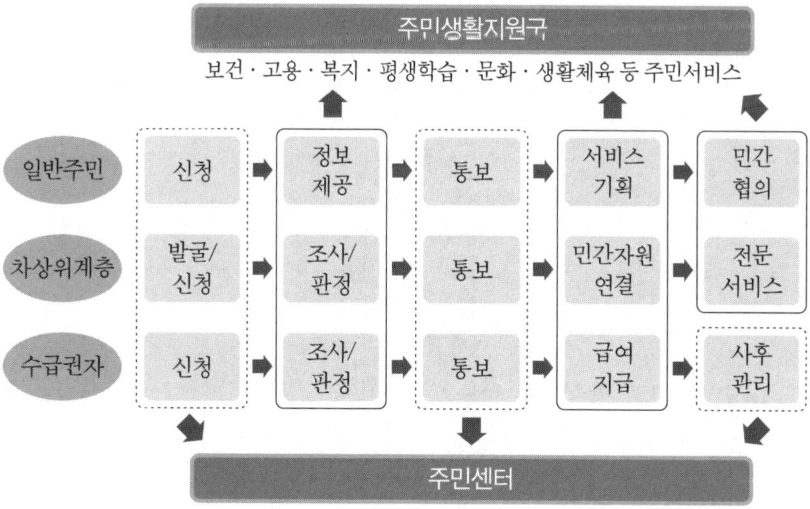

[그림 4-8] 주민생활지원국과 주민센터의 역할 구분 모형

주민생활지원국 내의 각 과 및 팀별 업무 분장과 읍 · 면 · 동의 팀별 업무 분장 내용을 정리하면 〈표 4-2〉와 같다.

〈표 4-2〉 주민생활지원국 내 팀별 업무 분장 체계

담당 팀		담당 업무(예시)
주민지원 행정과	행정 총괄팀	• 서무, 예산, 인력 관리 • 홍보, 교육 • 복지행정 전산망 관리 • 주민생활지원 관련 권리구제, 옴부즈만 업무 등 • 국(局) 내 시설 총괄, 복지관 관리 등
	기획 · 평가팀	• 주민생활서비스계획 수립 및 평가 • 주민생활서비스 업무의 기획 · 개발 · 시행 • 지역 내 주민생활서비스기관 평가
	협력 · 조정팀	• 지역 내 주민생활서비스기관 및 제공자 간 연계기반 마련 • 지역 내 주민생활서비스 관련 자원의 연계 · 관리 –후원 · 결연, 이웃돕기성금 모금 및 집행, 자원봉사 등 • 서비스 연계 전산망(신규 전산프로그램 설치 필요) 관리
	조사팀	• 서비스대상자 신규 조사: 자산 및 부양의무자 조사 • 급여대상자 보장 결정 및 급여 통지, 이의신청 처리 ※ 기초생활보장을 비롯한 모든 공공부조대상 조사 ※ 지역담당제로 운영 가능(보육료감면일제조사, 차상위계층, 단전단수가구 등 사회취약계층 일제조사 시 읍 · 면 · 동 근무자가 지원)
주민 서비스과	노인팀	• 노인복지사업의 기획 · 시행 –경로연금, 노인교통수당 지원 –노인 일자리 지원 –노인 질병예방 및 건강보장 –재가노인복지 관련 사업 –경로당 운영 · 관리 –장묘 · 장사 등에 관한 업무 등 • 노인의 고용, 문화, 생활체육, 평생교육서비스 연계 지원 • 노인복지시설의 관리 · 지도감독 및 지원
	장애인팀	• 장애인복지사업의 기획 · 시행 –장애수당, 장애인 자립자금, 자녀교육비 등 지원 –장애인 편의시설 설치 –장애인 재활보조기구 교부 • 장애인의 보건의료, 고용, 문화, 생활체육, 평생교육, 육아서비스 연계 지원 • 장애인에 대한 통합적 서비스 제공을 위해 네트워크 지원 • 장애인복지시설의 관리 · 지도감독 및 지원

〈계속〉

담당 팀		담당 업무(예시)
주민 서비스과	보육· 여성팀	• 보육, 여성, 가정복지사업의 기획 · 시행 –보육료지원 –보육시설 설치 · 변경 · 폐지, 보육 관련 업무 –저소득 모부자가정 대상자 사례관리 및 지원 –아동양육비 · 자녀학비 지원, 자립자금 대여 등 –「건강가정기본법」에 의한 건강가정사업 등 • 특히 여성고용지원서비스를 강화하고, 보건의료, 문화, 생활체육 등 서비스의 연계지원 • 보육 및 여성 · 가정복지 대상자에 대한 통합적 서비스 제공을 위해 네트워크 지원 • 관련 시설 및 기관의 관리 · 지도감독 및 지원
	아동· 청소년팀	• 아동 및 청소년복지사업의 기획 · 시행 –아동결연사업, 입양 업무 –아동안전, 미아방지, 결식아동 지원, 아동학대 예방업무 등 –소년소녀가정 · 가정위탁아동 등 대상자 사례관리 및 지원 • 특히 학교보건교사 및 보건소 등과 연계하여 건강지원을 포함한 아동 · 청소년의 보건의료서비스를 강화 • 방과 후 교실, 공부방, 노서관 등을 연계하고, 건강한 문화 · 여가 및 사고예방서비스 지원 • 아동 및 청소년에 대한 통합적 서비스 제공을 위해 네트워크 지원 • 관련 시설 및 기관의 관리 · 지도감독 및 지원
주민 생활 지원과	생활 보장팀	• 기초생활보장수급자에 대한 각종 급여액 결정, 변경 · 중지, 관리 ※ 확인 조사 등을 포함한 대상자 '관리'를 담당하고, 면 지역에서는 '복지센터'에서 담당 • 의료급여 업무 • 특히 차상위계층지원 업무를 강화 • 보장비용의 징수, 급여 변경 · 중지 등에 대한 이의신청 처리 • 긴급지원 업무(콜센터 연계 관리) • 의사상자, 재해구호, 북한이탈주민 업무 등 • 주민생활서비스과 대상자팀 및 관련 분야별 민간단체와 연계
	자활· 고용 지원팀	• 조건부수급자 관리, 자활지원계획 수립 • 생업자금융자 및 기타 자활사업 실시 • 기초생활보장기금 관리 • 자활사업프로그램 개발, 자활후견기관 관리 등 • 지자체 취업정보센터 통합 • 복지, 보건, 문화, 생활체육, 주거 등 연계 지원 • 주민생활서비스과 대상자팀 및 관련 분야별 민간단체와 연계

〈계속〉

담당 팀		담당 업무(예시)
주민 서비스과	문화체육 교육팀	• 지역도서관, 지역 내 대학 등 학교기관과 연계하여 주민문화생활 지원 • 생활체육 활성화 기반 조성 • 지역주민의 평생교육 업무 지원 • 주민생활서비스과 대상자팀 및 관련 분야별 민간단체와 연계
	주거 복지팀	• 영구임대주택, 다가구 매입임대 등 입주자 선정 및 생활지원 • 사회취약계층에 대한 주거지원방안 정보 제공 • 지역 내 주거 관련 비영리단체와의 협력체계 구축 • 불량주거밀집 지역의 생활환경 개선사업 관리 • 노숙자, 부랑인에 대한 업무 및 관련 시설 관리 • 주민생활서비스과 대상자팀 및 관련 분야별 민간단체와 연계

주 1. '협력 · 조정팀' 및 '자활 · 고용지원팀' 에 직업상담원 각 1인 배치(고용안정센터 파견).
2. '협력 · 조정팀' 에 간호사 1인을 보건소에서 파견하여 배치.
3. '문화체육교육팀' 에 운동지도사 2명, 지방교육청 직원 1명을 파견 배치.

〈표 4-3〉 주민센터 내 팀별 업무 분장 체계

담당 팀		담당 업무(예시)
읍 · 면 · 동의 주민센터	주민생활 지원팀	〈복지직 담당: 평균 2명〉 • 복지대상자 발굴, 상담 ※ 면 지역의 경우 복지대상자 관리(생활실태, 소득 확인조사 등) • 복지, 문화 등 각종 서비스 연계를 '주민생활지원국' 과의 유기적인 행정체계를 통해 추진 〈행정직 담당: 평균 3명〉 • 장애인 등록, 경로연금 등의 신청 접수, 관련 증명서 발급 등 • 보건행정, 고용, 문화, 생활체육 등에 대한 정보 제공 및 관련 기관 연계 • 기타 위문금품 지급 업무 등
	행정 민원팀	〈행정직 담당: 평균 5명〉 • 일반민원 • 주민생활지원(세무 업무 등) ※ 청소, 주차관리, 민방위 행사, 재난관리 등을 시 · 군 · 구 혹은 민간기관으로 이관하는지 여부 검토

주 1. 주민센터 주민생활지원팀, 행정민원팀 팀장(6급) 각 1명 배치.
2. 인력은 동 지역(현 인원 평균 10명) 기준.

이러한 조직체계와 업무 분장을 개선하였을 때 실현되는 개선 효과를 살펴보고자 한다. 먼저 보건 분야에서는 현재 도시 지역(광역시 및 일반 시)의 경우, 인구에 상관없이 평균 68명 정도의 보건소 인력이 있으나 대부분 보건행정, 일반 진료 등에 종사하여 방문보건 등 실질적인 보건서비스를 제공할 인력은 10명 이내에 불과하고 지역사회의 보건 문제를 파악하고 필요한 서비스를 제공하기 어려운 상태다. 또한 농촌 지역의 경우 보건지소, 보건진료소 등에 인력이 있으나 활용도가 낮고, 지역주민의 대다수가 노인임에도 불구하고 방문보건서비스를 제공할 실질적인 인력은 부족하고, 보건 문제뿐 아니라 사회복지, 생활체육, 고용 등의 서비스가 통합되어 제공될 수 없는 문제에 봉착해 있다.

그러나 개편 이후에는 도시 지역의 경우, 보건소에서 파견된 보건담당 연계전담직원이 주민생활지원국에서 의뢰한 대상자의 명단을 보건소와 도시 지역 보건지소에 전달, 필요한 보건서비스를 제공한다.

도시 지역의 보건 분야 개선의 사례

- 보건소에서 관리하는 질환 유소견자, 노인, 장애인, 영유아, 여성 등의 대상자 중 보건서비스와 더불어 사회복지, 생활체육, 보육, 고용, 문화 등의 서비스가 필요한 대상자는 주민생활지원국에 요청하여 해당 분야의 서비스가 제공될 수 있도록 연계
- 건강보험공단의 건강검진 결과 및 의료이용 관련 자료를 활용하여 관리가 필요한 고위험 환자를 파악(약 3,000명의 가입자에 대한 지원사업을 위한 인력 활용)하고 보건소와 도시 지역 보건지소에서 예방보건사업, 방문보건사업, 사례관리사업 등의 보건서비스를 제공하며, 치료가 필요한 경우 4만 6,000개의 민간 병·의원에 연계
- 전국 주민센터(동사무소)에 근무하는 약 3,500명의 보건담당 행정요원이 유질환의료보호대상자와 재가와상노인, 중증장애인, 산모와 어린이 등 보건의료서

비스가 필요한 대상자를 파악하여 주민생활지원국 등을 통해 보건소에 연계하고, 정기검진, 예방접종, 암 검진 등에 대한 안내와 재가와상환자를 위한 방문보건사업 및 고위험 환자 관리사업에 필요한 행정적인 업무지원을 담당

- 148만 명의 의료보호대상자에 대한 예방관리를 통해 건강관리와 적정의료 이용을 유도하며, 700만 명의 차상위계층이 필요한 시기에 적절한 보건서비스를 받지 못해 중증질환으로 악화되거나 기초생활보장대상자로 전락하는 것을 방지하고, 836만 명의 고혈압 환자와 213만 명의 당뇨병 환자, 22만 명의 암환자 등 지역사회의 만성질환자들이 적절한 조기진료와 예방서비스, 생활체육 및 문화서비스 등을 받을 수 있도록 함으로써 불필요한 의료 이용을 방지하도록 서비스 제공

또한 농촌 지역의 경우 군청 주민생활지원국과의 연계체계 구축을 통해 필요한 보건서비스의 수요와 대상자를 파악하여 보건소뿐만 아니라 1,271개 보건지소와 1,899개의 보건진료소 등에 근무하는 보건인력을 활용하여(방문 보건사업소 형태의 통합 보건사무소로 연계하여 효율성을 높이고) 노인환자 관리 중심의 보건서비스를 제공한다. 역으로 보건소의 관리대상자 중 주거, 복지, 안전, 생활체육, 고용, 평생교육 등이 필요한 대상자의 경우 주민생활지원국을 통해 보건 이외의 서비스와 연계한다.

고용 분야의 경우도 현재는 취업알선 담당부서가 지자체별로 다양하고, 취업알선만을 담당하는 별도의 전담부서는 없으며, 취업알선 담당직원의 수는 일용직, 공익요원 등을 포함하여 1~6명이며, 대부분의 지자체가 담당공무원 1명으로 운영되고 있고 그나마 이들의 대부분은 타 업무를 겸임하는 문제점을 안고 있다. 아울러 담당공무원의 평균 근무 기간은 1년 이하가 가장 많으며, 직급은 7~8급이 다수를 차지한다. 취업알선창구는 민원실이 아니라 과 내에 있는 경우가 가장 많으며, 민원인의 접근성 및 활용가능성이 낮은 편이다.

이러한 한계점들이 개편 이후에는 개선될 여지를 갖게 될 것으로 전망된다. 즉, 도시 지역의 경우 고용안정센터를 방문하기 전 지자체가 운영하는 주민생활서비스를 통합적으로 제공받게 되므로, 민원인에게 보다 적합한 고용서비스를 제공할 수 있으며, 고용서비스에 대한 접근성도 향상될 것이다. 또한 농촌 지역의 경우 '찾아오는 고객에 대한 고용서비스'에서 '찾아가는 고용서비스'로의 가능성이 열리게 되며, 도시 지역에서의 접근성이 좀 더 크게 향상될 것이다.

문화 분야는 현재 문화 관련 인프라가 여러 행정부에 분산되어 운영되고 있어 실제로 제공되는 문화 관련 서비스의 종류와 양의 총량이 정확히 측정되기 어려운 구조이고, 단지 문광부에 소속된 문화기관의 시설이용도나 현황만이 간헐적인 조사연구를 통해 정리되고 있는 수준이다. 예를 들어, 도서관과 같은 경우도 현재 정확한 통계가 문광부를 통해 나와 있지만, 실제 지자체가 운영하는 것까지 포함하면 이 수는 월등히 증가하게 된다. 여타 문화예술 향유 또는 생산 활동과 관련된 인프라는 지역적인 편차가 크고 운영의 효율성도 떨어지고 있는 상황이다. 특히 각종 문화 관련 프로그램은 노인, 여성, 청소년을 대상으로 한 복지관이나 문화원, 자치센터 등에서 중복적으로 제공되는 문제점을 안고 있다.

그러나 개선 방안이 실현된다면 이후 시 · 군 · 구 및 읍 · 면 · 동에 문화 담당자가 배치되어 지역 내 민간문화자원까지 포함하여 연계하고 또한 지역문화예술위원회 등이 운영됨으로써 지역주민의 문화서비스 정보에의 접근권이나 실제 문화서비스 향유 빈도가 크게 높아질 것으로 예상된다.

(3) 인력 배치 방안

새로운 공공전달체계 구축에서 인력의 신규 증원 없이 직급 정원을 조정하는 것을 기본으로 한다. 기본 인력은 기존 시 · 군 · 구 '사회복지(관련)과' 및 읍 · 면 · 동의 행정직 및 사회복지직으로 하며, 서비스연계 강화를 위해 기존 시 · 군 · 구 내 직업안정담당(지자체 취업정보센터), 문화지원담당, 주거복지담당, 주민자치과 자원봉사담당 인력을 주민생활지원국으로 재배치하며, 나아가 별도의 사업소나 중앙부처의 지방조직, 별도 독립기관 등으로부터 전문 인력을 주민생활지원국에 파견하여 배치하는 형태로 보완한다. 특히 파견되는 전문 인력은 다음과 같이 배치한다.

- '자활 · 고용지원팀' 에 직업상담사 1~2인 배치(고용안정센터에서 파견)
- '문화체육교육팀' 에 장학사 1인 배치(지방교육청에서 파견)
- '협력 · 조정팀' 에 방문간호사 1인 배치(보건소에서 파견)

읍 · 면 · 동은 사회복지직 평균 2명, 행정직 평균 3명 등 5인으로 '주민생활지원팀' 을 구성하고 전문 인력을 다음과 같이 배치한다.

- 주민생활지원팀 및 행정민원팀에 각기 팀장(6급 사무장) 배치
- 농업기술센터의 인력 1인을 읍 · 면(농지관리 등 담당)에 파견 배치

한편, 사회복지직 중 읍 · 면 · 동 사무소에 배치되던 인원은 주민센터로 재배치되면서 행정직과 결합하여 주민생활지원팀으로 구성되므로 그 일부를 시 · 군 · 구로 배치할 수 있고, 결과적으로는 시 · 군 · 구 단위의 기획력과 전문성이 강화될 수 있다. 좀 더 상세히 말하면, 읍 · 면 · 동의 사회복지직은 현장성을 강화하는 대민방문 서비스 업무와 신규 기획 업무 중심으로 배치되고 시 · 군 · 구 주민생활지원국에 15~30명 정도의 사회복지직이 배치되며 이때 기획 · 평가팀, 협력 · 조정팀, 통합조사팀, 생활보장팀에 중점 배치되도록 한다.

문화 분야의 인력은 향후 문화복지사 등을 단계적으로 배치하는 것으로 하되, 현재로서는 주민생활지원국 및 주민센터 내 행정직 또는 사회복지직

이 담당하는 것으로 한다.

정부와 지방자치단체의 국민건강과 관련한 역할이 확대되면서 보건 분야에서 공공의료 확충 정책(도시 보건소 701개 증설 시 약 1만 명 증원, 보건소의 인력 중 법정 정원으로 확보하게 되어 있는 1,750명)이 이미 확정되어 추진 중이므로 인력의 연차별 확대 시 통합서비스 제공체계의 모형에 따라 인력을 배치한다.

246개 보건소의 방문보건사업 담당 인력이 8명(현재 4명)으로 증원되고 도시형 보건지소 신설, 농촌지역 보건지소와 진료소의 보건요원 확충 및 재배치, 방문보건센터화 등으로 보건서비스 제공 인력이 실질적으로 증가(재가와상환자 30인당 1인 수준)할 예정이다.

현재로서는 주민생활지원국에 1인의 방문간호사를 파견하고, 업무 조정을 통해 3,500개의 읍 · 면 · 동 복지문화센터에 1인의 보건 분야 행정인력을 지정, 배치하면 될 것이다. 이들은 건강보험공단의 사례관리 인력이 속한 전국 244개 지사를 중심으로 지역의 보건소와 연계하여 건강검진 사후관리사업, 고위험 환자 사례관리사업, 정보 제공을 통한 건강증진 연계사업 등을 담당하고, 이러한 체계와 연계하여 활동하면 될 것이다.

노동부는 고용안정센터의 직업상담사 확충 계획을 수립하였고, 2006년 315명의 인력을 충원하였다. 따라서 직업상담사 확충 및 활용 계획 수립 시 지자체의 '자활 · 고용지원팀' 에 파견할 인력에 대한 직무배정 및 인사관리 방안이 동시에 수립되어야 할 것이다. 자활 · 고용지원팀의 업무 성과가 좋을 경우, 기존 고용안정센터의 업무 중 고용보험 행정업무 등 일부 업무를 지자체로 이관하고, 이에 따라 파견인원도 확충하도록 하여야 한다.

교육부는 학교폭력 예방이나 빈곤가정 학생에 대한 대응 업무를 강화하고 있으므로 지역사회와의 연계를 중시해야 한다. 따라서 지방교육청의 장학사 1인이 시 · 군 · 구에 파견됨은 물론 지방교육청 내에 학교사회복지사를 두어 관내 학교들의 지역 연계를 활성화하는 연결점이 되도록 하며, 나아가 빈곤 지역에 존재하는 학교 및 실업계 고등학교에는 이러한 업무를 본격적으로 담당하는 학교사회복지사 및 상담사 등을 배치하도록 정책이 수립되어야 할 것이다.

(4) 전문성 확보 방안

지방분권에 따라 주민복지의 권한이 지방자치단체로 이관되고 있으므로 주민복지를 비롯한 생활지원부문의 기획능력 향상을 위한 지방공무원 전반의 복지인식 제고 교육이 강화되어야 한다.

사회복지전담공무원의 경우, 4년마다 1회씩 기본교육을 의무적으로 받되 보건복지부 산하의 한국보건복지인력개발원에서 일관되게 교육을 제공받도록 하고, 업무별 전문교육은 지방공무원교육원이 담당하도록 하지만 주요 프로그램 개발과 보급에 대해 한국보건복지인력개발원이 주도적인 역할을 행하도록 기 결정되었다.[2)]

따라서 통합서비스 제공체계가 수립된다면 체계적인 교육기회가 제공되어야 할 것이다. 특히 행정직 중 주민생활지원국과 주민센터에 근무하는 인력은 기존과 같이 단순히 행정적 전문성만으로 서비스 기능을 수행하는 데 결정적인 한계가 있을 것이다.

지방의 일반행정직 중 시 · 군 · 구의 주민생활지원국 및 읍 · 면 · 동의 주민센터에 근무하는 자에게는 특별히 주민의 생활서비스 제공자로서의 복지마인드와 복지, 고용, 보건 등에 대한 기본 지식, 그리고 다양한 욕구의 파악 방식과 연계 기술, 지역주민생활서비스 기획 및 평가 능력 등에 대한 충실한 교육이 필요하다.

이를 위해 한국보건복지인력개발원에 신임자 과정을 국장 · 과장 · 팀장 · 팀원급별로 상시적으로 개설하고, 신임보직자의 경우 이 교육을 필히

---

2) 이는 2005년 1월 빈부격차차별시정위원회 및 해당부처에서 보고한 「사회복지전달체계 개선방안」에 의해 확정되었으며, 2006년도부터 예산(안)에 반영되어 시행되었다.

받도록 하여 기본 교육을 시행한다. 또한 직무 교육은 지방공무원교육원이 행하면 될 것이다. 따라서 [그림 4-9]와 같은 교육체계를 수립한다.

과정	개설 방식	교육 내용	교육기관
신입 기본 교육	• 신입 시·군·구 국·과장 과정: 반기별 과정 개설 • 신입 시·군·구 팀장 과정: 분기별 과정 개설 • 신입 시·군·구 팀원 과정: 격월 과정 개설 • 신입 주민복지센터장 과정: 격월 과정 개설 • 신입 읍·면·동 팀원 과정: 매월 과정 개설	• 전달체계 개편의 취지 이해 및 능력배양을 목적으로 한 의무교육 - 복지마인드 제고 - 복지, 보건, 고용, 문화, 생활체육, 안전 등의 기본 이해 - 민관네트워크 교육	한국보건복지인력개발원
전문 직무 교육	• 주민상담과정 • 기초생활보장제도 교육과정 • 자활 및 고용 촉진과정 • 지역서비스계획 수립 및 평가과정 • 시민사회이해 및 협치과정 등	• 각 직무에 필요한 전문기술에 대한 수시 교육	각 시·도 공무원 교육원

[그림 4-9] 통합서비스제공체계 구축에 따른 교육체계

3) 민간부문의 참여 확보 방안

(1) 기본 방향

지방정부의 공공전달체계를 통합적인 서비스 제공체계로 개편하는 가운데 민간부문의 참여와 협조를 동반하는 것은 매우 중대한 의미가 있다. 이는 현재 협치를 바탕으로 민간과 공공의 관계를 새롭게 정립하려는 시대적 조류에 부응하는 한편, 공공의 복지자원이 한정된 상태에서 민간의 자원을 통합적으로 활용하도록 함으로써 지역주민의 복지증진에 절대적으로 기여하기 때문이다.

복지전달체계에서 민간과 공공의 결합이 어떻게 이루어져야 하는 가에 대한 이론적 검토는 앞 장에서 이미 다루었다. 제시한 네 가지의 민관협력 모형 가운데 병행보충모형을 기초해 지역주민협의회를, 협동동반모형에 입각하여 민관협의체를 구축하기로 한다.

(2) 구체적인 방안

① 지역주민협의회의 구성과 운영

지역주민협의회는 복지 · 보건 · 고용 · 문화 · 교육 · 생활체육 · 주거 등과 관련한 민간의 서비스 · 자원제공기관들이 노인 · 아동 · 장애인 · 실직자 등 대상자별 서비스 분과에 참여하여 상호 간의 정보교환, 서비스 · 자원배분 방식, 공동사업 개발, 대상자별 사례관리를 행할 수 있도록 구성된다. 여기에는 종합사회복지관을 포함한 지역 내 사회복지기관은 물론, 종

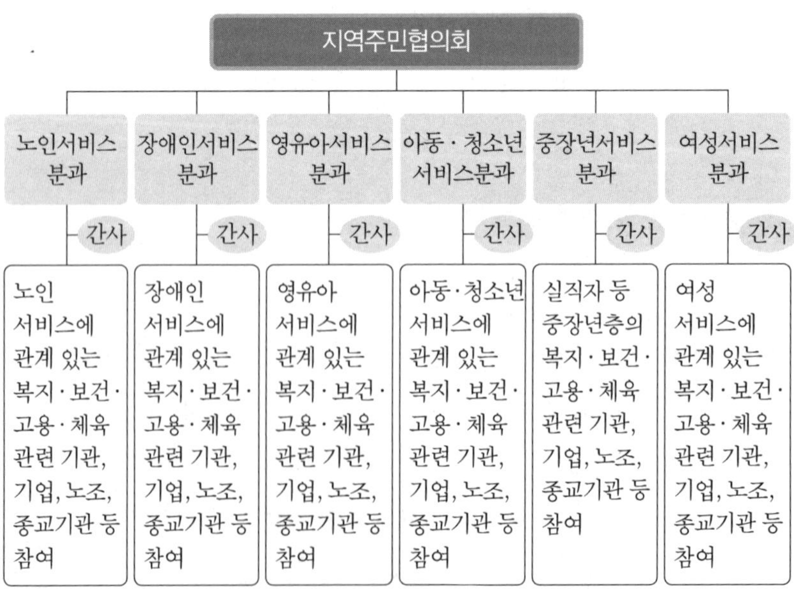

[그림 4-10] 지역주민협의회의 구성체계(안)

교기관, 기업, 노조, 봉사단체, 문화단체, 생활체육단체 및 기타 지역사회 단체 등이 망라되어 서비스대상자를 중심으로 보건, 복지, 고용, 문화, 체육 등 분야별 서비스를 연계하여 제공하는 것을 목적으로 운영한다. 이는 현장에서의 서비스 제공을 위한 민간의 자발적 조직으로 일정한 운영방식이 존재하지 않으며 철저하게 민간의 역량과 판단에 따른다. 즉, 이 협의회는 철저히 민간기관들 간의 수평적인 네트워크 구조이며 결코 심의나 의결기구가 아니다.

이러한 지역주민협의회의 구성은 다음과 같은 몇 가지 의미를 지닌다.

첫째, 대민서비스의 주요 제공자인 민간부문에 권한과 책임을 부여하여 대국민 서비스의 현장 체감도가 높아지도록 행정과정과 절차를 재구성한다는 취지를 지니고 있다.

둘째, 중앙부처는 읍 · 면 · 동 서비스까지 일일이 계획을 수립하는 방식에서 벗어나고, 시 · 군 · 구는 민간기관을 자신들이 계획한 것을 집행하는 주종관계 내지 하부기관으로 인식하는 태도와 자세에서 벗어나 민간부문을 서비스 계획과 집행의 파트너로 존중한다는 의미를 지닌다.

셋째, 이에 따라 대민서비스를 주요하게 제공하는 민간기관과 단체의 경우 서비스 계획과 집행에서 수요자와의 정합성, 헌신성, 전문성이 확보되어 있는 만큼 자율성과 책임성을 가질 수 있도록 하고 행정 과정 속에서 역할을 수행해야 한다. 기존처럼 관이 세운 계획을 민간이 위탁받아 집행하는 수준의 협력, 예산을 집행하는 공무원이 민간단체의 운명을 좌지우지하는 식의 협력방식은 폐기되어야 한다.

이러한 취지에 따라 민간단체들이 지역서비스계획 수립과 집행에서 상당부분 권한과 역할을 부여받아 민관이 함께 최종 확정하고, 실행하고, 민관이 함께 공동평가단을 구축하여 철저하게 평가받는 과정을 제도화한다는 의미로 지역주민협의회가 설계된 것이다. 따라서 이 협의회는 기존 협의회처럼 포괄적 정책이나 예산 배분에 대한 자문을 하는 수준이거나 연간 몇 차례 회의를 개최하는 수준을 넘지 못하는 협의회가 아니라 구체적인 대상자서비스를 위한 주요 정책 파트너로서의 역할을 수행하는 협의회이어야 한다.

이러한 협의회가 잘 구동되기 위해서 다음과 같은 사항에 유념해야 할 것이다.

첫째, 협의회는 민간자원을 지닌 기관이나 단체들 중심으로 구성되어야 하고 이들은 대상자별 서비스 내용을 중심으로 연계되어야 한다. 즉, 서비스 자체에는 이념성과 정치적 갈등이 적거나 없으므로 서비스제공기관들이 모여 자원의 제공에 관련된 정보를 공유하고 협의하며 공조하는 기능을 수행하는 데 초점이 맞추어져야 한다.

그간 기존의 많은 네트워크들이 공동 추진과제가 부족하여 흐지부지되거나, 중앙정부나 지방정부의 정책 · 예산 자문협의회 수준에서 머문 경우가 많은 이유는 서비스 내용을 다른 단체와 일상적으로 협의할 일이 없기 때문이다. 우리나라에서는 수요자 중심의 서비스제공을 위한 상시적 네트워크는 없고 중앙이나 지방정부의 정책이나 예산 협의, 특정 재원 분배협의 등을 하는 분기별, 연별 협의과제만 생기는 네트워크가 있을 뿐이다. 네트워크는 상시적인 것이 가장 기본이 되고 분기별, 연별로 협의가 필요한 네트워크가 그다음이 되어야 하지만 지금까지 본말이 전도된 경우가 많다.

또한 구성 과정에서도 단체 간 갈등이나 정치적 경향의 차이로 경쟁적 태도를 보이는 경우가 상당했고 서비스 제공 양이 적은 곳은 참여할 기회도 갖지 못한 경우가 있는 등 참여 과정 자체가 권력화된 과정이었다. 따라서 새로운 네트워크에서는 철저하게 서비스를 제공하는 자원들이 중심이 되어야 한다. 또한 서비스 제공단체와 기관, 개인들이 제공 양의 크고 적음을 떠나, 그리고 질의 정도를 떠나 이웃을 위해 제공할 서비스와 의지가 있는 경우 언제나 참여하여 서비스를 위해 협력할 수 있는 서비스중심 네트워크이어야 한다.

결국 대상자별 지역주민협의회는 현장서비스를 제공하는 주체들이 운영하는 상시적 네트워크로 서비스제공 내용, 방식, 서비스제공 정보관리(차상위계층까지는 대상자별 관리 필요) 등을 온오프로 수시 협의하는 기본 네트워크이어야 한다.

둘째, 이러한 민간부문 네트워크의 비용은 정부에서 부담하여야 한다. 민간부문이 대상자 서비스별로 연계할 경우 정부는 공공부문서비스 제공체계의 확대에 대한 비용을 줄일 수 있고 정부 단독으로 시행할 경우보다 서비스제공 내용도 다양해지는 만큼 투자 대 효율 개념에서 매우 효과적임을 고려하여, 정부는 민간네트워크 공동으로 사용할 수 있는 공간, 인력 및 협력 비용을 지원하여야 한다. 네트워크 예산은 전국적 서비스 균질성 확보차원 및 서비스제공체계 개선 차원에서 중앙정부가 민관합동으로 위원회를 구성하여 지원 요건과 기준을 마련하여 지원하여야 한다. 지방정부에 맡길 경우 상당수가 과거의 전례와 같이 선거조직화되거나 관주도성이 강해져 새로운 네트워크 자체가 구성될 수 없을 것이다.

셋째, 분야별 네트워크를 실무 지원하는 인력을 배치하여야 하되, 장애인·노인서비스담당, 영유아·아동청소년서비스담당, 중장년·여성서비스담당, 그리고 전 연령계층에 걸쳐 있는 문화서비스담당 인력 등 4명이 요구된다. 이때 네트워크 실무자는 네트워크에 참여하는 단체나 기관, 개인이 중심인 만큼 철저하게 연락과 정보교류지원 등을 담당해야 한다.

지역주민협의회는 간사를 민주적 절차에 의해 선정하고, 임기는 1년을 넘지 않도록 하여 참여단체나 개인이 순환하여 보임할 필요가 있다. 이 네트워크는 정부기관, 공사 등 각종 정부 관련 기관들이 대민생활서비스를 제공하는 차원에서 협력하는 방안을 모색한다.

이러한 지역주민협의회를 구성하는 진행 절차는 다음과 같이 정리된다.

- 중앙정부는 234개 시·군·구의 지역주민협의회라는 수평 네트워크 조직을 만들어 법적 기반을 만들고, 이에 대한 인건비 및 운영경비에

해당하는 비용을 확보한다.

- 지방정부는 지역주민협의회 구성에 대한 조례를 만든다.
- 지방정부는 이 조례에 따라 협의회에 참여할 기관 및 단체를 공고한다.
- 참여한 기관들은 각 위원회마다 자발적으로 간사를 선정하고, 이에 대한 경비를 중앙정부에 신청하여 일정한 절차와 기준에 따라 지원받는다.
- 협의회는 자원에 대한 정보를 공유하며 스스로의 사업계획들을 추진해 나가면서 주민생활지원국 또는 민관협의체로부터 제공되는 사례들에 대한 적절한 자원제공방안을 수립할 수 있다.
- 협의회의 활동 결과에 따라 중앙정부가 지속적인 지원 여부를 결정한다.

② 민관 간의 협의체 구성과 운영

민과 관 간의 파트너십을 기초로 한 협의체계 구성은 협동동반모형에 기초한다고 할 수 있다.

서비스제공계획과 집행에 대해 민관이 협의하는 상설적 협의체로서의 '주민생활서비스민관협의체' 는 공동대표 아래 위원회를 두고 위원으로는 지역주민협의회의 각 분과 대표, 분야별 민간기관 · 대표와 주민생활지원국, 특별행정기관의 국장급이 동수로 참여하며 월 1회 정도의 정기회의를 개최한다. 민관협의체의 운영 대표는 서비스제공의 중심 역할을 하는 민간의 대표와 지방자치단체의 대표가 공동으로 맡도록 하며 간사는 민관이 각각 1명씩 맡아서 진행한다.

이때 민관협의체는 노인분과, 장애인분과, 영유아분과, 아동 · 청소년분과, 중장년분과, 여성분과 등 6개를 설치하고, 지역주민협의회의 해당 서비스분과 구성원들과 시 · 군 · 구 주민생활지원국 산하의 해당 팀들이 만나 상시적으로 분야별 지역서비스에 대한 총체적 계획과 집행을 수행한다. 물론 기능별 · 욕구별 민관협의체 구성은 지역별 사정에 따라 차별적으로 이루어질 수 있다.

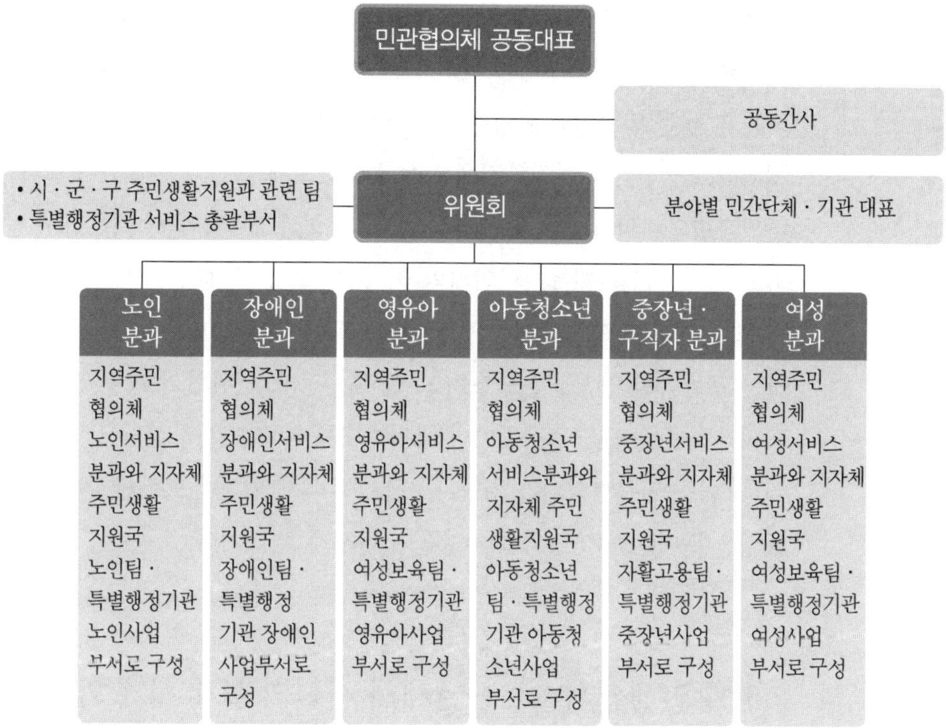

[그림 4-11] 민관협의체의 구성체계(안)

민관협의체의 주요 임무는 지역별 통합서비스에 대한 종합계획 및 심의 · 조정, 사후점검 기능이 될 것이다.

이러한 협의체의 활성화를 위해서는 몇 가지 원칙이 확인되어야 한다.

첫째, 관이 민간기관을 진정 수평적 파트너로 인정하고 기존의 관주도 관행들을 변화시켜야 한다.

둘째, 추진과정, 운영방식, 구성방식 등에서 민간의 책임성과 자율성이 구현되어야 한다. 중앙정부가 일괄적 · 일방적으로 또한 전국적으로 동시에 추진방침을 내려 보내는 식의 기존 방식에서 탈피한다. 이를 위해 중앙과 지방에 민관합동 추진기구를 동시에 구성, 지역주민협의회와 민관협의체에 대한 철저한 자율적 구성 원칙 고수, 상향식 의사수렴절차 반영, 지역별 특성 고려, 지역 여건별 차등 추진 등을 원칙으로 삼는다.

셋째, 서비스계획 수립과 예산집행 과정에서도 민간기관의 권한이 확보되지 않는 한 민관협력에 의한 서비스 혁신은 불가능할 것이다. 회계감사를 제외하고는 민간이 행정과정에 같이 참여하고 권한을 갖도록 해야 한다.

민관협의체의 구성이나 운영은 현재 「사회복지사업법」에 기초하여 진행되고 있는 지역사회복지협의체의 구성 및 운영 방식과 유사하게 될 것이다. 그렇지만 민관협의체가 결정적으로 다른 점은 주민생활서비스를 구성하는 포괄적인 영역들을 망라하고 있다는 점과, 민관협의체는 지역주민협의회라는 순수 민간조직들만의 협의기구를 바탕으로 구성되어 있다는 점이다. 이는 민관협의체가 지방자치단체에 의해 일방적으로 구성되거나 대표성을 부여받는 것을 막는 역할을 수행하게 될 것이다.

5. 주민생활서비스전달체계 개편의 실제 전개 과정[3)]

1) 지방행정체계 개편

마침내 2006년 7월 1일부터 주민생활서비스체계로의 행정개편이 전격적으로 시작되었다. 먼저 1단계 추진 사업에서 234개 시 · 군 · 구 중 75개(32%)에서 신청을 받게 되었고, 이에 추진의지 · 여건 등을 고려하여 53개 시 · 군 · 구(시 11, 군 7, 자치구 35)를 사업추진 지역으로 선정하여 추진하게 되었다.

울산 울주군, 전북 전주시, 전남 목포시는 1단계 시범 지역은 아님에도 본 사업의 필요성을 절감하여 자체적으로 개편을 추진하기도 하여 총 860개

3) 이하 내용은 2006년 4월 당시 행정자치부의 전달체계 개편 시행계획 지침서에 기초한 것이다(행정자치부, 2006).

읍 · 면 · 동에 대하여 특별교부세 171억 8,000만 원(읍 · 면 · 동별 2,000만 원)을 지원하여 상담실을 설치하였다(평균면적 4.2평, 평균비용 1,590만 원).

또한 조직개편 및 업무 조정에 따른 새로운 서비스 처리절차에 대한 '주민생활지원서비스 업무운영 매뉴얼' 을 작성 · 시달하는 한편, 주민생활지원담당 부서 직원을 5개 그룹으로 나누어 중앙 및 권역별 교육을 실시하고, 읍 · 면 · 동장, 담당 공무원 등 약 5,000명을 대상으로 교육을 실시하였다.

(1) 시 · 군 · 구 본청 조직개편

① 대도시형

현행 국 중 주민생활지원 기능이 가장 많은 국을 '주민생활지원국' 으로 변경, 주민생활지원 기능 이외의 업무는 타 국에서 시행토록 조정하고 개별 실 · 과에서 수행 중인 사회복지, 보건, 고용, 주거, 평생교육, 생활체육, 문화, 관광 등 주민생활지원 기능을 '주민생활지원국' 으로 조정하였다.

다만, 보건 업무 전체를 보건소에서 수행하는 경우에는 통합에서 제외, 추후 기관 간 연계체계의 구축을 추진키로 하며, 실 · 과가 주민생활지원 기능을 수행하는 경우에는 과를 주민생활지원국이 담당하도록 조정하고 일부 인력이 주민생활지원 기능을 수행하는 경우에는 기능과 인력을 주민생활지원국이 담당하도록 조정하였다.

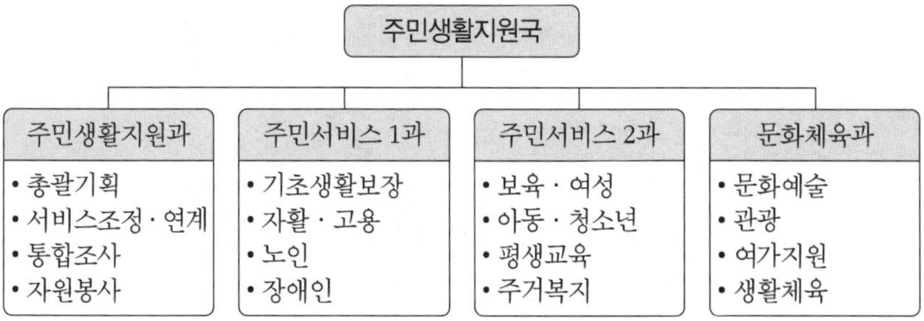

[그림 4-12] 대도시형 본청기구 개편 예시

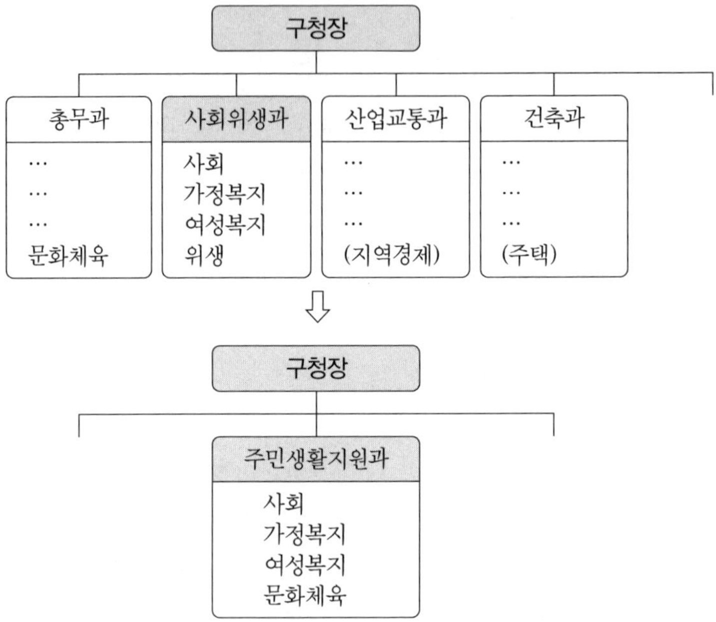

[그림 4-13] 일반구 기구개편 예시

기존 정원의 증원 없이 주민생활지원국으로 배정되는 기능을 수행하는 전체 인력은 주민생활지원국에 속하도록 조정하였다.

인력 재배치 방안

- 2005년 증원된 주민생활지원 관련 인력은 주민생활지원국에 배치
  - 이미 증원한 인력은 주민생활지원국으로 재배치하고, 아직 증원되지 않은 인력은 조속히 충원

  ※ 복지기획인력 1,830명, 보육담당인력 355명
- 읍 · 면 · 동사무소의 조사 기능의 본청 이관에 따라 일부 읍 · 면 · 동사무소의 사회복지직을 주민생활지원국으로 배치(자율 결정)
- 기타 부족 인력은 본청의 쇠퇴되는 기능에 배치된 인력을 주민생활지원국으로 재배치

사회복지직은 '통합조사팀' '서비스조정 · 연계팀' 등에 우선 배치, 통합조사팀 인력은 기초생활수급세대 600~800세대당 1명을 기준으로 배치하되, 부족 인력은 지속적으로 충원한다.

② 중소도시형

주민생활지원국 설치, 주민생활지원과 설치, 3~4 담당 범위 내에서의 기구 확대 등 기구 개편은 대도시형과 동일하고, 3국 이하 시 · 자치구에서 주민생활지원 기능만으로 단독적인 국을 운영하기에는 국 간의 형평성 문제를 야기한다(특히, 2국 지역). 2국을 운영하는 시 · 자치구는 주민생활지원국 산하에 주민생활지원 기능 이외에 유사 기능을 수행하는 과 설치를 허용하고, 3국을 운영하는 지역은 가급적 주민생활지원 기능만 담당하도록 국을 편제하고 불가피한 경우에 유사기능 과를 설치하며 정원 책정은 대도시형과 동일하게 한다.

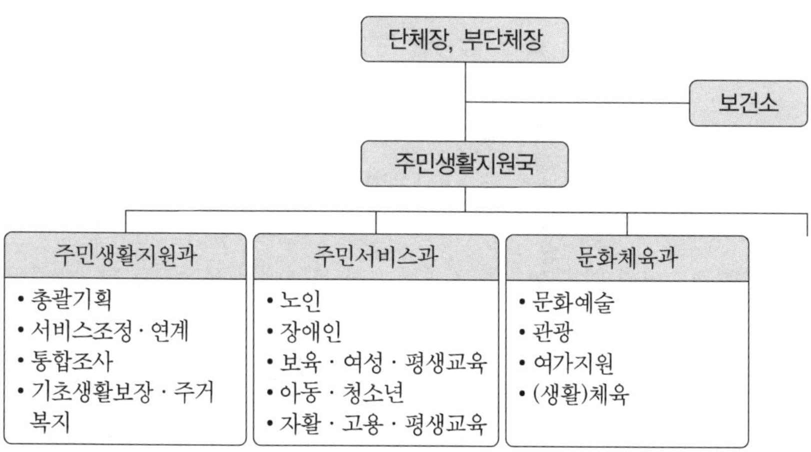

※주민생활지원국 산하에 주민생활지원 기능 이외의 유사 기능을 수행하는 환경청소과, 민원과 등을 설치.

[그림 4-14] 중소도시형 본청 기구 개편 예시

③ 국(局)제 미운영 시 · 군 · 구

주민생활지원국 미설치 시, 주민생활지원 기능을 수행하는 부서를 직제에서 순차적으로 배치하고 주민생활지원과 설치 및 3~4 담당 범위 내에서 기구를 확대한다. 주민생활지원 기능의 주무 기능을 수행하는 '주민생활지원과' 를 설치하고, 직제 규정에서 주민생활지원과에 주민생활지원 기능을 수행하는 타 과에 대한 총괄 기능을 명시하였다.

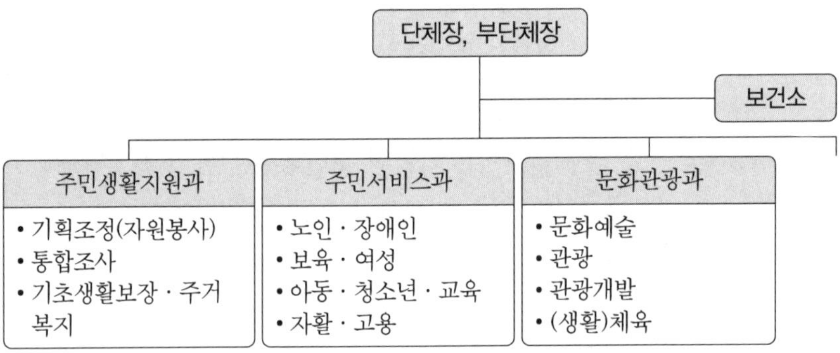

[그림 4-15] 국제 미운영 시 · 군 · 구 본청기구 개편 예시

(2) 읍 · 면 · 동사무소의 개편

① 동사무소

일반행정 · 민원 업무 일부를 시 · 군 · 구 본청에서 담당키로 하고, 일반행정 · 민원 업무 139건 중 35건을 이관(104개 존치)하였다. 다만, 민방위 업무 등 관계법률 개정이 필요한 사무는 법 개정 이후 본청으로 이관하고, 지역 실정에 따라 일부 조정이 가능토록 하였으며(특히, 주민생활지원 기능을 위한 인력 재배치 가능성 여부에 따라 자율적 조정 인정), 동별 특수성에 따라 이관사무를 자율 결정(예, 도시 지역 동과 농촌 지역 동 간의 차별성 인정)하도록 하였다. 또한 사회복지 업무 중 일부를 시 · 군 · 구 본청으로 이관키로 하고, 사회복지 업무 72건 중 23건을 이관(49개 존치)하였다. 특히 본청

주민생활지원과 '통합조사담당' 이 신설되므로 관련 사회복지사무는 반드시 본청으로 이관하되, 보육 등 일제조사는 본청과 읍 · 면 · 동이 함께 수행하고 일반 구를 설치할 경우에는 사무의 성격, 업무 효율성, 주민편의 등을 고려하여 시 또는 일반 구로 이관하는 것을 자율적으로 결정토록 하였다. 동사무소 개편의 핵심적 특징을 보면 다음과 같다.

- 주민생활지원서비스 관련 기능 강화: 공공부조대상자 및 저소득층에 대한 심층상담, 현장방문, 사후관리 기능을 강화하고, 각종 종합적인 정보 제공, 상담, 관련 기관 의뢰 · 연결 등 주민통합서비스 일선창구 역할을 강화하였다.
- 주민생활지원담당 설치: 인력이 10명 이상이며 사회복지직이 1명 이상인 동사무소는 사회복지 업무와 주민생활지원 기능을 전담 수행하는 '주민생활지원담당' 을 설치토록 하였다. 기존 주무는 일반행성 · 민원 기능을 담당하는 '행정민원담당' 으로 변경, 주민생활지원담당이 가급적 주무담당이 되도록 하고, 주민생활지원담당의 명칭 및 직렬책정은 자율 결정토록 하였다.
- 담당인력 확보 및 기능: 행정민원담당(6급)은 기존 주무(6급)를 활용하여 주민생활지원담당(6급)은 본청 등의 무보직 6급을 우선 활용하는 것을 원칙으로 하고, 인력이 부족한 지역은 동사무소 정원 중 직급간 정원조정을 통해 해결하고 담당에게 총괄 업무 이외에 반드시 고유업무를 배분하고 가급적 현행 동사무소 인력을 현행 수준으로 유지하였다.
- 주민생활지원담당 인력으로 3명 이상 확보: '주민생활지원담당' 을 설치하는 동사무소는 주민생활지원담당 인력으로 기존 사회복지 업무를 수행하는 인력과 담당 정원을 포함하여 최소 3명 이상을 확보토록 하였다. '주민생활지원담당' 을 설치하는 동사무소는 원칙적으로 행정직

2명을 주민생활지원업무를 담당하도록 전환 배치하였다. 단, 인력이 15명 이상이며 사회복지직이 1명인 동사무소는 행정직 3명을 주민생활지원 업무를 담당하도록 전환 배치하였다.

- 주민생활지원담당의 인력 간 업무 분장: 사회복지직 인력은 서비스 대상자에 대한 상담 · 접수, 현장 방문, 사후관리 등 현장에서 직접 대면하는 업무를 집중 수행하되 가급적 행정 내부 업무는 지양, 찾아가는

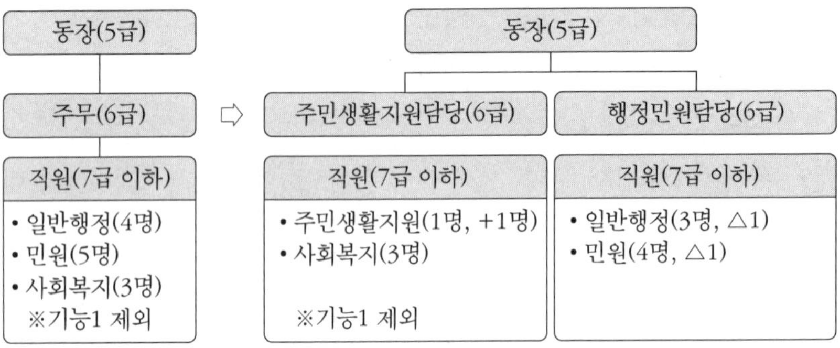

※ 주민생활지원담당(6급)을 설치하고 기존 인력 중 2명(일반행정 인력 1명과 민원 인력 1명)을 주민생활지원담당으로 전환 배치.

[그림 4-16] 동사무소 개편 예시(인력 15명(사회복지직 3명): 행정직 2명 전환 배치)

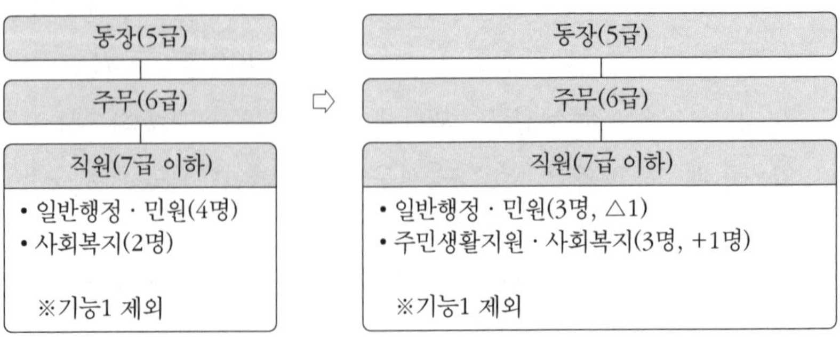

※ 주민생활지원담당(6급) 미설치하되, 기존 인력 중 1명(일반행정 또는 민원 인력 1명)을 주민생활지원담당으로 전환 배치.

[그림 4-17] 동사무소 개편 예시(인력 15명(인력 9명[사회복지직 2명]: 행정직 1명 전환 배치))

서비스에 집중하고 사회복지뿐 아니라 주민생활지원 기능 전체에 대한 상담과 종합적인 정보 제공 기능을 수행하도록 하였다.

② 읍 · 면사무소

읍 · 면사무소의 경우, 일반행정 · 민원 업무 일부를 시 · 군 · 구 본청으로 이관키로 하여, 일반행정 · 민원 업무 289건 중 93건을 이관(196개 존치)하였다. 특히, 민방위 업무 · 호적 업무 등 관계법률 개정이 필요한 사무는 법 개정 이후 본청으로 이관하되 지역 실정에 따라 일부 조정 가능(특히, 주민생활지원 기능으로의 인력 재배치 가능성 여부에 따라 자율적 조정 인정)하며, 사회복지 업무 일부를 시 · 군 · 구 본청으로 이관하였다. 읍 · 면사무소 개편의 핵심적 특징은 다음과 같다.

- 주민생활지원담당 설치: 현재 사회복지 업무를 전담 수행하는 '주민담당' 또는 '복지담당'을 운영하는 읍 · 면사무소는 '주민생활지원담당'으로 전환하고 사회복지 업무를 총무담당 등에서 함께 수행하는 읍 · 면사무소는 분리하여 별도의 '주민생활지원담당'을 설치하되 총 정원의 증가는 없는 가운데 추진하였다. 그러나 지역 실정에 따라 불가피한 경우에는 담당의 증설을 인정하기도 하였다. 특히 '주민생활지원담당'이 가급적 주무담당이 될 수 있도록 운영하고 주민생활지원담당의 명칭, 직렬책정 등은 자율 결정토록 하였다.
- 담당인력 확보: 담당 증설 없이 추진하는 읍 · 면은 기존 담당 정원을 활용하고 담당을 순증하는 읍 · 면은 본청 등의 무보직 6급을 활용하는 것을 원칙으로 하였다. 인력이 부족한 지역은 읍 · 면사무소 정원 중 직급 간에 정원을 조정하여 확보하되 담당에게 총괄 업무 이외에 반드시 고유 업무를 배분토록 하였다.
- 현행 읍 · 면사무소 인력을 가급적 유지: 읍 · 면사무소의 인력 규모는

가급적 현행 수준을 그대로 유지하고, 사회복지 조사 기능의 본청 이관에 따라 사회복지직의 여유 인력이 있는 읍 · 면사무소는 본청으로 이체하는 것을 자율로 결정하고, 여유 인력 여부는 사회복지직 1인당 기초생활수급세대 150~200세대(영구임대주택지역은 250세대)를 기준으로 판단토록 하였다.

- 주민생활지원담당 인력으로 3명 이상 확보: 주민생활지원담당 인력으로 기존 사회복지 업무를 수행하는 인력과 담당 정원을 포함하여 최소 3명 이상을 확보하는 것이 원칙이다. 전체 읍 · 면사무소 인력이 15명 이상이며 사회복지직이 1명 이상인 읍 · 면사무소는 행정직 2명을 주민생활지원 업무로 전환 배치하고, 기타 기준에 미달하는 읍 · 면사무소는 행정직 1명을 주민생활지원 업무로 전환 배치토록 하였다.
- 주민생활지원담당의 인력 간 업무 분장: 사회복지직인력은 서비스대상자에 대한 상담 · 접수, 현장방문, 사후관리 등 현장에서 대면적인

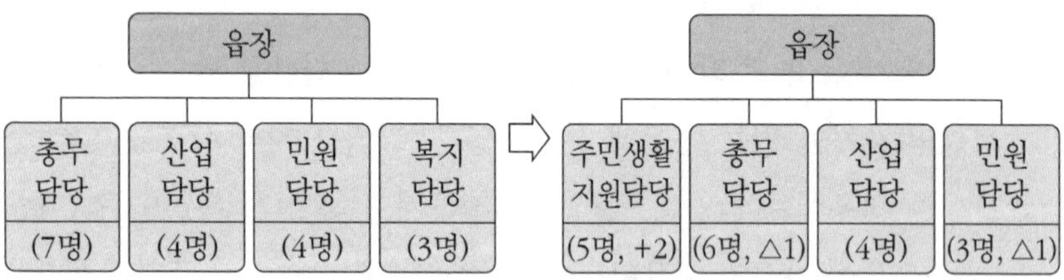

[그림 4-18] 읍 · 면사무소 개편 예시(인력 19명[복지담당 운영, 복지직 3명]: 행정직 2명 전환 배치)

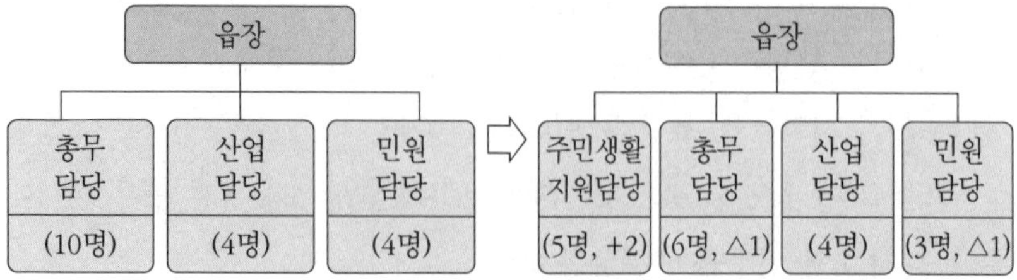

[그림 4-19] 읍 · 면사무소 개편 예시(인력 19명[복지담당 미운영, 복지직 3명]: 행정직 2명 전환 배치)

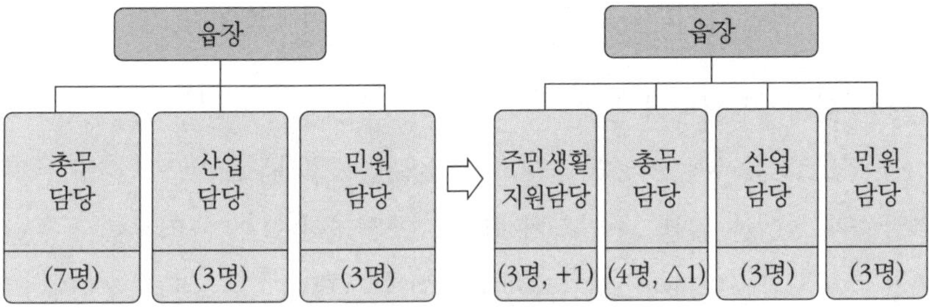

[그림 4-20] 읍 · 면사무소 개편 예시(인력 14명[복지담당 미운영, 복지직 2명]: 행정직 1명 전환 배치)

업무를 집중 수행하되 가급적 행정 내부 업무는 지양하며, 찾아가는 서비스에 집중하고 사회복지뿐 아니라 주민생활지원 기능 전체에 대한 상담과 종합적인 정보 제공 기능을 수행토록 하였다.

③ 상담실 설치

상담실을 설치하게 된 목적은 수혜대상자가 본인의 개인 신상에 대하여 여러 사람 앞에서 이야기하는 것이 아무래도 불편하겠다는 판단하에 1차 53개 시범 지역에 대하여는 설치비를 전액 국비로 지원하여 읍 · 면 · 동당 1개소씩 별도의 공간을 마련토록 하였다. 그 결과, 상담 시 아늑한 환경에서 심층상담이 가능해져 주민생활서비스전달체계 혁신의 가장 가시적인 성과로 인식되고 있으며 외부와 차단된 공간에서 편안한 분위기로 상담을 할 수 있어 복지수혜자의 사생활을 보호하고 진솔하고 인간적인 대화를 나

[그림 4-21] 상담실에서 상담을 받고 있는 모습과 상담실 내부 모습

눌 수 있게 되어 복지만족도를 높이는 데 크게 기여하고 있다.

④ **주민자치센터와의 관계**

읍·면·동은 행정 기능을 수행하는 '읍·면·동사무소'와 주민자치·지역공동체 형성을 위한 '주민자치센터'로 구성되어 있으며, 정부에서 추진하는 주민생활지원서비스전달체계 개편과 관련된 읍·면·동 사무행정 기능 조정은 주민자치센터와는 구별되는 개념이다. 우리나라의 기초지방자치단체가 외국에 비해 규모가 큰 점을 고려할 때, 읍·면·동 단위의 주민자치 기능을 강화할 필요가 있으므로, 주민자치센터가 생활 단위 지방자치의 중심이 될 수 있도록 더욱 발전시켜야 할 것이며, 더불어 주민생활지원서비스전달체계 개편 역시 그중 하나의 기능으로 이해되어야 한다.

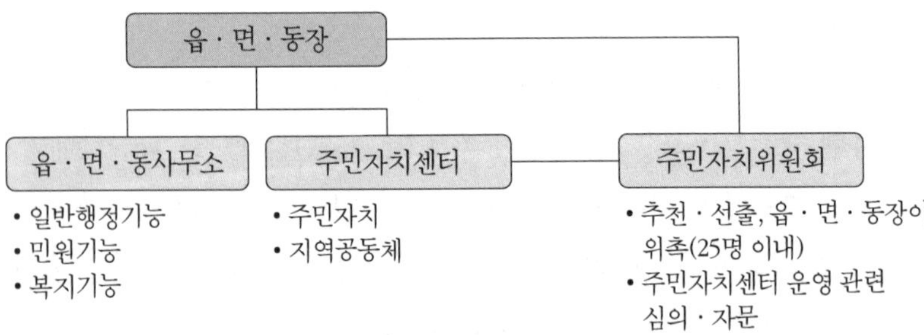

[그림 4-22] 읍·면·동사무소와 주민자치센터와의 관계

〈표 4-4〉 외국의 기초지방자치단체 규모의 비교

	명 칭	수	평균인구 (천 명)	평균면적 (km^2)	자치계층	행정계층
한 국	시·군·구	234	207.6	426.9	2	3–4
일 본	시·정·촌	3,229	39.4	116.8	2	3–4
미 국	city, village 등	19,429	14.4	483.0	2	2
영 국	District 등	434	138.6	557.0	1–2	2–3
프랑스	Commune	36,700	1.6	14.8	2–3	3–4
독 일	Gemeinde	15,300	5.4	23.3	2	2

⑤ 읍 · 면 · 동사무소의 명칭 변경

주민생활지원서비스전달체계 개편의 주요 과제로서 '읍 · 면 · 동사무소'의 기능을 주민생활지원 기능 중심으로의 개편할 필요가 있어서 명칭 변경의 필요성이 제기되었다. 명칭 변경을 추진하되 읍 · 면 · 동의 기능과 역사성, 주민정서 등을 감안하여 폭넓은 의견 수렴을 거쳐 신중하게 결정하고자 하였으며, 주민, 학회 등 관계 전문가, NGO, 지방공무원, 관계 중앙부처 등을 대상으로 설문지, 홈페이지, 전화, 전자 우편 등을 통한 설문조사를 추진하기 위해 '읍 · 면 · 동사무소 명칭 선정위원회'를 구성 · 운영하였다.

변경할 명칭을 지자체, 지방 4단체, 관계 중앙부처, 관련 학회, NGO, 행자부 지방부서 직원 등을 통해 수렴하여 제시된 의견을 10여 개로 압축하고, 선정위원회에서 선택 지문을 최종 결정하여 조사토록 하였다. 조사 규모는 일반 국민 900명, 주민 23만 4,000명 지방공무원 1만 2,500명, NGO, 전문가 200명, 정책 고객 5,000명 등 총 4만 770명을 대상으로 실시하였으며 중앙부처 · 기관 및 지방 4단체는 공문으로 의견을 수렴하여 마침내 '○○○ 주민센터'로 결정하게 되었다.

2) 지방자치단체담당공무원의 역량 강화

전달체계의 개편이 지방자치단체에 의해 실시되고, 의도한 성과가 이루어지는 데에는 시 · 군 · 구의 주민생활지원국 및 읍 · 면 · 동의 주민생활지원담당에 속한 공무원의 자세와 전문성이 관건임은 두말할 필요가 없다. 따라서 단시간 내에 이러한 제도 개선의 취지가 실현되도록 하기 위해 동원할 수 있는 최선의 방법은 이들에 대한 적극적인 교육 훈련에 있다.

이런 판단에 따라 사업 추진 전후에 4단계에 걸쳐 업무 담당공무원들을 철저히 교육한다는 전략을 세웠다. 이 전략은 행정체계개편 이전의 사전교육과 직후의 사후교육, 그리고 이어지는 핵심인력 교육, 지자체의 자체 교육, 중앙정부의 정기적인 연중 교육 등 5단계로 구분된 교육 체계다.

특별히 유념할 사항은 다음과 같다. 첫째, 지자체별 핵심 인력을 양성하여 이들을 활용하여 자체별로 자체 교육을 적극 유도한다. 둘째, 단기적으로 실시하는 특별 교육에 이은 정기 교육 실시를 통해 안정적이고 일상적으로 전문성을 함양하는 안정적 교육 체계를 견인한다. 셋째, 민관협치를 위한 민간 교육도 활성화하여 민간부문의 활동가들에 대한 이해도 증진은 물론 지역 내 민간 영역에서의 협치 능력을 증진하는 데 기여한다.

이러한 기본 전략에 의거하여, 2006년 7월부터 단계적으로 시 · 군 · 구별 주민생활지원서비스 관련 담당공무원에 대한 교육 훈련을 본격적으로 실시하였다. 먼저 1단계 개편 지역 53개 시 · 군 · 구의 국 · 과장 및 담당공무원에 대한 교육은 2006년 6월에서 8월까지 실시하였다.

2단계 129개 개편 지역은 2006년 10월부터 12월까지 교육을 실시하였고, 1단계 지역교육은 주민생활서비스혁신추진단에서 직접 교육을 실시하였으며, 2단계 교육은 한국보건복지인력개발원에 위탁하여 함께 실시하였다. 조직 개편과 변화되는 기능을 위해 지자체 담당공무원을 교육한다는 점에서 일상적인 교육 방법과는 차별되게 조정하였다.

교육 과정 및 과목, 강사, 교육 내용 등에 대한 적극적이고 광범위한 관심을 기울일 수밖에 없었으며, 특히 교재 제작에 많은 심혈을 기울였다. 이는 지자체 공무원의 의식 변화와 기능 변화에 따른 업무 이해의 향상을 도모하기 위해서는 교육 내용이 중요하기도 하고 주민생활서비스 혁신에 따른 업무는 교육을 통하여 지속적이고 체계적으로 도모해 나갈 수 있기 때문이다.

1단계 특별 교육, 추가 교육을 통하여 교육 중에 발생한 문제점이나 개선이 필요한 사항에 대하여 2단계 교육에 반영하였으며, 그중에는 1단계 교육에 대한 심화된 형식의 교육이 필요함을 공감하여 시 · 군 · 구의 주민생활서비스를 제공하는 핵심 역할을 하는 읍 · 면 · 동 주민생활지원팀장,

과정		개설 방식	교육 내용	주요 내용
특별 교육	1차: 사전 교육	• 읍 · 면 · 동장 및 행정직 • 시 · 군 · 구 복지직 • 읍 · 면 복지직 • 전산강사요원	D−2개월~ D−1개월	• 인사발령에 의한 변동 가능성이 낮은 대상자층을 중심으로 교육 • 개편 취지 준비 작업에 대비 • 개편에 따른 직무 이해
특별 교육	2차: 사후 교육	• 시 · 군 · 구 과장 • 본 청 신설팀 • 주민생활지원팀장	D+0개월~ D+2개월	• 인사발령으로 업무담당자가 확정되었으나 교육을 받지 않은 공무원들을 대상으로 교육 • 개편 취지 및 복지서비스 이해 • 직무 처리 방안 습득, 전문성 보완
특별 교육	3차: 실무 심의 교육	• 시 · 군 · 구와 읍 · 면 · 동의 핵심인력 • 민간단체 활동가	D+2개월~ D+3개월	• 지역별 소수 정예 요원 선발 • 멘토와 신규업무자 지역교육 담당 • 본 청의 총괄기획주무, 서비스연계팀, 통합 · 조사팀, 자활 · 고용팀, 읍 · 면 · 동의 복지직과 행정직, 민간 대상
개편 실시 지자체별로 업무촉진자(facilitator)를 중심으로 팀별, 직무별 자체 교육 실시				
정기 교육	4차: 정기 지속 교육	• facilitator역할자 • 지역별 직무 교육 담당 교관 및 강사	연중	• 보건복지인력개발원에서 일괄성을 갖고 계획적인 교육 실시로 개편 효과 극대화 시도
정기 교육	4차: 정기 지속 교육	• 업무 담당자 전체	연중	• 각 지방공무원교육원에서 필요한 직무 교육을 자체 실시

[그림 4-23] 지방행정체계 개편을 위한 교육의 기본 구도

시 · 군 · 구의 서비스연계팀장 및 팀원 등에 대한 워크숍 형식의 토론식 보충 교육을 각 2일(14시간)간 실시하였다.

아울러 2단계 지역특별교육 실시 이전에 129개 시 · 군 · 구 387명의 핵

심인력을 추천받아 2단계 지역의 조직개편을 미리 구상하여 성공적으로 추진할 수 있도록 하는 핵심인력 양성 교육을 2일간(14시간) 실시하였다.

교육 내용은 조직개편과 변화되는 기능에 따른 주민생활지원서비스를 지자체의 일선 담당공무원이 주민에게 잘 제공할 수 있도록 하기 위하여 갖추어야 할 마인드 제고 관련 과정으로 '행정체계개편취지 및 발전방향' '지방분권과 지자체의 방향' 등을 포함하였다.

또한 주민생활서비스 업무를 담당하는 행정직 공무원이 갖추어야 할 과목으로 '사회복지에 대한 이해' 와 복지직 공무원의 심화학습을 위한 '상담기법 및 모범사례 · 관리' 본청 총괄기획팀과 통합조사팀, 서비스연계팀, 자원봉사팀에 대하여는 '신설팀 업무의 이해' 등을 교육 과목으로 편성하여 교육하였다.

아울러 주민생활지원서비스 관련 담당공무원이면 누구나 직위나 직렬에 관계없이 공통으로 필요한 'CS(고객만족)행정' 관련 과목 등을 다양하게 편성하여 교육하였다. 또한, 행정자치부 주민생활지원서비스전달체계 개편 지침에 따라 조직개편 및 인사발령을 하도록 되어 있으나 실제 지자체별 특별한 사정이나 형평상 다소 늦어진 지자체가 있어 담당자가 특별교육에 참석하지 못한 경우로 이들에 대한 교육도 추가로 실시하였다.

다음은 1단계 53개 및 2단계 129개 시 · 군 · 구 지역주민생활지원국 · 과장, 관할 읍 · 면 · 동의 동장 · 주민생활지원팀장, 복지직 및 행정직공무원 등에 대한 교육 현황을 정리한 것이다. 〈표 4-5〉에 제시한 것처럼, 1단계 53개 지역 해당 공무원 5,237명, 2단계 129개 지역 해당 공무원 1만 725명, 총 1만 5,962명을 단기간에 걸쳐 교육함으로써 지방공무원들에게 사업 취지를 이해시키고 전문성을 보완하는 데 주력하였다.

행정자치부의 지자체공무원에 대한 특별 교육, 보충 교육, 핵심인력 교육은 주로 지자체공무원에 대한 교육 중 입문적 · 총론적인 분야에 해당될 수 있다고 볼 수 있으며, 이 교육만으로 주민생활서비스혁신전달체계가 완

〈표 4-5〉 단계별 지자체공무원 교육 실시 현황(2007. 1. 31 기준) (단위: 명)

교육대상별	계	1단계 53개 시 · 군 · 구				2단계 129개 시 · 군 · 구			비 고
		소계	특별	추가	보충	소계	핵심	특별	
계	15,962	5,237	4,012	907	318	10,725	305	10,420	
국 장	173	95	–	95		78		78	
과 장	390	192	–	192		198		198	
읍 · 면 · 동장	2,888	826	826			2,062		2,062	
시 · 군 · 구 신설팀	1,910	747	467	174	106	1,163	305	858	
주민생활지원팀장	2,446	366		260	106	2,080		2,080	
읍 · 면 · 동 복지직	4,055	1,304	1,304			2,751		2,751	
읍 · 면 · 동 행정직	3,487	1,548	1,362	186		1,939		1,939	
전산 요원	185	53	53			132		132	
민간활동가	428	106			106	322		322	

※1단계 추가 및 보충 교육은 담당공무원 인사발령 이후이며, 모든 숫자는 실제 교육을 받은 공무원 숫자임.

〈표 4-6〉 시 · 도별 교과과정 개설 현황(2007. 1. 31 기준)

시·도	서울	부산	대구	인천	광주	대전	울산	경기	강원	충북	충남	전북	전남	경북	경남
교육횟수	3	1	1	미정	1	3	미정	미정	4	2	3	1	1	1	2
교육인원(명)	60 (회당 20)	60	100	미정	30	490 (회당 164)	미정	2,348	1,000 (회당 250)	80 (회당 40)	180 (회당 60)	25	50	45	60 (회당 30)

〈표 4-7〉 자체 교육 계획 수립 현황(2007. 1. 31 기준)

시·도	서울	부산	대구	인천	광주	대전	울산	경기	강원	충북	충남	전북	전남	경북	경남
교육시기	1~2월	1~2월	2월	2월	2월	2~3월	1~2월	2월	3월	1~2월	1~2월	1~2월	1~2월	1~2월	2월
교육인원(명)	미정	511	350	미정	43	490	미정	미정	500	800	800	726	1,027	1,000	1,022

성된다고 보기는 어렵다.

따라서 지자체가 체계적이고 지속적인 서비스를 제공해 주기 위해서는 교육 계획을 자체적으로 수립하여 실시하는 것이 중요하다. 또한 지자체

담당공무원의 주민생활서비스혁신의 역량을 키우기 위해서는 직접 교육계획을 수립하여 지속적으로 교육을 실시하여야 한다.

이러한 관점에서 시 · 도별로 공무원 교육기관에 주민생활지원 관련 교육 과정을 신설하도록 하고 교육 과정에 필요한 교육 과목과 내용, 강사 등에 대한 안내와 더불어 2007년 상반기부터 집중 과정을 운영하여 조직개편과 변화되는 기능에 따라 주민생활지원서비스 업무를 제공할 수 있도록 한 결과, 대부분 시 · 도 공무원 교육 기관은 주민생활지원서비스 과정을 개설해 2007년 상반기부터 운영하였다.

3) 지방자치단체담당공무원의 역량 강화

주민생활서비스혁신추진단은 주민생활지원서비스 개편 지역의 업무를 시 · 군 · 구 및 시 · 도에서 효율적으로 운영할 수 있도록 개편의 시기에 맞추어 업무운영매뉴얼을 모두 2회에 걸쳐 제작 · 배포하였다.

1단계 지역 업무운영매뉴얼은 1단계 추진 53개 시 · 군 · 구를 대상으로 6,000부를 제작 · 배포(2006. 6. 28)하였으며, 2단계 실시에 맞추어 1단계 업무운영매뉴얼을 개정하여 1, 2단계 지역이 공통으로 적용할 수 있도록 129개 시 · 군 · 구에 1만 8,000부를 제작 · 배포(2006. 12. 21)하였다.

1단계 업무운영매뉴얼 집필진은 일선 사회복지전담공무원, 사회복지전문가 및 소관 부처 담당공무원으로 구성하여 2006년 4~6월에 5차례의 집필진 회의와 자문을 거쳐 만들어졌으며, 최종적으로 4개 시 · 군 · 구의 현장 검증을 실시하여 업무 처리 절차 및 방식 등에 대한 일선의 실제 움직이는 프로세스를 세심히 점검하여 매뉴얼을 보완하였다.

1단계 업무운영매뉴얼의 내용은 주민생활지원 업무의 처리 내용과 절차를 '실무처리방안' '신규 · 강화 업무 처리 방안' '8대 서비스별 업무 처리 방안' 으로 구분하여 작성하였다.

〈표 4-8〉 업무운영매뉴얼 작성팀 구성 현황

작성 분야	작성자	작성 내용
실무 업무 처리 방안	시 · 군 · 구 · 읍 · 면 · 동 사회복지직 공무원 17명	-시 · 군 · 구 본청 신설팀 업무 처리 방안 -서비스대상팀별 업무 처리 방안
신규 · 강화 업무 처리 방안	교수진 (경기대학교 사회복지학과 민소영 등 3인)	-상담 및 사례관리 자원 개발 등 -주민생활지원부서 의사소통 구조 (사례회의 실시 등)
시 · 군 · 구 업무 담당별 처리 방안	복지부 등 소관부처 담당 공무원	-보건, 고용, 자원봉사, 평생교육, 여가지원, 주거복지, 여성 · 보육, 청소년복지 등의 업무 처리 방안

〈표 4-9〉 업무운영매뉴얼 현장 검증 대상 지역 및 일정

지 역	일 정	지역 유형	비 고
대전 중구	2006. 6.7~8	중소도시형	조례 기승인
충북 옥천군		농어촌형	사회복지사무소 시범 지역
대구 달서구		대도시형	구 보건복지사무소 시범 시역
부산 금정구		중소도시형	통합조사팀 운영 지역

행정체계 개편에 따라 변화되는 업무, 신규 · 강화되는 업무를 중심으로 시 · 군 · 구 본청 신설팀 및 읍 · 면 · 동 주민생활지원팀의 업무 처리 내용 및 절차 등을 기술하였다. 또한 개편체계의 안정적인 정착을 위해 상담실 설치, 홍보, 교육, 전산 활용 등의 업무 추진을 명시하는 등 일선 주민생활지원 업무담당자들이 매뉴얼을 통하여 개편 취지와 새로운 업무수행체계를 이해하여 원활한 업무 처리를 할 수 있도록 하였다.

업무운영매뉴얼의 사업담당별 업무 처리 방안은 각 부처의 사업별 업무지침의 내용을 '개편에 따라 변경된 절차' 와 '부서 간, 시 · 군 · 구-읍 · 면 · 동 간, 관련 기관 간 업무 연계의 방안' 을 중심으로 재배열한 것으로 당시 보건복지부, 교육인적자원부, 행정자치부, 문화관광부, 노동부, 여성가족부, 건설교통부, 국가청소년위원회가 소관 부처의 서비스 업무에 대하

여 개편체계에 맞게 업무를 처리할 수 있는 방안을 상세하게 제시하였다.

2007년 1월부터 적용된 개정 업무운영매뉴얼은 주민생활지원서비스 전달체계 개편 2단계 실시(2007. 1. 1)에 따라 개편된 행정체계에서 원활한 업무 수행이 가능하도록 1단계 지역과 일선 업무담당자들의 의견을 반영하였으며, 개정은 12명의 집필진을 구성(사회복지전담공무원 11명, 교수 1명)하여 초안을 집필하고, 1단계 추진 지역 교육 중 실시한 분임토의와 워크숍에서 수렴된 의견 등을 최대한 반영하였고, 3회에 걸친 자문회의를 통하여 완성하였다.

주요 개정 내용은 지역사회자원 발굴 · 관리 및 통합서비스 네트워크 구축방안을 추가하여 주민에 대한 맞춤형 통합서비스제공이 가능하도록 하였으며, 초기상담 · 사례관리를 통한 능동적 서비스제공 방안 등의 내용을 추가해 시 · 군 · 구 및 읍 · 면 · 동 업무 운영 방안을 보완하고, 읍 · 면 · 동 주민생활지원팀에 전환 배치된 행정직이 쉽게 이용할 수 있도록 업무 분야

개정 의견수렴 및 매뉴얼 작성 방향 설정 ⇨ 분야별 매뉴얼(안) 수정 및 보완 ⇨ 검토 자문회의 ⇨ 관련 부처 초안 검토 ⇨ 확정 및 제작 배포

일 정	추진 내용	비 고
2006.9.21~10.13	매뉴얼 개정 사항에 대한 의견 수렴	관련 부처 · 1단계 시 · 군 · 구 및 일선 사회복지직 의견 수렴
2006.10.10	매뉴얼 개정 계획 수립 및 집필진 구성	시 · 군 · 구 및 읍 · 면 · 동 사회복지직 공무원 11명, 교수 1명(사례관리 자문)
2006.10~11월	개정 방향 설정 및 초안 검토를 위한 자문회의	집필진 및 사회복지 관련 전문가
2006.11.17~23	관련 부처 초안 검토	
2006.12.4~8	추진단 내부 검토 및 최종안 완성	
2006.12.11~20	인쇄 및 배포	8개 부처, 15개 시 · 도, 129개 시 · 군 · 구

[그림 4-24] 업무운영매뉴얼 개정 절차 및 추진 경과

별로 간략한 제도 개요 및 업무 처리 방안도 소개하였다. 또한 시 · 군 · 구 및 읍 · 면 · 동 간 기능 조정 사무가 원활히 수행될 수 있도록 통합조사 및 서비스연계 업무의 역할 분담을 명확히 하고 처리 방안을 세부적으로 보충하는 등 보건복지연계방안도 강화하였다.

4) 주민생활서비스 종합안내서 제작 배포

주민의 다양한 욕구에 맞는 8대 서비스를 통합적으로 제공하여 삶의 질을 향상할 수 있도록 하기 위해서는 이를 안내할 수 있는 종합안내서가 필수적이다. 이는 주민이 다양한 계층으로 구성되어 있으므로 필요한 서비스가 어떠한 것인지를 미리 알 수 있도록 하는 중요한 역할을 한다.

지역사회주민에게 제공할 수 있는 서비스자원에 대한 조사와 관리가 포괄적이고 체계적으로 이루어져 있어야 하며, 이를 바탕으로 주민에게 서비스가 제공되는 근간을 이루게 된다.

따라서 주민생활서비스혁신전달체계 개편과 동시에 광범위하고 포괄적인 서비스자원조사를 실시하여 이를 바탕으로 서비스종합안내서를 제작하여 지역주민이 요구하는 서비스를 적절히 제공할 수 있는 안내서를 각 시 · 군 · 구마다 제작하도록 하여 읍 · 면 · 동 및 공공기관이나 시설에 배포하도록 하였다.

안내서 제작에 포함되는 주요 내용은 8대 종합서비스 전반을 포괄하여 서비스자원조사를 실시하여 각 서비스 분야의 중심적 제공 기관을 조사 대상에 포함시켜 종전의 복지기관 중심만의 재분류가 되지 않도록 하고, 연계에 필요한 업무 정보와 편철이나 분류 항목 등을 두어 정보 검색 등의 이용에 편리하도록 제작하였다.

1단계 추진 지역은 지자체 총괄기획팀의 업무로 안내서 제작을 제시하여 주민생활지원서비스 개시 1개월 이내에 안내서를 제작하여 읍 · 면 · 동에 제공하도록 하고, 1단계 지역 현장점검 항목에 자원조사 및 안내서 제작 항목을 포함하여 2006년 7월, 8월, 9월 3차례에 걸쳐 점검을 실시하였다.

서비스연계팀장 심화 교육을 통해 지역별 안내서 내용을 평가하여 컨설팅을 실시하였으며, 이후에도 온라인으로 지역별로 보완한 안내서를 제출받아 보완 사항을 제시하여 업그레이드할 수 있도록 지원하였다.

2단계 조직개편 129개 추진 지역 주민생활서비스혁신추진단 및 1단계 시범 시 · 군 · 구에 제작 방법 및 범위 등에 관한 컨설팅을 하여 지원하고, 1단계 안내서 중 우수 안내서를 발굴 · 모델화하고 표준적인 안내서를 만드는 데 참고할 수 있도록 하였다.

5) 통합전산망체계 구축

2006년 7월 통합정보시스템(ISP) 구축을 위한 기본 계획을 수립하여 2006년 8월 ISP 사업자로 삼성 SDS 컨소시엄을 선정한 후 ISP 착수보고회 개최(2006. 9. 11)를 거쳐 2007년 1월 24일 정부종합청사 별관 2층 대강당에서 행정자치부 제2차관 등 관계자 340명을 대상으로 주민생활서비스통합정보시스템 구축 ISP 사업 최종 완료 보고회를 개최하여 ISP 운영에 대한 보고와 개선 사항에 대한 의견을 수렴하였다.

주민에게 필요한 종합서비스를 지속적이고 체계적으로 제공하기 위하여 변화된 업무를 통합하여 관리할 수 있는 ISP 구축 및 운영, 통합서비스로 변화되는 기능에 따른 지자체 공무원의 교육, 일선에서 변경되는 업무를 수록한 업무운영매뉴얼이나 지침 그리고 주민에게 제공 가능한 서비스자원을 모아 안내할 수 있는 종합안내서를 제작 · 배포하도록 하여 변화되는 서비스의 제공 기반을 구축하고 제공되는 서비스의 양질의 향상을 꾀하였다.

종래의 각 중앙부처나 지자체의 개별적이고 호환이 되지 않는 한계를 극복하여 8대 종합서비스 제공 관련 기관과 연계한 통합네트워크 구축을 통하여 복지 영역을 아우르고, 고용 · 주거 · 교육 · 문화 · 체육 · 관광 등 다원화되는 주민 욕구를 종합적으로 충족시키는 기능으로 탄생하고 있다.

통합정보시스템의 특징은 크게 두 가지인데, 하나는 주민이 주된 사용자인 주민생활지원 대국민 포털이며, 다른 하나는 시 · 군 · 구 및 읍 · 면 · 동의 개편된 주민생활지원 업무담당자를 주된 사용자로 하는 주민생활행정지원시스템으로 구성되어 있다.

대국민 포털에서는 고용 · 주거 · 교육 · 문화 · 체육 · 관광 등 필요한 서비스를 국민이 직접 접속하여 필요한 서비스를 제공받을 수 있으며, 담당 공무원은 행정정보시스템 내부망을 통하여 관련 기관과 연계하여 필요한 서비스를 효과적으로 제공할 수 있도록 되어 있다.

통합정보시스템의 구축 목적은 주민생활지원 대국민 포털시스템 및 주

[그림 4-25] 주민생활서비스 통합정보시스템 구성도

민생활행정지원시스템을 구축하여 시 · 군 · 구청 및 읍 · 면 · 동사무소를 통해 통합적 · 맞춤형 주민생활지원서비스제공의 효율화를 기하고 주민의 편의를 증진하기 위한 것이다. 즉, 주민생활과 밀접한 8대 영역(복지, 보건, 고용, 주거, 평생교육, 생활체육, 문화, 관광)의 공공 및 민간 서비스를 주민 관점에서 통합적으로 제공하기 위한 것이다.

(1) 주민생활지원 대국민 포털시스템

다양한 계층의 주민접근성을 고려한 주민생활지원서비스의 대표 포털로서 주민생활지원 관련 정보 및 온라인 서비스를 통합적으로 제공하고 민간기관/단체와 공공기관과의 정보교류 업무협의를 위한 단일 협업창구 기능을 수행하는 포털 시스템이다.

대국민 포털 구축은 주민생활과 밀접한 8대 서비스 영역을 수요자의 관점에서 상담과 통합서비스 이력 조회, 민간시설서비스 관리 기능 등의 제공을 통한 민간자원 활용을 강화하는 포털을 구축한다. 포털의 구성은 일반사용자 영역으로 통합서비스 신청, 상담 신청, 시뮬레이션서비스, 대상자추천 및 후원 신청, 통합 이력 조회가 있고, 민간시설 영역으로는 시설정보, 서비스를 이용할 수 있는 기본 정보 관리, 서비스대상자 발굴, 이력정보 열람, 의뢰대상자 정보 조회 등 정보 열람과 홍보 지원, 후원자 관리가 있다. 공통 영역으로는 주민생활정보 제공 관련, 포털을 관리하는 공통관리 영역으로 구성되어 있다.

(2) 주민생활지원 행정지원시스템

주민생활지원 업무담당자가 신속성과 전문성을 확보하여 개편된 주민생활지원 업무를 원스톱으로 처리할 수 있도록 하며, 중앙부처, 공공, 민간에서 제공하는 주민생활지원 관련 자료를 유기적으로 활용하도록 하여 통합적인 업무 처리를 지원한다.

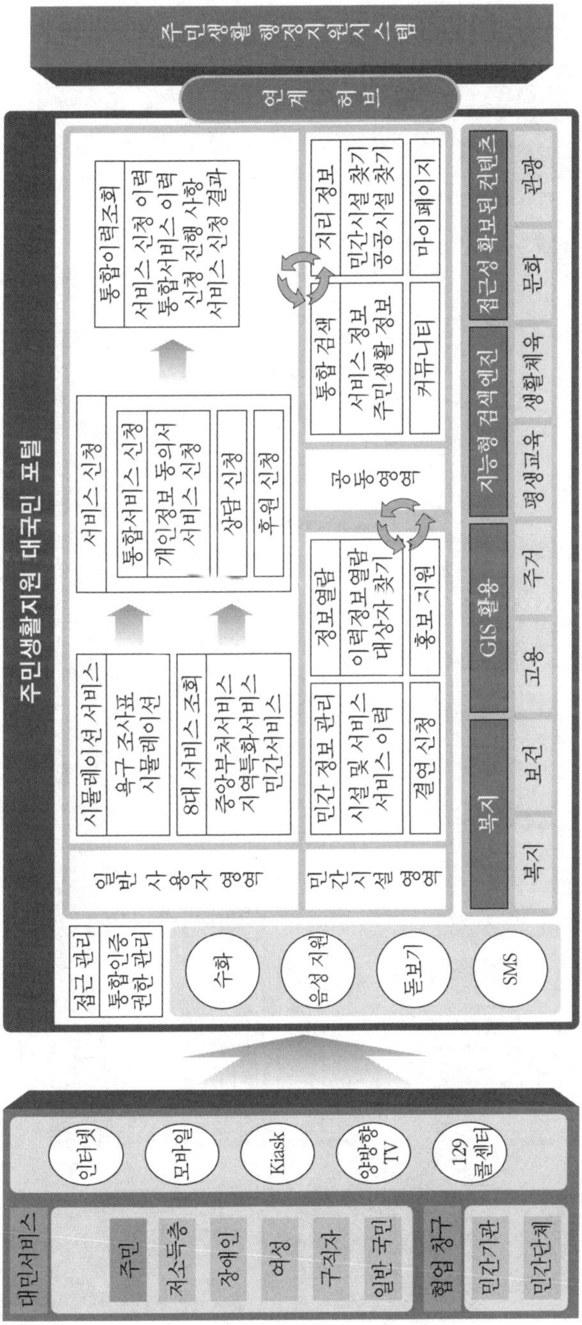

[그림 4-26] 주민생활지원 대국민 포털 개념도

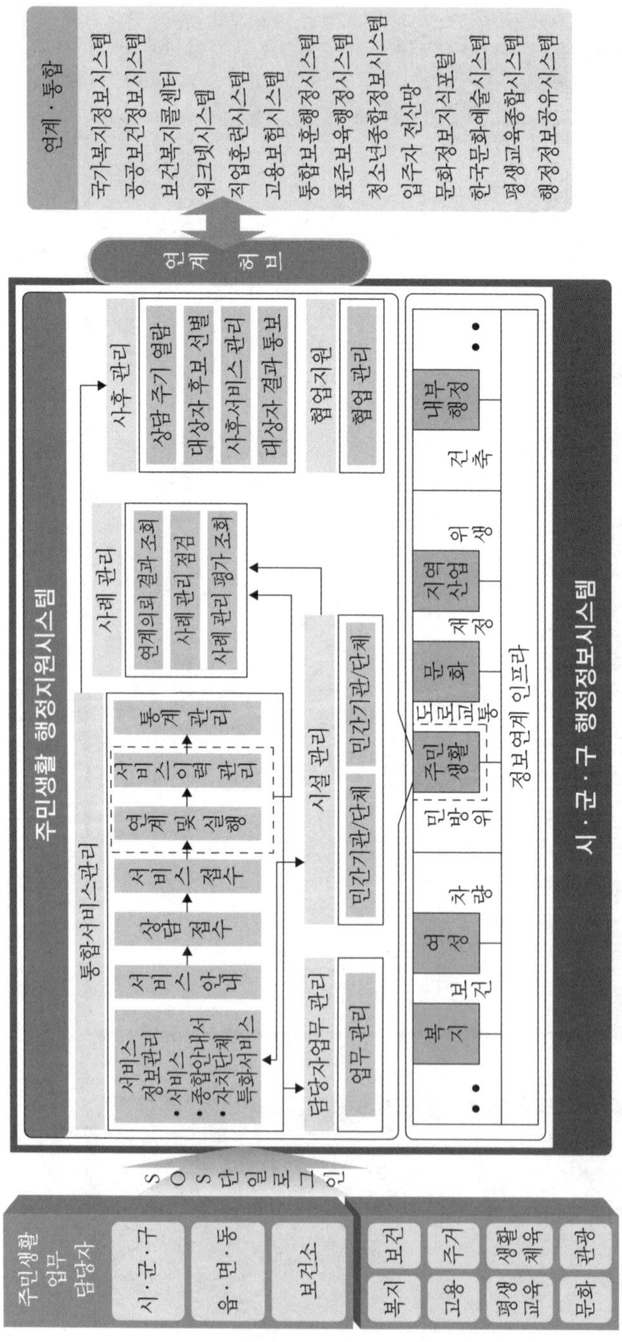

[그림 4-27] 주민생활 행정지원시스템 개념도

주민생활지원 행정지원시스템을 통하여 서비스 간의 연계·통합을 통한 대상자 누락 방지 및 자격 심사·대상자 선정 등 행정 업무의 효율화를 도모할 수 있다. 또한 주로 주민생활지원 업무, 담당자 중심의 상담 및 서비스 접수, 통합적인 서비스 이력 관리, 업무의 신속성과 전문성을 위한 사례관리, 공공·민간의 시설 및 서비스 정보관리 기능 등을 활용하여 시·군·구 행정정보시스템의 정보인프라를 최대한 편리하게 이용할 수 있게 된다.

6. 주민생활서비스통합체계의 정착을 위한 과제

1) 주민생활서비스통합체계 구축의 과제

(1) 개편의 실효성 문제

본 개편의 핵심은 8대 영역에 대하여 시·군·구의 기획 및 연계, 통합 기능을 살리고, 읍·면·동의 현장 방문 기능 및 원스톱 기능을 강화하는 데에 있다. 그러나 1단계 지역에 대한 잠정적 조사 결과, 이에 대한 효과가 아직 정착되고 있지 않음을 보여 주고 있다. 특히 행자부지침상 자치단체의 자율성을 많이 허용함으로써 조직 편재상의 임의성이 발생하고 있다.

전국사회복지행정연구회의 조사에 따르면, 1단계 지역(조사 대상 44개 자치구) 중 12개 지역이 문화, 관광, 생활체육 관련과를 주민생활지원국에 배치하지 않은 것으로 나타났으며, 전반적으로 복지와 고용과 주거 관련 업무 배치는 잘 이루어졌으나, 보건, 평생교육, 생활체육, 문화관광 관련 과 또는 업무들의 집중 통합 배치가 미흡하였다. 서울 종로구, 부산 중구, 대구 달서구 등은 청소행정, 환경위생 등이 주민생활지원국에 배치되어 있기도 하였다.

또한 읍·면·동 차원의 현장 방문을 통한 사례 발굴, 사후관리를 위한 시간이 추가적으로 확보되고 있지 않았다. 같은 조사에 따르면, 1단계의 경우 주당 6.4시간에서 6.6시간으로 미미한 변화에 그쳤다.

(2) 복지직과 행정직의 조화 문제

조직 개편으로 시 · 군 · 구의 기획, 연계, 통합 기능이 강조되었고, 읍 · 면 · 동의 원스톱 기능이 강화되었으나, 전문인력의 배치는 부실하였다. 같은 조사에 따르면, 다행히 1단계 지역의 경우 본청에 사회복지직이 1개 시 · 군 · 구당 10.5명에서 16.3명으로 5.8명의 증가됨으로써 본청의 기획력과 서비스조정력 기능은 향상되었다고 할 수 있었다. 그러나 팀장은 본청 근무 전담공무원 중 11.6%만이 직책을 부여받았으며, 읍 · 면 · 동의 경우도 주민생활지원팀장 중 복지직은 3.6%만이 팀장 배정을 받았고, 나머지는 모두 행정직이었다. 읍 · 면 · 동의 주민생활지원팀의 경우도 기능직 및 기타직이 전체 인력 중 8.9%에 해당하였다.

거의 모든 자치구에서 읍 · 면 · 동의 주민생활지원팀 내 사회복지직과 기타직들과의 협업이 이루어지지 않고 있어 업무의 원활한 수행에 방해가 되고 있었다. 역시 같은 조사에 따르면, 주민생활지원팀의 구성은 행정직 45.8%, 복지직 45.5%, 그리고 기능 및 기타직 8.9%로 구성되어 있어 행정직과 기타직의 자기역할 수행이 필수이나, 이 부분이 실현되지 않아 복지직의 업무 부담이 더욱 과중되고 있으며, 전담공무원의 읍 · 면 · 동 배치 기피 현상이 나타나기까지 하였다.

또한 주민생활지원팀장이 행정직으로 배치됨으로써 상급자에 의한 슈퍼비전 체계나 업무 지도 등을 기대할 수 없는 상태이고, 그동안 누적된 현장의 경험상 타 직렬과의 협업이 관행적 단절 현상이 이어지고 있다는 지적도 일고 있다.

(3) 지방자치단체의 부응 문제

전달체계 개편에 대해 지방자치단체가 어느 정도의 이해도를 갖고 부응할 것인가라는 측면이 성패의 관건이라 할 수 있다. 앞의 조사에 따르면, 조사 결과 지자체 공무원들의 개편에 대한 이해도는 낮고, 상위직급으로 갈수록 이해도는 더욱 낮았다. 행정 조직의 경직성이 새로운 변화를 받아들이고 관료적 행정 문화가 개선되는 데는 상당한 시간이 걸릴 것으로 예상된다.

(4) 업무분장의 현실정합성 문제

업무매뉴얼상의 미비와 현장의 이해 부족에 의한 주관적 기준 적용 등으로 각 팀 간 고유역할에 대한 혼란이 존재하며, 특히 총괄기획팀, 서비스연계팀, 통합조사팀의 혼란이 많은 것으로 파악된다. 총괄기획팀은 전문성이 없어 총괄로서의 조정력이 부재하고, 민간자원 발굴, 이웃돕기, 민관협력, 8대 서비스 관련 계획 수립 업무 등에 있어 서비스연계팀과의 역할 혼선이 전국적으로 공통적이라 보여졌다. 또한 통합조사팀은 읍 · 면 · 동과의 역할 분담 범위에서 아직 명확한 정리가 이루어지고 있지 않았다.

(5) 민관협력의 실현상 애로 사항 엄존

민-관의 협력체계 구축은 기본적으로 현재 개편체계의 완성도를 높이는 데 매우 중요한 요소가 될 것이다. 왜냐하면 관의 행정체계 개편이 꾀하는 궁극적인 목적이 주민의 생활서비스를 증대하고 이를 전달하는 방식을 혁신하고자 하는 것이므로 민간기관의 협력과 견제를 동시에 받지 않으면 불가능하기 때문이다.

또한 민관협력이 필요한 근거는 여러 가지를 나열할 수 있는데, 먼저 사회복지 등 핵심 영역에서 '중앙정부에서 지역사회로 중심축의 이동' 이 이루어지고 있다는 점이다. 중앙정부가 관장하는 법, 제도, 예산에 의해 복지정책의 대부분이 결정되던 방식에서 지방자치단체와 그 지역 내의 시민사회 및 지역주민에 의한 복지정책 기획 및 집행이 이루어지는 단계로 진입하고 있는 상태에서, 이러한 중심축의 이동에 대해 중앙정부는 물론, 지역사회가 얼마만큼 준비되어 있고, 이러한 환경의 변화에 주체적으로 대응할 수 있도록 제반 조건들을 얼마나 갖추고 있느냐에 대한 점검이 필요하다. 따라서 민-관이 지역사회 문제를 함께 헤쳐가며 지역사회의 주체성을 살려나가야 한다.

둘째, 민-관 간의 관계에 대한 변화가 초래되고 있다는 점을 들 수 있다. 지역사회라는 구체적인 생활공간을 중심으로 복지정책이 결정되는 추이가 강해질수록 지역주민 및 시민사회복지단체의 구체적인 관심 및 참여 욕구가 제고됨으로써 일방적인 관 주도의 정책구현 방식은 거부되고 민·관의 협치(governance)에 의한 정책결정 과정이 주목된다. 자치단체장 및 지방의회 구성이 선거에 의해서 결정된다는 점에서 지역사회의 상황과 지역주민의 요구를 수용하는 정도는 확대될 것으로 예상된다.

셋째, '지역사회' 에 대한 새로운 발견이 이루어지고 있다는 점도 중요한 근거다. 지금까지는 적어도 사회복지에서 '지역사회' 라는 단위는 명목적이며 형식적인 의미가 강하였다. 왜냐하면 중앙정부가 법적·제도적·재정적 주도권을 갖고 복지부문에 대한 결정력과 주도권을 상당 정도 지니고 있었기 때문이다. 그러나 이제 복지부문에서 지방분권이 진척됨에 따라 지역사회가 지역복지 발전의 실질적이며 능동적인 역할이 부여되기 시작하였다. 따라서 이러한 지역사회의 주체성을 살려나가는 데 민간의 역할이 적극 요구된다.

넷째, 자원의 중복과 사각지대 문제의 해결을 위해 민-관의 협력이 요구된다는 점을 들 수 있다. 차상위계층이 광범위하게 존재함에도 아직 국가 재원의 투여가 충분치 않은 현실에서 국민의 기부 및 기업의 사회공헌 그리고 각종 자원봉사 등의 민간 자원 흐름이 공공의 자원과 유기적으로 결합될 필요가 있다. 그러나 이때 공공의 필요에 의해 민간이 동원되는 형태가 아니라, 상호의 주체성을 인정하고 대등한 파트너십 관계를 전제로 하면서 민-관의 협력이 이루어져야 하는 것은 물론이다.

2) 주민생활서비스통합체계의 향후 전망

이와 같이 전격적으로 추진되어 온 전달체계 개편은 향후 우리나라의 국가복지 전개에 미치는 영향이 매우 지대할 수밖에 없다. 오랫동안 종래의 관성을 유지해 온 지방정부의 복지 관련 조직과 집행원리가 크게 혁신된 금번의 시도가 애초의 취지대로 빠르게 변화하는 복지 환경에 대응하기 위해 통합적이고 수요자 중심의 효율적인 전달체계로 거듭나기 위해서는 많은 조건들이 병행되어야 함을 부정할 수 없다. 이 가운데 몇 가지를 열거하면 다음과 같다.

첫째, 법령상의 근거 마련이다. 가칭 「주민생활서비스지원 활성화법」을 제정하여 8대 영역에 대한 통합적 접근을 하면서 이를 촉진하기 위한 행정적 · 재정적 노력 및 민관협력 지원 등을 공식화하여야 한다.

둘째, 인력의 증원과 적정 배치다. 전달체계 시범 실시부터 '선(先) 현원내 재배치, 후(後) 필요 인력 증원' 이라는 원칙을 두었던 바, 지금 단계에서 8대 서비스를 위한 행정직 및 복지직의 순증 배치가 절실한 실정이다.

셋째, 지방자치단체의 행정체계 개편효과 구현을 지원할 중앙정부의 세심한 지원이다. 복지부 등 8대 서비스 담당 관계부처와 행자부 사이의 상시 협력 · 조정체계 수립, 행자부에 전담부서를 설치하여 지자체의 추진 경과를 지속적으로 지원하고, 성과를 유도할 각종 인센티브 제공 등의 상시적 조치가 필요하다. 또한 행정체계 개편에 필요한 전문성을 지속적으로 담보할 주민생활서비스 업무 관련 공무원에 대한 교육체계를 강화해야 한다. 차제에 중앙정부의 서비스 중에 중복되거나 사각지대에 해당하는 부분들을 걸러 낼 조정 장치를 마련하는 것도 필요하다.

넷째, 지자체의 주민생활서비스에 대한 인식 전환과 개편 성과 도출에 대한 자발적 노력이 필요하다. 전달체계 혁신이 지니고 있는 의의와 목적에 대한 이해를 통해 적극적 의지와 최적의 조직 설계 및 업무분장에 대한 자체 대안을 계속 마련해야 한다. 지역주민에 의한 전달체계 개편의 성과를 평가받기 위해 광역시 · 도에 (가칭) '주민참여 · 평가위원회' 를 구성하는 것도 하나의 방법이다.

다섯째, 무엇보다도 중요한 것은 단체장들의 적극적인 관심과 지원이다. 대개의 지자체들의 경우, 재정 여건들이 그리 좋지 않아 날로 증가되고 있는 각종 복지정책들을 감당하기가 쉽지 않은 상황이라고 생각된다. 그런데 정부의 주민생활서비스 혁신은 커다란 예산 부담 없이도 민간의 다양한 복지자원을 공동으로 활용하면서 주민의 복지 만족도를 높일 수 있는 사업이라고 할 것이다. 특히 단체장들의 관심에 따라 주민에게 다양한 서비스를 제공하면서 적극적인 참여와 지지를 얻을 수 있다는 점에서 이 개편 작업의 성패에 대한 열쇠는 자치단체장들에게 달려 있다고 보아야 한다.

제2부

주민생활서비스통합체계와 민관협력

제5장

민관협력의 이론적 접근

지은구

1. 민관협력의 개념과 의의

1) 민관협력의 배경과 개념

현대사회에서 사회문제의 복잡성과 다양성 그리고 일반 대중의 욕구의 다양성과 욕구의 증대 등에 따라 한 조직에서 지역주민의 욕구를 모두 해결한다는 것은 매우 어려운 일이라 할 수 있다. 개인이 가지고 있는 다양한 욕구를 해결하기 위해 다양한 조직들의 개입은 당연하다고 할 수 있으며, 조직들 상호 간의 보다 효과적인 개입을 통하여 지역주민의 삶의 질은 개선될 수 있게 되고, 욕구나 문제해결 중심적인 지역 발전을 더욱 기대할 수 있게 된다.

결국 지역주민이 가지는 다양한 욕구를 해결하기 위해 주민생활서비스를 제공하는 조직들 간의 서비스협력의 중요성은 증대하고 있다. 특히 원스톱서비스가 가능하도록 하는 8개 영역의 주민통합서비스 제공을 위해서 각 영역별 서비스를 제공하는 조직들과 공적 조직 간의 서비스협력체의 설립과 운영은 주민통합서비스의 성공적인 운영과 실현 여부를 결정짓는 매우 중요한 역할을 할 것이다. 예를 들어, 노인복지회관이 노인일자리프로그램을 제공한다고 했을 때, 노인이 고용훈련을 받고 일자리를 찾아 재취업을 하기 위해서는 노인복지회관만의 노력으로는 불가능하다. 이 프로그램의 성과를 위해서 일반 기업과의 협력은 가장 중요한 성공 요인이라고 할 수 있다. 또한 정부가 주민통합서비스를 제공한다고 했을 때, 공적 조직만으로는 통합서비스를 성공적으로 수행하기가 어렵고, 실질적으로 주민에게 일선에서 보건, 복지, 문화, 고용, 평생학습 등의 주민생활과 밀접한 사회적 서비스를 제공하는 비영리단체의 협력이 절대적으로 필요한 것이 사실이다. 만약 민간단체의 상호협력이 없다면 주민의 다양한 욕구를 통합적으로 관리하고 통제할 수 있는 행정적 기능은 불가능하다고 할 수 있으며, 주민통합서비스 제공에 따른 지역주민의 삶의 질 향상이라는 목적은 실현될 수 없을 것이다.

민간의 자원과 공적 부분의 자원이 결합하는 민관협력체계 구축은, 결국 주민통합서비스를 구체적으로 실현시키는 가장 강력한 도구로서 작동할 것이다. 즉, 민과 관의 각각의 특성을 고려하여 협력체계를 구축하고 자원을 효율적으로 분배하고 다양한 정보를 공유함으로써 두 기관의 단점을 강점으로 극대화시킬 수 있다.

앞의 예에서 언급한 것처럼, 통합적인 사회서비스를 제공하는 데 조직과 조직 간의 상호행동은 가장 필요한 강조점이라고 할 수 있다. 주민에게 필요한 서비스를 통합적으로 제공한다는 것은 조직과 조직 사이의 상호행동, 협력시스템의 작동이나 운영 없이는 불가능하다고 할 수 있기 때문이다.

일반적으로 서비스 제공자들 사이의 협력은 상호행동을 기초로 한다. 협력(collaboration)이란 각각의 조직들이 조직적 자율성을 유지하면서 공유된 자원을 가지고 어떤 서비스나 프로그램을 제공하기 위하여 함께 결합하는 것을 의미하며, 협력의 유형으로는 네트워크, 합작회사, 조합(컨소시엄) 등이 포함된다(Bailey & Koney, 2000; Tobin, Ellor, & Anderson-Ray, 1986). 즉, 네트워크나 조합 등이 모두 협력을 목적으로 설립된다는 것을 의미하며, 하나의 협력체계 안에서 같은 지역 안에 위치해 있는 2개 이상의 조직들이 특정 프로그램이나 서비스를 설립하고 제공한다는 동의를 바탕으로 공동의 목적을 성취하기 위하여 상호 협력하게 된다. 연합(coalition)은 협력의 또 다른 하나의 유형으로 분류될 수 있다(Netting, Kettner, & McMurtry, 2004).

2) 민관협력과 네트워크

네트워크는 협력의 한 유형으로서 각각의 조직들이 조직적 자율성을 유지하면서 공유된 자원을 가지고 어떤 서비스나 프로그램을 제공하기 위하여 함께 결합하는 협력시스템이라고 할 수 있다. 일반적으로 네트워크는 행위자를 연결하는 관계를 의미하며, 행위자란 구체적으로 사람이나 조직 및 시스템을 의미하며, 관계란 상호행동을 의미한다(배응환, 2001).

사회복지실천의 영역에서 네트워크는 일반적으로 한 사람이 자신에게 도움을 줄 수 있는 다른 사람을 필요로 할 때, 그리고 자신이 도움을 줄 수 있는 다른 사람을 필요로 할 때 발생하게 된다. 즉, 도움을 주거나 받기 위해 다른 사람이나 조직을 필요로 할 때 네트워크가 필요하게 된다. 따라서 네트워크는 다른 사람과의 사회적 관계를 유지하고 건설하는 것을 포함하는 것으로, 사회적 교환을 위한 구조를 제공하기 때문에 사회적 지지체계라고 할 수 있다. 결국 네트워크는 도움을 주고받기 위해 필요한 사회적 구조라고 정의할 수 있으며, 개인과 집단의 영역을 뛰어넘어 조직과 조직 사이의 사회적 교환을 위한 사회적 지지체계로서의 역할을 수행하게 된다.

따라서 민-관의 협력네트워크란 민간부문의 개인과 집단, 조직과 관 영역의 개인과 집단, 조직이 통합적이고 문제해결 중심적인 (실천적) 서비스를 제공하기 위해 상호간의 도움을 주고받는 사회적 교환체계이자 사회적 지지체계라고 할 수 있다.

네트워크로의 개입 또는 참여는 개인이나 조직에게 일시적인 자율성의 상실을 의미하기도 하지만, 또한 네트워크를 유지하고 발전시키기 위해 필요한 자원의 투자를 의미하기도 한다(Hardcatle et al., 2004). 예를 들어, 네트워크에 참여하는 조직은 자율성의 상실을 보상할 수 있을 정도의 충분한 자원의 확보를 기대하게 된다. 네트워크가 유지되고 발전할 수 있는 조건으로 Galasaskiwicz과 Wasserman(1990), Woodard와 Doreion(1994)은 다음과 같은 전제 조건을 강조하였다.

첫째, 조직은 그들의 목적을 성취하고 조직 기능을 수행하기 위해서 다른 조직의 자원을 필요로 한다. 이러한 전제하에서 네트워크는 자원의 교환을 위해 시장과 같은 구조를 제공하게 된다.

둘째, 외부의 문제나 기회 또는 지시에 대응하기 위한 필요한 자원이 네트워킹을 통해서만 획득될 수 있기 때문에 조직은 다른 조직을 필요로 한다. 따라서 네트워크는 자원 모집을 위한 구조인 동시에 기능적 · 정치적으로 조직의 영역을 조정하는 구조가 된다.

셋째, 서비스 영역에서 비슷한 영역이나 중복된 영역을 공유하는 조직들은 경쟁과 갈등을 규제하여야 할 필요가 있다. 이를 위해 네트워크는 영역의 동의를 이끌어 내기 위해 협상하고, 경쟁을 정치적으로 규제하며, 네트워크 회원 조직의 영역을 정당화하고, 네트워크 조직 사이의 갈등을 관리하기 위한 메커니즘과 구조를 제공한다.

결국 이와 같은 조건들에 따라 지역사회 조직 간에 교환과 협력지지체계로서의 사회적 네트워크는 발전할 수밖에 없다.

3) 민관협력과 협치 그리고 네트워크

협치(governance)는 단순히 통치체계를 의미하는 단어가 아니라 인간의 사회적 행위 전반에 걸친 새로운 문제해결을 위한 인식체계라고 볼 수 있다. 일방적 정책결정기관이 아닌 구성원 간이나 조직과 조직 상호간의 네트워크를 강조하고 민간과 공공기관 사이의 자원 혼합을 위한 네트워크를 강조하며, 국가의 중앙통제적 권한보다는 탈 중앙화된 분절된 권한이 강조된다는 특징이 있다.

따라서 현대사회에서 협치는 문제의 해결 가능성을 높이는 사회적 조정을 위한 인식체계라고 볼 수 있다. 특히 협치는 그동안에 이루어졌던 획일적이고 중앙 통제적이고 수직적인 정책 결정을 극복하여 네트워크 중심의 수평적인 관계하에서 다자간 의사가 최대한 존중되는 결정 기구로 인식되고 있다. 즉, Ross(2001)는 지방협치를 공공기관 간의 관계뿐만 아니라 공공기관과 시민사회 사이의 상이한 관계를 발달시키는 지방 수준의 새로운 집합적 의사결정방식이라고 정의하였는데, 이는 결국 협치가 일방성에서 탈피하여 지역에 존재하는 다양한 조직이나 구성원을 포함하는 다자간 의사결정을 이끌어 내는 체계라는 것을 의미한다.

네트워크는 앞서 언급하였듯이, 개인과 개인, 집단과 집단 또는 조직과 조직이 통합적이고 문제해결 중심적인 서비스를 제공하기 위해 상호간의 실천적인 도움을 주고받는 사회적 교환체계이자 사회적 지지체계라고 할 수 있다. 그렇기 때문에 협치라는 인식체계를 실현시키기 위한 구체적인 체계 또는 구조로서 운영된다고 볼 수 있다.

결국 관 주도의 수직적이고 권위주의적인 의사결정 및 정책결정 그리고 실천 영역에서의 일방주의적 서비스 전달을 탈피하여 민관협력을 통한 통합적 서비스 전달과 다자간 정책 결정을 이룩한다. 민간부문의 개인, 집단, 조직과 공공 영역의 개인, 집단, 조직이 통합적이고 문제해결 중심적인 서비스를 제공하기 위해 상호 도움을 주고받는 사회적 교환체계이자 사회적 지지체계로서, 그리고 협치가 실현되는 도구로서 네트워크라는 실천적이고 구체적인 체계가 등장하게 되었다고 할 수 있는 것이다. 〈표 5-1〉은 협치를 바탕으로 하는 협력네트워크 구조의 역할 및 영역을 네트워크 구조를 구성하는 행위자를 중심으로 구분하여 나타낸 것이다.

〈표 5-1〉 협치를 실현하기 위한 네트워크 구조

구 조	행위자	역 할	영 역
네트워크	협력네트워크의 상층지도자	의사결정(정책결정)	보건, 복지, 고용, 주거, 생활체육, 교육, 문화, 사고안정 등
	협력네트워크의 실무자	협력실천: 사례관리	

2. 민관협력네트워크의 이론적 기초

1) 사회교환이론

사회교환이론은 사회적 협력체계로서 민관협력네트워크를 구성하는 데 네트워크 구성을 위한 기장 중요한 이론적 토대를 제공한다. 주민통합서비스를 위한 민간부문과 공공부문의 협력체계를 구축한다고 볼 때, 협력체계 건설의 가장 중요한 목적은 지역주민에게 일괄적이고 통합적인 서비스를 특정 장소에서 제공하여 불필요한 시간과 자원의 낭비를 막고 효율적인 서비스의 효과를 기대한다는 것에 있다. 바로 이 목적 때문에 지역주민의 다양한 욕구를 한 장소에서 해결할 수 있도록 하는 조직과 조직 간(또는 영역과 영역 사이)의 협력체계로서 네트워크의 중요성이 강조된다. 불필요한 자원의 흐름과 정보의 일방적인 독점을 막고 적절한 자원의 배분과 공유된 정보를 바탕으로 지역주민은 통합적 서비스를 한 장소에서 제공받을 수 있어 그들의 다양한 욕구는 효과적으로 해결된다. 따라서 적절한 자원의 배분과 공유된 정보를 위해 조직과 조직 간의 교환은 매우 중요한 요소가 된다.

사회교환이론은 개인과 집단 또는 조직 간의 균형 있는 교환을 통해서 개인, 집단, 조직 나아가 지역이 발전한다는 것을 강조한다. 특히 사회교환이론에 따르면, 사회교환의 과정에 의해서 네트워크는 설립되고 유지되며 발전된다. 따라서 사회교환이론은 사회협력체계로서 네트워크의 기초를 이루는 기본적인 이론이 된다. 사회적 교환은 한 조직이 네트워크에 참여하고 있는 다른 기관이나 조직의 영역(예, 서비스의 영역 또는 범위)을 인식하였을 때 발생하며 조직들은 인식된 영역을 상호 간에 교환하게 된다.

사회적 교환은 분명한 경제적 보상을 기대하는 경제적 교환과는 달리 네트워크를 설립하고 유지하고 발전시키기 위해 필요한 교환을 의미한다. 즉, 사회적 교환의 가치는 화폐 가치로만 측정되지는 않는다. 예를 들어, 한 기관이 다른 기관에 경제적 도움을 제공하였더라도 경제적 도움을 준 기관의 만족이나 가치는 무형의 사회적 생산, 즉 증진된 사회적 지위, 경제적 어려움에 대한 압력의 제거, 사명감의 충족 등으로 평가된다는 것을 의미한다. 따라서 경제적 교환과 달리 사회적 교환은 교환의 효과를 측정하는 데 어려움이 있다. 지역사회 발전을 위해 쓰이는 자금과 교환될 수 있는 복지서비스나 프로그램에 대한 효과, 예컨대 지역 개발, 클라이언트에 대한 원조, 사회적 지위 등은 경제적 상품과 비교했을 때 효과를 측정하기가 쉽지 않기 때문이다.

사회교환이론에 따르면 교환은 교환의 장에서 이루어지며, 교환의 장은 원하는 자원과 상품을 교환하기 위해서 다양한 관점과 조합으로 서로에게 영향을 주는 둘이나 그 이상의 참가자들로 구성되는 하나의 시장에서 이루어진다. 교환의 대상이 되는 자원으로는 인적 · 물적 자원을 포함하는 상담, 지역조직서비스, 돈, 정보, 아이디어, 정치적 영향력, 의지, 의미(meanings), 힘(energy), 클라이언트 등을 포함하는 유형 · 무형의 자원들이 있다. 교환의 장에서 발생하는 거래를 위해 각각의 참가자들은 첫째, 교환할 상품에 대한 정보를 필요로 하고, 둘째, 상품을 교환할 욕망을 필요로 한다(이것들은 거래의 조건이라고 불린다.). 주어진 정보와 교환을 위한 욕구를 가지고 있다고 가정하면 거래에서 각각의 참가자들은 가장 큰 혜택을 가지고 있는 것, 또는 비용에 대한 보상이 가장 큰 것들을 모든 가능한 교환을 통해서 선택하게 된다.

교환의 장에 있는 참가자 또는 조직들은 어떤 시점에서 서로 관계를 가질 수도 있고 갖지 않을 수도 있으며, 관계를 갖지 않은 두 조직은 제3의 조직과 거래, 즉 관계를 동시에 맺을 수도 있다. 즉, 교환의 장에 있는 A라는 참가자 또는 조직이나 기관은 B라는 참가자와의 관련 없이도 목적하는 바를 성취할 수 있다는 것을 의미한다. 즉, 상호 독립적이라는 것을 의미한다. 하지만 한 참가자의 목적이 다른 참가자의 상품이나 자원과의 교환을 통해서만 획득되어야 한다면, 그 자원을 가지고 있는 참가자에 대한 의존적인 관계가 형성되고, 또 두 참가자가 상호 간의 교환을 통해서만 목적을 성취할 수 있다면 교환의 장에서 두 참가자는 상호 의존적(interdependent)이 된다. 여기서 교환관계의 균형을 깨는 것은 바로 의존적 관계의 교환이 일어나는 경우다. 만약 A가 B보다 어떤 자원을 훨씬 필요로 한다면, A는 교환의 성사를 위해 B에게 무엇을 제공해야 하는가? 그리고 A가 필요한 자원을 위해 제공한 것이 B가 원하지 않거나 그 이상의 것을 요구한다면 어떻게 되는가? 이 문제를 해결하는 것이 곧 힘이다. 이 교환의 장에서의 불균형 교환관계는 힘에 의해서 설명될 수 있다. 교환의 관계에서 힘은 간단히 말해 다른 참가자가 원하는 자원을 통제할 수 있는 능력의 기능으로 이해된다. 예를 들어, A가 목적을 성취하기 위해 가져야 하는 자원에 대해 B가 통제권을 가지고 있다면 B는 A를 통제할 수 있고 통제권을 갖는다. 이 경우 B는 교환의 장에서 독립적이며 A는 의존적이 될 수밖에 없다.

> 예 성서사회복지관(이하 성서)이 지역보건소를 설립하기 위해 재정지원을 아산복지재단(이하 아산)의 원조프로그램에 의존하고 있고, 그리고 이 원조가 성서의 보건소 설립을 위한 유일한 재정지원이라고 가정하자. 교환이론에 따르면, 아산은 성서에 대해 힘을 가지고 있다. 왜냐하면 보건소를 짓기 위해 필요한 자원을 통제할 수 있는 결정권, 즉 힘을 가지고 있기 때문이다. 따라서 아산은 재정지원을 조건으로 보건소지원에 따른 각종 조건들(재정 감사, 회계보고, 경영보고서 등)을 제시할 수 있다. 여기서 성서는 보건소 운영에 대한 회계와 관리 보고를 하고 아산은 재원을 서로 교환하게 되는데, 성서가 필요한 재원을 오직 아산만이 가지고 있고 줄 수 있다는 가정 때문에 성서는 아산이 요구하는 것을 모두 포함해서 교환할 수밖에 없게 되는 것이다.

따라서 더 좋은 조건의 교환이나 균형 있는 교환을 위해서 다른 참가자가 통제하는 자원을 필요로 하는 참가자는 힘의 균형을 맞추기 위한 다양한 전략이 필요하다. 여기서 자원이 필요한 쪽을 행동 조직이라고 부르며, 힘을 가지고 있는 쪽을 목표 조직이라 부른다. 따라서 교환의 참가자 A와 B의 관계로 다시 설명하면 다음과 같다. 전제는 A와 B는 교환의 당사자들이고, A는 B가 가진 자원을 필요로 하는 조직이고 B는 A가 필요로 하는 자원을 가진 힘이 있는 조직이다. B의 힘을 줄일 수 있는 가능한 대안들로는 첫째, 재원이 필요한 A가 재원에 대한 힘을 가지고 있는 B에 대한 의존을 줄이는 방법이 있다. 둘째, A에 대한 B의 의존을 높일 수 있는 방법을 찾는 방안이 있을 수 있다. 이렇게 힘의 균형을 잡기 위한 전략(power balancing strategies) 또는 접근으로서 다음의 다섯 가지 방법이 구체적으로 사용될 수 있다(즉, 교환에서 균형 있는 또는 유리한 입장을 취하기 위한 전략을 의미한다; 지은구, 2003).

(1) 경쟁(competition)

이 전략은 A가 필요한 자원을 B와의 교환을 통해서가 아닌 다른 제3의 참가자와의 교환을 통해서 찾는 방안이다. 만약 A에게 필요한 자원을 B만 가지고 있는 것이 아니라 D, F도 가지고 있다면, A가 필요로 하는 자원에 대한 B의 힘은 약해진다.

> 예 지역단체가 지역여가센터를 건립하려 한다고 가정하고 지역에 이 센터를 짓기 위한 부지를 오직 A 대학에서 가지고 있다고 하자. A 대학은 지역단체에 대해 힘을 갖게 된다. 결과적으로 이 양쪽이 교환을 하려고 한다면 A 대학은 잠재적인 힘을 갖게 되고, 이 교환을 위해 A 대학은 지역단체에 교환을 위해 그에 상응하는 요구(A 대학에서 준비 중인 법안에 대한 지지)를 하게 되며, 지역단체는 이 부지를 획득하기 위해 요구를 들어줄 수밖에 없게 된다. 하지만 다른 단체들이 지역여가센터를 지을 수 있는 부지를 갖고 있다면, A 대학의 지역단체에 대한 힘은 줄어들 수밖에 없다.

(2) 재평가(revaluation)

정책의 변화, 가치의 변화 또는 상황의 변화 등에 따라 B가 가지고 있는 자원에 대한 A의 관심이 줄어들게 되면 B는 A에 대한 힘을 잃게 된다. 이와 같은 상황에서 B는 A와의 교환을 성사하기 위해 새로운 제안이나 유인책 등을 A에 제시하여 교환을 성사시켜 B에 대한 A의 의존도를 유지하려고 할 수 있다.

> 예 지역단체가 지역여가센터를 지역에 설립하면 청소년의 폭력이 증가할 수도 있다는 우려로 건립 계획에 관심을 잃어 지역경찰노력위원회의 설립 등 다른 계획으로 눈을 돌린다고 가정하자. 이런 경우 A 대학은 더 이상 지역단체가 필요로 하는 자원을 가지고 있지 않게 되고, A 대학에서 준비 중인 법안에 대한 지지를 받을 수 없게 된다. 이런 상황에서 만약 A 대학이 가까운 미래에 지역단체로부터의 법안 지지가 필요할 것이라고 생각한다면, A 대학은 지역단체에 지역센터가 지역여가센터를 위해 관심을 가지고 있었던 부지를 싸게 파는 방법이나 지역경찰노력위원회에 기부금을 내는 방법을 제시할 수 있다.

(3) 상호호혜(reciprocity)

A가 찾으려고 하는 자원을 B가 가지고 있고, B에게 A가 잠재적인 교환상대자로서의 장점들을 많이 갖게 되면, A에 대한 B의 의존관계는 독립적 관계로 이행할 수 있으며 결국은 균형적인 힘의 유지를 성취할 수 있게 된다.

> 예 B 대학이 협소한 교내 주차 공간 문제를 해결하고자 학교 근방에 주차 공간을 갖기를 원하고, A 지역단체가 그 지역의 의사결정에서 영향을 미칠 수 있는 힘을 가지고 있다고 하자. 만약 A 단체가 B 대학에서 학생들의 주차공간으로 사용하려는 부지에 대한 통제권(즉, 의사결정에 대한 영향력)을 가지고 있다면, B 대학의 입장에서 A 단체는 가치 있는 자원을 가지고 있는 것이다. 이런 상황에서는 A 단체는 B 대학과의 교환에서 좀 더 유리한 교환을 할 수 있게 된다.

(4) 연합(coalition)

A가 자기 홀로 B에 대한 영향을 고취시킬 수 없다고 가정하자. 그리고 C와 D도 B와의 교환에서 영향력이 없다고 본다면, 교환을 위해서 A는 C, D와 B가 원하거나 필요로 하는 자원에 대해 연합을 할 수 있다. 이렇게 되면 결과적으로 A, C, D의 B에 대한 의존은 줄어들고, B와의 교환에서 수평의 관계를 유지할 수 있다.

> 예 A, C, D 모두 지역 집단이며, 이 집단들은 모두 B 대학이 지역 내에서의 주차정책에 영향을 끼치는 것을 원한다고 가정하자. A, C, D 모두 개별적으로는 B 대학의 주차정책에 영향을 끼치지 못하고 반면, A, C, D는 함께 B 대학이 주차정책을 지역에 호의적으로 바꾸게 하는 시관리위원회의 투표권을 가지고 있다고 한다면, 이 투표권은 지역여가센터를 건립하기를 원하는 연합체 지도자인 A가 B 대학이 가지고 있는 부지를 싸게 구입할 수 있는 충분한 조건이 된다.

(5) 강제(coercion)

강제는 다른 쪽이 원하는 것을 하기 위해 한쪽을 못하게 하는 물리적인 힘, 즉 강제력(force)의 사용을 포함한다. 여기서 개인에게 손해를 입히고 개인의 재산을 해하는 강제적이고 물리적인 힘의 사용과 정당한 방법인 집회와 파업 등은 구별된다.

> 예 지역 내 비호의적인 여론을 유발시킨 시장의 어떤 결정에 대해 지역주민들이 함께 시장의 결정에 반대하는 집회 등을 열 수 있다.

결국 교환과 힘의 역동성은 교환의 장에서 매우 중요하며, 조직이나 사람들은 거래에서 이익을 취하려고 노력하지 않아도 자원을 공유하고 정보를 교환함으로써 다른 사람과 끊임없이 관계할 수 있으며, 성장과 발전을 추진할 수 있게 된다. 결국 사람과 사람, 조직과 조직, 나아가 지역과 지역 간의 자원과 정보의 끊임없는 교환이 각각의 발달을 가져다주며, 특히 상호호혜를 바탕으로 한 긍정적인 교환을 통한 발달이나 발전은 조직들이 서로 지지집단, 새로운 조직, 네트워크 구축, 연합체 결성 등과 같은 연합회를 구성할 수 있도록 하여 지역사회 발전에 긍정적인 영향을 미친다.

균형 있는 상호호혜를 기초로 하는 사회적 교환을 강조하여 조직과 조직들간의 교환을 강조하는 사회교환이론은 다음과 같은 의미를 갖는다. 첫째, 개인과 개인, 집단과 집단, 조직과 조직 간에 이루어지는 상호 교차적인 교환은 교환의 장으로서의 지역사회의 발전에 기여한다. 둘째, 지역 내의 조직 또는 다른 지역의 조직과 이루어지는 교환이 상호호혜의 균형 전략에 기반한다면, 한정된 자원과 정보를 가지고도 효율적으로 지역주민의 다양한 욕구를 실현할 수 있으며, 또한 지역 내에 존재하는 각각의 참가자들은 자원과 정보를 공유하고 교환함으로써 지역사회의 균형 발전에 기여할 수 있다. 셋째, 자원과 정보의 공유와 교환을 통한 지역사회 발전을 추구하기 위해 교환 주체들은 힘을 합치거나 공동의 목적을 위해 같이 운동할 수 있는 기반을 닦을 수 있고, 이는 곧 새로운 조직체의 결성, 즉 사회적 네트워크의 결성으로 이어지며 결국 지역복지 실천의 강력한 지지 세력의 확대재생산을 의미한다.

2) 상호조직이론

사회교환이론이 개인, 집단, 조직들 사이의 사회적 교환을 통한 지역사회 발전을 강조한 것과 달리, 상호조직이론은 조직의 행동과 상호조직 사이의 관계를 분석의 단위로 설정한다. 지역사회의 발전이 조직과 조직 사이의 관계를 관리하고 구축하는 것에 의해서 영향을 받는다는 것을 보다 강조한다고 할 수 있다. 즉, 상호조직이론(inter-organizational theory)은 조직 간의 지지가 지역사회를 발전시킬 수 있음을 설명해 주는 이론이다. 지역사회에는 다양한 형태의 조직들을 포함하며, 상호조직이론은 이러한 조직들 간의 조정과 협력이 지역사회주민, 나아가 지역사회의 복지를 개선, 증진시키는 데 중요하다는 것을 강조한다. 따라서 상호조직이론은 많은 부분 집단이나 조직과의 관계를 성립하고 관리하는 것을 중요한 과제로 간주한다. 결국 상호조직이론은 조직 간의 관계를 이해하는 데 도움을 주는 이론으로서, 분석의 단위는 사회교환이론과는 달리 개인보다는 특히 조직에 있으며, 조직 상호 간의 행동을 이해하려는 노력이 강조되는 이론이라고 할 수 있다.

상호조직이론은 자원의 교환이라는 사회교환이론에 기본적인 토대를 제공받았다고 할 수 있고, 자원의 효율적인 배분을 통해서 사회복지서비스의 효과를 극대화할 수 있다는 점이 강조된다. 따라서 조직과 조직 사이의 자원과 클라이언트를 연계하고 소개해 주는 통합적 연계체계가 상호조직이론에 근거한 네트워크의 한 예가 될 수 있다. 상호조직이론에 따르면 다양한 욕구를 가지고 있는 클라이언트가 사회적 네트워크를 통해서 그들의 욕구를 해결할 수 있는 것과 같이, 하나의 욕구를 가진 클라이언트도 그 욕구를 해결하는 데 조직 상호 간의 네트워크를 통해서 욕구를 해결할 수 있게 된다.

상호조직이론은 모든 조직은 생존과 번영을 위해 더 큰 집단이나 조직의 연결망 안에 놓여 있어야 한다는 것을 기본 전제로 한다. 상호조직네트워크 또는 교환의 장 안에서 각각의 조직은 그들만의 특별한 영역 또는 그들만의 서비스 영역(이것이 조직의 영역이라고 불린다)을 확립하여야 그들이 필요한 다른 자원이나 서비스에 대한 교환이 이루어지게 된다. Levin과

White(1961)에 따르면, 조직적 영역은 첫째, 제공되는 서비스, 둘째, 서비스를 제공받는 인구 집단, 셋째, 치료될 수 있는 병(해결될 수 있는 문제) 등을 포함하는 개념이다. 예를 들어, 노숙자 수가 단지 50여 명인 용산동에 같은 영역의 노숙자를 위한 서비스 조직이 여러 개가 있을 필요는 없다. 각각의 조직은 다른 조직과 서비스 영역에서 중복되지 않는 그들 나름대로의 노숙자를 위한 서비스를 제공하여야 자원의 중복된 사용을 방지하여 보다 증진된 서비스 효과를 얻을 수 있게 된다. 즉, 한 조직은 오직 남성 노숙자를 위한 서비스를, 다른 조직은 가족이나 여성 노숙자를 위한 서비스를 제공할 수 있을 것이다. 따라서 조직의 영역(organizational domain)은 한 조직이 다른 조직에 의존해야 하는지 또는 다른 조직과 연관을 맺어야 하는지를 결정해 주는 사항이다. 결국 어떤 독점적인 조직의 영역이란 존재하지 않으며, 현대의 조직적 삶은 실제로 상호 조직적 삶(inter-organizational life)이고, 이는 복잡하고 계속 변화하는 그리고 예측할 수 없는 환경에서의 끊임없는 협상과정을 포함하게 된다(Aldrich, 1979; Emery & Trist, 1965).

모든 조직은 다른 조직들을 포함하여 목적을 성취하기 위한 자원이나 경쟁자들을 필요로 하는데, 이처럼 조직이 목적을 성취하는 데 영향을 미치는 환경을 목적 성취를 위한 조직의 과업 환경(task environment)이라고 부른다. 조직을 둘러싼 과업 환경은 조직이 목적을 성취하는 데 필요한 다양한 자원을 제공해 주는 조직이나 소비자 또는 클라이언트들로 구성되어 있으므로 조직이 과업을 성취하는 데 결정적 · 보충적 역할을 수행하게 된다. 조직상호주의이론에 따르면, 조직은 다른 조직 간의 과업 환경하에서의 상호 조정과 협력이 전체 지역사회를 발전시키는 데 결정적인 요인임을 강조한다. 조직이 목적을 성취하기 위해 필요한 과업 환경은 다음과 같다(Hardcastle, Powers, & Wenocur, 1997, 2004).

- 자금자원(funding sources)이나 재정자원 제공자가 필요하다. 자금의

제공은 제공하는 서비스를 위한 보조금이나 수여금(grant) 또는 회비나 기부금 등을 의미한다. 대부분의 조직들은 다양한 자금원천을 가지고 있다.

- 권위와 정당성의 제공자(예, 사회복지교육협의회의 사회복지교육과정에 대한 신뢰)가 필요하다.
- 클라이언트 또는 소비자의 제공자(예, 클라이언트 소개기관)가 필요하다. 조직의 서비스를 직접적으로 필요로 하는 개인이나 가족은 물론이고 조직에게 개인이나 가족을 소개해 주는 기관을 의미한다.
- 보조적 서비스 제공자가 필요하다. 보조적 서비스 제공자로서 조직은 어떤 조직이 그들의 클라이언트를 위해 제공하는 서비스가 완벽하도록 보충적인 서비스를 제공하게 된다.
- 조직의 상품과 서비스의 소비자와 수혜자(예, 사회복지조직에서의 클라이언트들)가 필요하다. 사회복지상품이나 서비스의 수혜자나 소비자가 없으면 사회복지조직은 존재하지 않게 된다.
- 경쟁조직이 필요하다. 어떤 조직이 아무런 경쟁조직 없이 독점적인 서비스를 제공하는 경우는 거의 없다. 대부분의 지역에서 조직들은 같은 클라이언트나 또는 같은 자금후원 등을 위해 경쟁하게 된다. 따라서 성공적으로 경쟁할 수 있는 능력은 조직적 삶을 위해 중요하지 않을 수 없으며, 또한 경쟁을 통해서 조직은 발전하게 된다.

이러한 과업 환경하에서 조직과 조직 사이의 네트워크는 조직이 성공적으로 운영되기 위한 상호의존의 중요성을 나타내 주는 것이기도 하다. 예를 들어, 한 조직이 필요한 과업 환경을 다른 조직이 보유하고 있고 두 조직 간의 상호의존적인 네트워크가 형성되어 있지 않다고 한다면, 특정 과업 환경의 한 요소를 필요로 하는 조직은 그들의 목적을 성취하기가 어렵게 된다. 조직상호주의이론은 결국, 지역사회 내의 조직과 조직의 상호작용이 지역사회의 발전에 영향을 미치며, 부족한 자원이나 한정된 클라이언트를 위한 조직 간의 경쟁은 지역 발전을 퇴보시키는 요인이기 때문에 지역의 조직들은 각각의 영역 내에서 상호교환과 상호작용을 통해서 지역 욕구를 해결할 수 있다는 측면이 강조된다. 이때 상호조직이론은 조직 간의 협력과 조정을 특히 강조하게 된다.

3) 힘의존이론

힘의존이론은 지역주민이나 집단 또는 조직의 힘(여기서의 힘은 물리적 힘뿐만 아니라 정치적·경제적 힘 등을 모두 포함한다)의 소유 여부가 지역사회의 발전에 중대한 영향을 미친다는 것을 강조하는 이론이다. 따라서 힘의존이론은 지역사회의 역량을 강화하는 이론적 기초로서 힘의 소유가 지역사회의 발전에 매우 중요한 점이라는 것을 강조한다는 측면에서 힘의 균형을 기초로 하는 민관협의체제의 역할을 설명하는 데 매우 중요한 이론적 기초를 제공한다. 특히 민관협의체제가 전체 지역주민의 힘의 역량을 모으는 민-관의 중요한 중개 구조라는 입장은 바로 힘의존이론에 기초한다고 할 수 있다.

힘의존이론은 지역에 있는 조직들이 힘을 얻고 힘을 분산하는 것에 의해서 지역이 발전한다는 것을 강조한다. 즉, 힘의존이론은 지역 안에 존재하는 조직들이 어떻게 힘을 얻고 분산시키는지를 이해하는 데 사용될 수 있다. Blau(1964)에 따르면, 힘은 자원이 풍부한 사람과 자원이 빈약해 도움을 받아야 하는 사람들 사이의 돕는 관계에 내재해 있다고 한다. 결국 힘의존이론은 지역 내에 존재하는 개인이나 조직들이 힘이나 권력을 갖거나 또는 힘이나 권력에 의존함으로써 지역사회가 성장 가능하다는 것을 강조한다. 즉, 지역사회 안에서 힘 있는 조직과 힘 없는 조직 사이의 고전적 불균형을 바로잡기 위해 힘의 역할은 중요할 수밖에 없고, 힘의 강화, 즉 능력의 고취는 힘이 없는 조직과 힘이 있는 조직 사이의 힘의 불균형 극복을 통해서 가능하다고 할 수 있다. 힘의 불균등한 배분, 즉 지역사회 안에서의 힘의 불균형은 지역사회 발전에 막대한 악영향을 미치며, 이는 곧 지역후퇴, 지역 복지 발전의 퇴보를 의미하기 때문에 힘의 불균형을 힘의 균형으로 바꿀 수 있는 수단으로서의 지역 조직화는 지역주민에게 필수적이다. 따라서 힘의 불균형은 지역 조직화를 통해서 가능하고, 이러한 지역 조직화는 지역사회의 역량강화에 직접적인 기초가 된다는 것이 지역사회역량강화에 대한 힘의존이론의 핵심적 내용이 된다.

힘의존이론을 민과 관의 조직에 적용한다면 현 지역복지실천현장에서 정부조직은 경제적 · 정치적 힘을 가지고 있으며, 민간 사회복지조직들은 이러한 힘을 가진 정부조직에 의존하고 있으므로 조직 상호 간에 힘의 불균형이 존재하고 있다고 할 수 있다. 정부조직에 대한 민간조직의 의존은 결국 민간조직이 추구하는 목적 불일치(goal displacement), 자율성의 상실, 정부 정책에 반대 또는 찬성하기 위해 로비할 수 있는 능력에 대한 제한 등의 결과를 초래할 수 있다. 결국 정부조직으로부터 자원을 제공받는 민간조직들은 정부조직에 의존하게 되고 의무를 갖게 되며, 정부조직의 문제점이나 서비스 또는 프로그램에 대한 비판을 자제하게 된다. 따라서 정부의 지원금을 받는 조직은 정부의 요구를 수용할 수밖에 없으며, 결국 클라이언트와의 상호작용에서 정부의 정책이 강화되는 결과를 낳는다. 이러한 힘의 불균형은 지역사회 발전에서 부정적인 영향을 낳아서 힘의 불균형을 극복할 수 있는 전략적 대안을 필요로 한다. 이러한 전략적 대안이 바로 민-관의 상호협력체 구축이라고 할 수 있기 때문에 상호협력체로서의 민관협력네트워크에서 민-관의 힘의 균형은 매우 중요하다고 볼 수 있다. 하지만 민-관의 상호협력체 구축은, 특히 민간조직들에서 정부조직이 가지고 있지 않은 힘의 개발을 필요로 하며, 이러한 힘의 개발을 통해서 민간조직은 정부조직과의 사이에 내재한 힘의 불균형을 극복할 수 있다. 정부조직과의 사이에서 힘의 균형적 발전을 추구하는 상호협력체제로서의 민관협력네트워크가 성공적으로 정착하기 위해서 민간조직들은 전략적 대안이 필요하며, 이러한 전략의 가장 중심적인 내용이 바로 민간조직들 사이의 협력체제 구축을 통한 힘의 역량강화라고 할 수 있다.

3. 민관협력네트워크의 원칙과 기능

1) 민관협력네트워크의 운영원칙

Marsh와 Rhodes(1992)는 정책 네트워크(policy network)가 운영되기 위한 기본 전제로서 첫째, 상호의존, 둘째, 계속적인 자원의 교환, 셋째, 자율성 그리고 마지막으로 네트워크 회원들이 그들의 목적을 성취하기 위해 특정 경계 안에서 경쟁적인 전략을 전개하는 데 필요한 게임 같은 상호행동을 강조하였다. 이러한 정책네트워크 운영을 위한 기본 전제를 바탕으로 민관협력네트워크 운영을 위한 원칙을 발전시킬 수 있으며, 사회적 지지체계로서 민관협력네트워크를 운영하는 데 반드시 고려하여야 하는 운영 원칙으로 상호호혜의 원칙, 상호의존의 원칙, 민주성의 원칙, 개방성의 원칙 그리고 예산 적절성의 원칙을 고려할 수 있다. 이들 원칙의 내용은 다음과 같다.

(1) 상호호혜의 원칙

사회적 지지체계로서 사회적 네트워크는 상호호혜(또는 상호의무)를 가장 기본적인 토대로 삼는다. 네트워크 안에서 상호호혜를 통한 조직과 조직 사이의 교환은 네트워크 구성원들의 역량을 강화시키게 된다. 상호호혜는 교환이론 관점에서 수혜자의 관점과 제공받은 자원의 가치가 일치하는 것을 의미하며, 상호호혜가 결여된다면 사회적 지지체계로서 네트워크는 소멸되게 된다.

(2) 상호의존의 원칙

네트워크의 발전을 위해서 조직 간의 상호의존이 필수적이라고 할 수 있다. 어떤 한 조직에 대한 일방적인 의존은 네트워크의 기반을 흔들고 힘의 불균형을 가져와, 사회적 지지체계로서 네트워크는 제 기능을 상실하게 된다. 따라서 네트워크를 설립하고 유지하는 중요한 하나의 과업은 의존을 촉진시키기보다 상호의존을 촉진시키는 것이다.

(3) 민주성의 원칙

지역주민에게 통합적 서비스를 전달하기 위해 설립되는 민관협력의 사회적 지지네트워크는 민주적 방식으로 운영되어야 함을 기본으로 한다. 따라서 모든 구성원의 선출 방식에는 지역주민의 뜻이 반드시 반영되어야 하며, 공적 기관에서 이루어지는 일방적인 선정은 반드시 지양되어야 한다. 사회적 지지네트워크가 민주적인 방식으로 운영되어야 한다는 점은 사회적 지지네트워크가 일방적으로 관에서 주도하는 일시적인 협의회나 위원회의 성격을 갖는 조직이 아니라, 민과 관을 포함하여 지역주민 전체를 대표해서 지역의 복지 전반에 대한 운영과 통제권을 갖는 조직이기 때문에 더욱 중요하다고 할 수 있다.

(4) 개방성의 원칙

사회적 지지네트워크로서의 민관협의체에서 이루어지는 모든 공식적인 회의기록과 특정 사안에 대한 결정이나 결정 과정은 지역주민의 삶에 즉각적인 영향을 미치기 때문에 반드시 투명하게 공개하는 것을 원칙으로 하여야 한다. 이는 지역주민의 알 권리를 확보하여 준다는 점에서도 중요하다고 할 수 있다.

(5) 예산 적절성의 원칙

민관협력네트워크가 운영되기 위해서는 운영에 필요한 예산의 확보가 필수적이다. 중앙정부는 민과 관이 상시적으로 협력이 가능할 수 있도록 상시인력에 대한 인건비 보조를 포함하여 공간, 사업비용 등을 모두 지원하여야 한다. 지자체는 단체장의 민관협력네트워크의 인식에 따라 예산 배정이 상이하게 나타날 수 있다. 이는 지역 간 민관협력네트워크 운영의 부실을 초래할 수 있기 때문에 예산은 중앙정부에서 일괄적으로 지원되는 것이 바람직하며, 예산의 수준은 민관협력네트워크 운영에 필요한 적절한 수준으로 지원되어야 한다.

(6) 자율성의 원칙

민관협력네트워크는 상위하달식의 운영체계를 갖는 조직, 위계적 또는 수직적 의사결정기구를 의미하지 않는다. 최대한의 조직적 자율성을 보장받는 수준에서 통합적 서비스 전달의 구축이라는 목적을 달성하기 위한 협력시스템이라고 할 수 있기 때문에, 조직들은 각각 최대한의 자율적 행동의 서비스 영역을 보장받지만, 자원의 효율적 관리와 통합적 서비스 실현의 구축을 위해 중복되는 서비스 영역의 조정과 통제 그리고 통합적 서비스 관리 전달체계 확립을 위한 공동 노력을 기본으로 하는 개방적 서비스 전달 시스템 구축을 위한 협력체계라고 할 수 있다.

2) 민간협력네트워크의 기능

Dosher(1977)에 따르면, 네트워크의 주요 기능은 첫째, 의사소통 연계장치와 정보 채널의 기능, 둘째, 참여지지체계와 자원 공유 기능, 셋째, 조정, 협력, 협의, 프로그램 실현화, 능력 건설, 훈련을 위한 수단의 기능, 그리고 마지막으로 집합적 행동을 위한 수단의 기능 등 네 가지로 분류될 수 있다. 기본적으로 민관협력네트워크의 기능은 지역별 통합서비스에 대한 종합적인 계획을 수립하고 심의하며 조정과 사후 점검을 중심으로 하여야 한다. 네트워크의 기능은 또한 민관협력네트워크의 기능으로도 활용할 수 있다. 민관협력네트워크의 기능을 구체적으로 살펴보면 다음과 같다.

첫째, 지역주민의 욕구와 지역자원의 교환을 위한 의사소통 연계 장치와 정보 채널의 기능이다. 둘째, 지역조직과 조직 사이의 참여지지체계와 자원 공유 기능이다. 셋째, 민-관 조직 간의 서비스 영역 조정, 협력 · 협의 · 프로그램 실현, 조직 능력 건설, 직원훈련을 위한 수단의 기능이다. 넷째, 주민 통합서비스 종합 계획 수립 및 심의 조정 및 검토 기능이다. 다섯째, 지역주민통합서비스 제공을 위한 통합적 · 집합적 행동을 위한 수단의 기능이다.

3) 네트워크의 유형

현실적으로 다양한 유형의 네트워크가 존재하는데, 유형별로 살펴보면 체인네트워크, 스타네트워크, 집단네트워크, 분절된 네트워크, 느슨한 연계네트워크, 수평적 네트워크, 수직적 네트워크, 자발적 네트워크, 의무적 네트워크 등의 네트워크 등이 있다(Hardcastle, Powers, & Wenocur, 1997, 2004). 체인네트워크, 스타네트워크 그리고 집단네트워크는 네트워크에 소속된 조직들의 힘과 영향력의 관점에서 조직과 조직 간의 접근성과 중앙성에 근거하여 분류된 유형이다. 이들 네트워크에 대해 설명하면 다음과 같다.

(1) 체인네트워크

체인네트워크는 네트워크 참가자 2, 3 그리고 4가 맨 끝단의 참가자인 1과 5보다 사회적 교환의 입장에서 좀 더 유리한 위치에 놓이게 되는 유형

1 ⟷ 2 ⟷ 3 ⟷ 4 ⟷ 5

[그림 5-1] 체인네트워크의 예

이다. 양 끝에 있는 참가자 1과 5는 중앙에 위치한 참가자 3과의 상호교환을 위해서 참가자 2와 참가자 4를 거쳐야만 하기 때문에 중앙에 위치한 참가자 3이 가장 중심적인 위치에 놓인다. 따라서 참가자들에게 영향을 미치는 능력은 얼마나 중앙에 위치하는가, 즉 중앙성에 의해서 영향을 받게 된다.

(2) 스타네트워크

스타네트워크는 모든 참가자들이 반드시 참가자 3을 거쳐야 교환이 가능하도록 하는 유형이다. 따라서 참가자 3의 영향력이 다른 참가자들에 비해 가장 강하다는 것을 알 수 있다. 결국 중앙성과 영향력이 특정 참가자에게 집중되는 네트워크의 유형이 스타네트워크의 특징이다.

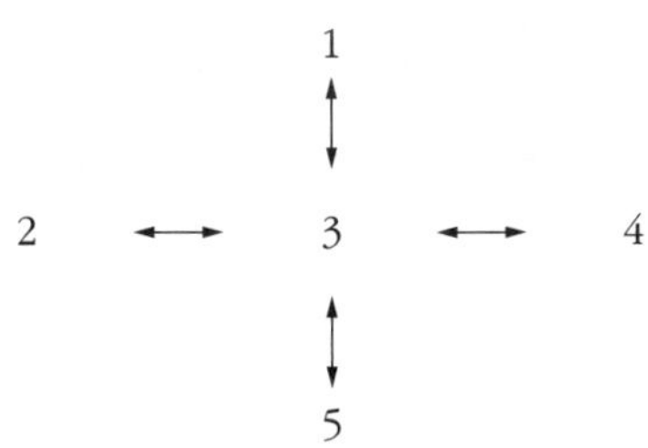

[그림 5-2] 스타네트워크의 예

(3) 느슨한 연계네트워크

느슨한 연계네트워크는 기본적으로 조정과 통제가 최소한으로 필요한 경우 나타날 수 있는 유형이다. 따라서 느슨한 연계네트워크는 비공식적인 네트워크 조직을 가지며, 대부분의 업무(또는 과업)에서 네트워크 참가자들은 독자적인 행동을 수행하고 필요할 때만 연합 행동을 통해 교환을 수행하게 된다(Aldrich, 1971; Weick, 1976). 하지만 느슨한 연계네트워크는 네트워크 조직이 크고 네트워크의 안정을 필요로 하는 경우, 좀 더 심화된 상호행동과 네트워크 관리가 필요한 경우, 네트워크 조직 간의 조정과 통제가 필요한 경우, 절차와 규정이 필요한 경우에 적합한 네트워크 구조라고 할 수 없다.

(4) 집단네트워크

스타네트워크와 체인네트워크에서 중앙성과 접근성은 참가자 3에 집중되어 있지만, 집단네트워크에서 참가자 3에 집중되어 있는 중앙성과 접근성은 어느 정도 감소된다. 즉, 집단(또는 직접적 접근 구조) 네트워크는 참가자 3의 중앙성과 영향력은 줄어들고, 모든 네트워크에 참가하는 참가자들의 다른 참가자들에게 직접적으로 접근할 수 있는 접근 구조를 갖는 유형이다. 따라서 집단네트워크에서 모든 참가자들은 동등하게 힘의 균형을 유지할 수 있다. 따라서 집단네트워크에서 힘과 영향력이 단위 참가들에게 기울어지지 않고 네트워크 자체에 집중될 수 있는 조직적 특징을 갖는다.

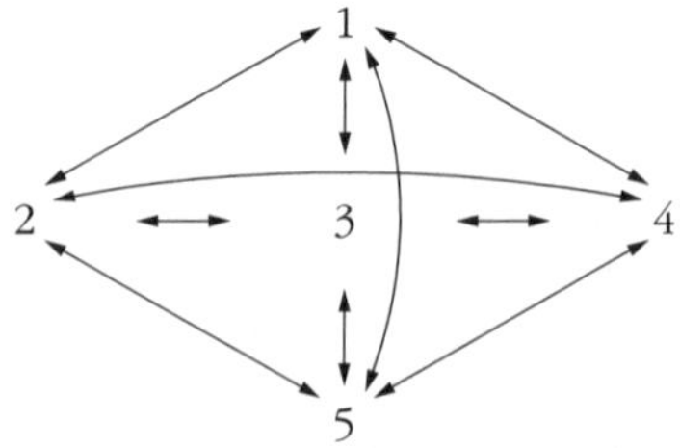

[그림 5-3] 집단네트워크의 예

(5) 분절된 네트워크

분절된 네트워크는 느슨한 연계네트워크의 문제점을 극복하기 위하여 적용될 수 있는 조직과 조직 사이의 상호 행동에 대한 통제가 필요한 경우 네트워크의 관리 측면이 강조되는 유형을 의미한다. 다양한 자원의 교환과 정보의 흐름에 대한 영향력을 강화하여 네트워크 조직들 간의 조화를 보다 강조하기 위하여 네트워크를 관리하고 구성하는 중심적인 조직을 중심으로 네트워크가 형성된다. 즉, 좀 더 강력한 중앙의 통제가 필요한 경우 설계되고 사용될 수 있는 네트워크 유형이라고 할 수 있다. [그림 5-4]에서는 참가자 5가 중앙에 위치하여 네트워크에 영향력을 행사하게 된다.

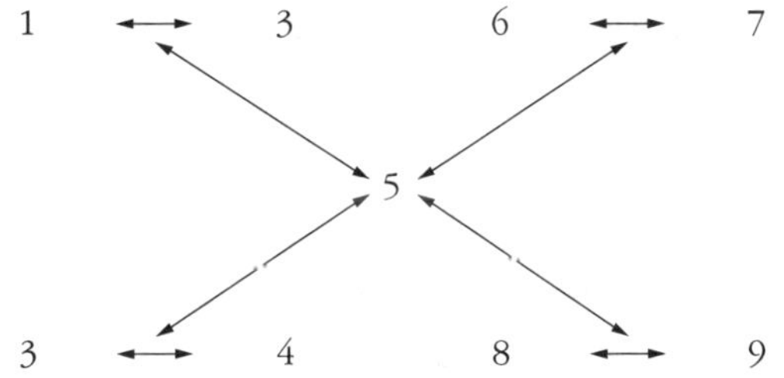

[그림 5-4] 분절된 네트워크의 예

(6) 수평적 네트워크와 수직적 네트워크

수평적 네트워크와 수직적 네트워크는 Warren의 수직적 조직구조와 수평적 조직구조의 개념에 기초한다(지은구, 2003). 네트워크에 참여하는 참가자들의 관계에 의존해서 네트워크는 수평적 네트워크와 수직적 네트워크로 구분되기도 한다. 수평적 네트워크는 같은 지리적 영역을 공유하고 같은 과업 환경을 가지며 같은 지역 안에 위치해 있고 비슷한 결정기구를 갖는 유형인데, 일차적으로 수평적 관계를 유지하는 조직들로 구성되어 있다. 수직적 네트워크는 수직적 구조에 놓여 있는 조직들이 네트워크를 구성하는 것으로서 상위조직이 존재하고 상위조직 밑에 하위조직들이 존재하여 상호의존이 수평적 네트워크보다 약한 특징을 갖는다. 즉, 상위조직의 이익과 관심, 책임 등이 하위조직보다 우위에 있게 된다.

(7) 자발적 네트워크와 의무적 네트워크

네트워크는 네트워크 내·외부에 존재하는 과업과 목표를 정의하고 유지하며 창조하기 위한 권위의 측면에서 자발적 네트워크와 의무적 네트워크로 구분할 수 있다. 자발적 네트워크는 자발적인 참여자들에 의해서 구성되는 유형이며, 네트워크의 권위는 네트워크 내부에서 나타난다. 의무적 네트워크는 의무적으로 참가하는 참여자들에 의해 구성되는 유형이며, 권위는 주로 네트워크 외부에서 나타나게 되어 네트워크 참가자들의 결정 권한이나 책임 등과 관련된 자율성이나 정당성은 보장받기가 어렵게 된다. 특히 의무적 네트워크의 경우, 네트워크의 목적, 구조, 교환의 규정 등은 네트워크 참가자들에 의해서 결정되기보다는 외부에 의해서 결정된다. 그렇기 때문에 의무적 네트워크는 제한된 과업이나 표준화된 과업을 수행하는데 적합한 네트워크로 창의력을 강조하거나 변화 지향적인 네트워크 과업에는 적합하지 않은 유형이라고 할 수 있다. 따라서 자발적 네트워크는 네트워크 내부에 권위가 놓여 있어 창의성이나 혁신을 요구하는 과업에 더 적합한 유형이라고 할 수 있다.

4) 민관협력네트워크의 바람직한 성격

앞에서 살펴본 것처럼 네트워크의 유형은 중앙성과 접근성 그리고 통제와 조정 등의 변수에 의해서 다양한 유형이 존재한다. 민관협력네트워크는 상호호혜, 상호의존, 민주성, 개방성을 중요한 원칙으로 설정할 수 있기 때문에 이러한 원칙을 실현시키면서 가장 효과적인 서비스 전달을 제공할 수 있도록 하는 네트워크의 유형이 필요할 것으로 생각할 수 있다.

주민통합서비스를 제공하기 위해 가장 적합한 네트워크 유형을 민관협력네트워크의 원칙을 적용하면, 먼저 집단네트워크의 유형과 수평적 · 자발적 형태의 유형을 유지하는 것이 가장 바람직할 것으로 생각된다. 이는 다음과 같은 이유 때문이다. 첫째, 민-관의 관계는 힘의 의존이 상존할 수 있는 수직적 관계 또는 중앙으로부터 통제를 받는 위계적 관계(hierarchies)에 있기보다는 수평적 협력체계가 바람직하기 때문이다. 둘째, 의무적 관계보다는 자발적으로 주민생활의 질을 향상시키기 위해 공동으로 노력하는 자발적 소명감에 기초하여 신뢰나 협동이 중요한 가치가 될 것이기 때문이다. 따라서 특정 조직이 다른 조직을 이끌고 통제하는 유형보다는 상호조직주의 관점과 상호호혜가 공존하는 자발적 · 수평적 집단네트워크의 유형이 보다 적합하다고 할 수 있다. 민관협력네트워크의 바람직한 유형을 그림으로 나타내면 [그림 5-5]와 같다.

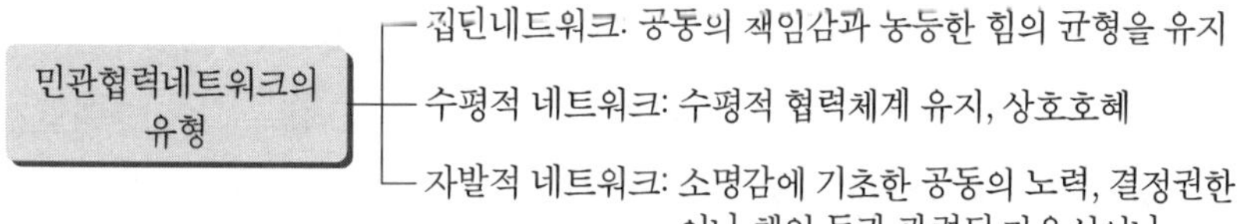

[그림 5-5] 바람직한 민관협력네트워크의 유형 및 속성

4. 사회적 네트워크(연결자본)로서의 민관협력네트워크

1) 사회적 네트워크

사회적 네트워크는 사람, 집단, 조직 또는 사회적 단위들이 자신들의 목적을 성취하기 위해 교환에 개입하고 상호 행동하는 사회적 배열이라고 정

의할 수 있으며, 사회적 네트워크는 결합과 응집을 위하여 사회적 인간적 상호행동을 추구한다(Hardcatle et al., 2004). 사회적 네트워크는 또한 주민이나 조직의 역량강화를 위해 필요한 지지체계로도 볼 수 있다. 즉, 지역 안에서 해결하여야 하는 다양한 문제는 지역주민과 집단 조직의 역량강화에 의해서 극복될 수 있기 때문에 사회적 네트워크를 통해서 지역의 주민과 집단 조직은 역량이 강화된다고 할 수 있다. 역량강화를 단순하게 행동을 하기 위한 능력(Lee, 1994)이라고 정의한다면, 역량강화는 집단적 개인적 행동을 필요로 하고, 집단적 · 개인적 행동을 통한 능력의 고양은 결국 사회적 네트워크를 통해서 이루어질 수 있게 되는 것이다.

2) 사회적 네트워크로서 민관협력체계의 기능

민관협력체계로서 사회적 네트워크는 체계주의 관점에서 하나의 사회적 시스템이며, 사회적 지지체계로서의 역할을 수행하고 사회교환이론 측면에서 사회적 교환을 위한 도구로서 활용되고 조직간 통합을 위한 토대로서 이해된다. 사회적 네트워크의 이러한 기능들을 살펴보면 다음과 같다.

(1) 사회적 지지체계

지역주민에게 통합된 서비스를 제공하기 위해 구축되는 사회적 지지체계로서 네트워크는 지역주민의 욕구를 성취할 수 있도록 지역주민의 역량을 증가시키는 하나의 도구로서 작동한다는 것을 의미한다. Whittaker 등(1983)은 사회적 지지를 지역주민이 매일의 삶에 대처하기 위한 노력을 강화시키는 지원을 제공하고 돌봄과 배려의 영속적인 유형을 제공하는 하나의 집합체라고 정의하였다. 또한 Shumaker와 Brownell(1984)은 사회적 지지를 클라이언트의 삶의 질을 개선시키기 위해 의도된 조직과 조직 사이의 자원의 교환이라고 인식하였다. 따라서 사회적 네트워크로서 사회적 지지체계는 지역주민을 위한 지원체계를 의미한다고 할 수 있다. 조직이나 집단에게 구체적으로 지원되는 사회적 지지는 일반적 사회적 지지와 구체적 사회적 지지로 나누어질 수 있는데, 일반적 사회적 지지는 소속감이나 수용 그리고 돌봄 등의 지지를 제공하는 것으로서 조직과 조직 간의 사회적 통합과 감정적 지지를 증진시키는 역할을 수행한다. 구체적인 사회적 지지는 존중이나 격려 그리고 구체적인 정보와 물질적 지원 등을 포함한다 (Hardcatle et al., 2004).

(2) 사회적 시스템

사회적 지지체계로서의 네트워크는 하나의 조직으로 공유된 목적을 성취하고 충족시키기 위한 교환에 개입하고 상호 행동하는 개인, 집단, 또는 조직들로 구성된 하나의 사회적 체계라고 할 수 있다. 체계적 관점에서 네트워크는 다양한 사회적 정황에 놓여 있게 되며, 특히 사람과 사람 사이의 조직과 조직 사이의 또는 기관과 기관 사이의 관계나 정황에 놓여 있게 된다. 따라서 사회적 체계로서 네트워크는 교환을 위해 조직의 자원을 연계시켜 주는 역할을 수행하게 된다.

(3) 사회적 교환을 위한 도구(또는 구조)

사회교환이론에 따르면 네트워크는 개인과 개인, 집단과 집단, 조직과 조직 사이의 자원의 교환을 위해 존재하는 공간적 영역을 제공하며, 사회적 교환을 위한 도구로서의 역할을 수행한다. 네트워크는 기본적으로 다른 사람이나 집단 또는 조직과의 사회적 관계를 유지하고 건설하기 위해 필요한 도구로 존재하기 때문에 사회적 교환을 위한 하나의 구조를 제공하게 된다. 따라서 민관협력체계라는 사회적 네트워크 안에 소속되어 있는 조직과 조직들 간의 클라이언트를 포함하는 인적 · 물적 자원의 교류를 통해 서비스의 중복을 막고 한정된 자원으로 최대의 조직 효과성을 성취하는 것이 가능해진다.

(4) 통합된 연합구조

사회적 네트워크는 하나의 개인이나 집단 또는 조직이 제공하는 사회복지서비스나 재화를 가지고 다양한 욕구를 가진 클라이언트나 지역주민의 욕구를 해결할 수 없기 때문에 나타난 사회적 체계다. 따라서 사회복지사나 조직들이 다양한 재화나 서비스를 제공하여 다양한 욕구에 있는 지역주민에게 통합된 서비스가 제공될 수 있도록 하는 하나의 통합된 연합구조(또는 통합을 위한 토대, integral building block)로서 기능하게 된다.

5. 사회적 자본과 네트워크

사회적 자본(social capital)과 네트워크가 지역사회를 발전시키는 데 중요한 개념으로 등장하고 있다. 사회적 자본은 네트워크와 함께 지역사회에서 매우 효율적인 기능을 한다. 즉, 사회적 자본과 네트워크가 지역사회발전을 위한 중요한 동력으로서 중요시되고 있다. 특히 사회적 자본을 구성하는 중요한 요인들 중 하나로 네트워크가 강조되며, 많은 학자들은 네트워크의 건설이 사회적 자본을 구축하는 데 중요한 요소임을 강조하고 있다. 예를 들어, Putnam(2000)이 강조하였던 사회적 자본을 구성하는 결합자본(bonding capital)과 연결자본(bridging capital)은 바로 네트워크를 강조하는 개념이라고 할 수 있다. Keys 등(1996)과 Powell(1990), Cohen과 Prusak(2001) 등은 모두 네트워크를 사회적 자본을 구성하는 중요한 요소라고 강조하였다.

사회적 자본이란 사회경제적 개념으로서 Hanifan(1916, 1920)에 의해 처음 소개되어 Jacobs(1961), Bourdieu(1983), Coleman(1988), Putnam

(1995) 그리고 Fukuyama(1999) 등의 학자들에 의해서 개념화되고 발전되었다. Bourdieu(1983)는 세 가지 상이한 유형의 자본을 첫째, 경제적 자본, 둘째, 문화적 자본 그리고 세 번째 사회적 자본이라고 분류하였으며, 사회적 자본을 상호인식과 인지의 다소간 제도적인 관계가 영속적인 연계의 소유에 연결되어 있는 실제적이고 잠재적인 자원의 총체라고 정의하였다. Putnam(1995)은 사회적 자본을 모든 사회적 연계의 집합적인 가치이고 서로 무엇을 하기 위해서 이 연계로부터 일어나려는 경향이라고 정의하면서 사회적 자본으로 신뢰와 협동을 강조하였다. 특히 그는 사회적 자본을 두 가지 유형으로 구분하였는데, 첫 번째 유형의 사회적 자본은 이미 알고 있는 사람들을 더욱 가깝게 하는 결합자본이고, 또 다른 하나의 유형은 잘 알지 못하는 사람을 함께하도록 하는 연결(또는 교량)자본이다. 이러한 결합자본과 연결자본을 구성하는 요소로 네트워크가 강조되고 있다. 따라서 지역사회의 역량을 강화시키는 데 개인 간의 신뢰와 협동이라는 사회적 자본을 통해서 지역주민을 결합하고 교량역할을 하는 네트워크가 지역사회의 역량을 강화하고 발전시키는 하나의 토대를 형성한다고 할 수 있다. 그리고 Powell(1990)은 조직의 경제적 측면을 설명하면서 조직의 한 유형으로 네트워크가 기업들 간의 사회적 자본의 개념을 주목할 수 있도록 하는 실행적 방식이며, 경제적 구조 안에서 생산을 위한 효율적 조직임을 강조하였다.

Keys 등(1996)은 제도적 네트워크(institutional network)로서 사회적 자본은 상호호혜, 신뢰, 순응 그리고 유연성을 의미한다고 강조하여, 제도적 네트워크가 사회적 자본임을 주장하였다. Fukuyama(1999)는 사회적 자본이란 두 사람 이상의 개인 사이에 협력을 증진시키는 입증된 비공식적 규범이라고 정의하였다. Briggs(1998)는 사회적 자본이 지렛대이며 사회적 지지라고 강조하였다. 그에 따르면, 지렛대는 사회문제를 해결하기 위해 다른 사람들을 개입하게 하는 능력이고, 사회적 지지는 문제해결을 위해 다른 사람이 당신을 돕는 것이다. 그리고 Cohen과 Prusak(2001)은 사회적 자본을 구성하는 구성요인으로 신뢰, 상호이해 그리고 네트워크와 지역의 구성원들을 함께 묶고, 가능하다면 집합적 행동을 할 수 있도록 하는 공유된 가치와 행동 등이 포함된다고 하였다. 사회적 자본을 구성하는 구성 요소들에 대해 정리하면 〈표 5-2〉와 같다.

〈표 5-2〉 사회적 자본의 구성 요소

학자	사회적 자본의 구성 요소
Putnam(1995)	신뢰, 협동, 장기적 관계
Briggs(1998)	사회적 지지와 지렛대
Keys, Schwartz, Vidal과 Bratt(1996)	장기적인 신뢰와 관계, 공유된 비전, 상호이익에 대한 경제적 보상, 재정적 연관
Cohen과 Prusak(2001)	신뢰, 상호이해, 공유된 가치와 행동, 네트워크

결국 사회적 자본이란 신뢰, 제도, 사회적 규범, 사회적 연계망(social network), 공유된 사고 그리고 한 사회 안에서 사회 구성원들의 상호 행동을 형성하는, 번영을 위한 개인적 · 집합적 생산의 자산으로 정의될 수 있다. 경제적 자본 또는 물질적 자본이 물질적 대상과 연관이 있고 인간자본이 개인의 속성과 연관이 있다면, 사회적 자본은 사회 구성원 개개인에게서 일어나는 신뢰, 상호호혜의 규범, 공유된 가치, 사회적 연계 등의 지역주민 개개인의 상호연계와 연관이 있음을 알 수 있다.

사회적 자본의 축적과 발전이 집합적 의미에서 지역사회에 직접적으로 도움이 된다는 것은 다음과 같은 이유 때문이라고 할 수 있다.

첫째, 사회적 자본은 개인이 더욱 쉽게 집합적인 문제를 해결하는 것을 허락하기 때문이다. 이는 만약 개인이 상호협력을 한다면 더 나은 지역사회의 번영이 올 것이라는 전제에 기초하기 때문이며, 이러한 집합적 지역사회의 번영은 지역사회의 역량강화에 기초를 제공한다고 볼 수 있다.

둘째, 사회적 자본은 지역사회가 잘 기능할 수 있도록 바퀴에 기름을 치는 것과 같은 역할을 하기 때문이다. 개인이 상호신뢰하면 모든 기업이나 경제 활동 등의 모든 사회적 거래는 더 낮은 비용으로 더 잘 돌아갈 것이며, 이러한 경제적 측면에서의 발전은 지역사회의 역량강화를 위한 경제적 기초를 제공하게 된다.

셋째, 사회적 자본은 다른 사람들과의 상호호혜적이고 신뢰를 바탕으로 하는 연계를 강조하기 때문에 지역사회의 구성원이 전체 지역을 위해 선(good)을 행할 수 있는 성격을 유지시키고 발전시키도록 하며, 이러한 지역주민의 선을 향한 인식은 지역 전체의 역량을 강화시키는 문화적 기초를 제공한다.

Putnam(2000)은 사회적 자본이 지역사회에 가져다주는 혜택을 다음과 같이 정리하였다.

첫째, 아동의 발전이 사회적 자본에 의해서 개발된다. 가족, 학교, 동료집단 그리고 지역 안에서의 신뢰, 네트워크, 상호호혜의 규범 등은 아동의 선택과 기회에 영향을 미치고 그리고 그들의 행동과 개발에 영향을 준다.

둘째, 더 깨끗한 공공장소, 더 친절한 사람, 보다 안전한 거리를 만드는 데 사회적 자본이 일조함으로써 범죄율의 감소, 빈곤의 감소 등에 영향을 미친다.

셋째, 신뢰와 사회적 연계가 번창하는 곳에서는 개인, 기업, 나아가 국가가 번창하기 때문에 사회적 자본이 사회경제적 불이익을 완화시키는 역할을 담당한다.

넷째, 사회적 자본이 사람이 더 좋은 건강을 유지하도록 도움을 주기 때문에 사회적 지출을 줄이는 역할을 한다. 이는 혼자 활동하고 혼자 생각하고 혼자 생활하는 것보다 함께 행동하고 함께 생활하고 함께 행동하는 것이 정신건강이나 신체건강을 위해서 훨씬 더 좋기 때문이다.

불신과 반목의 연속 그리고 파괴적 의미의 갈등은 지역의 역량을 약화시키고 경제성장을 위한 사회적 지출을 증대시키며 결국 사회경제적 불안을 가져다주지만, 사회적 자본이 확충된다면 이러한 사회적 지출이 사라지게 되어 더욱 안정적인 지역사회 발전을 추구할 수 있게 되어 지역사회의 역량은 강화되게 된다. 또한 Fukuyama(1999)는 사회적 자본을 확충시키는 방법으로 국가는 간접적으로 사회적 안전망과 같은 사회복지재화와 서비스 등의 필요한 공공재를 효과적으로 제공함으로써 사회적 자본의 창출에 기여할 수 있다고 강조하였다.

결국 사회적 자본의 확충, 즉 지역사회의 성원들이 공유된 가치를 추구하고 상호호혜에 기초하여 행동하고 상호 신뢰하며 집합적 행동을 추구하고 사회적 지지가 확산하게 된다면, 지역사회의 역량은 경제적 토대의 확충과 공유된 도덕적 · 사회적 가치의 확산으로 강화될 것이다. 사회적 자본의 형성과 사회적 지지체계로서의 사회적 지지네트워크 건설, 지역사회 발전의 관계를 그림으로 나타내면 [그림 5-6]과 같다.

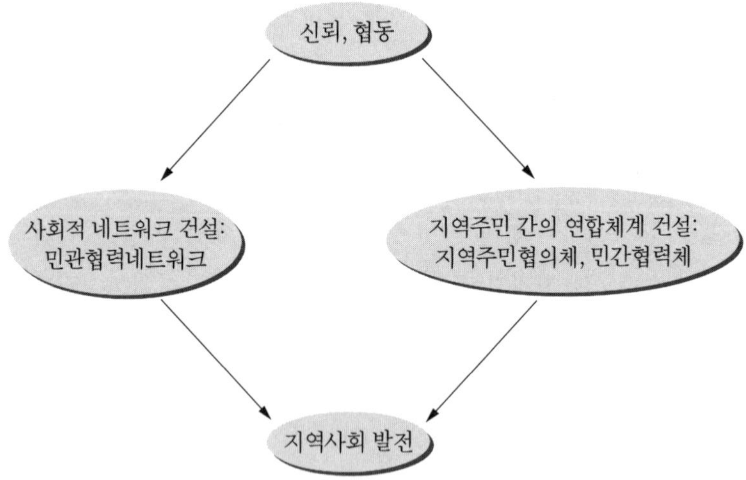

[그림 5-6] 사회적 자본을 통한 지역사회 발전(주민통합서비스의 실현)

6. 협력체계 구축을 위한 민간과 공공의 역할

민관협력네트워크의 기본적인 역할은 민-관 사이의 협력네트워크 구축을 통한 지역사회 역량의 강화에 있다. 이는 민관협력네트워크 자체가 바로 민관파트너십을 기초로 하는 협력체계임을 의미한다. 민관협력네트워크가 민관협력체계로서의 역할을 수행하기 위해서는 앞에서 지적한 것처럼, 기본적으로 설정된 원칙(상호의존의 원칙, 상호호혜의 원칙, 민주성의 원칙, 개방성의 원칙, 예산 적절성의 원칙)을 견지하여야 하며, 이에 덧붙여 민간과 공공은 나름대로의 역할을 충실히 수행하여야 한다. 특히 현실적으로 구성되어 있는 민간조직과 공공조직 사이의 힘의 불균형관계를 극복하기 위해 힘의 세력화는 필연적이다. 공동협력을 위한 협의체제가 구축되고 원활히 움직이기 위해 민과 관이 수행해야 하는 역할을 구분하면 다음과 같다.

1) 민간조직의 역할

민관협력네트워크가 지역 중심의 문제해결 구조 및 의사결정 구조를 확보하기 위해서 민간의 역할은 협의체에 힘을 실어 주는 사회적 지지 세력의 역할과 주체적 운영 세력이라는 역할을 충실히 수행하여야 한다. 따라서 민간은 민관협력네트워크의 구축을 위하여 지역으로부터 사회적 지지 세력을 확보하는 것을 가장 중심적인 과제로 삼아야 한다. 민관협력네트워크의 운영에 영향을 주거나 받을 수 있는 민간 측면에서의 직접적 이해 관련 당사자들은 자원봉사자와 서비스대상자를 포함하는 지역주민, 사회적 서비스를 제공하는 민간조직이나 단체에 근무하는 직원 또는 관리자 등을 들 수 있다.

정부조직과의 상호협력체제로서 민관협력네트워크가 성공적으로 운영되기 위해서 이해 관련 당사자들이 몸담고 있는 민간조직들은 자체적인 성공 토대를 형성하고 있어야 하며, 이러한 토대는 바로 힘의존이론에서 강조하였던 구체적인 행동 대안으로서, 첫째, 지역 민간조직들 간의 협력네트워크의 건설과, 둘째, 사회계획화모형에 덧붙여 상호행동모형의 적절한 사용이라고 할 수 있다. 따라서 민간 측면에서 민관협력네트워크가 성공적으로 운영되기 위해서 지역 민간조직네트워크의 건설과 참여는 필수적이며, 지역주민의 참여와 사회행동모형을 강조하는 시민사회단체들의 참여도 필수적이라고 할 수 있다. 민간부문을 대표하는 조직은 민간조직과 시민사회운동조직 또는 민간사회복지조직들로 구성될 수 있으며, 이들은 모두 민관협력네트워크 운영의 주체가 되는 세력이다. 따라서 지역주민과 사회단체 그리고 사회복지단체는 삼각협력체제로서 상호협력과 제휴 그리고 사회행동전략과 전술을 적절히 사용하여 정부조직과 힘의 균형을 유지하여야 하며, 이러한 힘의 균형은 결국 정부조직과 민간조직이 참여하는 민관협력네트워크를 성공적으로 운영하도록 한다.

민관협력네트워크의 안정적인 운영과 발전을 위해서 삼각협력체제의 구축이 기본적 전제가 된다고 볼 수 있으며, 이러한 삼각협력체제 구축을 위해서는 신뢰와 상호협조를 바탕으로 하는 사회적 자본을 형성하기 위한 다양한 시도가 필수적이다. 신뢰와 협조를 근간으로 하는 삼각협력체제(민간협력네트워크) 또는 협력네트워크체제를 구축하기 위한 민간의 역할은 다음과 같이 구분할 수 있다([그림 5-7] 참조).

- 민관협력네트워크 발전 강화를 위한 민간사회조직의 역할: 민관협력네트워크 운영 세력이자 사회적 지지 세력
  - 지역 역량강화를 위한 전문성 확보 방안 구축과 실행 및 전략적 기획안 구성

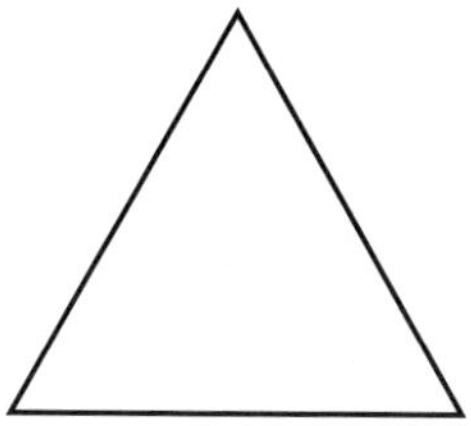

[그림 5-7] 지역주민, 시민사회단체, 사회복지단체의 삼각협력체제(민간협력네트워킹)

- 지역주민으로부터의 지지를 확보하기 위한 사회적 마케팅의 강화 방안 구축과 실행
- 지역주민의 조직화 사업 참여 유도
- 지역주민의 자존감, 자기확신, 개인의 태도 변화, 지식이나 기술 확보 등의 인적 자본의 확충을 위한 프로그램의 개발과 시행

• 민관협력네트워크 발전 강화를 위한 시민사회단체의 역할: 민관협력네트워크 운영 세력이자 사회적 지지 세력

- 중앙과 지방정부의 복지시책 검토 및 감시
- 물적 · 인적자원 확보(회비나 회원의 확보)를 위한 다양한 마케팅의 강화
- 지역포럼 등 지역주민이 의사를 결정하고 논의할 수 있는 학습 및 논의의 장 제공
- 지역복지 확대 발전에 영향을 미칠 수 있는 여론 주도 세력의 육성 및 교육
- 민간조직과의 보건복지계획의 상호협력 및 자체적인 기획 능력 제고를 위한 지식과 기술 습득

2) 공공의 역할

민관협력네트워크의 발전과 안정적 운영을 위한 공공의 역할은 주체적 지원 세력이라는 것과 운영 세력이라는 이중의 역할을 충실히 수행하는 것에 있다. 공공의 측면에서 민관협력네트워크의 직접적인 이해관련 당사자는 중앙정부라기보다는 시 · 군 · 구 등이 기초지방자치단체이며, 그중에서도 복지 관련 업무를 관장하는 사회복지전담공무원을 포함한 행정직 공무원들이라고 할 수 있다. 특히 민관협력네트워크는 시 · 군 · 구 수준에서 이루어지기 때문에 전국 시 · 군 · 구 복지 관련 업무부서가 직접적인 이해 관련 당사자라고 할 수 있다. 민관협력네트워크의 전체적인 운영에 책임이 있는 중앙정부와 직접적 운영에 책임이 있는 시 · 군 · 구 지자체의 역할은 다음과 같이 구분할 수 있다.

- 중앙정부: 민관협력네트워크 지원 세력
  - 협력네트워크의 안정적 운영을 위한 법적 · 제도적 · 인적 · 물적 지원 방안 구축과 지원
  - 지방정부와 민관협력 발전을 위한 협력(task force)시스템 구축 및 운영
  - 민간조직 행정가들이 참여하는 민관협력을 위한 포커스 집단 참여
  - 협력네트워크의 관리에 대한 총괄적 평가, 감독, 지원체제 구축 및 운영
- 지방자치단체(시 · 군 · 구): 민관협력네트워크 운영 세력
  - 지자체 자체적인 협력네트워크 운영에 대한 기획 및 협의
  - 상호의존과 협력 형성을 위한 지자체 차원에서의 제도적 · 법적 규정 확립 및 행정적 지원체제 구축
  - 민관협력을 위한 포커스 집단(focus group)으로의 적극적인 참여

- 민관협력네트워크의 안정적 운영을 위한 지자체 차원에서의 인적 · 물적 자원 제공
- 지역주민으로부터의 민관협력체 구성의 지지를 확보하기 위한 사회적 마케팅의 강화 방안 구축과 실행

이와 같은 민간과 공공의 역할은 민관협력네트워크의 성공적 정착과 안정적 운영을 위한 필수적인 요소이다. 지역주민, 비영리사회복지조직(NPO) 그리고 비정부조직(NGO)을 중심으로 하는 민간협력체제와 중앙정부와 시 · 군 · 구 지자체의 공공부문 그리고 협의체의 실질적인 운영 당사자인 협력네트워크조직은 협력과 합의의 의사조정기구로서 [그림 5-8]과 같이 삼각협력체제(triangulation system)를 구축하게 된다.

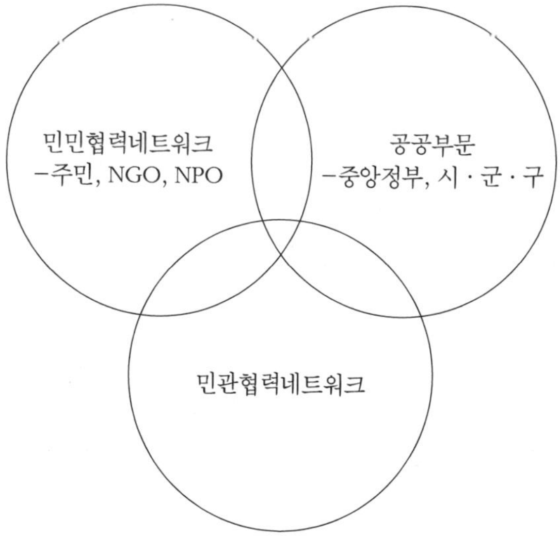

[그림 5-8] 민간 · 공공 · 민관협력네트워크의 삼각협력체제

제6장

외국의 민관협력 사례

김신렬 · 강창현 · 함철호

1. 미국의 민관협력 사례

1) 민민협력체계 구축 사례

미국의 민민협력체계의 역사는 민간복지기관이 역사만큼이나 오래된 것으로 보인다. 미국의 민민협력체계의 특성은 연계 내지 협력의 필요성에 따라 그 형태 및 크기가 다양하다. 민민협력체계의 대표적 유형은 별도의 대표기관을 중심으로 필요 기능에 따라 모여진 중심화된 통합모형의 네트워크 구조 형태를 들 수 있다. 이때의 대표기관은 협력을 목적으로 새로이 발생하고 자생적으로 유지된다.

민민협력체계의 유지 방법은 첫째, 협력체계 내의 개별 기관들이 정기적으로 지불하는 회비(membership-fee)로 유지하는 방법, 둘째, 공공 분야의 지원금(local/state/federal government grant)으로 유지하는 방법, 셋째, 민간재단(privatefoundation)으로부터 지원받는 지원금(grant)으로 유지하는 방법 등이 있으며, 대체로 이 세 가지 방법을 모두 사용하고 있다.

미국의 민민협력체계의 구성과 기능을 보면 현재 우리나라의 지방자치단체에 구성되어 있는 시 · 군 · 구 지역사회복지협의체 형태와 유사한 것으로도 파악될 수 있으나, 다른 부분도 상당히 있는 것으로 보인다. 협력체계 자체가 일반민간기관의 직 · 간접적인 자문기관으로서의 독자적 역할을 수행하고 있는 점이나 협력체계 자체가 고유의 기관을 형성하고 그들만의 사업을 수행하고 있는 점들은 독특한 특성으로 볼 수 있다.

미국의 민민협력체계가 기능적으로 충분한 역할을 수행해 나갈 수 있는 것은 협력체계가 별개 유형의 비영리기관화되어 있으므로 독자적인 의사결정 구조를 갖고 있고, 체계 유지를 위한 다양한 자원들이 공공 및 민간부문으로부터 조달되어 쓰이고 있다는 점으로 판단된다.

특히 의사결정 구조와 관련해서는 협력체계의 이사회의 구성과 이들의 역할이 형식적이지 않고 실질적으로 운영되는 점 등 구성면에서도 이해관계 당사자들 대표(stakeholder)들이 고루 참여하고 있는 것이 특징이다(예, UNH의 경우, 지역사회의 전문 경영인이나 대학의 연구진 그리고 회원 기관 대표들의 세 부분으로 구성). 다음의 예는 그러한 민간부문의 협력 형태를 보여주는 것이다.

(1) 뉴욕의 지역사회센터연합(United Neighborhood House of New York: UNH)[1)]

① UNH의 구성

UNH는 뉴욕시에 있는 35개의 인보관(Settlement House)들과 지역사회복지관이 네트워크를 형성하며 만들어진 비영리기관으로서 1919년에 처

1) 보다 자세한 내용은 http://www.unhny.org/about/index.cfm을 참조하라.

음 만들어졌다. 주로 이민자를 대상으로 활동하는 지역사회 조직들이 회원 자격을 갖는 형태로 만들어졌다. 이 기관의 연간 지출예산 규모는 지난 2004년의 경우 307만 6,275달러(한화 약 30억 원)였으며, 상주 직원만 모두 21명이며 인턴사원 4명이 일하고 있다.

② UNH의 임무

지역사회센터연합의 주요 임무(mission)는 다음과 같다.

첫째, 저소득 및 중산층 지역주민과 이들이 살고 있는 지역사회에 영향을 미치는 중요한 정책들을 쟁점화시켜 공공복지정책(public policy)에 대한 영향력을 증대시킨다.

둘째, 지역사회주민과 UNH 회원 기관들과의 원활한 의사소통을 도모하거나 회원 기관들의 역량을 강화한다.

셋째, UNH 회원 기관들이 질적으로 우수한 서비스 및 프로그램을 제공할 수 있도록 필요한 자원과 능력들을 개발하고 운영할 수 있도록 돕는다.

③ UNH의 주요 역할

UNH는 주로 일선 직접서비스 제공 기관들이 자체적으로 할 수는 없으나 관련 정책의 변화를 위해서 반드시 필요한 일들을 수행하는, 다음과 같은 역할을 한다. 첫째, 저소득 및 중산층 지역주민에 대한 교육을 통해 지역주민의 권리 증진, 둘째, 청소년의 민주사회 시민의식 고양을 위한 프로그램의 운영, 셋째, 근로자 최소임금액 수준을 높이기 위한 정책 캠페인 실시 등이다.

④ UNH의 네트워크 회원 기관 역량강화를 위한 노력

• 회원자격 갱신(Membership Review) 프로그램
  - 회원 기관의 자격 요건 마련과 자체 평가(매 5년)을 통한 회원 자격 유지
  - 요구 기준들: 기관의 임무, 목적 및 철학과 관련한 규정 사항(4개 항

목), 비영리기관으로서의 법률적 구성 요건 관련 사항(7개 항목), 이사회의 구성 및 운영 관련 사항(12개 항목), 기관 운영 및 프로그램 평가 관련 사항(4개 항목), 운영 프로그램 및 서비스 관련 사항(4개 항목), 재정 및 회계 관련 사항(15개 항목), 기관 직원 관련 사항(12개 항목), 기관의 설비 및 기술 관련 사항(4개 항목) 등 모두 62개 항목별로 평가를 실시하고, 기준에 미달되는 경우 UNH와 해당 기관이 함께 부족한 부분을 개선 내지 확충해 나갈 수 있도록 노력함으로써 회원 기관의 역량을 강화해 나갈 수 있도록 돕는 말 그대로 '기관의 기관' 역할을 당당함

- 회원 기관들의 직원을 위한 교육 장학 사업
  - 지난 2004년 한 해 동안 모두 51명의 회원 기관 직원에게 적게는 500달러에서 많게는 5,000달러 정도의 장학금을 본인의 재교육(대학원/대학 기타 본인의 일과 관련한 재교육) 관련 혜택 부여

- 회원 기관들의 정기적 회의
  - 회원 기관의 운영책임자(Executive Director; 우리의 관장과 유사)들이나 중간 관리자급으로 구성된 정기적인 모임의 자리가 별도로 있어서 지역사회의 주요 재정 지원자들, 예를 들어 각종 민간 사회복지 재단(Private Foundation)의 관계자들이나 뉴욕공동모금회(United Way of New York) 관계자들과의 만남을 통해 재정지원과 관련한 다양한 정보를 공유하거나 자신들이 가진 정보 · 지식 · 기술까지도 서로 나누는 계기 마련

- 기타 사업
  - 회원 기관이 실시하고 있는 프로그램의 적절한 평가 방법을 개발 · 보급
  - 해당 지역사회의 욕구 조사를 통한 적절한 새로운 프로그램 개발 · 보급

-회원 기관의 운영이나 재정 등과 관련한 노하우 전수

(2) 워싱턴 D.C. 지역사회가족지원협의체(Neighbor-hood-based Collaboratives in the District of Columbia) 구성

미국의 수도 워싱턴 D.C.에는 모두 7개의 지역사회가족지원협의체가 있다. 이들 협의체는 워싱턴 D.C.를 모두 7개 지역으로 구분하고 지역사회의 가족 관련 문제를 해결하기 위해 지역마다 고유의 목적을 갖는 지역사회가족지원협의체를 구성하여 운영하고 있으며, 그 종류는 〈표 6-1〉과 같다(Ward는 소선거구에 해당).

〈표 6-1〉 워싱턴 D.C. 지역사회가족지원협의체

가족지원협의체 이름	해당 지역
Columbia Heights & Shaw Family Support Collaborative	Ward 1
East River Family Strengthening Collaborative	Ward 7
Edgewood/Brookland Family Support Collaborative	Ward 5
Far Southeast Family Strengthening Collaborative	Ward 8
Georgia Avenue/Rock Creek East Family Support Collaborative	Ward 4
North Capitol Collaborative, Inc.(focusing on child abuse and neglect)	Ward 1
South Washington/West of the River Family Strengthening Collaborative (focusing on child abuse and neglect)	Ward 5

이는 1996년 워싱턴 D.C.의 아동 및 가족서비스 부서(Child and Family Services Agency: CFSA)가 지역사회에 기반한 가족지원체계를 설계하고 적용하기 위해 지역사회 차원의 협력을 위한 노력들을 진작시키기 위해 마련한 기금(planning grant) 조성에서 비롯되었다. 따라서 이들 협의체는 무엇보다도 공공이 주도하여 만든 협의체의 성격을 갖는다고 볼 수 있다.

주요 사업, 프로그램 그리고 협의체 구성 기관이나 종류 등은 각 7개 지역별 협의체에 따라 차이가 있으나, 대체적으로 지역사회의 빈곤한 가족과 아동에 관심이 있는 기관(예, Columbia Heights & Shaw Family Support

Collaborative의 경우에는 지역주민모임의 지도자, 교회, 학교, 민간단체, 아동발달센터, 아동배치기관, 가족자원센터, 지역사회개발센터, 응급지원센터, 위탁부모모임 등 약 25개 지역사회 조직)들과 지역사회에 거주하는 개인 모두를 구성 회원으로 받아들여 관련 서비스의 중복 제공을 방지하고, 여러 가지 교육 프로그램을 개발하는 한편 기관끼리의 연계체계도 구축하고 있다.[2)]

또한 7개의 협의체 대표들로 구성된 협의회(Healthy Families/Thriving Communities Collaborative Council[the Council])가 별개로 구축되어 적극적으로 운영되고 있으며, 이 협의회는 다음과 같은 업무를 담당하고 있다.

첫째, 자치단체 관련 부서와의 협력으로 지역주민생활서비스의 확대(Working with CFSA to expand neighborhood services to families), 둘째, 협의회를 대표한 지방정부 및 연방정부의 정책결정권자들에 대한 옹호 활동(Advocating on behalf of the Collaboratives to local and federal policy makers), 셋째, 워싱턴 D.C.의 공공기관들과의 협력 촉진(Facilitating partnerships with District public agencies), 넷째, 협의회 소속 협의체들에 대한 교육 제공과 기술 지원(Providing training and technical assistance to the Collaboratives), 다섯째, 문서화(Documentation), 질적 제고를 위한 평가(quality assurance evaluation), 여섯째, 펀드 확충(Raising funds)과 협의체의 활동 지원을 위한 자원차입(leveraging resources to support the work of the Collaboratives) 등이다.

(3) 조지아주의 지역사회 차원의 가족연결(Family Connections) 협력지원체계 구축

미국의 가족지원서비스전달체계의 다양한 유형 가운데는 지역사회의 대

---

2) 보다 자세한 활동에 대해서는 http://www.dccollaboratives.org/ 또는 http://www.ebfsc.org/를 참조하라.

표들을 하나로 모아 그 지역사회가 필요로 하는 가족지원 관련 서비스의 종류나 내용들을 계획하고 조직화하는 간접적 지원 형태를 띠는 유형이 있는데, 조지아(Georgia)주의 사례가 여기에 해당한다.

조지아주의 경우 주정부가 먼저 중심이 되어서 모두 148개의 지역사회 차원의 가족연결협력지원체계를 만들었다. 각 지원체계에는 가족, 학교관계자, 보건전문가, 대인서비스제공기관 대표, 지역사회의 일반 사업가(business) 그리고 지역사회 대표자들로 구성되어 아동 및 그들의 가족들을 위한 서비스들을 향상하기 위한 방법 등을 모색하고자 노력[3]하고 있다.

2) 민관협력체계 구축 사례

미국의 민관협력체계는 민민협력체계보다는 그 역사가 오래되지 않을 뿐만 아니라 그 종류도 다양하지 못하다. 그나마도 현재 있는 민관협력의 형태는 사회복지 대상(아동, 노인 등)별 협력체계를 형성하고 있는 것을 알 수 있다. 다음의 예는 아동보호와 관련하여 미국 정부가 1990년대 후반 이후 보여 온 주(State) 내지 지역 단위의 민관파트너십의 전형적인 사례다.

(1) 아동양육 관련 민관협력 프로젝트(Public-Private Child Care Partnership Project)[4]

① 아동양육을 위한 민관협력의 배경

그동안 미국에서는 아동 보호 및 양육(Child Care)에 필요한 시설을 갖추는 것은 정부, 고용주, 가족 모두에게 시급한 과제였다. 정부의 관련 예산

---

3) 보다 자세한 내용은 http://www.gafcp.org/whoweare/whoweare.htm을 참조하라.

4) 보다 자세한 내용은 http://nccic.org/ccpartnerships/home.htm을 참조하라.

도 지난 십수년간에 걸쳐 5억 달러에서 30억 달러까지 증가하였음에도 불구하고 실질적인 수요에는 부응하지 못하였다.

이에 1997년 10월 아동양육을 위한 백악관 회의(White House Conference on Child Care)를 통해서 공공과 민간의 파트너십을 통한 아동보호와 관련한 자원 및 노하우들을 개발·보급하고자 하는 노력이 시작되었다. 현재에도 많은 주들(States)과 지역사회들이 이러한 민관파트너십 프로젝트에 참여하고 있고, 특히 미국의 보건복지부(U.S. Department of Health and Human Services)에서는 그 하부조직인 아동양육부(Child Care Bureau)를 통해 아동양육 관련 민관협력 프로젝트(The Child Care Partnership Project [Contract No. 105-97-1604])를 구축하고 적극적으로 시행하고자 노력하고 있다.

특히 이러한 민관파트너십 형성 프로젝트는 각 주정부의 아동보호 담당자들에게 기업체, 자선단체, 민간복지서비스 제공 기관들과의 협력체계를 형성하고 유지하는 데 필요한 정보와 기술적 지원을 제공하는 데에도 많은 기여를 하였다고 한다.

② 민관파트너십의 정의

민관아동보호 파트너십이란 지역사회 구성원들, 정부기관들과 민간부문 기관들이 함께 참여하여 해당 주나 지역사회의 아동과 그 가족들의 욕구를 해결하기 위해 필요한 능력을 향상시키고자 만든 것이다. 따라서 개별 파트너십은 그 구성과 그것을 지원하는 자원에 있어서도 독특한 형태를 가지며, 모든 협력을 구성하고 있는 개별 구성원(Partnership Member)들은 파트너십 목적 달성에 필요한 시간, 재정 지원, 또는 개별 능력을 토대로 나름의 기여를 하고 있다.

이러한 공공과 민간 간 파트너십(Public-private partnerships)은 연방정부, 주정부 혹은 지방자치단체나 기관 등의 공공 분야 종사자들(공무원들)

이 공동의 목적 달성을 위해 가족, 고용주, 봉사단체, 여론기관, 시민사회단체 및 민간 분야 사회복지서비스 제공 기관들과 더불어 함께하는 것을 말한다.

이러한 민관파트너십은 비록 개별 파트너십마다 차이가 있지만, 다음과 같은 공통적 성격을 갖고 있다.

첫째, 민간부문과 공공부문이 파트너로서 함께한다. 둘째, 파트너들은 공동의 목적과 목표 달성을 위해 함께 일한다. 셋째, 개별 파트너들은 파트너십에 필요한 시간, 돈, 특기 또는 자원들을 의무적으로 제공한다. 넷째, 개별 파트너들은 파트너십을 통한 사업 수행에 필요한 모든 의사결정과 관리에 대한 책임도 함께 한다.

③ 민관파트너십의 구성 주체 및 유형

민관파트너십을 구성하고 있는 구성 주체들은 파트너십 구성 목적이나 파트너십이 발휘되는 지역에 따라 다양하지만, 대체로 〈표 6-2〉와 같은 구성체들을 포함하고 있다.

〈표 6-2〉 협력의 구성체들

협력 구성 주체들	Colleges/Universities, Employers, Community Development Corporations, Community Organizations, Financial Institutions, Foundations, Resource and Referral Agencies, Schools

민관파트너십의 유형은 그 협력 구성 목적이나 지리적 위치에 따라서 다양하게 존재하며 그 구체적인 유형은 〈표 6-3〉과 같다.

〈표 6-3〉 민관파트너십의 목적 및 위치에 따른 제 유형

파트너십의 분류 기준	파트너십 유형
파트너십의 목적	영유아보호(Infant/Toddler Care) 학령기 아동보호(School-age Care) 기관중심보호(Center-based Care) 가족아동보호(Family Child Care) 서비스 제공 기관 교육 및 모집(Provider Training and Recruitment) 고용주지원(Employer Assistance with Work/Life Issues) 공공근로(Public Engagement) 자원연계(Resource and Referral) 능력배양(Capacity Building)
파트너십의 지리적 위치	시골(Rural), 도회지(Urban) 지방(Local), 중다기관(Multi-site), 주 전역(Statewide)

④ 민관파트너십 성공을 위한 몇 가지 원칙들

민관파트너십을 통해 얻은 몇 가지 성공 전략을 살펴보면 다음과 같다.

첫째, 명확한 목적을 갖고 있어야 한다. 둘째, 프로그램 및 서비스 개발에서 클라이언트(가족)가 반드시 포함되어야 한다. 셋째, 파트너십에 필요한 구성 부분들이 가급적 모두 참여하는 형태가 바람직하다. 넷째, 일반 대중이 인지할 수 있을 정도의 능력이 있는 지도자가 포함되어야 한다. 다섯째, 달성할 수 있는 긍정적인 결과들을 목표로 하고, 이들 목표 달성을 정기적으로 확인하는 노력이 필요하다. 여섯째, 명확한 지배관리 구조(governance structure)를 갖추어야 한다. 일곱째, 파트너십이 제대로 작동될 수 있는 기본적인 규칙이 정해져 있어야 한다. 여덟째, 파트너십은 경직되어서는 안 되며, 따라서 유연성을 갖고 전문경영가적 마인드(entrepreneurial mindset)를 갖추어야 하며, 변화하는 상황과 자원들에 잘 적응할 줄 알아야 한다. 아홉째, 모든 파트너의 강점과 기여도를 확인하고 모든 파트너들이 파트너십 형성으로부터 얻는 점이 있어야 한다. 마지막으로, 파트너십 유지를 위한 끊임없는 노력이 필요하다.

⑤ 아동양육 관련 민관파트너십을 통한 사업활동

아동양육 관련 민관파트너십을 통해 이룬 성과들은 각 주별 또는 지역별 파트너십에 따라서 다양하다고 할 수 있으며, 이 중 공통된 사업 성과를 살펴보면 다음과 같다.

• 아동양육의 질적 향상 측면

미국 내 많은 파트너십들은 아동양육서비스 제공 기관 종사자에 대한 훈련이나 서비스 제공 시설들의 환경 개선을 위해 노력함으로써 아동양육의 질적 향상을 위해 노력하고 있다. 아동양육의 질적 향상을 목적으로 수행한 주요 사업들을 살펴보면 다음과 같다.

－기관과 재가서비스 제공자의 모집, 교육 및 자격 관리
－전문적인 조기아동교육 시스템 및 관련 직업경력 지위 개발
－자격 요건에 따른 서비스 제공자에 대한 보상 제고
－프로그램 관련 인가(program accreditation)
－아동양육서비스 제공자들 간의 멘토링체계 구축
－학령기 아동관련 프로그램의 개발
－아동양육관련 시설의 개보수 및 신축
－부모 및 가족 구성원에 대한 교육 측면

• 양질의 아동양육 서비스 공급증대 관련 사업

양적으로 부족한 아동양육서비스 기관을 보충하기 위해 파트너십이 기울이고 있는 노력들은 다음과 같다.

－학령기 아동을 양육하기 위한 다양한 관련 기관들, 예를 들어 학교, 아동 · 청소년 관련 지역사회 조직, 공원관리공단 부서들끼리의 파트너십 체계 구성
－시설 확충을 위한 필요 재원 조달
－응급보호서비스 제공 기관 개발

-주(state) 또는 지역 차원의 아동보호서비스 기관들의 서비스에 대한 조사 및 보고
-아동양육기관 개설에 필요한 주택 관련, 기업체 등과의 협조

• 고용주(기업체)를 위한 사업
-우선 기업은 자신들의 근로자의 아동양육 관련 욕구를 잘 파악하고 그러한 욕구를 해결하기 위해 무엇이 필요한가를 알기 위해 관련 기관들과 연결 구조 마련
-필요한 경우 근로자를 위한 아동양육 관련 욕구조사 실시
-근로자의 가족 지원을 위한 정책이나 프로그램 관련 지침서의 개발 보급
-기업체 내 또는 지역사회에서의 각종 아동양육의 필요성에 대한 홍보 캠페인

• 아동양육 관련 비용 확보 차원
-아동양육을 위한 서비스 제공 기관에 대한 각종 세제 감면이나 인센티브 실시
-아동양육 관련 기금(fund) 마련을 위한 필요 법률 제 · 개정
-기타 전형적인 재정 증대 방안 모색

• 주(State) 단위 또는 지역사회 단위에서 아동양육 관련 기존 시스템을 향상시키거나 새로운 시스템을 구축하기 위해 기울이고 있는 노력들
-아동양육 수준 제고를 위한 주정부나 관련 기관의 연계
-아동양육을 강조하는 지역사회 차원의 협력체계 내지 특별대응팀 구축 및 참여
-아동양육에 필요한 재정자원의 조정
-아동양육 관련 서비스 제공 기관들 간의 조정

-아동양육을 위한 지역사회의 경제 관련 단체들의 모임 조직화
-아동양육 관련 기관들 간의 자원 중개
-아동양육 관련 재정지원 방법(물적/금전적) 모색
-아동양육에 대한 공공의 지원 확보를 위한 로비 활동

〈표 6-4〉 아동양육을 위한 민관파트너십 프로젝트명 및 관련 홈페이지

프로젝트명	홈페이지
1199/Employer Child Care Fund	http://nccic.org/ccpartnerships/profiles/1199.htm
The After-School Corporation	http://nccic.org/ccpartnerships/profiles/afterscholcorp.htm
Allegheny County Early Childhood Initiative	http://nccic.org/ccpartnerships/profiles/allegheny.htm
Apprenticeship for Child Development Specialists Training Program, West Virginia	http://nccic.org/ccpartnerships/profiles/wvirginia.htm
Chicago Accreditation Partnership	http://nccic.org/ccpartnerships/profiles/chicagoaccred.htm
Down East Partnership for Children	http://nccic.org/ccpartnerships/profiles/downeast.htm
Employers' Child Care Alliance	http://nccic.org/ccpartnerships/profiles/ecca.htm
Massachusetts Community Partnerships for Children	http://nccic.org/ccpartnerships/profiles/masscom.htm
Mississippi Child Care Partnership Grant Program	http://nccic.org/ccpartnerships/profiles/mississippi.htm
The United Way Success By 6® Initiative	http://nccic.org/ccpartnerships/profiles/unitedway.htm

3) 시사점

미국의 사례를 보면, 민민 및 민관협력체계의 원활한 구축 및 정착을 위해서는 다음과 같은 사항을 특히 유념해야 할 것으로 판단된다.

첫째, 협력체계 구성 주체들(공공/민간)이 동등한 파트너로서 공동의 목적과 목표 사업을 갖고 이를 달성하기 위해 함께 일하여야 한다.

둘째, 협력체계 구성 주체들(공공/민간)들은 협력체계의 사업 수행에 필요한 자원(시간, 돈, 기술 등)들을 의무적으로 제공하도록 해야 한다.

셋째, 협력체계 구성 주체들(공공/민간)은 협력체계를 통한 사업 수행에 필요한 모든 의사결정과 관리에 대한 책임도 함께하도록 유도해야 한다.

마지막으로 넷째, 협력체계가 무엇보다도 제 기능을 발휘하기 위해서는 독립적인 유형의 구조화(예, 비영리기관화)할 필요성이 있고, 체계 유지를 위한 다양한 자원들이 공공 및 민간 부문에서 조달해야 할 것이다.

2. 일본의 민관협력 사례

1) '새로운 공공'과 민관협력의 모색

(1) 정부부문과 민간부문의 역할 변화

일본의 경우, 장기간의 중앙집권적 시스템은 공공서비스가 과잉으로 공급되었다는 것과 지역사회의 최적 수준(local optimum)을 달성할 수 없었다는 두 가지의 커다란 문제를 발생시켰다. 지방자치단체의 중앙정부로부터의 보조금과 지방교부세에의 의존은 세수보다 세출이 많아지는 세출과 세수의 역전 현상을 초래하였고, 이는 공공서비스의 수익과 부담의 분리를 가져왔다. 그리고 중복된 서비스 제공에 따라 서비스 과잉 공급 현상이 나타났다. 또한 다양한 지역에서의 최적의 상태를 지향하는 것이 현실적으로 어려워진 것도 또 다른 문제로 지적되고 있다. 이러한 문제의 극복을 위해 공적 부문과 사적 부문의 각 주체들의 새로운 역할 정립이라는 역할 분담에 대한 논의가 활성화되고 있다.

① 기초자치단체의 역할

기초자치단체의 역할은 소방 · 구급, 보건위생, 노인보건 중심의 고령자 의료, 사회복지서비스, 초등 · 중등 교육, 정비를 포함한 마을 만들기, 호적, 주민기본대장의 관리, 산업정책, 재해복구 등으로 제시되고 있다.

② 광역자치단체의 역할

광역자치단체는 광범위한 편익이 발생하는 역할과 전략적 정책이 필요한 부문, 그리고 위험 감수가 필요한 분야를 담당해야 한다. 구체적으로는 다음의 7개 분야가 있다.

- 경찰
- 전염병대책 중심의 보건위생
- 국민건강보험을 포함한 의료
- 대규모의 공공자본의 건설, 유지가 중심이 되는 공공사업
- 고등교육
- 금융지원을 포함한 산업정책
- 광역적 재해복구

③ 국가의 역할

국가는 공공서비스의 편익이 전국을 대상으로 할 때, 국가 전체의 위험통합(riskpooling)이 필요하며, 각 자치단체 간 전략적 공공서비스가 필요할 때에 그 역할을 수행한다.

- 국방과 외교 등의 순수한 공공재
- 전국적 원칙의 설정과 감시
- 국민의 기반이 되는 서비스의 제공
- 조사 연구

• 재정원조를 중심으로 한 재해 복구

④ 민간과 커뮤니티의 역할

민간과 커뮤니티는 복지와 보건위생, 의료서비스 제공, 교육과 문화, 유지관리 중심의 마을 만들기, 상업과 관광진흥, 조사연구(외부 위탁), 재해복구, 공영사업과 기업의 민영화 등으로 제안할 수 있다.

(2) 다양성과 협동의 출발점으로서 '새로운 공공'

일본에서는 1980년대 포스트모던의 조류가 다양한 분야에서 유행하면서 '공공성의 재구축' 이라는 주제가 주목받기 시작하였다. 이후 거품 경제의 붕괴를 거쳐 공적 세계의 주체들에 의한 현실의 재구축이 추진되었고, '새로운 공공(new public)' 이라는 개념이 광범위하게 인식되었다.

새로운 공공에 대한 논의는 첫째, 다원화 · 분권화된 환경에서 NPO나 NGO 등이 새로운 공공성의 담당 주체로서 급속히 대두된 점과 '공공에서 민간으로' 라는 국가의 권한을 민으로 위탁하는 경향이 활발해지고, 지정관리자제도나 시장화 테스트와 같은 민간개방이 가속화되면서 사회 공공의 이익이 담보되는 형태로 보장되지 않으면 안 된다는 입장이 강조된다. 즉, 이는 시장원리만으로 공익이 자연 발생적으로 발생하는 것이 어렵기 때문에 공공적 원칙이나 공공정책 등을 통해 공공성의 차원이 존재하고, 이를 통해 공익이 담보된다는 입장이다. 국가의 공도 시장 논리도 아닌 민간이 주체가 되는 공공의 관점에서 새로운 사고의 가능성을 열어 놓았다.

또한 다원적인 주체에 의해 이루어지는 공공을 전제로 새로운 공공 공간의 생성이 매우 중요한 전제조건이 된다는 것을 강조하고 있으며, 행정과 주민과의 관계개혁뿐만 아니라 행정내부개혁을 동시에 실천해야 한다는 주장과 행정평가와 전산정보기술의 활용, 의회의 쇄신을 통한 지역 전체의 재구축을 지향하고 있다.

(3) 민관협력주체(협동의 주체)와 협력 형태

① 민관협력주체

민관협력주체들을 정리해 보면, [그림 6-1]과 같이 크게 다섯 가지 그룹으로 분류해 볼 수 있다(分權型社會の對應した地方行政組織運營の刷新に關する硏究會, 2005: 217).

제1그룹은 당해 지역에서 주민이면 참가가 가능한 단체로서 자치회(自治會), 정내회(町內會), 노인회, PTA,[5] 어린이회, 마을만들기협의회, 맨션관리조합 등이며, 제2그룹은 당해 지역에 주민이면서 참가에 일정자격을 필요로 하는 단체다. 농협, 어협, 상공회의소, 상공회, 라이온스클럽, 로타리클럽, JC 등이 이에 해당된다. 제3그룹은 주민으로 조직된 NPO나 생협과 같은 단체로서 여기에는 NPO법인과 법인 자격을 갖지 않은 사원봉사단체가 포함되며, 특히 이러한 단체들은 사회 공헌 활동에 주요 목적을 두고 활동가가 있으며 인건비를 부담할 수 있는가 등이 분류의 기준이 된다. 제4그룹은 주민과는 직접적인 관계가 없으나 법률이나 출자 등을 통하여 공익적 활동을 하는 조직이나 이러한 위치가 부여되는 단체로서 공익법인, 학교법인, 사회복지법인 등이 해당된다. 마지막으로 제5그룹은 민간기업으로서 기업 활동의 일부로서 지역 공헌 활동을 하는 기업의 경우를 말한다.

이 중 비영리민간단체라고 하는 NPO나 NGO가 '민의 공공'의 담당 주체로서 그 중요성이 부각되고 있다. 대체로 일본에서 NPO가 역할을 수행

---

5) PTA(Parent-Teacher Association)은 아동의 부모와 교사가 함께 교육을 위하여 상호 이해와 협력을 도모하는 모임으로서, 1947년부터 1948년에 걸쳐 전국의 초등학교와 중학교를 단위로 하여 만들어진 조직이다.

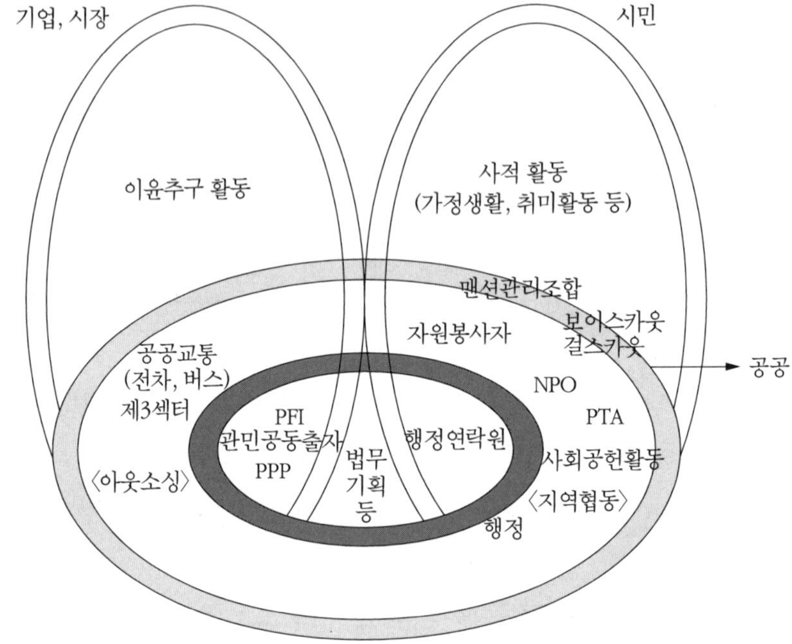

[그림 6-1] 새로운 공공 영역의 다양한 주체들

출처: 分權型社會の對應した地方行政組織運營の刷新に關する硏究會(2005).

하는 부문은 보건 · 의료 · 복지, 마을 만들기, 환경보전, 국제협력 등에 걸쳐 있고, 그 가운데 보건 · 의료 · 복지의 분야가 압도적으로 높은 비율을 차지하고 있다는 점은 정부와 함께 공공서비스를 수행하는 주체로서의 NPO의 역할과 정부와의 협동 관계의 중요성을 반영한다고 할 수 있다.

이러한 성격을 바탕으로 일본은 고령자복지, 신체장애자복지의 실시 책임이 시정촌으로 이양된 1990년, 복지관계8법의 개정 이후 분권화가 급속히 진전되고 있다. 1998년 NPO법의 성립과 2000년부터 공적개호보험의 실시를 거쳐, 공적 복지서비스의 실시 주체로서 NPO의 중요성이 부각되고 있으며, 지정관리자제도와 시장화테스트법을 통해 NPO와 기업으로의 사업 위탁도 급증할 것으로 예상되고 있다.

② **협력 형태**

이 밖에도 「임기부채용법」 제3조와 제4조, 단시간근무직원제도, 지정관리자제도와 임기부채용제도를 조합시킨 제도 등이 있다. 그리고 2006년 시장화테스트법이 통과되면서 경쟁입찰제도(CCT)의 형태로 정부부문과 민간이 대등한 입장에서 입찰을 통해 사업 주체를 선정하는 방식의 제도가 확대될 것이 예상되고 있다.

이러한 다양한 협력의 형태를 요약하면 〈표 6-5〉와 같다.

〈표 6-5〉 민관협력의 형태

제도	내용	특징 · 효과 · 기대효과
외부 위탁	경제적 합리성과 정책 목표의 추구를 위해 행정의 내부 사업이나 주민생활서비스를 행정의 외부에 위탁하는 형태	• 경제성 추구, 정책 목적의 추구, 외부 전문성 활용, 유연한 대응, 직원의 부담 경감 등
	유의점: 위탁 후의 해당 사업이 블랙박스화되지 않도록 모든 사무를 아웃소싱하는 것이 아니라, 일부를 지자체에 남겨 두는 것도 중요함. 외부 위탁한 사무에 대해서도 비용대효과 등을 행정이 평가하는 구조를 설계하고, 지자체측에 해당 사업을 잘 알고 있는 직원을 지속적으로 배치해 두는 등의 체제를 구축할 필요가 있음	
지정관리자 제도	「지방자치법」 제244조의 2제3항을 근거로 공공시설의 관리에 대해 지방자치단체의 지정을 받은 지정관리자가 관리를 대행하는 제도. 민간사업자 등의 참가가 가능	• 유연한 관리 운영, 초기투자가 적어 위험 부담이 적음, 유연한 지정 기간의 설정이 가능, 실질적인 시장화테스트 효과 등
	유의점: 지정관리자를 공모하거나 민간기업 등으로부터 사업위탁에 대한 제안을 구하기 위해서는 민간기업 등에서 업무의 수탁을 검토하기 위해 필요한 충분한 정보를 행정으로부터 제공하는 것과 함께, 행정과 출자법인 등이 비교 검토 과정, 민간기업 간의 선정 과정에 대해서도 투명성을 확보하는 것이 중요	

〈계속〉

제 도	내 용	특징 · 효과 · 기대효과
지방 독립행정 법인제도	「지방독립행정법인법」에 근거하여, 공공상 확실한 실시가 필요한 단체가 직접 실시할 필요없는 사업사무를 행하는 자율성, 탄력성 및 투명성을 갖게하는 법인제도, 대상이 되는 것은 공립대학, 병원, 지방공영기업 등	• 효율성 및 투명성의 향상 • 법인은 자율적 · 탄력적 운영이 가능
	유의점: 지방독립행정법인의 구체적인 운영은 설립단체인 지자체로부터 각 법인에게 위임된 부분이 크기 때문에 각 단체의 문제의식의 유무에 따라서 제도를 잘 운영하여 많은 효과를 달성할 수 있는 반면, 형식화될 경우를 우려해야 함	

(4) 정부와 NPO 간 협력(협동)의 조건

과거 NPO와의 협동이 일반론적인 차원에 멈춰 있었지만, 어떤 의미에서 NPO와의 협동을 통해 지방분권을 추진하고, NPO를 비롯한 시민 섹터 등에 권한과 재원의 이양을 추진하는 것, 이를 통하여 주민자치에 의한 지역의 유지관리를 실현시키는 것이 효과적이고 효율적인 지역의 자원 이용이 된다는 의의가 있다.

이는 NPO와 시민 섹터와의 협동을 통하여 지역 공동의 목표를 달성하고자 하는 활동을 효과적이고 효율적으로 전개하려는 시도가 시작된 것을 의미한다. 또한 주민 자신이 자조와 공조를 실현하는 것을 목표로 하면서, 지방지자체와의 협동관계를 통해서 그 목표를 보다 능동적으로 달성해 가게 되는 것을 말한다. 한편, 지자체는 공공의 담당 주체로서 자조와 공조를 지원하고, 공조를 역할 분담과 연대 협력을 통하여 진행하는 것이 바람직하다. 그러한 지역사회를 만들기 위해서는 다음과 같은 조건이 구축되어야 한다(NIRA, 2005: 106-108).

① 자치단체의 자립에 대응한 협동사회의 추구와 확립

자치단체의 자립은 지역주민, 지역사회의 자립 그리고 주민과의 협동을 전제로 한다. 그리고 지역을 지탱하는 커뮤니티 활동과 NPO 활동을 단순히 행정 하청이 아닌 지역 형성의 새로운 담당 주체로 생각해야 하고, NPO 등이 국가와 지자체로부터 재정적 지원을 받지 않는 자립적 활동을 할 수 있는 지방자치의 실현을 목표로 하는 것이 요구된다.

② 지자체의 슬림화, 민간화, 권한이양의 추진

지자체는 지역주민과 공동체 조직 그리고 NPO와의 새로운 역할 분담을 통하여 공공서비스의 제공 주체와 관리 주체가 공동체 및 NPO가 될 수 있는 가능성을 늘 열어 두는 노력이 필요하다.

③ NPO 역할의 추구

NPO의 역할 영역으로서, 복지 분야에서는 노령자서비스나 복지, 아동 등의 아동복지서비스, 교육 분야에서는 학교시설이나 사회교육시설의 유지 관리와 사회교육서비스 제공, 보건위생환경 분야에서는 쓰레기 재활용이나 폐기물 처리, 자연환경과 생활환경 보전 등, 마을 만들기에서는 생활도로의 유지관리, 근린공원의 유지관리, 방범과 방재 활동 등을 생각해 볼 수 있다.

④ 지자체의 핵심인 공공서비스의 협동형 재편

교육이나 고령자복지, 장애자복지, 환경보전, 인권보호 등은 NPO의 역할과 행정의 역할 그리고 각각의 주체의 협동에 의한 역할 분담을 조화시켜 가는 것이 중요하다.

⑤ 장래의 NPO 조직

장래에는 주민생활의 안전을 공동체가 지키고, 쾌적한 환경과 만족한 경제생활을 NPO 조직이 유지하며, 마을 만들기 등의 지역의 시민적 상호부조를 실현하는 NPO형 공동체 조직의 힘이 회복될 가능성이 높아지고, 다원·다층적인 NPO형 공동체 조직이 활성화된 지역사회 공간이 형성될 것으로 예상된다.

⑥ 주민자치의 재편과 제도적 보장

지역에서 주민자치가 충분히 발휘되기 위해서는 지역자치 조직의 재편·강화가 필요하며 제도적으로 보장하는 구조도 마련되어야 한다. NPO 법인 등은 그러한 조직으로 활용하는 방향으로 지역주민의 활동을 활성화시켜야 한다.

⑦ 새롭게 기대되는 커뮤니티 비즈니스

지역 내의 시장에서 기능하는 커뮤니티 비즈니스는 복지나 교육, 마을 만들기와 환경 문제, 산업진흥과 생활지원에서 활약할 것으로 기대된다. 구체적으로는 지역통화와 공공서비스를 제공하고, 그것을 지속할 수 있는 구조로서 사업을 구상화할 필요가 있다. 그리고 지자체는 이를 지원하고 그 활동 기회와 조건을 정비해 가는 기능이 요구된다.

⑧ 새로운 협동형 지역사회 만들기의 구체화

협동형 지자체로의 전환을 단계적으로 추진해 갈 필요가 있다. 이를 위해서는 첫째, 지역자치조직의 강화, 즉 체제정비, 둘째, NPO와 지자체와의 협동의 룰을 만들기, 셋째, 구체적인 공공서비스 활동의 협동에 의한 실시를 이행하며, 넷째, 지자체의 사무권한을 재배분하여 지방자치의 새로운 시도로서 지역 내의 분권을 추진하고, 다섯째, 새로운 역할을 부가함과 동시에 자원 재배분 체제를 구성해야 한다. 자원의 재배분에 관해서는 지자체로부터의 위탁과 보조에 의한 자금 공급이 있지만, 기본적인 조직으로서 자기부담의 문화와 기부의 문화를 육성하고, 세제개혁 등에 의한 NPO 등의 시민 섹터의 자금이 환류될 수 있는 구조를 만들고 추진해야 한다.

2) 민관협력 현황 실태 분석

(1) 광역-기초자치단체별 협동 사업 분석

지역협동의 구체적인 운영 실태를 파악하기 위하여 도 · 도 · 부 · 현과 시 · 구 · 정 · 촌 차원에서 현재 실시되고 있는 협동 관련 사업들을 〈표 6-6〉과 같이 광역 56개 사업과 기초 227개 사업을 대상으로 그 성격에 따라 유형화하였다.

① 광역자치단체 차원

광역자치단체인 도 · 도 · 부 · 현 차원에서의 협동 사업은 크게 세 가지 성격으로 나누어 볼 수 있는데, 가장 많은 부분을 차지하는 것이 각종 강좌나 포럼과 같은 의견교환과 토론 프로그램 및 각종 지원 · 육성 관련 사업(총 23개 사업, 41.0%)이다. 이것은 첫째, 광역자치단체 입장에서는 행정개혁 차원에서 행정직원의 NPO에 대한 이해를 돕고, NPO와의 파트너십 형성을 위해 필요한 지침서 및 지원 지침 등을 고안해 내는 등의 사업, 둘째, 시민으로 하여금 NPO에의 참여를 촉진하고, 자원봉사자 육성 및 정보 수집 · 교환을 중심으로 한 사업, 셋째, NPO의 지원 · 육성을 위한 사업 등을 주 내용으로 한다.

다음으로 NPO에 의한 위탁 사업의 운영 및 공공서비스 제공(총 22개 사업, 39.2%)사업이 있다. 이는 민간 위탁 차원에서 NPO에 기존 자치단체 사업을 위탁하여 보다 효율적인 운영 및 공공서비스의 제공을 목적으로 하는 것이다. 주요 내용을 보면, 첫째, 공공도서관이나 현민활동지원센터와 같은 자치단체의 공공시설 및 공원 · 하천 등의 환경정화 등에 관한 운영 · 관리를 위탁하는 사업, 둘째, 고령자, 장애인, 청소년, 육아, 외국인 등에 관한 각종 지원 및 교육 등과 같은 공공서비스 제공 등이다.

끝으로, 시민활동 교류 및 커뮤니티 활성화 관련 사업(총 11개 사업,

〈표 6-6〉 광역-기초 자치단체 차원의 지역 협동 사례

<table>
<tr><th colspan="2">광역자치단체(도 · 도 · 부 · 현)</th><th colspan="2">기초자치단체(시 · 구 · 정 · 촌)</th></tr>
<tr><th>구분(비율)</th><th>사업 내용(자치단체명)</th><th>구분(비율)</th><th>사업 내용(자치단체명)</th></tr>
<tr><td rowspan="3">시민활동
교류 및
커뮤니티
활성화
11개 사업
(19.8%)</td><td rowspan="3">• 홋카이도 NPO 파크창설 지원사업(北海都)
• NPO 서포트룸 관리 운영(岩手縣)
• NPO 프라자 운영사업(宮城縣)
• 현민만남광장 운영사업(福岡縣)
• 자원봉사자, NPO 연구교류회(君馬縣)
• 자원봉사자지원사업(山梨縣)
• 자원봉사자마켓지원사업(岐阜縣)
• NPO시민축제(静岡縣)
• NPO전자서포트센터 설립 운영(京都府)
• 오사카 프로그램(大板府)
• 국민문화제 자원봉사자센터(鳥取縣) 등</td><td>시민활동
교류 및
커뮤니티
활성화
48개 사업
(21.2%)</td><td>• 시민활동 서포트센터의 운영 위탁(神奈川縣 横順賀市 등 다수)
• 네트워크 지원사업(長野縣 茅野市, 愛媛縣 新居浜市)
• 시민활동추진조례의 책정(静岡縣 浜松市)
• 파트너십 추진사업(静岡縣 捧原町)
• 남녀공동참여 포럼(愛知縣 犬山市)
• 자치회의 개호지도(愛知縣 西春町) 등</td></tr>
<tr><td>마을 만들기
10개 사업
(4.4%)</td><td>• 협동의 마을 만들기 포럼(北海道)
• 전통 관리 운영사업(福島縣)
• 시민 참가 마을 만들기 추진 사업(茨城縣 石岡市)
• 마을 만들기 워크숍(千葉縣千葉市) 등</td></tr>
<tr><td>축제 이벤트
개최
13개 사업
(5.7%)</td><td>• NPO 협동에 의한 콘서트, 이벤트 개최(北海道 岩見澤市)
• 자원봉사자 페스티벌(群馬縣 桐生市)
• 여성 페스티벌(東京都 練馬區)
• 어린이의 연극 체험사업(東京都 八王子市)
• 개호보험 개발극의 상연(福井縣福井市) 등</td></tr>
<tr><td rowspan="2">각종 강좌
포럼지원 및
육성
23개 사업
(41.0%)</td><td rowspan="2">• 파트너십 강좌 사업(青森縣)
• NPO 포럼개최(岩手縣, 福島縣, 千葉縣)
• 자원봉사자, NPO 경영실천 강좌, 포럼
(福島縣, 木縣, 京都府, 富山縣)
• 현민을 위한 NPO, 자원봉사자 이해 촉진 강좌(木縣)
• 환경생활포럼 개최(木縣)
• 현민사회공헌활동리더연수사업(福井縣, 鳥取縣)
• NPO와 행정위탁사업회 활동 실태 조사(岐阜縣)
• NPO 체험연수(愛知縣,和歌山縣, 福井縣)</td><td>위원회 및
워크숍
7개 사업
(3.1%)</td><td>• NPO 법인과의 실행위원회 운영(北海道 江別市, 名寄市)
• 협동 룰 워크숍의 사업 위탁(神奈川縣 大和市)
• 시민활동추진협의회 운영(京都府 京都市, 大阪府 高槻市)
• NPO 포럼(高知縣 高知市)</td></tr>
<tr><td>각종 지원 및
육성
26개 사업
(11.5%)</td><td>• 시민생활 서포트 센터 관리 운영(宮城縣 仙台市, 茨城縣 龍崎市)
• NPO 칼리지 및 시직원 연수 실시(東京都 八王子市)
• 시민협동추진보조금, 행정센터에 대한 시민협동사업(神奈川縣 横順賀市)
• 시민활동에 관한 인재육성사업(神奈川縣 三條市)</td></tr>
</table>

〈계속〉

광역자치단체(도·도·부·현)		기초자치단체(시·구·정·촌)	
각종 강좌 포럼지원 및 육성 23개 사업 (41.0%)	• NPO 가이드북,데이터베이스 작성사업(愛知縣) • NPO 현장연수(三重縣, 浜庫縣) • NPO와 행정위탁사업회의(兵庫縣, 高知縣) • NPO 지원사업(愛知縣,福岡縣, 長崎縣)	환경사업 및 운동 37개 사업 (16.3%)	• 환경광장(北海道 江別市) • 환경협력추진사업(宮城縣 仙台市) • 산림재생 및 보전활동(宮城縣 白石市) • 자주적인 미화활동의 지원사업(福島縣 이와기시) • 음식물 쓰레기 비료화 모델사업(茨城縣 取手市, 新潟縣 長岡市) 등
NPO에의 주요한 위탁사업·공공서비스제공 22개 사업 (39.2%)	• NPO 활동제안 모집사업(千葉縣, 滋賀縣) • 에이즈 전화상담사업(東京都) • 공원관리(東京都) • 하천정화사업(東京都) • 도서관 운영협력(新潟縣) • 자연공생 추진대책사업(新潟縣, 知縣) • 터미널 관리보급개발사업(山梨縣) • 외국인요보호 아동상담사업(山梨縣) • 현립아동병원 장기입원환자 가족 지원사업(長野縣) • NPO아이디어활용 추진사업(静岡縣) • 제안공모형사업(大板府) • 청소년 관리 지원사업(廣島縣) • 현민활동지원센터 관리운영사업(山口縣) • 모자일시보호 위탁사업(福岡縣) • 지역 IT리더 양성사업(福岡縣) 등	조사·연구 사업의 위탁 11개 사업 (4.9%)	• 장애자복지센터 관리운영 업무 위탁(北海道 旭川市) • 노동자체육시설 관리 업무 위탁(岩手縣 宮古市) • NPO 지원 오피스 관리 운영 위탁(宮城縣 石巻市) • 기념관 관리 운영 위탁사업(宮城縣 古川市, 德島縣 鳴門市) • NPO 지원센터 관리 운영 위탁사업(宮城縣 古川市)
		공공시설의 관리 및 위탁 24개 사업 (10.6%)	• 시민활동단체 실태조사(北海道 旭川市) • 지역교육서포트사업 연구위탁사업(東京都 板橋區) • 시민활동단체 실태조사 사업 위탁(神奈川縣 大和市) 등
		각종서비스 제공 51개 사업 (22.5%)	• NPO에 의한 복지서비스(北海道 岩見澤市) • 장애자 생활 지원사업(青森縣 青森市) • 노동청소년홈 관리사업위탁(岩手縣 宮古市) • 재택고령자 생활 및 장애아동 지원사업(茨城縣 龍崎市) • 장애자 IT기술 보급 사업(東京都 葛師區) 등

출처: 內閣府 國民生活局(2002) 내부 자료; 千葉縣(2002).

19.8%)이 있다. 이는 개개인의 시민과 단체들이 서로 대면접촉을 통하여 지속적인 유대와 의견교환을 할 수 있는 공간과 기회를 제공함으로써 지속적인 교류와 나아가서는 지역 커뮤니티를 활성하는 목적에서의 사업을 주요 내용으로 한다.

② 기초자치단체 차원

기초 차원에서의 협동 사례들은 광역 차원에서의 협동 사례들과 내용면에서 공통적 성격을 갖고 있으면서도 마을 만들기(총 10개 사업, 4.4%)나 환경사업 및 운동(총 37개 사업, 16.3%), 축제 및 이벤트 개최(13개 사업, 5.7%) 등과 같이 보다 구체화된 사업들이 상당 부분을 차지하는 특징이 있다. 이는 주민이 보다 가까운 차원에서 자신의 생활과 연관된 구체적인 사업과 이벤트로 협동 사업에 참여하고 있는 시 · 구 · 정 · 촌의 특징을 반영한 것이라 해석할 수 있다.

또한 시 · 구 · 정 · 촌 차원에서는 자치회 및 정내회와 같은 주민자치조직의 활동 내용이 광역에 비해 많은 부분을 차지하고 있다는 점도 주목할 부분이다. 특히 인구 고령화에 따른 관련 복지서비스의 제공에서 지역 내의 주민자치조직과 NPO의 각종 지원 및 교육 등의 협동이 증가하고 있음을 확인할 수 있다.

이러한 내용은 NPO 후방지원 및 협동에 대한 환경 조성에 비중을 두는 광역과 지역의 구체적이고 실질적인 사업과 아이디어를 통해 지역에 적합한 서비스를 '협동' 이라는 매개로 만들어 가는 기초 간의 역할 분담의 당위성과 효율성을 반영하는 부분이라고도 할 수 있다.

(2) 광역(도·도·부·현)과 기초(시·정·촌)의 대표적 협동 사례

① 도·도·부·현의 협동 사례

• 미야기현(宮崎縣)의 NPO와의 파트너십에 의한 지역사회 실현

미야기현은 누구나 참가할 수 있는 다양한 주체가 협동하는 지역사회의 실현을 목표로 NPO와의 파트너십 형성에 주력하고 있다. 기본 방향으로는 NPO 활동의 지원 및 촉진을 통하여 NPO와 행정 간의 파트너십을 확립한다는 취지로 다양한 제휴를 실천, 모색하고 있다. 특히 NPO 활동 촉진의 핵심 기능의 거점 설치를 통해 재정적 지원, 정보 제공, 각종 심의회 등에의 참가 촉진, NPO에의 업무 위탁 추진 등의 시책이나 사업을 전개하고 있다. 또한 청 내에 NPO 활동 촉진 연락조정회의를 설치하고, 직원 연수를 실시하는 등 환경적 정비를 통한 파트너십 확립을 추진하고 있다.

- NPO 프라자를 개설하여 접수, 상담 코너를 시작으로 간단한 공간과 공동작업실, 연수실, NPO 사무실 등 설치한다. 또 NPO 프라자 이용에 있어서의 기획 제안을 공모하여 선택한다. NPO 프라자는 정보 제공, 각종 조사연구, 참가·창조·만남 기능의 촉진, 조성금 조성 및 NPO 포럼, NPO 노하우를 살린 노하우와 네트워크를 통한 평가와 대응 등의 기능을 수행한다.
- NPO 추진사업발주 가이드라인

  현 내에 워킹그룹을 설치하여 NPO에의 업무 위탁을 추진하기 위한 NPO 추진사업 발주 가이드라인을 2001년 3월 책정하였다. 가이드라인에서는 NPO의 본래 사업과 수익 사업으로 분류하여 수익 사업의 경우는 일반 기업과 같은 수준의 발주 제도에 의해 취급하고 있다. 단, 계약보증금의 면제와 선금불제도 등을 통해 NPO의 입장을 고려하고 있다.
- NPO의 자주성, 개별성, 선구성이 필요하다고 인정되는 사업을 선정

하되, 지역 내에 한정된 활동이 필요한 사업, 커뮤니티 비즈니스의 전개나 지역의 고용 창출 등의 효과를 기대할 수 있는 사업, NPO 지원 및 촉진을 위한 상징적 사업이라 생각되는 사업 등을 우선적으로 파트너십의 대상으로 선정한다.

그러나 상호 주체 간 이해의 폭이 좁고, 정보가 부족한 점 등이 문제로 지적되고 있다. 이와 함께 차이를 이해하는 것이 무엇보다 중요하며, 정확한 정보 없이 사업을 발주하는 경우가 많다는 점, NPO의 우대에 대한 설득력 있는 뒷받침이 부족하다는 등의 문제점도 지적되고 있다. 따라서 직원의 의식 변화가 요구되며, 고령화 사회에 맞춰 이에 대응하는 NPO의 역할을 강화할 필요가 있다.

• 시즈오카현(靜岡縣)의 역할 분담과 지원 시책의 전환

시즈오카현에서는 NPO를 사회적 역할을 담당하는 새로운 파트너로 평가하면서 NPO 추진실과 NPO 상담 창구를 개설하여 집행체제를 확립함과 동시에 NPO 활동에 관한 기본 지침 등을 통하여 협동을 형성하고 있다. 여기서는 자주성 · 자립성의 존중(행정에의 의존성이나 활동에 대한 유도, 간섭이 없는 지원), 간접성 · 측면성의 존중(보조금 등의 지급을 통한 직접적 지원이 아닌 활동을 위한 환경을 만드는 지원), 유연성 · 단계제의 존중(NPO의 발전 단계에 대응한 유연한 지원), 유한성 · 시한성의 존중(성장을 유발하는 계기를 통해 역할을 명확하게 하는 유한적, 시한적 지원)이라는 기본방침하에 다음과 같은 구체적인 사업을 실시하고 있다.

먼저 시기에 적절한 정보를 제공하여 주민 간의 커뮤니케이션이 깊이 있게 이루어질 수 있도록 한다. 그리고 기초자치단체인 시 · 구 · 정 · 촌 직원의 연수를 통해 이해와 협동에의 의식을 높이는 한편, NPO를 대상으로 한 NPO매니지먼트 학원, 강좌, 어드바이저, 대학원 강좌 등을 마련하여

NPO 육성을 지원한다. 활동의 거점인 NPO 활동센터 등을 정비하여 상호 관계 구축의 장을 마련하고 있다.

그러나 이러한 역할을 담당할 NPO의 역량이 아직 부족하다는 한계가 있으며, NPO와의 협동 추진에서 직원의식개혁과 조직체제의 개편이 요구된다는 점 그리고 광역과 기초 간의 역할 분담을 통해 NPO에 대한 지원은 기초자치단체가 하되, 광역자치단체는 후방지원을 하는 방식의 체제를 구축하는 것이 요구된다는 평가가 있다. 또한 기업과의 제휴를 통해 기업의 기술, 자금, 시설, 인재 등의 제공을 통한 NPO 활동의 지원이 요구된다.

• 효고현(兵高縣)의 시 · 정 · 촌과의 역할 분담을 통한 NPO와의 협동 모색

효고현은 자원봉사 활동 촉진 등에 관한 조례를 제정하여 주민 개개인의 자발적이고 자율적인 활동을 지지하고 있다. 이를 위해 자원봉사자 프라자를 설립하여 교류 살롱, 세미나실, 정보화 코너 등을 제공하고 있으며, 프라자의 운영은 사회복지협의회가 수탁하여 NPO 대표, 전문가 등으로 구성된 운영위원회를 설치하고 있으며, NPO 등의 제안은 공개 심사를 통하여 실천되고, 기부 문화의 촉진에도 신경을 쓰고 있다.

이와 함께 교류와 네트워크, 정보 제공과 상담, 활동 자금 지원, 인재 육성, 조사 · 연구 사업 등을 추구하면서도 NPO에 의한 다채로운 생활부흥 지원사업 등을 실시하고 있다.

프라자에서는 개개의 활동 단체를 지원하는 것이 아니기 때문에 중간 지원 조직을 통한 지원을 기본으로 하고 있지만, 구체적인 중간지원 조직과의 관계 만들기는 아직 초기 단계에 있다. 또한 농촌 지역의 경우, 지역주민자치조직인 자치회나 정내회 등과의 연대가 불가피하고, 현과 NPO 간의 의사소통도 아직 충분하지 않고, 정보 기능을 중시해야 하는 등의 과제가 지적되고 있다.

지금까지의 도 · 도 · 부 · 현의 예를 정리하면 〈표 6-7〉과 같다.

〈표 6-7〉 도 · 도 · 부 · 현 사례

구분 \ 지자체	미야기현(宮崎縣)	시즈오카현(静岡縣)	효고현(兵高縣)
중점 내용	• NPO 프라자를 중심으로 한 협동 촉진	• 현과 시 · 정 · 촌의 역할 분담, 지원 시책의 전환: 광역–기초지원, 기초–지역 NPO 지원	• 현과 시 · 정 · 촌의 역할 분담 강조
제도적 장치	• 민간 비영리활동 촉진 기본 계획의 책정 • 민간 비영리활동 촉진을 위한 조례	• 신세기 창조 계획 제2단계 실시 계획 • NPO 활동에 관한 기본지침	• 자원봉사자 조례 제정 • 현민 참가와 협동의 추진에 관한 조례
협동 형태	• NPO 프라자 개설 • NPO 추진사업 발주 가이드라인	• NPO 추진위원회 설치 • NPO 추진실 • NPO 상담창구 개설	• 자원봉사자 프라자 설립: 교류 및 네트워크, 정보 제공 및 상담, 인재 육성, 활동자금 지원, 조사연구 등
협동의 지침	• NPO 활동촉진 청 내 연락조정회의 설치 • 직원의 연수 실시 • NPO 추진사업의 선정 기준 • NPO 활동의 지원, 촉진 • NPO와의 파트너십 확립	• 자주성, 자립성 존중 • 간접성, 측면성 존중 • 유연성, 단계제의 존중 • 유한성, 시한성의 존중 (NPO에의 정보 제공 및 인재 육성지원 등)	• NPO에 의한 다양한 측면에서의 지원
과제와 향후 전망	• 차이를 인정하는 것 • 전체적인 위탁을 지양 –접점이 없어질 우려가 있음 • 직원의 의식변화 기대	• NPO 자체의 역량이 부족한 현실 • NPO의 제안을 충분히 발휘하는 직원 의식 개혁 • 조직체제의 정비	• 의사소통의 문제 –사회복지협의회를 중심으로 한 네트워크를 살리면서 NPO에 대한 거점이 될 수 있는 중간 지원 조직의 육성

② 시 · 정 · 촌의 협동 사례

• 고베시(神戸市)의 NPO를 비롯한 시민 활동과의 협동

고베시는 종합지원창구와 각 지역마다 활동의 거점을 설치함을 시작으

로 시민활동과의 협동을 도모하고 있다. 특히 협동과 참가 플랫폼을 개설하여 '정보 제공'(정보지의 발행, 홈페이지에 의한 정보 발신 등), 지원 기능(파트너십 활동 조성, 스페이스 제공 등), 편집 기능(인적 · 물적 정보 등의 자원을 최적으로 편집, 제공)을 수행하고 있다.

이 중에서 파트너십 활동 조성사업은 NPO에 한정하지 않고 시민 전체를 대상으로 하여, 시민 제안형으로 지역 과제 해결을 목표로 사업을 조성하고 있다. 이것은 '시민활동지원에 관한 기본방침'에서는 중간지원조직을 통한 측면 지원을 중시하고 있지만 직접적 지원을 원칙으로 하고 있다.

또한 고베시는 사업의 위탁이나 공동 실시를 통해 시민활동단체의 자립과 전문성의 신장을 촉진시키면서 시와의 파트너십 만들기를 꾀하고 있다. 고베시 협동연구회를 통해 NPO와 행정이 정기적인 대화의 장을 마련하고 있으며, 공동으로 공익서비스를 실행하고 있다. 시민활동 실태 조사 및 스포츠 NPO를 육성 지원하는 등의 활동도 계속적으로 이루어지고 있으며, 시민에 의한 NPO 및 사업 평가 등이 이루어지고 있다.

그러나 협동과 시민 참가에 대한 견해 차이를 아직 줄이지 못하고 있어 우선 이념적인 부분에 대한 정리가 필요하다는 의견이 있다.

• 아비코시(我孫子市)의 자원봉사센터와 시민활동센터 통합에 의한 협동의 추진

치바현 아비코시는 시민공익활동, 시민사업지원지침을 책정하고, 시민 · 기업 · 행정과의 협동을 통한 지역 만들기를 추진하고 있다. 특히, 시민의 손에 의한 수질정화와 시의 봉사원 제도, 치매성 고령자의 주간서비스 등 다양한 시민 활동이 활발한 지역으로 일컬어지고 있다.

이 중에서 아비코시는 자발적 시민활동에 비중을 두고, 자주성 · 자립성에 근거한 활동, 시민의 생활향상이나 개선에 결합된 사회공헌활동, 계속적 활동, 비영리 활동, 열린 활동이라는 지향점을 갖고 있다. 주요 추진 시

책으로는 장소의 제공, 정보 및 기회의 제공, 활동 조성의 충실, 지자체 체제의 정비 등 네 가지를 들 수 있다. 먼저, 장소의 제공은 종합적 시민공익활동의 거점 기능을 정비하는 시민활동지원센터의 정비를 말한다. 특히 효과적인 정보를 제공하고, 강연회나 심포지엄 등을 통해 참가의 계기를 만들고 연수회나 강습회 등을 개최하여 시민사업을 활성화시키고 있다. 활동 조성의 충실은 재정적 지원에서 보조금 공모제의 도입이나 융자 제도 등을 통해 효과적 지원에 만전을 기하는 시책이다. 시민활동지원과나 시민공익활동 및 시민사업지원체제를 정비하고, 시민활동 지원 조례를 책정하는 등 체제 정비를 적극적으로 추진하고 있다.

아비코시의 협동은 자주활동 · 제휴형, 시사업 참가형, 공동 사업형 등의 유형이 있으며, 시민활동센터와 자원봉사센터를 통합하여 자원봉사 · 시민활동 서포트센터를 운영하고 있다. 그럼에도 불구하고 다양한 지역 주체들의 활동을 얼마나 조화롭게 조직하여 지역활성화로 연결시킬 수 있을 것인가는 아직은 알 수 없는 부분이며, 이들 간의 연대와 역할 분담, 상호 이해의 폭을 넓히는 전제가 우선적으로 형성되어야 하는 과제를 안고 있는 것이 현실적 문제로 지적되고 있다.

• 야마토시(大和市)의 새로운 공공을 위한 협동의 모색

가나가와현의 야마토시는 시민활동과(市民活動課) 내에 시민활동지원담당을 신설하여 협동의 지원책을 강구하기 시작했으며, 시민활동지원에 관한 방침 및 시민활동단체 실태 조사 등을 통하여 본격적인 협동을 추진하고 있다. 또한 최근에는 새로운 공공을 창조하는 시민활동 추진조례를 제정하여 시의 시책이나 사업에 시민참가를 확대 · 촉진토록 하고 있다. 대표적으로 NPO 법인지원 실험적 사업과 근로자집단보호지원, 가나가와 환경교육연구회지원 등의 사업을 통해 협동을 모색하고 있다.

구체적인 협동 과제의 도출에서 아직 초기 단계에 있기 때문에, 이를 어

떻게 구체화할 것인가는 중요한 과제다. 또한 구체적인 지향점과 경험을 축적하여 노하우를 축적할 필요가 있으며, 각각의 관점이나 사업의 평가에 대해서도 객관적인 합의점과 시스템을 갖추는 것이 중요하다는 지적이 제기되고 있다.

• 미시마시(三鳥市)의 시 · 시민 · 기업 간 제휴를 통한 협동

미시마시는 오래 전부터 '그라운드 워크 미시마'라는 NPO와의 협동을 통해 지역환경 개선 사업을 실시해 온 지자체다. 이는 행정에는 없는 노하우를 가진 NPO와의 연대를 통하여 다른 각도나 시점에서 다시 시의 시책을 점검하는 것은 물론 새로운 아이디어를 반영하여 보다 개선된 정책을 입안하는 것을 특징으로 한다.

이를 통해 역할 분담과 협력사업을 분명히 하고, 많은 참가자를 통해 상호 협력과 책임을 공유하도록 하고 있다. 따라서 막연한 협동이나 지원의 요구가 아니라 각각의 역할과 지원의 구체적인 형태를 가진다는 점이 특징이며, 이 외에도 미시마 육아 컬리지, 마을 만들기 컬리지 등이 실시되고 있다.

미시마시의 경우는 어느 정도 실적이 있는 NPO를 중심으로 협동이 이루어지고 있기 때문에 초기 단계에 있는 NPO와의 협동은 아직 미비한 수준이다. 이를 위해 NPO 자원봉사정보센터 등을 설치하는 등의 노력을 하고 있다.

지금까지의 시 · 정 · 촌 사례를 정리하면 〈표 6-8〉과 같다.

〈표 6-8〉 시 · 정 · 촌 사례

지자체 구분	고베시	아비코시	야마토시	미시마시
중점 내용	• NPO를 포함한 시민활동과의 협동	• 자발적 시민활동 촉진 • 협동의 마을 만들기	새로운 공공을 목표로 한 시민과의 협동	• 시, 시민, 기업 등의 제휴에 의한 협동
제도적 장치	• 파트너십 활동 조성사업 • 시민활동지원에 관한 기본방침	• 시민공익활동, 시민사업지원지침 책정 • 시보조금공모제도 (3년간 지원)	• 시민활동단체 실태조사 실시 • 시민활동추진 조례제정	
협동형태	• 종합지원창구 • 활동거점의 설치 –정보제공, 지원등 • 시민전체를 대상으로 한 시민제안형 협동사업 추진 • 사업위탁	• 시민사업지원 –시 봉사원제도, 치매고령자 서비스, 수제품 공원사업등 • 장소 제공 • 정보 및 기회의 제공 • 활동조성 • 조직체제 정비 • 자주활동 제휴형 • 시 사업에의 참가형 • 공동사업형	• NPO법인 지원 • NPO 연구회	• 그라운드 워크 미시마 연구회 • 그라운드 워크 미시마 실행위원회 • 시민의 손으로 공원 만들기 • 지구를 사랑하는 환경교육 사업
협동의 지침	• NPO의 능력을 살리고, 행정을 보완하는 상호이점 • 구(區)의 역할에 비중 • 시민에 의한 NPO 평가	• 자원봉사센터와 시민활동센터의 통합에 의한 협동 추진	• 시민, 시민단체, 사업가, 지자체 모두가 협동하여 창출하는 공공사업	• 역할 분담과 협력사항의 분명한 명시 • 문제의식 공유 • 장기적 관점에서의 신뢰를 중시 • 사무국 지원은 행정직원이 담당
과제와 향후전망	• 협동과 시민참가에 대한 개념정리가 필요 • 시 · 구 · 정 · 촌의 역할 분담	• 직원의 의식개혁 • 시민활동의 촉진 • NPO지원, 협동사업의 확대	• 협동의 구체화가 과제	• 정보제공 • 인재육성 • 활동거점의 제공문제

3) 민관협력네트워크 사례: 아이치현의 긴급 서포트 네트워크(제3자기관 중심형 네트워크)

분권과 민간위탁이라는 두 가지 움직임에 따라 이들을 통합하는 '커뮤니티 형성' 이라는 지역복지시스템 구축[6]이 급진전되고 있다. 이것은 복지의 영역에서 과거부터 제창되어 온 지역복지의 구체적인 형태다. 아이치현(愛知縣)의 긴급 서포트 네트워크는 NPO 중간지원단체에 의한 지역복지시스템 구축을 시도한 대표적 사례다.

긴급 서포트 네트워크는 노동자가 육아를 하면서 계속 일할 수 있도록 하기 위한 것으로 병이 있거나 치료 후 관리가 필요한 아동의 보육 그리고 급한 출장 등 긴급을 요하는 때에 보육을 제공하기 위한 시스템을 말한다. 2005년 26개 도 · 도 · 부 · 현에서 시작되어 사회복지협의회, 각종 재단, 육아 · 여성 관련 NPO 등이 위탁받아 서비스를 실시하고 있지만, 아이치현의 사례는 사업을 위탁한 시민포럼21 · NPO센터가 제3자 기관으로서의

---

6) 커뮤니티 형성을 통한 지역복지시스템 구축은 미국의 Michael Austin의 논의에서도 언급된 것이다. 1990년대 후반 미국에서 연방과 주로부터 지방정부로의 분권화와 NPO와의 계약을 통한 사업위탁이 가속화되는 가운데, 양자를 통합하는 '커뮤니티 형성' 이 등장하였다. 그는 사업위탁은 공적 자금과 관련한 책임성과 성과의 확인을 요구하지만 그 압력은 공적 기관과 NPO 간의 상호 이해를 높이는 형태로서 커뮤니티 형성을 촉진한다고 하였다. 또한 지방정부로의 분권은 지역의 공적 기관과 실시를 담당하는 NPO 간의 권한과 책임의 공유를 촉진하고, 양자 간의 신뢰, 협력, 분야 횡단적인 인식, 주민과 커뮤니티의 자립의 중시 등을 지향하는 공동의 노력을 요구하는 형태로서 커뮤니티 형성을 촉진한다고 언급하고 있다. 이러한 두 가지 압력의 상호작용 가운데 지역의 공적 기관과 NPO는 주민과 지역의 자립화라는 '공유된 목표(shared goal)' 를 갖게 되고, 사업위탁관계의 성격이 변화해 간다고 설명하고 있다. 지역에 뿌리를 둔 NPO와의 다년간의 위탁계약이 증가함에 따라, 공적 복지서비스 관계는 지역에서 스스로를 점점 '다양한 조직 중 하나' 로 간주하고 있다. 계약의 과정은 NPO를 통해서 제공될 필요가 있는 서비스를 제공하고, 지역에 뿌리를 둔 NPO의 인프라 구조를 강화하는 과정이라고 하는 성격을 갖게 된다. 그럼으로써 계약관계의 목적은 서비스 제공과 커뮤니티 형성이 된다. 이러한 커뮤니티 형성에서 공적 기관과 NPO 간의 '팀 형성, 신뢰, 조직학습, 지속적 협동' 을 촉진하는 제3자기관의 역할이 중요하게 지적되고 있다.

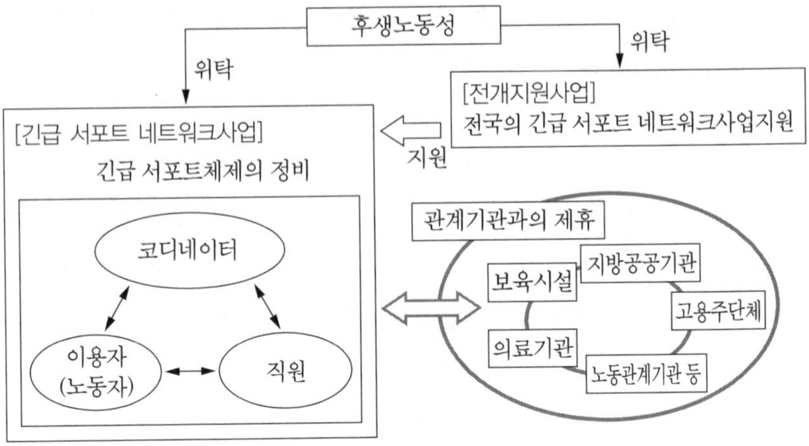

[그림 6-2] 긴급 서포트 네트워크

역할을 담당하여 실제 보육서비스를 제공하는 지역의 NPO, 현과 시·정·촌의 담당과, 보건소와 가족지원센터 등의 공적 기관, 기업, 노동조합, 병원, 의료전문가조직, 복지 관계의 교육 기관 등을 네트워크화하여 지역복지시스템의 형성을 시도하고 있는 독특한 사례이다.

여기서 우리가 주목할 첫 번째 사항은 후생노동성(厚生勞動省)의 공모시의 사업 개요에서는 위탁단체가 긴급 보육서비스를 제공하고, 긴급을 요하는 수요가 발생한 수혜자(노동자)와 서비스제공자를 연결하는 조정자로서 사업을 실시한다고 되어 있으나 아이치현의 사례는 사업형 NPO를 육성하는 스스로의 비전을 기초로 긴급 서포트 네트워크를 제공하는 NPO, 보육소, 사회복지법인, 병원 등의 민간사업체와 연대하는 사업을 실시하는 방식을 후생노동성과 협의한 후에 제도도입을 했다는 점이다.

다른 사례에서는 관계 기관 등에 의한 네트워크 회의는 설치한다 해도, 기본적으로 수탁단체가 단독으로 사업을 실시하는 경우가 많다는 점을 감안할 때, 아이치현의 경우는 수탁한 사업을 실시하는 것과 함께 제3자기관으로서 실제 서비스를 제공하는 각종 민간단체 간의 네트워크를 형성하고,

그 과정에서 사업형 NPO의 성장을 지원하는 독자의 목표를 추구하고 있다는 시사점이 있다.

두 번째 주목할 점은 민관의 수직적 행정 구조를 초월한 시스템 형성이다. 병상아동 · 회복기 아동의 보육은 복지 분야에서 전형적으로 간과되어 온 분야다. 보육서비스 제공의 중심에 있는 보육소도 입소 아동에게의 영향과 병아보육실의 경비 문제에 본격적인 대응하는 것에 한계가 있고, 지자체 등으로부터의 조성을 받아서 의료기관이 병아보육실을 설치하는 사례도 소수 있지만, 일반보육 또는 병아보육만으로는 채산이 맞지 않았다. 또한 모든 아동의 가정을 위한 광장, 가족지원센터, 아동지원센터 등도 병아보육까지는 서비스가 미치지 못하고 있다.

후생노동성의 긴급 서포트 네트워크 사업은 그 공백을 메우기 위한 것이지만, 추가된 개별 사업에 멈추는 사업이 될 경우 민간 사업으로서 자립의 전망은 없으며, 보육, 의료, 육아, 가정에의 지원 등의 분리된 행정구조를 더욱 복잡하게 만드는 결과를 초래할 것이다. 아이치현의 사례에서는 긴급 서포트 인력 육성이나 이용자와의 연결은 수탁단체가 담당하면서 각종 민간 사업체가 종래의 사업과 조합시켜 병아 · 병후아 보육 서비스를 제공하는 것에 의해 일반보육, 고령자개호, 의료 등을 포괄하는 다기능형 사업체로 성장하는 기회를 제공하는 것을 지향하고 있다.

또한 현과 시 · 정 · 촌의 담당과, 가족지원센터, 기업, 노동조합 등의 협력을 얻은 광고 시스템도 형성하여 그 가운데 서비스 제공 단체도 포함된 팀 형성, 신뢰, 조직학습, 지속적 협동이 추진되기 시작하였다. 현이 소집하는 방법은 형식적 네트워크가 될 가능성이 높지만, 제3자조직은 네트워크 주체들에게 개별적으로 설명하면서 네트워크를 구축시키지 않으면 안 되기 때문에 신뢰에 기초한 실질적인 네트워크를 구축할 수 있는 가능성이 높다.

4) 시사점

일본의 민관협력 사례를 통해 다음과 같은 시사점을 발견할 수 있다.

첫째, 공공부문과 NGO 간의 수평적이고 상호의존적인 인식이 기초되어야 한다. 둘째, 민관협력관계는 지역 문제의 공동 해결, 협동 과제의 수행, 사업의 위탁 등 매우 다양하고 다기한 방법으로 형성될 수 있다. 셋째, 지역사회 내의 민민협력과 민관협력에 참여하는 범위는 목적과 방향에 따라 거의 제약을 갖지 않고 다채롭게 전개될 수 있다.

제7장

주민생활서비스전달체계하의 민관협력 구축방안과 과제

함철호 · 이태수 · 김필두 · 지은구 · 김신렬 · 강창현

1. 민관협력체계의 구축방안

1) 민관협력체계 모형의 기본적 구성

주민생활지원서비스 중심의 전달체계개편에 따른 민관협력체계 모형의 핵심은 우선 보건, 복지, 고용, 문화, 평생학습, 생활체육, 주거, 사고안전 등 주민생활지원서비스와 직결된 각 분야의 대표들로 '주민생활지원 민관협의체'를 구성하는 것이다. 물론 현행 법상으로 복지 및 보건 분야는 「사회복지사업법」에 의거하여 '지역사회복지협의체'가 구성 · 운영되고 있으며, 평생학습 분야에는 '평생학습위원회', 체육 분야에는 '지역체육진흥협의회' 등 개별 분야의 민관협력 구조가 없는 것은 아니다. 또한 「고용정책기본법」에 따라 시 · 군 · 구 단위에 '시 · 군 · 구 고용심의위원회'가 설치되었으며, 문화 분야에도 문화계에서 추진하고 있는 지역문화진흥법이 제

정된다면 시 · 군 · 구에 '지역문화위원회'가 설치되는 등 각 부문별 민관 협력체계는 지속적으로 확대될 예정이다.

그렇지만 이렇게 각 분야마다 독자의 민관협력 구조가 만들어지는 것을 인정하면서도 주민생활지원서비스 영역을 통합적으로 접근하여 시 · 군 · 구 내에 상호 조정 · 연계된 주민생활지원서비스에 대한 계획을 수립하고 이의 실현을 촉진하는 역내 민관협력 구조의 필요성은 여전히 유효하다.

이러한 취지로 설치되는 '주민생활지원 민관협의체'는 기본적으로 현재 지역에 기초하고 있는 각종 민간조직들이 수평적으로 참여하게 되어 수평적 네트워크 유형으로 분류될 수 있으며, 주민생활지원 민관협의체라는 네트워크체계 안에서 공동의 책임감과 동등한 힘의 균형이 강조된다는 점에서 집단네트워크 구조로 분류될 수 있다.

이 협의체는 [그림 7-1]과 같이 정책 논의 및 의사결정 기능을 하는 민관 기관장 네트워크인 '대표협의체'와 서비스 제공 관련 실무자 간의 네트워크인 '실무협의체'를 두는 이중 구조로 구성된다. 특히 실무협의체 · 분과 성원은 지역주민에게 통합서비스를 제공하는 과정에서 어려운 문제가 있을 경우 기관장들의 모임인 대표협의체에 해결을 건의하고, 대표자들은 그 문제를 해결해 주며 지지해 준다. 이것은 수요자 중심의 전달체계를 구축(역주민통합서비스체계 구축의 제1원칙)하기 위한 최선의 방법이다.

또한 민간 영역에서는 8대 영역 기관의 기관장과 실무자가 직급과 역할에 따라 대표협의체와 실무협의체에 참여하고, 공공 영역에서는 주민생활지원국, 보건소, 고용안정센터, 교육청, 지역문화예술위원회 등의 기관에서 기관장과 실무자가 직급과 역할에 따라 대표협의체와 실무협의체에 참여한다.

따라서 8대 영역의 민관기관들은 개별 기관의 고유한 서비스를 제공하는 한편 지역주민 중 복합적 욕구를 가진 자에 대해서는 해당 분과에서 8대 영

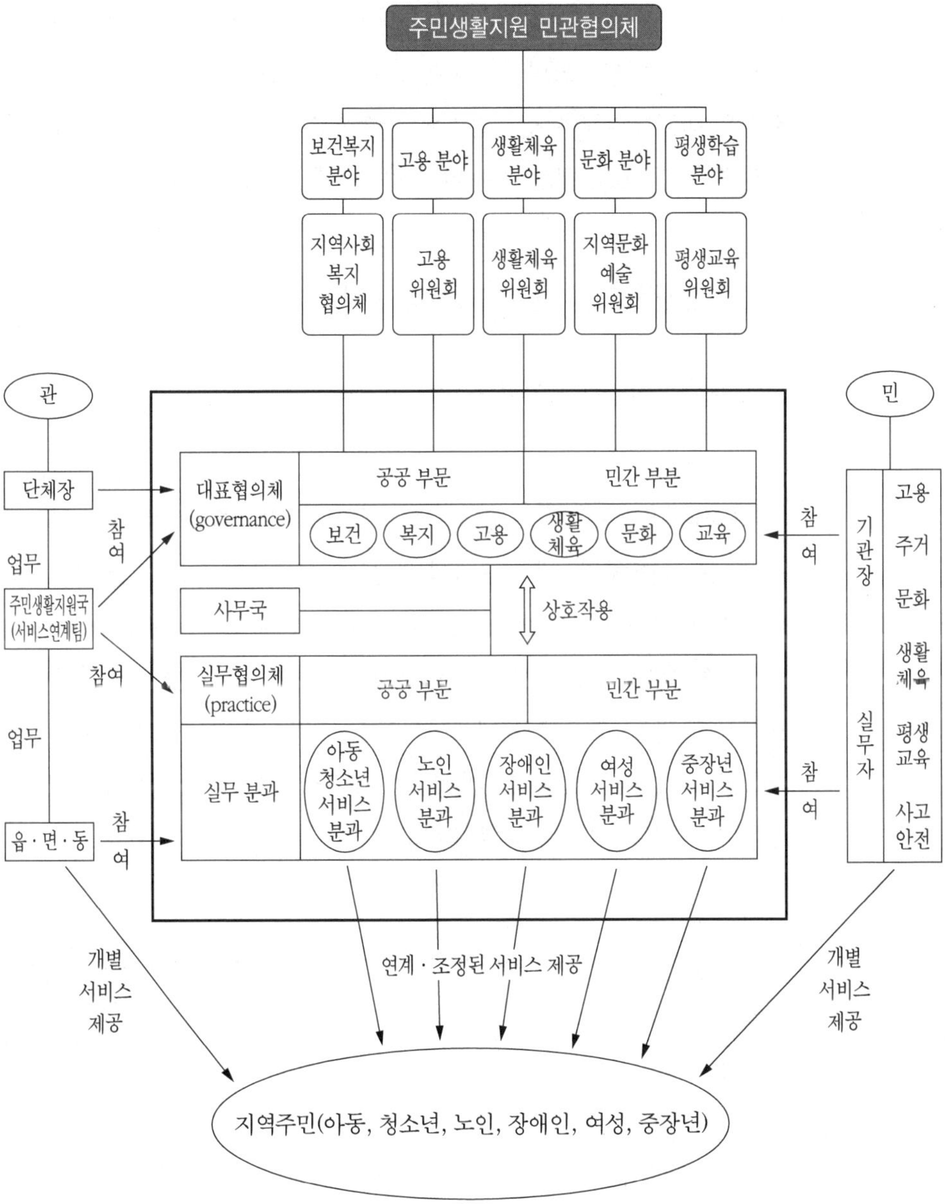

[그림 7-1] 민관협력체계 구축 모형의 기본 체계

역의 실무자들이 연계하여 조정된 서비스를 제공하게 되는 것이다. 이때 중요한 것은 네트워크의 활성화를 위해 사무국을 둔다는 점이다. 사무국의 소장은 대표협의체와 실무협의체의 중간고리 역할을 담당하여 협의체가 원활히 운영되도록 하는 것이 가장 주된 역할이라고 할 수 있다.

2) 주민생활지원 민관협의체의 구성과 역할

(1) 대표협의체의 구성과 역할

① 구성

지역사회복지협의체, 고용위원회, 생활체육위원회 등 기존 협의체의 존속 운영을 전제하고, 새로운 의제 생성 시 각 네트워크를 연결해 새로운 모습(구성적 측면)의 네트워크(주민생활지원 민관네트워크)를 구성해야 하는 경우(8대 영역이 모두 참여하는 경우), 숫적으로 과다한 행위자들의 의사소통에 문제가 있을 수 있으므로 대표협의체를 구분하여 운영해야 한다. 그리고 대표협의체는 주민생활지원정책 분과와 자원개발 분과 등으로 나누어 구성하되, 각 분과 위원을 20명 내외로 한다.

② 역할

주민생활정책 분과는 지역의 주민생활지원서비스와 관련하여 중요한 의사결정을 하는 기능이 주가 된다. 이때 주민생활정책 분과의 주요 역할은 다음과 같다.

- 지역의 주민생활서비스에 대한 협의 및 건의
- 지역의 주민생활지원정책에 대한 모니터링
- 지역복지계획, 지역보건의료계획, 지역문화계획 등 지역주민생활계획의 심의 및 건의

- 복지, 보건, 고용, 교육, 생활체육, 문화 등 8대 영역 연계 협력을 위한 정책 개발 및 실무지원

또한 자원 개발 분과는 지역주민생활지원을 위한 자원 개발에 주 기능을 두고 운영되는데, 그 주요 역할은 다음과 같다.

- 지역주민생활지원자원 개발
- 복지, 보건, 고용, 교육, 생활체육, 문화 등 8대 영역 연계 협력을 위한 자원 개발 및 실무지원

(2) 실무협의체 · 실무 분과의 구성

① 구성

기존의 지역사회복지협의체 실무협의를 비롯하여 노동위원회나 지역문화위원회 등 각 위원회의 실무자의 자율성을 존중하되, 특별한 사업, 특별한 사례가 있는 경우, 사업의 원활한 수행과 사례에 적합한 서비스를 제공하기 위해 실무협의체와 실무 분과를 새롭게 구성할 수 있다.

실무협의체는 서비스 연계 분과와 자원 분과로 나누어 구성하는데, 서비스 연계 분과는 지역사회복지협의체 실무자들이 중심이 되고, 자원 분과는 새로 참여하는 6대 영역의 실무자들이 중심이 되는 것으로 한다.

대상자별로 실무 분과(노인, 장애인, 아동 · 청소년, 여성, 중장년 등)를 구성하되, 구성원들의 합의에 따라 다양한 분과를 구성할 수 있다. 또한 실무 분과위원 중 경험이 많고 열정이 있는 자를 분과 구성원이 선출하여 실무협의체 위원으로 하며, 주민생활지원국 8대 서비스 팀장(공무원)은 실무협의체의 당연직으로 활동한다.

② 역할

실무협의체 · 실무 분과의 주요 역할은 다음과 같다.

- 복합적 욕구를 가진 지역주민에 대한 영역별 협력 · 연계 서비스 제공
- 영역별 연계서비스 제공의 문제에 대해 대표자 네트워크에 해결 건의
- 주민생활지원 관련 공동 사업 개발 및 실행
- 지역사회 능력 증진을 위한 사업 개발 및 수행

(3) 사무국 설치의 필요성과 역할

① 사무국 설치의 필요성

사무국은 주민생활지원 민관네트워크의 활성화를 위한 필수조건이다. 앞에서 네트워크란 지역 단위에 있는 보건과 복지 등 8대 영역의 민간기관과 공공기관들의 연결 구조라고 하였는데, 네트워크에 의해 지역에서 협치(governance)와 협력 실천이 이루어지기 위해서는 네트워크의 노드(8대 영역의 민관기관들) 간의 신뢰가 필수적이다.

신뢰란 사회적 자본을 구성하는 중요한 구성 요소이자 심리적 특성인데, Inkles(2000)은 "심리적 특성이란 지역사회를 구성하는 행위자들이 가지는 신뢰와 새로운 경험에 대한 개방성 등 반응 성향을 말한다. 여기서 신뢰란 행위자 간에 원하는 기대가 발생하리라는 상호인정을 의미하는 것으로 정부에 대한 신뢰와 동료 시민에 대한 신뢰로 범주화할 수 있다. 그리고 개방성이란 새로운 시도나 행동에 대한 열려 있는 마음이나 자세를 말한다. 이러한 심리적 특성은 협력에 윤활유 역할을 한다."라고 하였다. 민관협력 네트워크와 관련하여 8대 영역 민관기관들 간의 신뢰도 심리적 특성의 범주에 포함될 수 있으며, 이 기관들 또한 민관협력에 대한 개방성을 가져야 할 것이다.

네트워크에서 왜 신뢰가 중요한가? 그 이유에 대해 김용학(2004)은 "신

되는 협동을 가능케 하고 사회적인 공공선을 만드는 핵심적 기제"라고 하고, 한준(2001)은 "사람 사이의 경우와 마찬가지로 조직 간의 신뢰는 거래비용을 낮출 수 있는 매우 중요한 기제"라고 하였다. 그렇다면 주민생활지원 민관네트워크에서 신뢰를 어떻게 창출할 수 있을까? 김용학(2004)은 "처음 만나는 사람보다는 반복적인 사회적 관계에 놓여 있는 사람을 더 잘 신뢰한다."라고 하면서 네트워크가 신뢰를 창출하는 데 영향을 미치는 요인으로 다음과 같이 네 가지를 들고 있다.

> "첫째, 연결망의 지속성과 접촉 빈도다. 연결망이 장기간 지속할수록, 그리고 빈번하게 상호작용될수록 신뢰는 강해진다. 둘째, 연결망의 중첩성(multiplexity)이다. 사람이나 조직들이 여러 종류의 연결망에 의해 중첩적으로 연결될수록 신뢰는 더욱 강해진다. 셋째, 상징의 공유이다. 연결망에 속한 구성원들은 다양한 의례(예, 동창회나 체육대회)를 통하여 상징적 정체감을 만들어 나간다. 넷째, 연결망의 동질성이다."

이 인용문에서 각각의 요소를 지역 단위에 있는 보건과 복지 등 8대 영역의 민간기관 공공기관들의 연결구조 · 네트워크에 적용시켜 보면 다음과 같은 설명이 가능하다.

첫째, 지역 단위에 있는 보건과 복지 등 8대 영역의 민간기관, 공공기관들의 연결 구조가 지속되고 접촉 빈도가 증가하기 위해서는, 지역에 있는 보건과 복지 등 8대 영역의 민간 · 공공 기관의 참여자들이 자주 만나고, 만남을 통해 상호 간 경계 침투를 해야 한다. 왜냐하면 "네트워크 관점의 협치 개념은 지방 수준에서 지역사회를 구성하는 공공과 민간부문들 사이의 경계가 상호 침투되어 있다는 것을 전제로 통치하는 시스템과 방식을 의미하기 때문이다."(안성호, 배응환, 2004)

둘째, 주민통합서비스 민관네트워크의 참여자들인 기관장, 실무자들이 대표협의체, 실무협의체, 실무 분과, 특별한 경우에 만들어질 수 있는 특별대응 팀에 중첩되게 참여할 수 있고, 이것으로 신뢰가 증진될 수 있다.

셋째, 주민통합서비스 실현을 위한 민관네트워크 참여자들은 지역에서 다양한 워크숍, 세미나 등을 통해 정체감 형성을 위해 노력할 수 있다.

넷째, 연결망의 동질성이라는 면에서 보면, 보건과 복지 영역 참여자들은 지역의 저소득층들을 위해 서비스해 왔다는 면에서 상대적으로 동질적이라 할 수 있고, 교육 · 생활체육 · 문화 영역의 참여자들은 그렇지 않다는 면에서 이질적이라 할 수 있다.

요컨대, 주민생활지원 민관네트워크의 참여자 혹은 조직들 간의 신뢰가 높을 때, 지역 단위의 주민통합서비스를 위한 협치와 협력 실천이 잘 이루어질 수 있다는 것이다. 그러므로 지역 단위에서 주민생활지원 통합서비스 민관네트워크에서 신뢰를 창출하고 증진시키는 역할을 하는 별도의 사무국이 필수적이다.

또한 민관네트워크가 활성화되기 위해서는 중심 조직이 필요하다. 네트워크에 참여하는 8대 영역의 민관기관들은 조직으로서 조직 고유의 임무를 수행하고 목표 달성을 위한 다양한 활동을 한다. 8대 영역의 대표자, 실무자들은 자신이 속한 조직의 목표 달성에는 관심이 많고 열성적이지만, 네트워크 · 민관협의체 사업에는 관심이 덜하거나 없다는 사실이 정부의 선행 사업이었던 지역사회복지협의체사업에서 드러났다.

따라서 지역에서 주민통합서비스 민관네트워크사업이 시작되었을 때, [그림 7-2]에서 보듯 네트워크 참여 기관(기관장, 실무자)들은 관행적으로 개별 기관의 목표 달성을 위한 노력에 힘을 쏟을 것이며, 민관네트워크에 의한 정책 수준의 협치와 실천 수준의 협력서비스를 위한 노력에 관심을 기울이지 않을 것이다. 전자를 원심력이라 하고 후자를 구심력이라 할 때, 원심력이 구심력을 압도함으로써 민관네트워크사업은 지지부진할 것으로 생각되며, 이를 극복하기 위한 방법으로 구심력을 만들어 주는 네트워크의

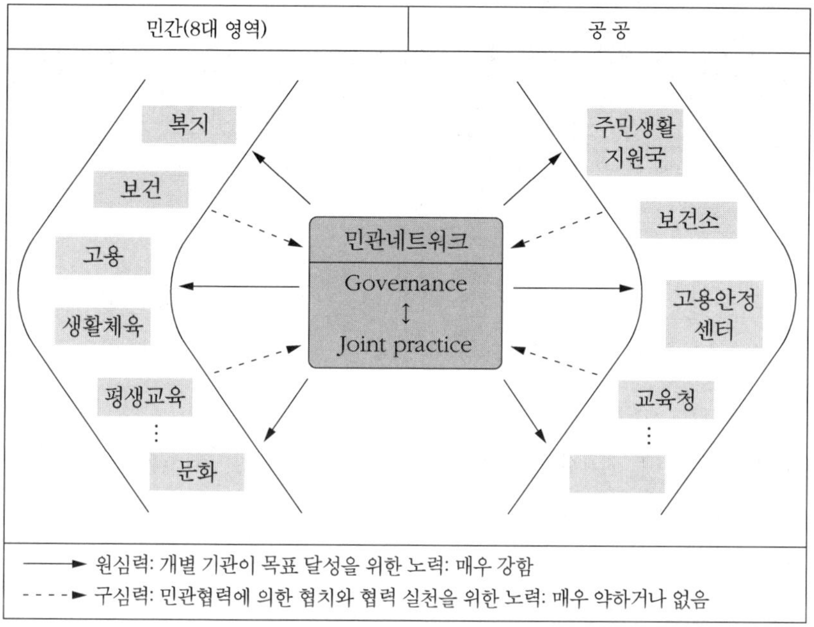

[그림 7-2] 민관네트워크사업 활동과 참여 기관 사업 활동의 대립성

중심 조직인 별도의 기관이 필요하다.

요약하면, 민관네트워크 참여자들 간의 신뢰를 창출하는 역할을 하고, 개별 기관의 고유 업무에 충실하려는 기관장과 실무자들을 민관네트워크 사업으로 끌어들이는 구심적 역할을 하는 기관이 필요하다는 것이다. 이러한 기관이 민관협의체의 사무국이다. 이 사무국이 만들어질 경우, 지역사회에 있는 기존의 기관들과 어떻게 차별화되는가를 검토해야 하는데, 그 차이는 〈표 7-1〉과 같다. 기존의 개별 기관들은 공공이든 민간이든 기관 고유의 목표 달성을 위한 개별 사업을 하는 기관(agency)이고, 여기서 말하는 사무국은 이러한 개별 기관들을 연계하는 기관 간 연계사업(inter-agency working)을 하는 기관이라는 면에서 차이가 있다.

〈표 7-1〉 개별기관(민간 · 공공 기관)과 사무국의 목표 차이

구 분	목 표
기존의 기관(민관네트워크의 참여 기관)	개별 기관의 목표 달성(사업 수행)
네트워크사무국	기관 간 연계 사업(협치와 협력 실천)

② 기능

사무국의 주기능은 주민통합서비스 민관네트워크의 원활한 운영에 있다. 따라서 다음과 같은 역할을 담당한다.

- 대표협의체, 실무협의체(분과) 회의 소집 및 운영지원
- 지역 단위 기관 간 협력
- 민관협의체 공동사업 운영
- 소생활권 협의체 지원
- 실무 분과 사업, 즉 서비스 연계사업의 지원

민관협력네트워크의 사무국 조직 구조는 기본적으로 연결고리 구조가 된다. 민관협력네트워크는 의사소통의 흐름이 중요하기 때문에 연결고리 구조를 유지하도록 한다. 일반적으로 연결고리 구조는 부서와 부서 사이에서 그리고 직원과 직원 사이에서 매일의 의사소통이 최적으로 기능해야 하는 상황에 가장 적합한 조직 구조라고 알려져 있다. 연결고리 구조를 유지하기 위해 사무국의 소장은 대표협의체와 실무협의체에 동시에 참여하는 당연직 구성원이 된다. 즉, 사무국 소장이 연결고리 구조로서 역할을 담당하여 협의체가 원활히 운영되어 조직의 목적을 효과적으로 성취할 수 있도록 한다. 다음은 사무국을 책임지고 있는 소장의 연결고리 역할을 나타낸 것이다.

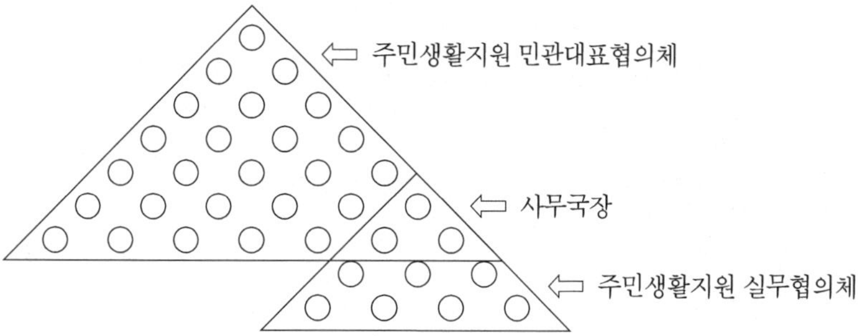

[그림 7-3] 사무국 소장의 연결고리 역할

③ 구성

사무국은 상근인 소장 1인과 간사 및 복지도우미 역할을 하는 민관협력 코디네이터 2인 이상의 적정명으로 구성되며, 사무국은 대표/실무협의체를 지원하는 총무팀과 노인, 장애인 등 복합적 욕구 대상자에 대한 협력서비스를 기획 조정하는 서비스협력조정팀(이하 서비스협력팀)으로 나누어 조직된다.

민관협력네트워크의 사무국에 위치하는 서비스협력팀은 실질적으로 민관협력네트워크가 8개 부분에서 민-관의 서비스 조정과 통합 그리고 교환을 통해 통합적 서비스가 가능하도록 하는 중심적인 역할을 수행한다. 서비스협력팀장은 협의체 사무국 소장이 겸임하며 공적 조직인 생활지원국의 협력조정팀장은 당연직 서비스협력팀의 팀원이 된다. 서비스협력팀장과 팀의 역할을 구분하면 다음과 같다.

- 서비스협력팀장의 역할
  - 팀 운영에 대한 총괄 점검
  - 서비스 제공에 대한 기획
  - 민-관의 서비스 연계를 활성화시키기 위한 연계 방안의 기획 및 실행

- 서비스 전달에 대한 기획 및 서비스 계획안의 상정
- 수립된 계획의 실행 여부에 대한 점검, 조정, 통제

• 서비스협력팀의 역할

- 서비스 제공 및 서비스 연계에 대한 실무협의
- 서비스 제공 및 서비스 연계와 관련된 논의사항을 안건으로 상정
- 대상자의 보호 계획, 보호 결과에 대한 평가
- 서비스의 질 향상을 위한 다양한 사업안의 협의, 기획 및 계획안 상정
- 민민 그리고 민관 사이의 연계망 형성과 조직화사업 전개를 위한 협력과 조정

• 민관협력코디네이터

최소 상근 간사 1명 및 복지도우미 1명으로 구성되는 민관협력코디네이터는 다음과 같은 역할을 한다.

- 팀 운영의 점검 및 운영과 관련된 행정 업무 담당
- 통합서비스사업과 관련된 사업의 운영 및 추진

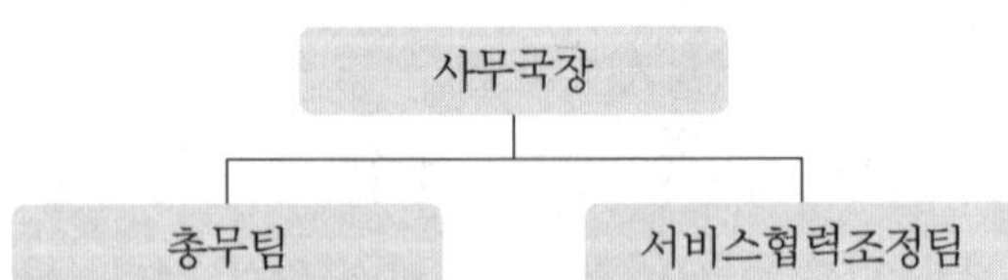

[그림 7-4] 사무국 조직

(4) 모형의 장 · 단점

이 모형의 장점은 기존의 지역사회복지협의체, 각종 위원회 등을 그대로 수용하면서 새로운 대형의 네트워크를 구축하는 것이므로 지역에서 거부감이 상대적으로 덜할 수 있다는 점이다. 그러나 단점으로는 지역사회복지협의체, 각종 위원회 간의 영역 간 경계가 분명하고, 문화적 이질성이 크므로

이를 극복하고 새로운 네트워크 즉, 주민생활지원협의체를 구성하는 노력이 많이 필요할 것으로 생각된다. 특히 중앙정부의 안정적이고 통합적인 지원이 없으면 지자체의 허약한 인적 · 물적 구조상 주민생활지원협의체의 운영 자체는 파행적일 수 있기 때문에 중앙정부의 지원이 절대적으로 필요하다고 할 수 있다. 또한 지방정부의 생활지원국이나 생활지원과 직원들이 주민생활지원협의체에 역량을 분산하고 직접 참여하여야 좀 더 지역주민 중심적이고 통합적이며 문제해결적인 서비스전달체계가 확립된다고 하는 당위성을 인식하지 못한다면 협의체 운영 자체가 불가능할 수 있기 때문에 성공적 운영을 위해서는 공적 조직 직원들의 인식 전환이 매우 필요하다고 볼 수 있다.

2. 주민생활서비스 협력네트워크 구축 예

1) 주민통합서비스 실현을 위한 전국네트워크의 구상과 활동

제4장에서 살펴보았듯이 주민생활서비스의 중복과 누락 그리고 연계성 결핍으로 복지의 사각지대가 지속됨에 따라 국민의 행복 체감도가 오르지 않고 있어 정부는 주민을 둘러싸고 있는 8대 서비스(복지, 보건, 고용, 주거, 문화, 평생교육, 생활체육, 안전)를 통합적 · 효율적으로 제공할 수 있는 '지역주민 통합서비스 전달체계' 를 대안으로 내놓았다.

민간 차원에서는 전국적인 부문 단체들과 지역의 서비스기관 · 단체들, 기업 · 노조 · 연구자들이 모여 2004년 12월부터 분야별 · 지역별 모임과 세미나와 워크숍 등 광범위하고 지속적인 논의와 참여 속에 지난 2006년 6월 7일에 '주민통합서비스 실현을 위한 전국네트워크(이하 전국네트워크)' 라는 민민네트워크를 창립하게 되었고, [그림 7-5]와 같은 조직체계를 갖춘 사단법인의 형태로 활동을 하게 되었다.

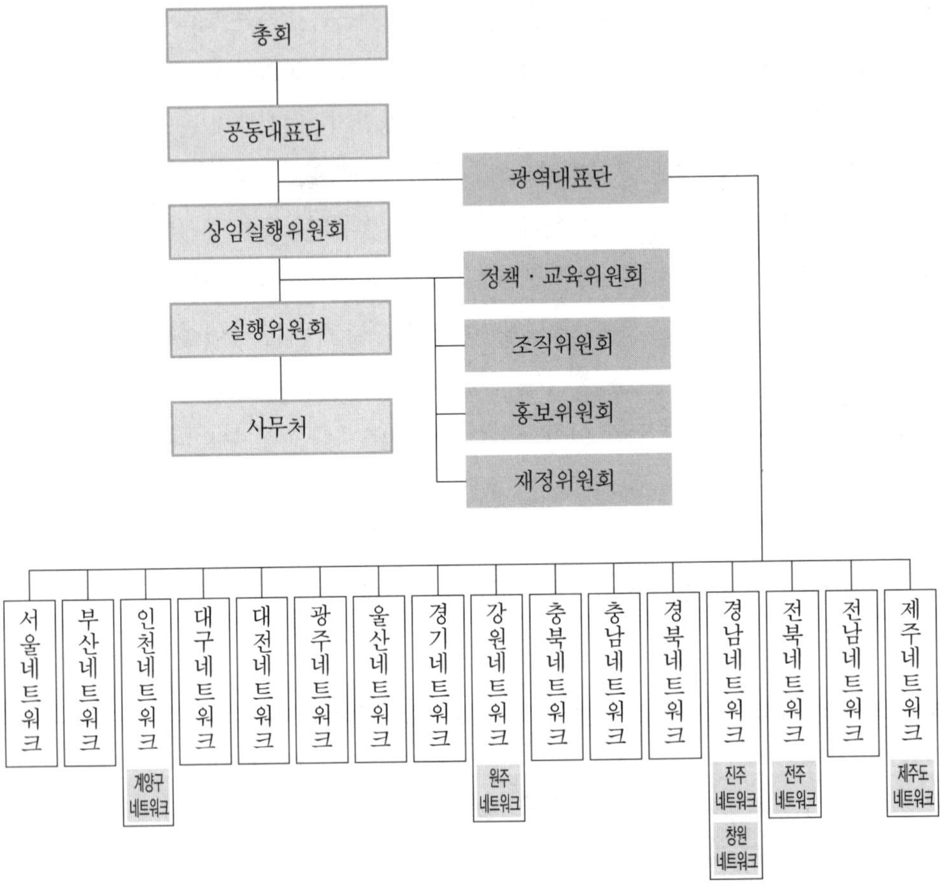

[그림 7-5] 초창기 전국네트워크의 조직과 지역네트워크 현황

2) 지역 네트워크의 구축 사례

(1) 전주네트워크

전주네트워크는 2006년 6월 29일 창립한 단체다. 창립까지 많은 토론회와 설명회를 가졌으며, 각 대상자별 및 기관 · 단체 모임을 진행하면서 성립되었다. 다음은 전주네트워크의 진행 과정에 대한 소개다.

① 동의와 참여

• 2005년 6월 27일: 위원회의 자문회의에 참석하여 '통합서비스 제공체계'의 취지에 적극 공감하였고, 이를 전주지역에 우선적으로 추진할 수 있을 것으로 판단하여, 제한적이지만 지역사회 인사들과 협의하며 활동을 개시하게 되었다.

• 2005년 7월 12일: 전주지역 복지, 여성, 문화, 실업, 아동, 청소년, 봉사 등의 서비스를 제공하고 있는 인사 15명과 김형욱 전문위원 및 박홍순 소장(열린사회시민연합 커뮤니티 파트너십센터) 등이 모여 연구자의 설명을 듣고 거의 전원이 적극 동의하여 향후 대상자별 논의를 신속하게 조직하기로 하고, 각각의 서비스별 모임에 문화, 봉사단체 관계자를 적극 결합시켜 나가기로 하였다.

–지역 네트워크 참가 단체

허종현(전주노인인력지원관장) 이연숙(안골노인복지관장)
김대선(전주영아원장) 김완진(전북아동학대예방센터 소장)
이명자(전주YMCA 총장) 정진해(기독교청소년선교협회 이사장)
조선희(여성단체연합 사무처장) 박영숙(전북여성노동자회장)
최인규(전북실업자종합지원센터 이사장)
안향옥(전주여성의전화 사무국장) 김순석(열린문화연구원장)
김수옥(전주장애인부모회장) 천만석(전주의료생협실장)
송만규(민예총 전북지부장) 박영자(한국시민자원봉사회 전주지부장)

② 통합서비스를 위한 서비스 대상자별 논의의 구체화

• 노인서비스 분야

–2005년 8월 4일, 노인서비스 제공 기관 · 단체(노인복지관, 재가복지센터, 노인요양원, 노인의 전화, 종합사회복지관, 노인시니어클럽 등)가

모임을 시작, 2차례 간담회 및 설명회(8월 25일, 9월 9일)를 가졌다.

–서비스의 다양성을 고려하여 소위원회(이용시설, 생활시설, 재가복지로 구분)를 구성하고 분과장과 간사를 정하여 심도 있는 논의를 지속하였다.

–2006년 2월, 3월 모임에서 서비스 기관 · 단체 실태 조사와 통합서비스 가상 시뮬레이션 실시로 인식 확대와 경험을 교류하였다.

• 장애인서비스 분야

–2005년 8월 10일, 단체 및 기관 대표(시각장애인도서관, 자립원, 장애인자립생활센터, 장애인복지관 등 6명)가 모임을 시작하여, 2차례 간담회와 설명회를 개최(8월 26일, 9월 13일)하였다.

–장애인 단체의 다양성(수혜기관, 이용시설, 서비스 제공 단체 등)을 감안하여 각각의 의견을 청취 수렴하되, 현재 진행 중인 기관 및 단체별 서비스 내용을 정리 · 공유하며 네트워크를 강화해 나가고 있다.

–2006년 2월, 3월 모임에서 서비스 기관 · 단체 실태 조사를 보강하고, 통합서비스체계 안의 장애인 대상자에 대한 가상 시뮬레이션을 실시하였다.

• 여성서비스 분야

–2005년 8월 17일, 여성단체(여성단체연합, 여성의전화, 성폭력예방센터, 여성인력개발센터, 여성노동자, 커리어우먼센터, 성매매여성인권지원센터, 가족치료센터 등 10명) 모임을 시작하여, 이후 4차례(9월 1일, 9월 29일, 11월 3일, 12월 7일) 모임을 가졌다.

–여성서비스의 특성을 고려하되 피해여성지원을 위한 상담 활동 확대와 함께 취약계층 여성의 소득 보전을 위하여 일자리 확충(저소득층 여성, 쉼터 여성, 성매매 여성 등)에 초점을 맞추어 나가기로 하였다. 또한 노동의 여성화, 돌봄 노동 확산, 비정규직 여성 노동자의

문제에도 적극적인 관심과 참여가 있어야 함을 결의하였다.

- 2006년 2월, 3월 모임에서 여성서비스 기관 · 단체 실태와 서비스 내용을 보강하고, 통합서비스 체계를 예상한 여성서비스 시뮬레이션을 실시하였다.

• 아동 · 청소년서비스 분야

- 2005년 8월 24일, 청소년서비스 단체(청소년 문화의 집, 가출청소년 쉼터, 보호청소년 그룹홈, 청소년 자원봉사단체 등 6명) 모임 시작, 3차례의 간담회 및 설명회(9월 6일, 9월 27일, 11월 21일)를 아동 분야에까지 확대하여 개최하였다.
- 우선 참여에 적극적인 청소년 단체의 협력과 네트워크를 강화해 나가고, 지역아동센터의 참여가 여의치 않으나 계속해서 참여를 유도해 나가고 있다.

• 중장년 실업 · 자활 서비스 분야

- 2005년 7월 28일, 관련자 모임을 시작(6개 기관: 실업자지원센터, 3개 자활후견기관, 이주노동자센터, 여성노조 등 7명)하여, 3차례 모임을 지속(8월 18일, 9월 8일, 9월 22일 등)하였다.
- 각 기관 단체의 서비스 내용을 정리 · 요약하고, 지역 내 실업자 및 저소득층 자활을 위한 효과적 대책을 마련해 가기로 하였다(보호된 시장 내의 제한적 고용 영역을 확대, 자활지원 확대 및 예산 확충 등).
- 서비스 대상에 대한 특성상 분류인 실업 · 고용 지원 대상에 대한 가상 시뮬레이션을 실시하였다.

• 문화서비스 분야

- 논의 초기부터 문화 운동 관계자가 참여해 왔으나, 실무 역량상의 문제로 각 분야별 서비스 논의에 참여하지 못하고, 전체 모임에만

계속 참여하여 의견을 개진하고 있다. 향후 서비스별 문화프로그램 지원 방안에 대하여 논의해 나갈 것이다.

–특히, 2006년 6월부터 실시 확정된 '문화바우처' 사업을 통하여 문화 · 복지 간 연계를 넓히고 네트워크 활동의 유용성과 효과성을 증대시켜 나갈 계획이다.

• 영유아서비스 분야

–영유아 보육시설 및 유치원 등은 통합서비스에 대한 이해와 요구가 적을 것으로 보여 기조직된 이해 단체별 기구와 협의하여 적절한 시기에 참여시켜 나가도 될 것으로 보인다.

• 자원봉사, 생활체육, 보건서비스 분야

–지자체와의 깊은 연관 속에 진행되는 분야이기 때문에, 민관협력 과정에 참여시키는 것이 적절할 것으로 보여, 진행되는 논의 내용만 자원봉사단체에 전달하고 참고하도록 하였다.

③ **경과**

• 2005년 7월 12일 전체 모임 이후 각 대상자별 기관 · 단체 모임을 3~5차례 진행시켜 오면서 대상자별 모임을 분과 모임으로 하여 임시 좌장과 간사를 선정하였으며, 모임을 지속하는 과정에서 지역민간협의회의 명칭을 '주민 통합서비스 실현을 위한 전주지역 네트워크(준)'로 정하였고, 네트워크 사무국이 꾸려지기 전까지, 각 모임의 간사 역할을 '전북실업자종합지원센터 사무처'가 맡아 나가기로 하였다.

• 2005년 10월 17일 지역 대학 연구소(한일장신대 지역사회자원개발연구소)와 지역 대학(한일장신대 사회복지학부 원우회 및 학교 당국)과 연대하여 공동주관으로 이태수 원장을 초청하여 정책세미나를 개최하여, 약

300여 명이 성황을 이루었고, 전주 외에 타 지역으로 논의를 확대해 나가게 되었다.

- 전주지역 네트워크(준) 모임은 이제까지의 성과를 바탕으로 2005년 10월 27일 전주중부가정봉사원파견센터 사무실에서 각 분과별 좌장 및 간사 전체 회의를 개최하여, 이전의 경과(지역 및 전국)를 공유하고 성과를 심화하기 위해 분과별 모임을 지속하기로 하였다.
- 2005년 11월 24일 전주중부가정봉사원파견센터 사무실에서 전체 회의를 다시 개최하여, 각 기관단체별 서비스 내용을 공유하기 위해 일정한 형식의 서식에 의거하여 분과별로 취합하기로 하였고, 또한 지역과 전국 진행 상황을 듣고 지자체의 무관심(중앙부처의 지침이 있어야 함께 논의할 것이라는 답변만 있었음)에 대한 대책을 마련하기로 하였다.
- 2006년 1월부터 매월 정례회의를 통하여 전국네트워크 상황 공유, 분과별 시뮬레이션 토론, 창립총회 준비를 지속해 나가기로 하였다.
- 2006년 3월 25일 전체 모임에서 창립총회를 6월 12일에 갖기로 하고, 공동준비위원장을 5개 분과 대표들로 선임하였다. 허종현(노인), 이건중(장애인), 박영숙(여성), 정진해(아동 · 청소년), 최인규(실업 · 자활).
- 행정체계개편 진행이 지연되고 있음에도 불구하고, 민간협의기구는 대상자별 서비스 제공자(기관 및 단체)의 참여폭을 확대시켜 나감과 동시에 창립총회를 통하여 공식화하기로 하였다.
- 자치단체(전주시)는 행정체계개편 신청에 2007년 1월부터 시행하겠다고 하여, 일단 민간이 준비를 충분히 해 나간 다음 5 · 31선거 이후 구성될 자치단체장과 의회와 협력해 나가기로 하였다.

• 재정 분담은 참여 단체별 일정액을 납부하여 사용키로 하였다. 임시 사무국은 우선 전북실업자종합지원센터 사무처를 활용키로 하였다.

• 2006년 5월 10일 전체모임

–지역네트워크 총회 일정 확정(2006년 6월 22일 오후 2시 전주중부교회 교육관)

–총회 전 각 분과별 모임으로 참여 기관단체 확정키로 하였다.

–2006년 6월 7일 전국네트워크 총회 적극 참가를 결의하였다.

–전북 내 타 지역 민간협의회 준비를 위하여 지원키로 하였다.

• 2006년 6월 29일 창립총회

–여성인력지원센터 강당에서 150여 명이 참석하여 창립 대회를 개최하였다.

–사무실은 전주시니어클럽 3층 공간을 사용키로 하였다.

④ 2007년 12월 현재의 분과 구성 및 활동

• 아동 분과(11개 기관)

흑석나눔지역아동센터, 어린이재단 전북지역본부 전북가정위탁지원센터, 아동복지교사전북지원센터, 삼천나눔지역아동센터, 새움지역아동센터, 전주지역아동센터, 전북아동보호전문기관(1391), 송천나눔지역아동센터, 다운지역아동센터, 전광지역아동센터, 단비지역아동센터

• 청소년 분과(10개 기관)

전주솔래청소년수련관, 청소년자유센터, 임마누엘청소년쉼터, 전주청소년문화의집, 전주청소년자활지원관, 덕진동청소년문화의집, 완산청소년문화의집, 전북청소년상담지원센터, 전주푸른청소년쉼터, 청소년을위한전주내일여성센터

• 실업빈곤 분과(7개 기관)

전북실업자종합지원센터, 전주덕진지역자활센터, 전주지역자활센터, 일꾼쉼터, 희망의쉼터, 전주주거복지센터, 전주생명지역자활센터

• 노인 분과(17개 기관)

전주시니어클럽, 나누는 사람들 어르신일거리마련센터, 안골노인복지회관, 우리노인복지센터, 전주중부노인복지센터, 동일노인복지센터, 덕진노인복지회관, 안디옥노인복지센터, 온고을노인복지센터, 선덕효심원, 금암노인복지회관, 전북노인보호전문기관, 엠마오노인복지센터, 노인사랑노인복지센터, 남부노인복지센터, 서원시니어클럽, 전주시 방문보건센터

• 장애인 분과(10개 기관)

장애인정보교환센터, 전주장애인종합복지관, 전북척수장애인협회, 중증장애인지역생활지원센터, (사)전북장애인손수레자립생활협회, (사)한국장애인부모회전북지회, 자림인애원, 전북농아인협회, 전주작은자의자립생활센터, 한국장애인부모회 전주지부

• 여성분과

전북여성노동자회, 전북여성인권지원센터(여성자활기관), 아시아 이주여성센터, 전주가정폭력상담소, 전북여성긴급전화1366, 전주여성인력개발센터, 전북장애인성폭력상담소, (사)전북여성단체연합, 전북여성장애인연대, 전주여성의전화, (사)전북가족상담치료센터, 성폭력예방치료센터, 전북여성노동조합전북지부, 삼성여성쉼터, 원광모자원

• 기타(문화, 보건, 종합복지관)

효자문화의집, 전주권문화정보114, 전북종합사회복지관, 전주종합사회복지관, 동암종합사회복지관, 전주의료생협

(2) 진주네트워크

① 구성

진주네트워크는 2006년 10월 26일 설명회 개최를 통해 지역의 24곳의 단체들이 모였고, 그때 모였던 단체들을 중심으로 11월 6일과 11월 23일에 2회에 걸쳐 네트워크 준비 모임을 진행하였다. 그리고 바로 12월 7일에 총회 준비 모임을 갖고 12월 14일에 창립총회를 하였다. 2007년 1월부터 운영위원회, 분과 모임, 대표단 모임을 진행하여 진주 지역의 통합서비스를 제공할 계획을 세웠다.

진주네트워크는 노인 분과를 비롯해 총 9개 분과로 운영되고 있으며, 분과별로 지역에 있는 많은 단체들의 참여를 이끌어 내고 있다. 진주 지역의 민간부문(노인, 장애인, 여성, 영유아, 아동 · 청소년, 중장년, 문화, 복지, 보건, 고용, 생활체육, 평생교육, 자원봉사 등 서비스 제공 기관 및 단체)의 자원을 최대한 모으고, 서로 연대하여 지역주민의 삶을 향상시키는 일에 앞장서겠다는 다짐으로 준비해 나가고 있다.

② 분과 구성 현황

- 영유아 분과(14명)

최선미(교육) 강점숙(교육) 최경주(교육) 김순자(교육)
김종성(교육) 류영숙(교육) 서정서(보건) 석장호(문화)
장문영(교육) 진상원(교육) 최기수(관광) 정정란(교육)
허점두(교육) 강길선(교육)

- 아동 · 청소년 분과(15명)

이진현(복지) 김영자(복지) 강동국(복지) 백혜리(복지)
황은득(교육) 엄순옥(문화) 장미연(복지) 정진근(복지)
조미희(복지) 조옥순(복지) 한동근(복지) 황인철(문화)
김기원(복지) 이수경(문화) 박진환(교육)

〈표 7-3〉 진주네트워크 참여 단체 현황

분 과	참여 단체
노인	노인요양원 프란치스코의집, 봉곡성당 나눔의집, 부처님나라 자비의집, 한울타리 사랑의집, 요양보호사파견사업단, 노인의집 은총, 노인요양원 둥지너싱홈, 진주실버홈
장애인	진주장애인종합복지관, 장애인부모회 다사랑행복나무, 사회복지법인 사랑그린, 참샘중증장애인자립지원센터, 혜광학교 부모회, 진주장애인 자립생활센터, 장애인복지시설 늘사랑, 장애통합교육보조원파견사업단, 한국척수장애인협회 진주지회
여성	진주 YWCA, 진주여성민우회, 진주여성민우회 성폭력상담소, 진주가정법률상담소, 진주가정폭력상담소, 내일을여는집, 진주시 여성농민회, 진주여성회, 가톨릭 진주지구 여성연합회
중장년	진주자활후견기관, 가톨릭노동상담소, 삼성직업전문학교, 민주노총 진주지역협의회
청소년	진주 YMCA, 청소년적십자 RCY진주지구, 스카우트 진주지구, 진주불교청년단체연합회, 참교육학부모회 진주지부, 진주 YWCA 청소년인권센터
아동	진주지역아동센터 (천지, 난짱, 미천, 진성, 멋진, 푸른, 임마누엘, 비선, 중앙, 망경, 가람) 신나는 공부방, 해야해야 공부방, 늘푸른 공부방, 지수들꽃 공부방, 경남서부아동보호전문기관, 한울타리, 태양의집, 동화읽는 어른모임
영유아	진주어린이집 (색동, 해송, 차일드, 장복, 들꽃, 보인원), 진주보육정보센터, 진주열린보육지원센터 아가야
문화예술	큰들문화예술센터, 새노리, 전통예술단 마루, 진주독립영상, 풍류춤연구소, 맥박, 한누리, 진주문화연구소
시민사회	진주생활협동조합, 참여와 통일로 가는 진주연대, 진주인권회의, 형평운동기념사업회, 기독교윤리실천운동 진주지부, 진주불교회관, 진주시농민회, 진주시민버스, 삼성교통
지역복지	진주평거종합사회복지관, 진주복지원, 진주알코올 상담센터, 불교사회복지 성양원, 아름다운가게 진주평안점, 가톨릭 기술봉사단, 서경방송, 진주신문, 진주상호저축은행, 가톨릭 교정사목 후원회, 남성문화재단, 삼광문화재단, 행복나눔센터, 진주시 결혼이민자가족지원센터, 늘푸른집, 늘푸른사람들
보건의료	제일병원, 대한불교 감로심장회, 진주호스피스회, 가톨릭 병원봉사회, 김세휘 가정의학과의원, 김인규한의원, 장안약국

• 중장년 분과(25명)

김근용(복지) 김팔순(복지/고용) 박영수(교육) 박종철(복지)
이보라(문화) 이동수(보건) 장경조(문화) 장언조(문화)
조경옥(고용) 조성해(복지) 유한천(고용) 하정임(복지)
심미영(교육) 강대운(고용) 강동욱(문화) 원지연(문화)
김중섭(복지) 김지섭(체육) 박민규(주거) 이상수(복지)
엄진오(주거) 전윤경(문화) 정선영(문화) 최용석(문화)
하계윤(문화)

• 노인 분과(20명)

유병철(복지) 공상석(복지/고용) 구효철(복지) 김성광(복지)
김연정(복지) 박기순(복지/보건) 박복석(보건) 송윤석(복지)
이경훈(복지) 이영환(복지) 장봉익(복지) 정영옥(복지)
최이열(복지) 심운미(봉사) 강위체(복지) 김광호(봉사)
김현기(문화) 전민규(문화) 정은영(복지) 한승헌(문화)

• 장애인 분과(17명)

박홍서(복지) 윤유인(복지) 김영애(봉사) 김진성(복지/교육)
김태영(복지) 박재종(복지) 김윤정(복지/고용) 오정선(복지)
옥명식(복지) 이강국(복지) 이기현(복지) 허경숙(복지)
최희정(복지) 하태경(복지) 김영렬(복지) 김영민(교육)
염동문(교육/복지)

• 여성 분과(12명)

김연우(복지) 박미련(복지) 강우순(복지) 박미정(복지)
박인자(문화) 박주연(복지) 유순자(복지) 정현자(복지)
김수정(복지) 이혜숙(교육) 박현자(복지) 박둘순(복지)

3. 민관협력네트워크 구축의 과제

1) 지역사회복지협의체와의 관계 조정

(1) 관계 조정의 필요성

현재 사회복지사업법 상의 '지역사회복지협의체' 운영을 위한 보건복지가족부의 지침과 주민생활서비스의 활성화 차원의 '민관협의체' 운영을 위한 행정안전부의 지침이 상호 정합성을 지니지 않는 측면이 발견되고 있어 일선의 혼란과 혼선이 야기되는 측면이 없지 않다. 따라서 법적 기반의 조성을 포함한다 하여 여타의 제반 노력을 하기에 앞서 당장 현재의 혼란을 최소화하기 위한 통합 지침을 작성하고 시달하는 일이 급선무다.

이러한 지역사회의 혼란은 복지, 나아가 보다 넓은 범주를 상정하는 주민생활서비스의 실현을 둘러싸고 그동안 지역사회 안에서 싹튼 민관협력의 기반을 약화시킬 수 있으며, 다른 한편으로는 민-민 간, 민-관 간의 불신을 초래할 수 있으므로 빠른 시간 내에 적절하면서도 지역사회의 형편에 맞는 해결책을 제시하는 것이 바람직하다.

특히 이러한 지침이 지역사회 안에서 오랫동안 성숙되어 온 민관협력의 역사와 전통을 바탕으로 상향식의 과정을 거쳐 만들어진 것이 아니라, 2개의 지침 모두 비교적 최근 중앙으로부터의 하향식 전달 과정을 통해 인위적으로 민관협력의 흐름을 생성시켜 가려는 상황이므로, 중앙 차원의 혼선과 혼란은 지역사회의 발전을 의도하는 중앙의 의도와는 정면 배치되는 것이다.

이러한 지침이 혼선의 원인을 좀 더 정밀하게 살펴보면, 작성 과정의 문제와 내용의 문제, 일선에서의 해석의 문제 등이 있다. 이 세 가지 차원의 문제가 혼재되어 발생하는 것이다.

첫째, 지침 작성상의 측면이다. 지침을 작성하는 과정에서 보건복지가족부와 행정안전부는 상호 이해와 조정의 역할이 부족한 상태로 임하였다. 더 나아가 각자의 사업 영역이 상대방의 사업 때문에 저해를 받을 수 있다는 오해까지 겹쳐 지침상의 정합성을 기하도록 상호 조정할 수 있는 기회를 충분히 살리지 못하였다. 실제 지역사회복지협의체가 2005년 7월 31일 이후로 설치되기 시작하여 아직도 전국적으로는 안정적인 상태를 구현하지 못한 단계에 있고, 좀 더 집중적이고 주도면밀하게 이를 선도해 나갈 책무가 보건복지가족부에 있으며, 행정안전부 역시 범부처적으로 연결되어 있는 중앙정부의 주민생활서비스를 지방자치단체가 차질 없이 활성화시키도록 조직개편을 주도한 이후 다음 단계로서 민관협력문화를 조성하는 책무가 있다.

이러한 각 부처 고유의 책무를 이행하는 데 기존의 지역사회복지협의체 실정에 대한 사전적 이해와 실태파악, 그리고 새로운 민관협의체의 의도와 상승효과에 대한 가능성을 타진하기 이전에 각각의 업무 추진에 대한 의욕만을 앞세운 점이 인정된다. 또한 불행히도 지역사회복지협의체의 활성화를 추진했던 민간측 인사들과 민관협의체를 새로이 추구했던 민간측 인사들 사이에도 상호 이해 부족으로 적절한 조합점을 찾지 못한 채 각자 추구하는 것에 열성적 노력을 꾀함으로써 지방정부 및 지역사회 내에서 활약하는 민간 영역의 활동가들을 혼란에 빠뜨리는 결과를 낳게 되었다.

둘째, 지침 내용상의 측면이다. 가장 결정적인 문제점은 역시 지침 내용상에 있다 할 수 있다. 지역사회복지협의체 지침에 법규에 의한 사항인 복지 및 보건 분야 외에 뒤늦게 고용, 문화, 주거, 생활체육 등에 대한 확대편성을 주문한 것과, 민관협의체에 관한 지침에서 지역사회복지협의체를 활용하는 모형을 인정하는 내용은 있으나 적극적으로 이를 수용하지 않는 상황을 유발한 것이, 이를 막상 시행해야 하는 상황에 놓인 지방정부 및 지역사회의 입장에서는 중앙부처의 경쟁적 업무 추진 태도를 넘어 부처이기

주의로까지 보이는 계기가 되었다.

셋째, 지침 해석상의 측면이다. 일선의 혼란을 야기한 것에는 각자 사업이 원래 의도하는 사항에 대해 정확한 이해를 도모할 기회가 많지 않았던 점과, 실제로 지방자치단체에서 이에 대한 진지한 이해를 꾀할 여건이 되지 않아 결과적으로 피상적인 사업에 대한 이해가 이루어졌던 점이, 지침에 대한 탄력적인 해석과 지역사회 나름에서의 주체적인 적용 여지를 거의 갖추지 못하게 된 까닭이다. 따라서 대부분 지방정부에서는 중앙정부의 유인책에 끌려가며 이 사업의 중복성에 대해 수동적으로 호소하는 상황을 맞게 되었다.

이러한 세가지 측면의 문제들이 중첩되어 현재 일선에서의 혼란이 야기되고 있는 것이다. 따라서 이를 해소하기 위한 단기적인 최선의 노력은 두 협의체에 대한 지침을 관련 부처 간에 상호 연관성을 고려하여 적절한 조정과 보완성을 가한 관련 부처 합동 지침을 작성하여 지방정부 및 지역사회의 민간 영역에 전달하는 것이다.

(2) 기본 방향

통합 지침(또는 합동 지침)의 구성은 원칙적으로 다음과 같은 방향으로 만들어져야 한다. 지역사회복지협의체의 본래 목적과 민관협의체 본래의 목적이 훼손되지 않는 전제하에 각자의 목적을 구현하는 가운데 통합적으로 구성하거나 정확한 역할 분담을 해야 할 경우를 분명히 하여 구성한다.

[그림 7-6]에서 ①과 ③은 각기 지역사회복지협의체와 민관협의체의 고유 기능을 표시하는 영역이며, ②는 양자의 중복지대를 나타내고 있다. 따라서 이 영역을 가급적 명확히 식별하여 표현함으로써 원칙적으로 두 협의체가 지니고 있는 차이점과 공통점을 구분하도록 한다.

그러나 이러한 기본 내용을 통합 지침에서는 밝히도록 하되, 앞 장에서 언급한 것처럼, 지역사회의 법적 기능과 인구 규모 등 다양한 조건의 차이

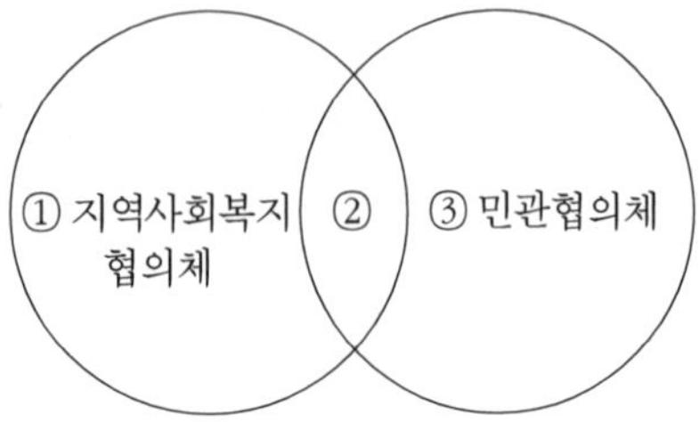

[그림 7-6] 통합지침의 기본 구성

에 따라 다양한 유형을 선택할 수 있는 것으로 지방자치단체 및 지역시민사회 간의 협의를 통한 자율적 선택의 여지를 남기도록 한다.

(3) 주요 내용

① 통합 지침의 기본 전제

좁게는 지역사회 내의 복지 욕구에 대한 적극적 충족을 위하여, 좀더 넓게는 복지 욕구만이 아니라 고용 및 보건, 교육, 문화, 생활체육 등의 주민생활과 직결된 욕구까지도 충족하기 위한 목적으로 현재 추진 중인 지역사회복지협의체와 주민생활민관협의체는 각기 그 설치 목적을 갖고 있다. 이는 〈표 7-4〉와 같이 여러 가지 측면에서 다음과 같은 구별점을 갖고 있다. 즉, 지역사회복지협의체와 주민생활민관협의체는 각기 사회복지 · 보건의료 분야에서의 민관 의사결정기구와 주민생활서비스 영역에서의 민관의사결정기구라는 분명한 구분점이 존재한다. 따라서 두 협의체는 혼동될 수 없는 기본 기능상의 각기 다른 정체성을 지니고 있다.

지역사회복지협의체는 보건복지가족부에서 관장하고 있고 지방자치단체가 실현하는 복지 및 보건 영역의 지역사회 내 민관 협치의 의사결정 구조를 주기능으로 하고 있으며, 주된 참여자도 「사회복지사업법」 상의 사회복지서비스 제공 기관들과 보건의료 분야의 서비스 제공 기관들로 구성되고 있다. 물론 사회복지서비스의 수요자가 주로 보건서비스나 고용서비스,

〈표 7-4〉 통합 지침 작성 시 지역사회복지협의체와 주민생활민관협의체의 구별점

<table>
<tr><th>구분
항목</th><th colspan="2">지역사회복지협의체</th><th>주민생활민관협의체</th></tr>
<tr><td>설치목적</td><td colspan="2">지역 내의 사회복지 증진</td><td>지역 내의 주민생활서비스 증진</td></tr>
<tr><td>대 표</td><td colspan="3">지방자치단체의 장 및 민간대표에 의한 공동대표제</td></tr>
<tr><td>구 조</td><td colspan="2">• 대표협의체
• 실무협의체
• 실무 분과</td><td>• 본협의체
• 공공기관협의회
• 주민협의회(또는 민민네트워크)</td></tr>
<tr><td>위원의 구성</td><td colspan="2">• 지자체장 및 복지 담당 지방정부 공무원
• 복지 및 보건의료 분야 민간대표</td><td>• 지자체장 및 주민생활서비스 담당 지방정부공무원
• 주민생활서비스 관련 민간대표</td></tr>
<tr><td rowspan="2">기 능</td><td>지역사회복지협의체 고유 기능</td><td>중복 기능</td><td>민관협의체 고유 기능</td></tr>
<tr><td>• 사회복지사업에 관한 중요 사항과 지역사회복지계획 심의 또는 건의
(사회복지부문의 민관 의사결정 기능)</td><td>• 사회복지, 보건의료를 포함, 고용, 주거, 문화, 생활체육, 평생학습, 관관 등 지역 내 위기 주민 및 주민 일반에 대한 서비스의 연계 · 협력을 위한 네트워크(주민생활서비스에 관련된 민관네트워크 기능)</td><td>• 사회복지 · 보건 · 고용 · 문화 · 주거 · 생활체육 · 평생학습 · 관광 등 주민생활서비스에 대한 지역사회 내의 종합계획 수립
• 주민생활서비스 내의 서비스 간의 중복 및 누락을 방지하기 위한 조정
(주민생활서비스에 관련된 민관 의사결정 기능)</td></tr>
<tr><td>근거</td><td colspan="2">「사회복지사업법」 제7조의2</td><td>행정안전부 지침</td></tr>
</table>

문화서비스, 주거서비스, 교육서비스 등을 함께 갖고 있으며, 더 나아가면 생활체육서비스나 평생교육서비스 심지어 관광서비스까지도 동시에 갖고 있다는 측면에서 이들 모두의 통합적 사례관리가 필요하다. 바로 이러한 요소 때문에 지역사회복지협의체의 지향점도 현재 주민생활서비스로 통칭되는 영역까지 확장되려는 성향을 지니고 있다.

이에 반해 민관협의체는 주민생활서비스라는 개념으로 일거에 지역주민을 위한 서비스 전체를 고려한다는 차원에서 민관협력체계를 구성하여 지

역사회복지협의체가 지닌 순차적이고 단계적인 접근에 비해 종합적이고 최종적인 접근을 하고 있다.

이러한 점들을 종합해 볼 때, 통합 지침은 두 협의체가 의사결정 구조로 보았을 때는 확연히 구분되는 기능을 지니지만, 네트워크 구조로 보았을 때는 각자의 기구로 존재할 수도 있지만 하나의 기구로 존재하여도 큰 문제가 발생하지 않을 수 있다는 점을 기본 전제로 삼아야 할 것이다.

② 두 협의체 운영의 현실적 대안에 대한 제시

지역사회복지협의체와 민관협의체가 앞서 살펴본 대로 본래적인 각각의 기능과 중복 가능한 기능을 동시에 지니고 있다는 점을 전제로 하고, 여기에 각 지역사회가 당면한 여러 가지 조건(법적 기능, 인구 규모, 욕구, 자원의 양적 규모, 민간 기관들의 활성화 정도, 민과 관의 기존 협력관계 정도 등등)을 고려하여 현실적으로는 좀 더 다양한 선택이 가능하다.

특히 아직 민관협의체가 아직 법적 근거를 갖지 않고 있기 때문에 오는 몇 가지 제약 요건이 존재하고 있는데, 대표적인 예로 다음과 같은 문제가 있다.

첫째, 의사결정의 구속력의 문제다. 민관협의체가 의사결정 기구로서 작동한다고 할 때, 주민생활서비스에 대한 다양한 과제를 심의하고 이의 개선책을 도모한다고 하여도 이에 대한 결정사항은 공식적인 구속력을 갖기 어렵다. 특별히 지방자치단체의 조례 등을 통해 보완하면 해결이 가능하지만 근본적으로 관련 법 제정이 이루어지기까지는 일정 정도의 한계를 보일 것이다.

둘째, 행정적 · 재정적 지원상의 문제가 있다. 법적 근거가 존재하지 않으므로 인해 민관협의체에 대한 행정적 지원이나 편의 제공(예, 공간의 제공, 민간참여의 촉진 등)이 쉽지 않으며, 활용 인력이나 협의체 자체의 운영을 위한 재정 확보는 더더욱 어려운 상황에 직면할 수 있다.

〈표 7-5〉 민관협력기구의 선택가능한 대안과 선택 조건들

항목 \ 유형		병존형	혼합형	통합형	
				민관협의체 중심	지역사회복지협의체 중심
핵 심		두 협의체가 완전히 독립적으로 구성/운영	두 협의체의 대표협의체는 독립적으로 구성/운영되나, 네트워크 기능의 실무 분과는 통합 운영	더 광범위한 영역이 모인 민관협의체 안에 사회복지 분야의 협치기구로 지역사회복지협의체 존재 인정	지역사회복지협의체의 구성과 기능을 확대하여 민관협의체 기능을 대행
실현 조건	도시 유형	대도시 (광역시/50만 이상의 일반 시)	중소도시	중소도시	농촌 지역
	도시 수요	주민생활서비스 욕구 중심	주민생활서비스와 사회복지서비스 비중 유사	주민생활서비스 욕구 중심	복지서비스 욕구 중심
	자원의 분포	주민생활서비스 관련 자원 풍부	주민생활서비스와 사회복지서비스 관련 자원의 비중 유사	주민생활서비스 관련 자원 풍부	복지 관련 자원 중심으로 발달
	기존의 민관협력 경험	풍부	발전 중	저조	저조
	민간의 참여 정도	복지 외의 분야에서 활동하는 민간의 참여 의지 왕성	복지 외의 분야에서 활동하는 민간의 참여 의지가 개발 중인 경우	복지 외의 분야에서 활동하는 민간의 참여 의지 왕성	복지 분야 외의 민간 참여 의지 미약
	지자체의 행정적 · 재정적 지원 의지	민관협의체에도 지원 의지 강함	지역사회복지협의체 재원 등을 활용할 수 있다 판단한 경우	민관협의체에도 지원 의지 강함	민관협의체에 대한 지원 불가
장 점		양 협의체의 활성화를 통한 지역사회 민관협력 효과 극대화	복지 분야의 이중부담 완화, 복지 분야와 여타 분야의 협력적 관계 증진, 예산 활용의 효과성 증진	복지 외 여타 분야에서의 민관협력 효과 극대화	지역사회의 복지 역량 강화 및 빈곤계층의 욕구 해소 효과 극대화
단 점		복지 분야의 이중부담 행 · 재정적 부담	실무 분과의 통합적 운영에서 오는 모호성 존재	지역사회복지협의체의 정체성 약화	복지 외의 여타 분야 참여 제약
대표적인 운영사례		수원시/연기군/유성구 등	속초시/영동군	보령시	부천시/논산시 등

따라서 법 제정이 이루어지기 전에는 적어도 이러한 제약 요인을 얼마나 극복할 수 있느냐에 따라 현실적으로 각 지역사회에서 활용 가능한 다양한 선택의 여지를 두는 것이 무엇보다도 필요하다.

이러한 사정들을 종합적으로 고려할 때 지침을 통해 선택 가능한 안으로 제시할 수 있는 모델은 다음의 네 가지 안으로 수렴된다. 네 가지 대안에 대한 선택 가능한 경우를 정리하면 〈표 7-5〉와 같다.

한편, 실제 주민생활서비스민관협의체와 지역사회복지협의체와의 관계에서 앞서 제시한 다양한 대안들 가운데 어느 것을 지방자치단체별로 택하였는지를 2008년 6월 시점에서 정리해 보면 〈표 7-6〉과 같다. 표에서 나타난 것처럼, 55개 민관협의체 중 민관협의체 중심의 통합형은 10.9%에 달하는 6개 지자체, 지역사회복지협의체 중심의 통합형은 30.9%, 혼합형은 14.5%, 병존형은 27.3%로 각기 나타났다.

〈표 7-6〉 민관협의체와 지역사회복지협의체의 관계 조정 현황

구 분	수	비 율	해당 지역
민관협의체 중심 통합형	6	10.9	경주시, 밀양시, 영동군, 완도군, 제천시, 하동군
지역사회복지협의체 확대 통합형	17	30.9	공주시, 광양시, 광주남구, 구리시, 군산시,김제시, 김포시, 동해시, 목포시, 부산해운대구, 서귀포시, 서울노원, 서울성동, 서천군, 속초시, 연기군, 인천서구
혼합형	8	14.5	고성군, 나주시, 당진군, 대전중구, 서울강북, 전주시, 정읍시, 해남군
병존형	15	27.3	거창군, 경산시, 광명시, 남해군, 단양군, 대전동구, 대전서구, 대전유성구, 보령시, 사천시, 양산시, 음성군, 인천계양, 창원시, 홍성군
미확정	9	16.4	구미시, 대구남구, 대전대덕구, 상주시, 양구군, 익산시, 진주시, 포항시, 함안군
합계	55	100.0	

③ 민민네트워크의 설치

민관협의체 설치 과정에서 강조된 주민협의회 또는 민민네트워크의 결성은 민간의 주체적 참여와 민간기관 상호 협력 정도의 측면에서 매우 긍정적인 효과가 나타나고 있다. 그러나 지역사회복지협의체에는 이러한 민간부문의 독자적이고 주체적인 네트워크 구조가 부재하거나 강조되지 않음에 따라 민-관의 관계가 수평적이지 않거나 협의체에 참여하는 일부 민간단체들만의 의사가 대표되는 경우가 많으므로 이러한 한계를 극복하는 의미에서도 민민네트워크의 구성을 차제에 장려하고 적극적인 활용 여지를 찾는 것이 필요하다.

④ 사무국과 인력, 공간의 활용

민관협력체에는 노동부의 사회적 일자리 사업에서 지원하는 민간코디네이터가 배치되어 있고, 이를 관장할 사무국이 존재하며 민간기관 또는 공공기관 내에 공간이 확보되어 있기도 하다. 또한 지역사회복지협의체에는 민간간사가 배치되어 있는 경우가 있고, 이 경우에도 나름대로의 활동 공간이 확보되어 있다. 그러나 이들 협의체에 각각의 인력과 사무국이 따로 존재할 이유는 없으며, 업무의 성격과 양을 고려할 때 동일한 인력과 동일한 공간을 두며, 필요한 경우 이를 사무국의 형태로 인정함으로써 비효율성을 극복한다.

⑤ 중앙정부 및 지방정부의 행정적 · 재정적 지원 극대화

지역사회 내의 민관협력체계가 활성화되기 위해서는 중앙정부 및 지방정부의 역할이 매우 중요하다.

중앙정부는 다음과 같은 역할을 담당한다.

- 지역사회협의체의 민간간사 배치나 민민네트워크의 코디네이터 배치를 위한 중앙정부 예산 확보를 위해 노력한다.

- 지방정부가 지방의회로부터 필요한 예산을 확보할 수 있도록 관련 근거를 법규 및 지침상에 명확히 적시(예, 민간간사배치 필수, 민관협의체에 대한 재정지원 필수 등)한다.
- 양 협의체의 목적과 기능에 대한 명확한 이해가 가능하도록 교육 실시와 관련 자료 작성 및 배포를 적극화해야 한다.

지방정부는 다음과 같은 역할을 담당한다.

- 선택 가능한 대안들에 대해 신중한 판단을 통해 최적의 선택을 하도록 한다.
- 양 협의체의 담당자나 담당부서 간의 긴밀한 협력을 항시 도모한다.
- 민간에 대한 자발적 협력을 유도하기 위해 가급적 민간과의 관계 형성에 적합한 인력을 담당자로 배치한다.
- 지방자치단체장 등 고위결정자의 관심과 지원이 이루어지도록 한다.

2) 주민생활서비스지원법의 제정

(1) 법 제정의 필요성

현행 우리나라 법률체계상 지방정부의 책임과 역할에 대해 규정하는 법률은 매우 다양하고도 다기하다. 그러나 일반적으로 볼 때, 지방정부의 조직 · 관리 · 재정에 대한 법률, 주민복지에 대한 법률, 농림 · 상공 등 산업에 대한 법률, 지역 개발 · 환경에 대한 법률, 교육 · 문화에 대한 법률 그리고 민방위 · 소방에 대한 법률 등으로 구분하고 있다.

그러나 지방자치단체와 관련되는 법률 가운데 주민생활서비스를 통합적으로 제공함은 물론, 이를 위한 민관협력을 보장 또는 촉진하는 법률적 기반은 찾아볼 수 없는 것이 사실이다. 따라서 이를 위해 「주민생활서비스법(가칭)」을 제정하여 안정적인 민관협력의 실현이 이루어지도록 해야 할 것이다.

(2) 법안의 주요 내용

「주민생활서비스법」은 법률의 일반적 구성원리상 목적, 정의, 원리, 국가 및 지방자치단체의 책무, 내용, 조직, 지원 사항 등에 대하여 적절한 규정으로 구성되어야 한다. 각각의 구성 요소별 주요 내용을 제시하여 보기로 한다.

① 목적

이 법의 목적은 지역주민의 생활을 안정적으로 유지하는 데 필요한 보건, 복지, 고용, 문화, 교육, 주거, 생활체육 등에서 공공과 민간의 주체에 의해 제공되는 각종 서비스의 활성화를 도모함으로써, 주민의 삶의 질을 향상시키고 지역사회의 통합을 꾀하는 데 이바지하고자 한다.

② 정의

이 법에서 말하는 '주민생활서비스'란, 「사회복지사업법」상의 사회복지사업, 「문화예술진흥법」상의 문화예술, 「평생교육법」상의 평생교육, 「도시 및 주거환경정비법」상의 주거환경개선사업, 「국민생활진흥법」상의 체육을 비롯한 보건 및 고용, 사고안전 등에 관한 각종 서비스를 뜻한다.

③ 원리

첫째, 국민은 국가 및 지방자치단체에 의해 인간다운 생활을 하는 데 필요한 주민생활서비스를 제공받을 권리가 있다. 둘째, 주민생활서비스는 주민의 욕구를 중심으로 가급적 통합적으로 제공되어야 한다. 셋째, 지역주민에게 주민생활서비스를 제공함에 있어 공공과 민간의 협력을 최대한 도모해야 한다. 이 때 공공과 민간은 수평적인 관계에서 상호호혜 정신을 바탕으로 협력해야 한다.

④ 국가 및 지방자치단체의 책무

첫째, 국가 및 지방자치단체는 지역주민에게 주민생활서비스의 적정한 제공이 이루어지도록 노력해야 한다. 둘째, 국가 및 지방자치단체는 지역 주민을 위해 비영리로 주민생활서비스를 제공하려는 민간에 대해 최대한의 행정적 편의와 재정적 지원을 행하도록 노력한다.

⑤ 내용

이 법에서 말하는 주민생활서비스를 활성화하기 위한 구체적인 노력이란 다음을 말한다.

- 개별 서비스들 간의 연계 및 조정, 통합
- 주민생활서비스 계획의 수립 및 실시
- 주민생활서비스의 활성화를 위한 지방자치단체의 조직 구성 및 인력 확보
- 주민생활서비스의 활성화를 위한 민간자원의 조성 및 촉진 지원
- 주민생활서비스의 활성화를 위한 민간과 공공 간의 협력체계 구축
- 주민생활서비스를 위한 재원 조성
- 기타 주민생활서비스 활성화를 위한 활동

⑥ 조직

■ 주민생활서비스중앙위원회의 설치와 역할

- 주민생활서비스 업무를 원활히 추진하기 위하여 국무총리 소속하에 주민생활서비스중앙위원회(이하 "위원회"라 한다)를 둔다.
- 위원회는 다음 각호의 사항을 심의 · 의결한다.
  - –주민생활서비스 관련 부처 간 이견에 대한 조정에 관한 사항
  - –주민생활서비스 활성화를 위한 추진 계획 수립에 관한 사항
  - –광역시 · 도의 주민생활서비스 활성화를 위한 추진 계획 검토에 관한 사항

–주민생활서비스 활성화를 위한 민간자원의 조성 및 촉진 등에 관한 사항

–민관협의체에 참여하는 민간단체 지원 방안 등에 관한 사항

–그 밖에 위원장이 주민생활서비스 업무의 발전을 위하여 위원회의 심의 · 의결

■ 주민생활서비스 중앙위원회의 구성 및 운영

• 위원회는 위원장 2인을 포함한 30인 이내의 위원으로 구성한다.

• 위원장은 국무총리와 민간단체 대표자가 된다.

• 위원은 다음 각 호의 자가 된다.

–교육과학기술부장관 · 문화관광부장관 · 보건복지가족부장관 · 노동부장관 · 농림수산식품부장관 · 여성부장관 · 국토해양부장관 · 기획재정장관 · 중소기업청 청장

–주민생활서비스 관련 민간단체 대표 또는 민간단체에서 추천하는 민간 전문가가 된다.

–기타 주민생활서비스 업무와 관련이 있는 부처의 장관

• 위원회의 사무를 처리하기 위하여 위원회에 간사 1인을 두되, 간사는 행정안전부장관이 된다.

• 공무원이 아닌 위원의 임기는 2년으로 하되, 1차에 한하여 연임할 수 있다.

• 위원회의 심의 · 의결사항 중 미리 검토 · 조정하고 위원회로부터 위임받은 사항을 처리하기 위하여 위원회에 실무조정회의를 둘 수 있다.

• 위원회 운영, 실무조정회의 및 자문위원회의 구성 · 운영 등에 관하여 필요한 사항은 국무총리령으로 정한다.

■ 주민생활서비스 광역시(또는 도) 위원회의 설치와 역할

• 주민생활서비스 업무를 원활히 추진하기 위하여 광역시 · 도에 주민생

활서비스광역시(또는 도) 위원회(이하 "위원회"라 한다)를 둔다.

• 위원회는 다음 각호의 사항을 심의 · 의결한다.
 –주민생활서비스 관련 시 · 군 · 구 간 이견에 대한 조정에 관한 사항
 –주민생활서비스 활성화를 위한 시 · 군 · 구 추진 계획에 대한 검토 및 종합에 관한 사항
 –주민생활서비스 활성화를 위한 민간자원의 조성 및 촉진 등에 관한 사항
 –그 밖에 위원장이 주민생활서비스 업무의 발전을 위하여 위원회의 심의 · 의결이 필요하다고 인정하는 사항

■ 주민생활서비스 광역시(또는 도) 위원회의 구성 및 운영

• 위원회는 위원장 2인을 포함한 20인 이내의 위원으로 구성한다.
• 위원장은 광역시 · 도의 장 및 민간대표가 된다.
• 위원은 다음 각 호의 자가 된다.
 –주민생활서비스 관련 부서의 장
 –주민생할서비스 관련 민간단체 대표 또는 민간단체에서 추천하는 민간전문가가 된다
 –시 · 군 · 구 주민생활민관협의체 민간대표
• 위원회의 사무를 처리하기 위하여 위원회에 간사 1인을 두되, 간사는 주무국장이 된다.
• 공무원이 아닌 위원의 임기는 2년으로 하되, 1차에 한하여 연임할 수 있다.

■ 주민생활민관협의체

• 시 · 군 · 구 단위에서의 주민생활서비스 관련 민관협력을 담당하는 기구로서 주민생활민관협의체를 두도록 하고, 다음과 같은 사항을 포함하여 적절히 법 및 시행령, 시행규칙에 규정한다.

- 주민생활서비스 활성화를 위해 광역시 및 도, 시 · 군 · 구에 주민생활 민관협의체를 둔다.
- 주민생활민관협의체는 본 협의체와 실무 분과로 구성된다.
- 본 협의체는 지방자치단체의 장과 민간대표가 공동대표가 되며, 보건, 복지, 고용, 문화, 평생학습, 주거, 생활체육 등의 대표와 주민생활지원국장으로 구성되고, 20인 이상 40인 이하로 한다. 대표협의체는 필요에 따라 분과위원회를 둘 수 있다.
- 실무 분과는 영유아, 아동, 노인, 장애인, 여성, 중장년 등 대상자별 분과를 두어 보건, 복지, 고용, 문화, 평생학습, 주거, 생활체육 분야의 민간단체 및 기관, 시설의 실무자와 행정실무자로 구성한다.
- 주민생활민관협의체에는 사무국을 두며, 사무국에는 상근 국장 1인과 지역에 따라 적정한 수의 민관협력코디네이터를 배치한다.

■ 공공기관협의회

공공부문의 네트워크 활성화를 위해 지방지치단체장 및 주민생활서비스 주무국장, 보건소장, 지방노동청장, 고용지원센터장, 교육청장 등 주민생활서비스 관련 기관장들의 협의기구를 시 · 군 · 구에 둔다. 단, 필요한 경우 실무자협의회를 별도로 둔다.

■ 주민협의회 또는 민민네트워크

주민생활서비스 관련 민간단체 및 기관의 상호 간 협력과 공공부문과의 긴밀한 관계 형성, 대표성의 확보 등을 위하여 시 · 군 · 구에 주민협의회 또는 민민네트워크를 둔다.

⑦ 지원 사항

사무국 운영을 포함하여 민관협의체 운영에 필요한 재정은 국가와 지방자치단체가 부담한다.

3) 민관협력기구의 정착을 위한 과제

(1) 기본 전제

① 지역사회의 민관협치 정신의 성숙

민관협력체계가 정착화되는 단계의 전제이자 결과이기도 한 것이 바로 민관의 협치(協治, governance) 정신이 성숙하게 조성되는 것이다.

이러한 협치 정신에는 다음과 같은 몇 가지 조건이 필요하다.

- 민–관의 상호 역할에 대한 존중
- 민–관의 상호 신뢰
- 참여민주주의(participatory democracy)의 인정
- 관료적 권위주의 문화 극복
- 민간의 대안 제시 능력 및 책무성 함양

이러한 조건 아래 민관협치가 발달되어 민관협력이 증진되고, 그 긍정적 결과에 대한 확인과 상호 신뢰의 증진은 다시 민관협치의 발전으로 이어지는 선순환관계가 지속될 것이다.

② 네트워크 기능의 활성화

서로의 정보 공유 및 협력적 사업 전개를 통해 참여 주체들의 상호이익이 극대화되는 기능을 갖는 네트워크가 대상자별(아동, 노인, 장애인, 여성, 실직자, 영유아 등), 영역별(사회복지, 보건, 고용, 문화, 교육, 주거, 생활체육, 관광 등), 문제별(학교폭력, 아동학대, 실업, 노인일자리, 장애인 이동권, 성매매, 한부모가정 등)로 다양한 협력관계가 증진하게 된다.

③ 공공의 주민생활서비스 중심의 기능 재편

이러한 민관협력기구의 정착은 결국 지방정부의 기능에 대해 재편이 이

루어지는 효과를 낳는다. 즉, 그동안 지역 개발이라는 미명하에 도로건설 및 정비, 시설물 신축 및 증개축 등의 가시적 성과에 연연하였던 지방정부가 지역주민의 삶의 질을 고양하고 생활상의 안정성을 증대하는 것이 본연적 기능의 핵심이라는 사실에 주목하게 되어 서비스 정부로서의 기능을 강화하도록 그 조직과 운영 방향을 전면 재조정하는 계기가 될 것이다.

④ 민간의 지역사회참여 역량 활성화

주민생활서비스의 공적책임이 함양되는 가운데, 민간 역시 자조적인 노력을 경주하여 지역사회 내의 위기집단 및 주민 일반을 위해 민간자원을 제공하는 데 그 역할을 다하게 된다. 특히 주민생활서비스라는 차원에서 볼 때, 기존의 사회복지 범주에만 머물러 있던 민간자원의 동원 영역이 더욱 확장되고, 또한 이들이 공공복지서비스의 보완적 역할에만 급급하던 단계를 지나 지역주민의 욕구 대변자, 지역의 주민생활서비스 발전의 견인자, 공공과의 훌륭한 동반자, 지역 내 문제해결의 주체적 참여자 등의 다기한 역할을 수행하게 될 것이다.

⑤ 주민생활서비스의 지방자치 능력 함양

종국적으로 이러한 순효과는 최근 확대되는 복지, 고용, 평생학습, 문화 등 다양한 분야의 지방분권화 추세 속에서 지방자치 능력을 함양하는 결과로 연결될 것이다. 이로써 국가와 지방정부의 적절한 역할 분담 속에서 지방정부가 스스로의 책무성을 발휘하게 될 때 민관협력체계의 성숙은 그 효과를 극대화하여 주민 중심, 주민지향의 서비스 제공으로 귀결될 것이다.

(2) 주요 내용

① 민관협력체계 정착을 위한 요소

민관협력체계가 정착되기 위해서는 다음과 같은 요소들이 구비・실현되어야 한다.

첫째, 주민생활서비스 각 영역 및 전체의 민관협치 의사결정 구조의 정착이 필요하다. 사회복지, 보건을 비롯하여 고용, 문화, 평생학습, 생활체육, 주거 등의 부문에서 각기 민관협치가 발휘되어 각종 현안들에 대한 민관의 협력적 접근이 가능하도록 되어야 한다. 이런 측면에서 지역사회복지협의체는 그 자체로서의 목적이나 기능의 훼손이나 제약 없이 충분히 발휘되어야 한다. 그러나 이 모든 부문에 대한 종합적 관점과 부문 간 조정 또는 연계를 할 수 있는 차원의 민관협치 의사결정 구조도 궁극적으로 형성되어야 한다.

둘째, 지방정부의 주민생활서비스전달체계 운영의 성숙이 필요하다. 2007년 7월부로 종료된 전 지방자치단체의 전달체계 개편이 원래의 목적과 기능을 다하도록 충분히 활성화되어야 한다. 이로써 지방정부 스스로 다양한 주민생활서비스 각 부문에 대한 정책기획 능력이 제고되고, 부문 간의 연계와 조정을 통해 공공부문에서의 효과성을 극대화하는 기본 기능을 수행하게 된다. 이를 위해 필요 인력의 확보, 전문성의 강화, 업무분장의 합리화, 민간과의 원활한 관계 조성 등이 필요하다.

셋째, 민간의 자율적 참여기제의 확고한 수립이 필요하다. 민민네트워크 또는 주민협의회의 원활한 운영을 통해 민간부문 내에서 영역 간의 분절성, 단체들 간의 갈등, 공공기관에 대한 의존성, 네트워크 관점의 부재 등을 극복해 나가야 한다.

② 민관협력체계 정착을 위한 각 주체의 역할

궁극적으로 민관협력체계가 완숙한 단계로 가기 위해 중앙정부 및 지방정부, 민간조직 등 각 주체들의 적절한 자세와 역할이 절대적으로 필요하다.

첫째, 중앙정부는 다음의 역할을 담당하여야 한다.

- 중앙부처 내의 긴밀하고 효과적인 서비스 조정
- 지방정부에 대한 지침과 가이드라인의 부처 간 상충 여지 방지
- 지방정부가 확보하기 어려운 재정이나 인력충원에 대한 적극적 해결책 모색

둘째, 지방정부 역시 다음의 역할을 수행해야 한다.

- 중앙정부에 대한 의존성이나 업무 수행상의 미온성을 스스로 극복하기 위한 노력
- 지방정부 예산의 합리적 조정을 통한 주민생활서비스 제공 및 이와 관련된 민관협력체계 운영에 관련된 예산의 주체적 확보
- 민간과의 파트너십 의식 확립

끝으로 민간 조직도 역시 다음의 역할을 담당해야 한다.

- 기관이나 단체 중심의 사고에서 지역주민 중심의 사고 견지
- 공공기관에 대한 의존성이나 종속성의 청산
- 민간기관끼리의 불필요한 갈등이나 경쟁의식 지양
- 주민의 욕구를 적극적으로 대변하는 지역운동체로서의 정체성 확립
- 민간의 주체적 활동을 위한 자체적인 예산 확보에 대한 수용성 증대

제 3 부

공공복지전달체계 개편의 성공적 정착을 위한 과제

제8장

공공복지행정인력의 새로운 사명과 과제

이태수 · 강혜규

1. 공공복지행정의 의미와 변천과정

사회복지전달체계란 Gilbert와 Terrell(2005)에 의해 정의되듯이 "지역사회의 서비스 공급자 간에 존재하고, 서비스 공급자와 소비자들 사이에 존재하는 조직의 체계"라고 말할 수 있다. 이러한 사회복지전달체계는 공공과 민간으로 다시 구분되고, 이 가운데 공공사회복지달체계, 즉 공공복지행정체계는 특히 중앙 및 지방 정부, 정부 관련 공공기관 등에 의해 대변되는 서비스 공급자들 사이에 그리고 그들과 소비자들 사이에 존재하는 조직체계를 일컫는 것이라 볼 수 있다.

그러나 이러한 전달체계가 실질적인 기능을 행하기 위해서는 그러한 관계조직망 속에서 활약하고 있는 행위자로서의 전문 또는 비전문 인력이 반드시 존재하게 되어 있으며, 결국 사회복지전달체계는 그 안에서 기능하는 관련 인력의 다양한 조건, 즉 그들의 전문성 수준과 존재 양태, 활동 방식,

배치 상황 등과 불가분의 관계에 놓여 있을 수밖에 없다.

우리나라는 최근까지도 공공복지행정체계에서 미발전 상태에 놓여 있었다. 1950년대 한국전쟁 이후 응급구호적인 성격의 사회복지수요가 폭발적으로 증대되어 존재하면서부터 중앙정부 중심의 관료적 복지행정이 자리잡기 시작하여 복지수혜자에게는 시혜자로서, 민간복지공급자들에게는 관리감독자로서의 위상이 확보되기 시작하였다. 이러한 기능은 강력한 중앙집권적인 정부 구조에 따라 지방정부의 기능을 최소화하고 중앙정부의 정책 집행 기능이 극대화된 채 기형적인 중앙과 지방과의 관계까지도 설정하게 되었다.

바로 이러한 공공복지행정체계의 기형적 구조에 첫 번째 변화가 있었다면 1987년 49명의 사회복지전문요원을 배치하기 시작한 것이다. 이로써 공공복지행정의 특성은 무시된 채 일반직공무원에 의해 집행되어 왔던 복지행정 업무는 일정한 전문성과 전문 인력을 담보하며 진행되는 계기를 맞게 되었으나, 이는 어디까지는 전달체계 자체의 구조적 개선이라기보다는 인력의 전문성과 책무성을 강화하는 정도에 그치는 매우 소극적인 변화에 불과하였다. 이후 사회복지전문요원의 숫자가 늘어나고 별정직에서 행정직으로의 변환 등 전담공무원의 활동 여건에 대한 양호한 상황의 전개는 있었지만, 이를 근본적인 전달체계의 변화라고 보기는 어려웠다.

주지하다시피, 공공복지행정체계의 개선 노력으로 보건복지사무소 시범사업(1994~1999년), 사회복지사무소 시범사업(2004~2006년) 등이 시도되었지만, 어디까지나 시범사업으로 그쳤으며, 이를 통해 근본적인 전달체계의 변화는 이루어지지 못하였다.

이러한 공공복지행정체계의 답보 상태는 외적으로는 국민의 복지수요 충족도 저하 및 복지정책 체감도 부진으로 나타났으며, 내적으로는 이 체계안에서 활동하는 인력들의 내부 만족도 저하로 나타날 수밖에 없었다. 강혜규 등(2005)의 조사에 따르면, 조사 대상 국민 가운데 만족 이상의 답을 한 경우는 전체의 15.3%에 그치는 반면, 불만족으로 대답한 경우가 32.4%에 이르는 것이 좋은 예다. 또한 정대권(2007), 함신애(2006), 박미선(2005) 등의 연구에서 나타난 것처럼, 전담공무원의 직무만족도가 낮고 업무에 대한 갈등이 높은 것도 전달체계의 구조적 개편이 지연된 것과 무관하지 않다.

그러나 노무현 정부 하에서 사회복지정책의 강화가 추진되면서 공공복지행정체계에 대한 중요성이 인식되고, 이로부터 전달체계 상의 직접적 변화를 시도한 것은 성패를 논하기 앞서 그 자체에 대한 의의를 인정하게 된다. 따지고 보면, 김영삼 정부까지만 해도 가족과 시장에 의존하는 잔여주의적 복지모형을 벗어나지 못하였고, 다음으로 IMF 외환위기에 따른 사회안전망 확충 요구에 부응하여 등장한 김대중 정부가 들어서면서부터 복지부문의 구조적 재편과 함께 복지제도 대상자의 범주와 투입재원의 확충을 적극 도모하며 복지정책의 질적 차별성을 느끼게 하였다.

이어 등장한 노무현 정부는 양극화, 저출산, 고령화라는 사회적 의제가 폭발적으로 야기되는 시기에 집권한 정부로서, 출범 초기부터 '복지와 경제의 선순환'을 내세웠다가 임기 중반 이후부터 복지정책에 대한 강력한 추진력을 행사하였고, '동반성장', 그리고 '복지정책의 경제정책화, 경제정책의 복지정책화' 등을 정부의 정책 기조로 강조하기에 이르렀다. 이는 우리나라의 복지패러다임에서 중대한 변화가 일어나고 있다는 판단을 내리게 하는 요인이기도 하다.[1)]

결국 이러한 근본적인 복지패러다임의 변화 속에서 공공복지행정체계의 견실화는 당연한 필수조건이자 복지패러다임 변화의 성공과 직결되는 요체 중의 하나다. 이미 2005년 대통령자문 빈부격차차별시정위원회 보고에

---

1) 김대중 정부에 이어 노무현 정부에 걸쳐 한국의 복지제도 발전에서 어떠한 발전성과와 한계가 있었는지에 대한 자세한 논거는 김연명 외(2004) 및 이태수(2008)를 참조하기 바란다.

서 밝혀진 것과 같이 이러한 제도적 확충을 위해서는 공공복지행정체계의 개선이 근본적으로 매우 시급하다는 인식은 현실이 되고 있다. 이로부터 전담공무원의 충원, 교육 기회 확대, 나아가 '주민생활서비스 혁신을 위한 전달체계 개편' 으로까지 이어지는 일련의 경과가 이루어지게 되었다.[2] 따라서 향후 복지패러다임 변화의 관점에서 공공복지행정체계의 변화와 구체적인 상을 구축하는 것은 우리 사회의 필연적인 과제가 되고 말았다.

다음에서는 복지패러다임의 변화 와중에 시도된 주민생활서비스 중심의 전달체계 개편에 즈음하여 공공복지행정은 어떠한 변화에 직면해 있으며, 그 과제와 향후 전망은 무엇인지를 살펴보고자 한다.

2. 공공복지행정의 역사적 변천

1) 공공복지행정의 현황과 특성

공공복지행정의 기본 축으로서 공공부문의 전달체계는 지방자치단체인 시·도–시·군·구–읍·면·동의 지방행정기관으로 구성·운영되어 왔다. 이는 특별행정기관으로 지방 전달체계를 구축한 노동부(지방노동사무소–고용안정센터, 현 고용지원센터), 교육과학기술부(지방교육청), 지방직속기관으로 전문전달체계를 구축한 보건부문(시·군·구 보건소)과 달리, 공공부조와 사회복지서비스의 집행은 별도의 기관이 아닌 지방자치단체에 위임되어 왔다.

2007년 주민생활서비스전달체계 개편 이전까지 기존 복지행정은 보건

2) 이러한 전달체계 개편의 배경과 의의, 그 전개과정 및 민과 관의 역할 등에 대해서는 이태수 외(2006), 이태수 외(2007)를 참조하기 바란다.

복지부의 정책을 광역자치단체(시 · 도)-기초자치단체(시 · 군 · 구)-읍 · 면 · 동사무소의 구조를 통해 집행하는 체계이며, 각 지방의 행정인력 수급과 관리, 행정조직의 구조 및 개편과 관련한 사항은 행정자치부 소관이었다. 복지행정체계를 통해 집행되는 제도들은 국민기초생활보장 업무, 노인복지, 장애인복지, 아동복지, 여성 및 청소년복지 등이 포함되며, 이는 대체로 보건복지부의 정책이지만, 자활 업무, 여성 업무, 청소년 업무 등은 노동부, 교육부, 여성부 등의 정책 및 전달체계와 연관되는 것이다.

[그림 8-1]은 별도의 복지서비스전달체계를 가지지 않고 시 · 군 · 구-읍 · 면 · 동의 지자체 조직을 활용한 경우와 특별행정기관을 갖고 일부 업무를 지자체를 통해 집행하는 사회정책 전달체계의 흐름도다.

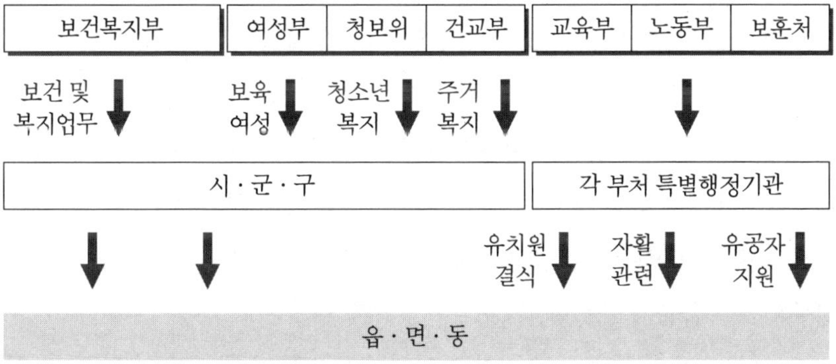

[그림 8-1] 공공복지행정 흐름도

출처: 대통령자문 빈부격차차별시정위원회(2005).

이와 같은 전달체계의 구조는 생활보호제도가 제정된 1960년대 이래 2000년대 중반을 넘어선 시점에 이르기까지 변화하지 않는 고정적 환경이었다. 다만, 공공복지행정 개편을 목표로 했던 두 차례의 시범사업(보건복지사무소 시범사업 1995. 7-1999. 12, 사회복지사무소 시범사업 2004. 7-2006. 6)은 사회복지를 중심으로 구상했던 개편에 대한 기대를 읽을 수 있는 시도였다.

그동안 공공복지행정의 현황과 변천의 특징을 정리한다면 다음과 같다.

첫째, 복지-보건-고용-교육 등 사회복지 관련 영역 간, 사회보장체계의 내부 구조로서 사회보험-공공부조 및 사회복지서비스부문 간의 통합 혹은 조정의 시도 없이, 각 전달체계의 구조는 지난 1960~1970년대 이후 변화가 나타나지 않았다.

둘째, 공공부조와 사회복지서비스 업무는 대부분 기관위임사무로 지자체가 담당하여 옴으로써 진정한 권한 이양은 이루어지지 않고, 중앙정부의 적극적 개입이 유지되는 구조에서 중앙정부가 기획하고, 지자체는 이를 받아 집행하는 상의하달식의 일방적 관계가 지속되었다.

셋째, 정책 집행을 전문화하고 서비스 품질을 높이기 위한 정책적 접근과 기반 마련은 매우 취약하여, '사회복지전문요원제도'의 도입을 통한 전문 인력의 선발과 일선 사회복지 업무의 전담 배치의 시도가 유일했다고 할 수 있다.

넷째, 2006년 주민생활지원서비스 개편 이전까지, 시·군·구 사회복지과-읍·면·동 복지 담당은 보건복지부 소관 업무를 비롯하여, 여성부, 건교부 주거복지, 교육부 교육복지 등 주민복지와 관련된 광범위한 영역의 업무를 소화하는 구조였다.

다섯째, 외국의 일반적인 지자체 사회복지 업무 수행 구조와 달리, 일선 창구의 경우 사회복지 전공자만 사회복지 업무에 배치하여, 사회복지직은 모든 사회복지 업무를 담당하였다. 즉, 전문 직무에 대한 집중이 불가능한 구조가 형성되어 있다.

2) 공공복지행정의 발전 단계

우리나라의 공공복지행정의 발전단계를 구분해 본다면 다음과 같은 분기점을 설정할 수 있을 것이다. 첫째, 사회복지전문요원제도 도입(1987년),

둘째, 사회복지전문요원의 일반직 전환 및 기초생활보장제도 도입(1999, 2000년), 셋째, 주민생활지원서비스 행정 개편(2006년) 등이다. 이에 따라 시기별로 구분해 보면 다음과 같이 제시할 수 있다.

(1) 공공복지행정의 발아기: 사회복지전문요원제도 도입 이전(1960~1987년)

생활보호제도가 시행되고 지자체가 집행을 담당해 오면서 사실상 공공복지행정, 서비스 전달체계의 전문화에 대한 정책적 시도가 전무했다 해도 과언이 아닌 시기였다. 다만 다음과 같은 사실은 내부적으로 전문화에 대한 필요성이 제기되고 있었음을 시사하는 단서가 될 수 있다.

1980년대부터 사회복지를 전담하는 행정기구 필요성에 대한 문제 제기가 지속되었고, 제5차 경제사회발전 5개년계획(1982~1986), 제6차 경제사회발전 5개년계획(1987~1991)안에 사회복지사무소 설치가 제안되었으며, 1986년 보건사회부의 대책에서는 사회복지사무소 설치 제안이 실현되지 못하고, 대안으로 사회복지전문요원제도의 도입이 제안되었다는 사실이다.

(2) 공공복지행정의 성숙기: 사회복지전문요원 증원 및 일반직 전환(1988~1999년)

사회복지전문요원제도가 도입 · 시행된 이후 12년간 4,200명의 전문직 정원을 갖게 된 기간이다. 2000년 국민기초생활보장제도가 시행되기 이전까지, 사회복지전문요원들을 통해 생활보호제도를 중심으로 공공복지행정의 전문화를 가능하게 한 시기다. 사회복지서비스부문의 노인복지, 장애인복지 등은 현금급여 중심의 수당지급, 생활보호시설 입소, 일부 이용시설 서비스 연계 등이 이루어졌고, 생활보호대상가구 중심의 업무가 주를 이루었지만, 경제 위기를 겪게 된 1998년 이후 실업자의 증가는 공적 사회안전망에 대한 사회적 관심을 집중시켰고, 기존 공공부조수급계층을 넓혀 실업자, 근로빈곤층, 차상위계층 등 정책적 대응 영역을 확대시키는 계기를 촉발하였다.

전달체계의 전문화와 관련된 제도적 근거 마련도 진행되었다. 1992년에는 사회복지사업법 개정으로 복지전담행정기구 설치 근거가 마련되었고, 1995년에는 사회보장기본법 제정으로 사회보장전달체계 규정이 제시되었다. 또한 정부는 1995년 7월부터 보건복지사무소 시범사업을 실시하여 복지행정체계 개편 및 지역복지전달체계 개선을 위한 정책 추진의 단초를 마련한 바 있다. '제1차 사회보장발전 5개년계획(1999~2003)'에도 지방 공공복지행정체계 개편을 위해 보건복지사무소 설치 확대(1999~2000)안이 제시된 바 있으나, 시범사업 결과는 정책안으로 반영되지 않고 종료되었다.

다만 1999년 하반기에는 지방별정직의 사회복지전문요원이 일반직으로 전환되어 지방사회복지직의 신분 변화가 있었으며, 이는 사회복지전문요원 제도의 위상을 공고히 함과 동시에, 중앙부처 소관 전달체계가 아닌 '지방' 중심 전달체계로 방향을 잡게 한 결정적 계기가 되었다고 할 수 있다.

(3) 공공복지행정의 도약기: 기초생활보장제도 도입 · 정착(2000~2005년)

2000년 국민기초생활보장제도가 도입된 이후 사회복지 업무 담당 인력이 대폭 확충되었고 일선 행정기관으로의 배치가 이루어졌다. 이 기간은 1990년대 말 IMF 외환위기가 초래한 사회복지 수요와 함께 급속한 고령화와 예측 못한 최저 출산 시대가 도래함에 따라 다양한 사회복지정책이 급팽창하였다. 이에 따라 사회복지직공무원도 2배로 확충되었으나, 기초생활보장제도에 도입된 보충급여방식, 조건부수급자 관리 등은 생활보호제도 집행과는 다른 차원의 업무 부담과 접근 방식을 필요로 하였고, 급증한 보육 업무, 부처별로 확산된 복지 업무 등 급증한 업무량에 의해 늘어난 예산만큼 국민의 복지 체감도가 높아지지 않는다는 사회적 비판이 제기되기에 이르렀다.

또한 2003년 집권한 노무현 정부는 분권화와 지방화를 강력히 추진하며 지방정부의 혁신을 꾀하였고, 2005년 사회복지사업 및 재정의 대폭 지방이양이 추진되며, 지자체 중심의 공공복지행정 개편 방향과 필요성이 부각되었다. 2004년 시행된 사회복지사무소 시범사업이나 이후의 전달체계 개편을 위한 정책적 모색은 이러한 맥락에서 해석될 수 있을 것이다.

(4) 공공복지행정의 전환기: 주민생활지원서비스 행정 개편(2006년~현재)

생활보호제도 도입 이후 처음으로 전국적인 전달체계 개편이 이루어진 2006년을 기점으로 공공복지행정은 전환기를 맞고 있다고 할 수 있다. 이는 2005년 이루어진 본격적인 사회복지사업 지방이양, 재정분권과 함께 지방정부, 특히 시 · 군 · 구가 사회복지의 주도적 주체로 역할하도록 하는 시의적절한 변혁의 계기가 될 수 있다. 그러나 지방행정 전반의 사회복지 인식 확대를 통해서 전문화를 지향해 갈 수 있는 장기 전략을 선택한 것이므로, 이는 중앙 · 지방정부 및 관계자들의 지속적인 관심과 지원이 이루어지지 않는다면 본래의 목적을 상실하기 쉬운 방식이다. 긍정적인 전환의 계기가 되기 위해서는 중앙정부에서 제시하여 획일적으로 수용했던 개편 방안을 지역 실정에 적합하도록 수정 · 적용해 가는 지자체의 개별적 노력 또한 수반되어야 할 것이다.

2006년 7월 1일부터 2007년 7월 1일까지 1년여에 걸쳐 232개 시 · 군 · 구에 걸쳐 전격적으로 실시된 주민생활서비스혁신체계로의 전달체계 개편은 다음과 같은 배경을 갖는다. 첫째, 사회경제적 여건 변화로 국민의 복지 욕구 또는 생활의 안정을 위한 공공서비스에 대한 욕구가 급증하고 있는 점, 둘째, 지자체의 기능이 스스로 지역의 특성과 주민의 욕구를 감안한 정책을 설계하고 집행하는 정책 기획 주체로 변모하는 점, 셋째, 상의하달의 관행, 부서 간 · 인력 간 · 관계기관 간 의사소통이 경직된 행정관행을 혁신할 필요가 있는 점, 넷째, 중앙의 복지 등 국민 삶의 안정성과 직결된 정책들이 확대되고 예산이 증대하면서 아울러 시 · 군 · 구의 업무가 빠르게 폭증하고 있다는 점 등이 그것이다(이태수 외, 2007: 37).

행정자치부(2006) 지침에 따르면, 주민생활지원서비스는 취약계층에게 제공되는 복지서비스 외에 주민생활의 질 향상을 위해 제공되는 서비스를 모두 포괄한다. 구체적으로 보면 주민생활지원서비스는 복지 · 보건 · 고용 · 주거 · 평생교육 · 생활체육 · 문화 · 관광 등 8대 영역의 서비스를 포괄하는 개념이다. 이 서비스 영역에 의해 주민은 평균적으로 256개[3] (중앙 216+시 · 도 26+시 · 군 · 구 14)의 주민생활지원 서비스를 6개 유형의 전달체계를 통해 제공받고 있다고 분석된다.

이 서비스들을 통합적으로 제공하기 위하여 시도된 조직개편의 주요 내용으로는 첫째, 시 · 군 · 구에 주민생활지원 전담부서 설치, 둘째, 읍 · 면 · 동에 주민생활지원팀 설치 그리고 셋째, 사회복지직 및 행정직의 배치 조정 등으로 요약된다.

또한 이를 위해 업무 효율화 및 실질적 연계를 위한 온라인 체계를 구축하고, 읍 · 면 · 동 사무소에 상담 공간을 마련하며, 슈퍼비전 및 사례회의 등 민주적 의사소통체계를 구축하고 민간부문과의 원활한 협력체계를 갖추는 작업을 병행하였다.

이처럼 8대 영역에 대하여 시 · 군 · 구의 기획 및 연계, 통합 기능을 살리고 읍 · 면 · 동의 현장 방문 기능 및 원스톱 기능을 강화한 전달체계 개편 작업은 아직 정착 단계라 말하기는 이르다. 특히 조직 설계에서 지자체의 임의성을 허용한 결과 본래의 취지대로 개편되지 않은 곳들이 많고,[4]

---

3) 2005년 12월 조사 결과, 이 중 지방자치단체를 통해 제공되는 서비스가 79%다.

4) 전국사회복지행정연구회 내부 조사에 따르면, 1단계 지역(조사 대상 44개 자치구) 중 12개 지역이 문화, 관광, 생활체육 관련과를 주민생활지원국에 배치하지 않은 것으로 나타났으며, 전반적으로 복지와 고용과 주거 관련 업무 배치는 잘 이루어졌으나, 보건, 평생교육, 생활체육, 문화관광 관련과 또는 업무들의 집중 통합 배치가 미흡하다. 서울 종로구, 부산 중구, 대구 달서구 등은 청소행정, 환경위생 등이 주민생활지원국에 배치되어 있기도 하다(이태수 외, 2006: 42)

또한 적정 인력의 확보가 되지 않아 읍 · 면 · 동 차원의 현장 방문을 위한 사례 발굴, 사후관리를 위한 시간이 추가적으로 확보되고 있지 않으며, 읍 · 면 · 동의 주민생활지원팀 내 사회복지직과 기타직들과의 협업이 원활히 이루어지지 않는 등 아직도 개선해야 할 과제들이 많은 것이 사실이다(이태수 외, 2006: 42-43).

3. 복지전달체계의 개편과 사회복지직공무원의 역할 변화

1) 사회복지공무원 역할의 도전 요인과 쟁점

사회복지 직무는 다양한 문제 상황, 클라이언트의 특성, 기관의 여건과 정책, 실천가의 교육 및 지식 배경과 가치관 등 복잡한 요소들의 상호작용 과정에서 이루어진다(황성철, 1998: 226-227). 또한 다양한 상황을 고려하여 문제에 대처해야 함에 따라 투입과 산출이 일정하기 힘들다. 인간과 환경의 상호작용에 개입하는 과정에서 각기 상이한 기술을 사용하여, 같은 문제, 같은 클라이언트라 해도 그 담당 인력에 따라 다른 투입과 다른 산출이 나올 수 있다는 특성을 지닌다. 이와 같이 직무를 수행하는 인력의 가치와 판단, 기술에 크게 의존하는 사회복지 직무는 담당 인력의 자질과 능력을 발휘할 수 있는 환경이 겸비될 때, 그 효과가 나타날 수 있을 것이다.

'행정' 부문에서 사회복지직이라는 별도의 직렬을 설치 · 운영하는 이유는 이와 같은 사회복지 업무의 특수성에 대한 고려가 이루어졌기 때문일 것이다.

그러나 사회복지직은 여러 측면에서 어려움에 처해 있다. 이는 정책 환경 변화에 따른 도전이기도 하고, 사회복지의 정체성과 관련된 혼돈이기도

하며, 사회복지직의 오랜 역사 속에서 정체된 역할 갈등의 문제이기도 하다. 즉, 다변화되는 사회복지 수요에 맞춰 급속하게 확대되는 사회복지제도상의 문제, 담당 인력과 전달 경로가 고려되지 않고 설계되는 정책기획상의 문제, 사회복지행정과 대인서비스 특성에 대한 인식과 고려가 부족한 지방행정 환경의 문제, 대인(對人) · 대면(對面) 서비스를 위해 감당해야 할 복지전문직으로서의 기술 · 대처 능력 · 정서적 문제 등에 대한 지원 부족 등이 복합적으로 혼재된 문제라고 할 수 있다.

(1) 급변하는 정책 환경과 사회복지직의 과부하된 역할

최근 몇 년간의 사회정책 수요 증대에 따라 확대된 정책, 증가한 업무가 일선 사회복지직이 감당하기 어렵다는 사회적 공감대와 이에 대한 위기 의식은 2006년 주민생활지원 행정 개편을 추진한 동력이 되었다.

그러나 사회복지 업무는 대상의 확대, 정책의 확대와 함께 본래의 정책 목적을 달성하기 위해서 다양한 행정 및 서비스 기술을 새롭게 요청하고 있다.

상시적인 제도 운영과는 별개로 부과되는 수시 일제조사 및 대상자 발굴 업무, 대상표적성이 낮은 보육대상자의 선정과 같은 업무가 업무의 양적 부담을 가중시키는 대표적인 업무라고 한다면, 지자체 실정에 맞는 지역 서비스정책과 자체사업들을 개발하기 위한 '기획' 업무의 확대, 기초보장제도 도입과 함께 부여된 '자활' 업무(복지 · 고용연계서비스)의 강화, 2007년부터 시작된 '바우처 방식 서비스' 및 지역사회서비스혁신사업 개발 · 운영, 오랫동안 마음의 부담으로 자리해 온 취약가구 '사례관리', 통합적 서비스 제공을 위한 '민간자원 발굴 및 연계', '민관 협력체계' 구축 등은 질적 수준 향상에 대한 기대로 부과되는 매우 다양한 업무들이다.

이와 같은 정책 차원의 복지환경의 변화는 최근까지 지속되고 있으나, 인력 충원 없이 인력 및 업무 배치 조정을 통해 2006년 전달체계 개편을 추진하면서 개편의 체감 효과는 매우 낮은 실정이다. 이 개편은 지방행정 전반에서 복지서비스의 비중을 강화하고, 일반행정적으로 하여금 사회복지의 중요성을 인식하게 하려는 의도가 깔려 있기는 하지만 이 또한 오랜 시간을 필요로 한다.

따라서 빠른 시간 안에 이러한 현실을 타개하기 위해서는 보다 과감한 행정직의 사회복지 업무 투입, 이를 위한 명확한 역할 분담 방안 제시, 전문성과 재량권의 필요도가 높은 업무에 한정한 사회복지직 역할 조정 등이 가능하도록 해야 할 것이다. 이는 조직과 인력을 관장하는 지자체의 시도뿐만 아니라, 정책 기획 및 집행에 필요한 역량 강화를 위한 여건 마련, 제도간 정합성을 제고하고 집행절차의 효율성을 높이기 위한 중앙정부 차원의 조정 작업 등이 병행되어야 할 부분이다.

(2) 사회복지의 정체성과 사회복지직 역할의 혼돈

민선 지방자치 10년을 지난 우리나라는 사회복지부문에서도 본격적인 지방화, 분권화의 시도가 이루어졌다. 앞서 언급하였듯이, 2005년의 국고보조금사업 정비를 통한 재정분권과 2006년부터 추진된 시 · 군 · 구 주민생활지원서비스 행정 개편은 지자체를 중심으로 한 공공부문의 공공복지행정을 공고히 하는 중요한 계기를 만든 것으로 보인다. 우리나라의 공공복지행정 개편 모형은 지방노동사무소와 같은 중앙부처 직속 특별행정기관이 아닌, 지방정부에게 공공부조와 사회복지서비스 업무를 전담하는 지방 중심의 모형을 선택한 것이다. 이는 1만여 명에 달하는 사회복지 전문인력이 지방직으로 존재한다는 사실이 크게 작용했을 뿐더러, 사회복지부문의 전문화보다는 보편화를 선호한 정책 선택의 결과라고 판단된다.

그러나 대다수의 지자체 공무원은 사회복지에 대한 전문적 이해가 없는 일반직이고(2005년 말 현재 지방직 본청 정원 17만 3,000명, 지방직 총정원 27만 4,000명), 사회복지직은 본청 정원의 5.6%에 불과한 실정이다. 따라서 지방재정과 인력의 상당 부분이 사회서비스에 투입되고 있는 복지선진국과 달리, 지자체 전체가 사회복지(주민생활지원서비스)에 대한 공감대를 형성하고 개편 목적을 달성하기까지는 넘어야 할 산이 많다.

이러한 환경 속에서 전문직으로서의 사회복지공무원의 역할과 정체성을 새로이 찾아가는 일은 시급한 과제가 되었다. 특히, 사회복지업무가 과연 누구나 할 수 있는 일인지, 또한 사회복지 업무를 누구든 해야 하는지 등에 대한 근본적인 문제에 답해야 할 때다.

(3) 사회복지직 역할 변화의 필요성과 공공복지행정의 미래

사회복지직의 중점 역할에 대한 변화 요청은 현재 나타나고 있는 문제점에 대한 해결과 미래를 대비해 가야 한다는 두 가지 측면에서 검토되어야 한다.

먼저 현재 사회복지직에게 부여되고 있는 업무의 범위는 수급자 선정에서부터 포괄적인 서비스를 요구하는 사후관리까지 매우 광범위하면서도 모호하다. 이러한 업무는 기초적인 업무 지침으로 가능한 것으로부터 높은 전문성이 요구되는 일까지 매우 다양한 성격의 직무가 포함되는 것이다. 앞서 살펴본 것처럼 새로운 정책 양산에 따라 대상자 선정에 급급하도록 하는 현행 구조가 바뀌어야 한다고 할 때, 앞으로 공공사회복지사(public social worker)의 역할 문제로서, 급여 지급을 중심으로 한 수급 자격 심사 담당(eligibility technician)과 대인복지서비스를 제공할 사회복지사(social worker)의 역할을 병행해 갈 것인지, 전문성 정도에 따라 이를 구분하여 담당하도록 할 것인지에 대한 고려가 필요하다.

또한 점차 사회복지의 업무 범위가 넓어지는 상황에서 현행 지자체의 공공복지행정부서(주민생활지원서비스부서)가 인적 서비스(human service) 기관으로서의 특성을 유지할 수 있는 여건이며, 이에 대하여 조직 전반의 합의된 전제가 있는 것인가가 함께 점검되어야 할 것이다.

이는 앞서 제시한 것과 같이 지자체 전체의 인식 변화가 필요한 부분으로서, '지방 종합행정기관' 이라는 환경이 본연의 사회복지 업무를 수행하는 데 장애가 되지 않아야 할 것이며, 이를 위해서는 행정직과 사회복지 전문직이 함께하는 현행 시스템의 정착이 중요한 과제가 될 것이다.

또한, 사회 전반적으로 발생한 변화-업무 부담의 전반적인 증가(사회복지 수요의 증가와 인력확충 제한), 성과 중심의 평가체제 도입, 작은 정부의 지향을 감안하면, 사회복지직의 확충 노력뿐만 아니라 전담 직무에 대한 선별, 보수 교육을 통한 전문기술 · 지식의 습득, 사회복지의 전문성을 요하는 업무 수행을 위한 탄력적인 근무 환경 조성에 대한 중앙정부의 고민과 대안 제시가 필요하다. 특히 다음과 같은 사회복지 전문 영역의 심화된 지식과 기술의 습득이 사회복지직의 경력과 직무에 따라 다차원적으로 이루어져야 할 것이다. 첫째, 광의의 사회복지 영역으로서 '주민생활지원서비스' 전반을 포괄할 기획 능력 및 재정 관리에 대한 이해, 둘째, 욕구 평가(assessment)와 상담을 위한 기술, 셋째, 사례관리의 기술과 업무 관련 담당자와의 협력관계 형성 · 유지, 넷째, 지역사회 자원 관리의 기술과 다양한 지역자원에 대한 실태 파악, 다섯째, 인사관리, 인력 개발을 위한 기술 등이다.

향후 공공부조(기초생활보장제도, 경로연금, 장애수당 등)와 서비스 제도의 관계가 어떻게 변모하는가에 따라, 지자체의 사회복지 중심 업무와 범위가 달라질 수 있을 것이다. 중앙정부의 정책 변화로서 공공부조 중심에서 '사회서비스' 로의 중심 이동, '사회투자 국가' 의 목표가 논의되는 등 향후 공공복지행정에서도 '조사' 중심에서 '서비스(조정)' 중심으로 사회복지직의 본연의 업무를 찾아가게 될 단초가 나타나고 있다. 근로장려세제(EITC) 제도 시행, 사회보험 징수적용체계의 통합 추진, 노인장기요양보험제도 도입, 장애 관련 제도 확대 등이 이루어질 2009년 이후에는 공공복지행정 업무상의 여러 가지 변화가 예상된다. 사회복지직이 감당하는 소득 파악의 부담이 경감될 수 있고, 지역사회의 사회서비스 공급체계에서 서비스 수요의 파악 및 공급의 기획, 자원 관리의 주요 축으로의 역할이 강화되어 나갈 것이다. 그러나 당분간 제도의 확대와 정책 변화 과정에서 공공부조 업무에 대한 과부하와 새로운 제도 집행의 요구가 혼재할 것이므로 이에 대한 각별한 관심이 필수적이다.

이런 가운데 현재 추진 중인 주민생활서비스지원체계로의 전달체계 개편이 안정적으로 정착된다면 복지전달체계의 새로운 지평이 열릴 것으로 전망되며, 이와 관련되어 사회복지전담공무원은 물론 사회복지 관련 일반 행정공무원의 기능과 역할 또한 변모하리라는 것은 명확하다. 내실화단계까지 가려면 아직 많은 노력이 필요함에도 이미 232개 시 · 군 · 구 모두 공식적으로는 주민생활지원체계로 조직 개편과 인력 배치가 마무리되었으며, 이를 토대로 서울 마포구 등을 위시하여 서울시 전체가 더욱 전향적인 전달체계 개편 작업을 이어나가는 등 연장선상의 변화가 지속적으로 이어질 것으로 예상된다.

그렇다면 이로부터 몇 가지 공공복지행정체계의 발전과 관련된 방향성을 읽을 수 있다.

첫째, 중앙정부의 복지 확대 및 지방자치권의 점진적 강화에 따라 복지부문과 관련된 지자체의 자율성은 확대되고, 지역주민의 관심도가 증대됨으로써 공공복지행정체계의 중요성이 더욱 높아지면서 그 전달체계에 걸리는 하중도 매우 커질 것이다. 따라서 공공 영역에서의 공공복지행정체계의 위상이 높아지고 이를 담당하는 인력의 규모도 더욱 확대될 것이다.

둘째, 공공복지행정체계가 복지만의 영역으로만 존립하지 않고 여타 연계 · 조정이 필요한 공공서비스 영역과의 통합적 체계로 확대되어 발전해 나갈 것이다.

셋째, 사회복지의 급여 범주가 확대되고 복지 관련 영역으로 확대해 나가면서 저소득계층을 향한 현금급여 중심의 서비스에서 지역주민 전체를 위한 보편적 사회서비스를 담당하는 성격으로 변모하는 바, 전달체계의 내적 구성도 이에 맞추어 나갈 수밖에 없을 것이다.

넷째, 민간과 공공의 전달체계 간의 정합성과 상호보완성의 정도가 더욱 강화될 것이다. 향후 공공의 복지 영역과 대상자 범주가 확대되어 보편적 서비스를 지향하게 될수록 민간의 영역과 중첩되게 되며, 이에 따라 상호 간의 협력과 조정, 연계가 불가피하게 발생할 것이다.

다섯째, 공공복지행정체계 안에서의 복지 전문 인력과 비전문 인력 간의 역할에 대한 합리성이 추구될 것이다. 공공전달체계에서 기능할 인력의 규모와 업무의 범주가 확장됨에 따라 복지 전문 인력의 영역과 비전문 인력의 영역이 양적 · 질적 측면에서 명확해지며, 이를 통해 복지직과 일반행정직 간의 상호보완성이 확인될 수 있을 것이다.

2) 사회복지전담공무원의 향후 역할에 대한 재정립

이러한 사회적 환경 변화와 복지전달체계의 변화를 염두에 둘 때, 전담공무원이 미래에 담당해야 할 역할은 더욱 중차대하게 부여될 것이다. 이를 함축적으로 표현하면, 2006년 이전을 전담공무원 자신이 공공복지행정체계 자체였던 시기, 즉 1인 통합업무시스템이 이루어지던 시기(김영종, 2006: 8)라고 보았을 때 2006년 이후에는 '체계적 통합업무시스템'이 가능한 시기로 이행한다고 말할 수 있다. 이러한 체계적 통합업무시스템이 구축된 시기의 전담공무원 역할은 종전과는 달리 새로운 역할로 재정립되어야 할 것이다.

그 내용을 구체적으로 보면 다음과 같이 몇 가지로 정리된다.

첫째, '단순업무집행자'에서 '복지기획조정자'의 역할이 중요하게 부여될 것이다. 전담공무원은 더 이상 주어진 업무의 수동적 집행자 역할에 그치는 것이 아니라 지역사회 내의 복지 계획이 중요시되고 주민의 복지 욕구 표출이 심화되는 단계에서 지역사회의 복지프로그램을 기획하고 여타

부문과의 조율 및 복지프로그램 간의 조정 역할이 점차 강조될 것이다.

둘째, '단독자' 로서의 역할에서 '팀플레이어(team player)' 로서의 역할이 중시된다. 지금까지 스스로가 복지전달체계에 해당하는 단독자 지위였다면, 향후 읍 · 면 · 동주민센터 내에 팀이 생성되는 것을 비롯하여 주민생활지원국 내에도 다양하게 과와 팀이 생겨남으로써 팀 내 그리고 팀 간 역할 분담과 상호협력이 전제되는 팀원의 하나로서 기능하는 지위를 확보하게 된다.

셋째, '복지전문가' 에서 '통합적 전문성 이해자' 로서 역할해야 한다. 지금까지는 복지 내의 다양한 부문에 대한 이해를 요구받았으나, 이젠 복지 외에도 보건은 물론이고 고용, 문화, 평생학습, 주거, 생활체육 등을 포함한 광의의 복지서비스 전반에 대한 관점을 통하여 통합적 연계 기능을 수행할 수 있는 다양한 전문성 소유자의 역할을 수행할 수 있어야 한다.

넷째, '복지행정가' 에서 '조정자(co-ordinator)' 로서의 역할이 중요하게 된다. 아직까지 전담공무원은 사무실 내에서 행정서류와 민원사항에 대한 행정상의 처리자 역할이 주로 요구되었지만, 이젠 다양한 이해관계와 이질적 존재 집단 사이에서 지역복지공동체의 형성과 복지마인드의 확산을 위해 이해당사자나 관심 집단을 조정해 나가는 역할이 필요로 된다.

다섯째, '공공부조 담당자' 에서 복지서비스까지 포함한 '사례관리자(case manager)' 의 역할에 초점이 맞추어져야 한다. 향후 공공부조의 시대에서 복지서비스의 시대로 이행함으로써 공공부조상의 현금급여 만을 판정해 주던 단조로운 역할에서, 복지 · 보건 · 고용 · 주거 · 문화 · 생활체육 · 사고안전 · 육아 등 다채로운 분야의 종사자들과 함께 대상자가 지닌 욕구 해결을 위해 사례관리기법을 동원할 줄 아는 사례관리자 역할이 새롭게 조명되어야 한다.

여섯째, '민간에 대한 관리감독자' 에서 '민간과의 파트너' 로서의 역할이 부상될 것이다. 지금까지의 행정이 종국에는 예산에 대한 책무성(accountability)을 따지는 것이었다면, 앞으로는 민간과의 협력적 관계를 통해 얼마나 지역주민의 복지증진에 성과를 도출했느냐를 가름한다는 점에서 민간과의 파트너관계가 훨씬 중요시된다.

3) 공공복지행정체계 발전을 위한 선결 과제

앞서 살펴본 것처럼, 공공복지행정체계의 발전 방향과 그에 부응한 전사회복지직공무원의 역할 재정립은 자연발생적으로 귀결되는 결과가 아니라, 행정 조직 시스템 자체의 변화와 사회복지직공무원 스스로의 노력에 대한 유인체계 등에 의해 인위적으로 조성된다고 보아야 한다. 그런 면에서 공공복지행정체계의 발전과 전담공무원의 역할 변화는 몇 가지 선결과제가 해결되어야 함을 강조하지 않을 수 없다.

(1) 사회복지직공무원의 재량권이 확보되는 방향으로의 공공부조제도 개편

현재의 공공부조제도는 우리사회가 확보한 소득 파악 능력에 비해 과도하게 수급 자격 기준(the eligibility)에 의존하여 급여 정도가 판명된다. 그럴수록 그 자격 기준은 더욱 복합적으로 적용되고 이에 따른 현실 적용상의 난점 역시 비례하는 결과를 낳는다. 따라서 핀란드, 스웨덴과 같이 일선 공공사회복지사, 즉 사회복지직공무원의 재량적 판단에 기초하여 최종적으로 수급권자 유무가 판별될 수 있는 권한을 부여하는 것이 현재의 공공부조제도가 빠져 있는 '정당성의 덫'을 벗어나는 길일 수 있으며, 행정비용을 절약하는 방법이기도 하다.

(2) 공공복지행정체계에 배치된 공무원의 규모와 근무 조건 등의 정상화

향후 지방정부의 역할 가운데 복지서비스의 실현이 더욱 중요하게 부각됨으로써 이를 수행하는 공무원들의 적정한 증원을 행하고(이화여자대학교 산학협력단 · 행정자치부, 2007), 이들의 자부심이 고양되며, 적절한 수당 지급, 승진기회의 공평한 확보 등이 이루어지는 방향으로 근무조건의 개선이 요구된다. 사회복지직공무원의 경우 5급 승진 기회가 열리는 것을 비롯하여 사회복지 업무 수행 일반직공무원의 수당 지급 등이 구체적인 예가 된다.

(3) 공공복지행정체계에 속한 공무원의 전문성 함양 기회 증진

현재 한국보건복지인력개발원과 지방공무원교육원을 통해 일반행정직 공무원과 사회복지직공무원의 전문성이 제고될 수 있도록 다양한 교육기회를 제공함은 물론 나아가 평생학습시스템의 과감한 도입과 이에 대한 예산 투여를 통해 직무만족감은 물론 직장만족감은 물론 사명에 대한 새로운 인식을 행할 수 있도록 끊임없는 기회를 제공한다. 특히 전문적인 학습프로그램을 개발 보급하고 필요한 정보를 제공하는 것도 유효한 방법이다.

(4) 전달체계 조직과 운영의 실질적 책임이 있는 행정안전부 · 지방정부의 복지인식 정립

최근 중앙정부의 복지인식이 획기적으로 변화하고 있는 것에 비해, 아직도 과거의 관행과 유습에 관성적으로 기울어 있는 행정안전부와 지방정부의 획기적 인식 개선이 요구된다. 특히 주민생활지원서비스가 본래 광의의 복지서비스를 확충하여 지역주민의 삶의 질을 고양시키는 결정적 계기로 삼을 수 있도록 설계되었지만, 이에 대한 행정안전부나 지방정부의 인식 부족은 많은 지자체에서 전달체계 혁신의 본 의의를 달성하는 것이 어렵거나 불가능하도록 하기도 한다. 따라서 중앙정부에서의 본질적인 변화가 선행되고, 이를 토대로 지자체의 복지인식이 상향 평준화될 수 있는 길을 적극적으로 모색해야 한다.

제9장

이명박 정부 공공복지전달체계의 개편 전망과 문제점

남기철

1. 이명박 정부와 복지전달체계 개편

사회복지전달체계, 그중에서도 공공복지전달체계의 개편 필요성에 대한 논의는 상당히 오랫동안 제기되어 왔다. 이는 공공복지전달체계가 적절히 기능하지 못하고 있다는 비판에 의한 것이기도 하다. 서구 사회에 비해서 턱 없이 부족한 수준이지만, 우리 사회에서도 공공의 복지서비스 종류와 양은 꾸준히 늘어나고 있다. 그리고 이를 적절히 전달하고 관리하기 위해 필요한 전문성의 요구 정도도 높아지고 있다. 당연히 복지전달체계를 고도화하려는 개편 논의는 부각될 수밖에 없다.

얼마 전까지도 복지서비스 고유의 공공전달체계를 구축하기 위한 여러 논의와 시범사업 등이 추진되어 왔다. 하지만 현재 기본적으로는 행정안전부의 지방자치체계를 가장 주요한 공공복지전달체계로 이용하고 있다. 직접 활동하는 인력의 측면에서도 '사회복지전담공무원'의 직무 영역이 만들어지고 고유한 활동을 하고 있다고 하지만 충분치 않다는 것이 일반적인 견해다. 사회복지전담공무원은 초기에 계획했던 2만 5,000명 배치의 절반에도 미치지 못하고 있다. 또한 현재 이들 중 상당수는 직능전환 등의 과정을 통해 초기에 다른 업무를 담당하다가 현재 복지업무를 맡고 있는 것이다. 이 경우 사회복지서비스 전달과 관리에 충분한 교육이 이루어지고 있는가에 대해서는 여전히 의문이 남고 있다.

이명박 정부는 이전 정부에 비해 상당히 보수적 성향을 띠고 있어서 사회복지 전반에 걸쳐 소극적인 정책 방향을 보이고 있다. 이는 복지전달체계의 개편과 관련해서도 마찬가지다. 하지만 복지전달체계 개편과 관련된 필요성이나 논란은 과거부터 지속되어 온 것이기 때문에 이를 전혀 도외시하고 있지는 않다. 한편으로 시장에서 기업 활동이 표방하는 효율성에 비해 공공 영역은 경직성이나 비효율성이 심해 이를 개선해야 한다는 대통령의 관점 역시 복지 영역에도 일정한 영향을 미치고 있다. 복지전달체계가 나타내는 비효율성에 대해 현 정부 나름대로의 문제 제기가 이루어지고 있다. 전시적인 이벤트이기는 하지만 통합콜센터 일일 업무참여를 통해 복지욕구 상황에 신속한 대응과 관련 체계에 대한 관심을 표현한 것도 마찬가지의 맥락 중 하나다.

더구나 최근에는 사회복지급여를 전달하는 공공복지전달체계상에서의 비리가 드러나고 이에 따른 감사 과정에서 더 많은 횡령 사건이 밝혀지는 등 복지전달체계의 문제가 정치적 쟁점으로 대두되기까지 하였다.

공공복지전달체계의 개편은 현 정부의 독자적 움직임의 부분도 있지만 과거부터 진행되어 오던 전달체계 개편 기획이나 노력의 연장선상에 놓여 있는 부분도 있다. 때문에 이명박 정부의 공공복지전달체계 개편의 성격을 그 이전부터 진행되어 오던 것과 완전히 단절적으로 구별하거나 혹은 특정 측면만을 가지고 이명박 정부 고유의 전달체계개편의 특징이라고 단정짓기는 어렵다.

또 하나 관련된 측면으로 우리나라에서 민간복지전달체계와 공공복지전달체계를 엄밀하게 구별하기는 쉽지 않다는 점도 생각해 보아야 한다. 민간의 복지전달체계라 불리는 체계의 경우도 그 재정에 대해 공공에 크게 의존하는 경우가 일반적이기 때문이다. 때문에 정부에 재정을 의존하지 않는 경우와 재정을 크게 의존하는 경우를 모두 같이 민간복지전달체계로 칭하는 것에는 다소 무리가 따르기도 한다. 예를 들어, 재정도 민간에 의한 부분을 주로 활용하는 쪽방상담소나 주거복지센터의 입장에서는 동일 지역 내에서 활동하는 사회복지관이 민간조직으로 같은 성격을 가지고 있다고 생각하기 어렵다.

하지만 현 이명박 정부에서 나타난 몇 가지 개편안이나 사안들을 통해 복지전달체계의 방향을 유추할 수 있다. 최근 복지전달체계와 관련하여 부각되었던 사안들은 희망복지, 통합 전산망에 대한 강조, 민생안정지원체계 등의 사안이 있나. 물론 정책 프로그램으로까지 공식화되지는 않았어도 대통령이나 주요 관계자의 정책의지 표명으로 나타나는 점도 있다.

2. 현 정부 복지전달체계 개편 논의에서의 문제점

여기서는 최근 들어 부각된 공공복지전달체계와 관련된 몇몇 문제점에 대해 고찰해 본다.

1) 희망복지전달체계에서의 쟁점

이명박 정부 들어 복지전달체계 개편과 관련하여 처음으로 등장한 안은 '희망복지전달체계 구축 방안' 이다. 한국보건사회연구원과 서울복지재단이 공동 연구 형식을 빌어 모습을 드러낸 이 방안은 대체로 공공전달체계,

민간전달체계, 통합전산관리망 등 3개 분야의 개편을 주 내용으로 하고 있다.

그 내용으로서 첫째, 공공전달체계의 개편으로 시 · 군 · 구에 '희망복지지원단'을, 읍 · 면 · 동에는 '희망복지지원담당'을 두어 대상자에 대한 통합사례관리와 보건 · 복지 · 고용에 대한 통합 제공, 긴급 복지 지원 등을 행하도록 하며, 이를 담당할 인력을 민간복지기관에서 파견받는 것을 검토하는 것이 핵심이다(강혜규, 2008).

둘째, 민간전달체계 개편으로는 민간복지기관을 사례관리기관과 전문서비스기관으로 이원화하고, 사례관리기관이 공공의 희망복지지원단과 긴밀히 연계하여 통합서비스를 제공하는 것을 선보이고 있다(류명석, 2008).

셋째, 통합전산관리망 구축으로는 통합 사례관리, 콜상담, 공공 · 민간의 통합 제공 등 '희망복지지원단'의 업무를 전방위적으로 지원하기 위한 '사회복지통합전산망'을 구축한다(공재근, 2008).

이러한 희망복지전달체계로의 개편안은 이전부터 진행되어 온 전달체계 개편의 방향과 궤를 같이하는 부분도 있고, 긍정적인 요소나 현실적인 대안으로 보이는 부분도 있다. 그러나 이러한 희망복지전달체계와 관련된 몇 가지 쟁점 사항이 논란이 될 수 있다.

첫 번째로 희망복지 개편안에서 나타나는 문제 의식과 전달체계 개편 필요성이 새롭지 않다는 것이다. 부정적으로 본다면, '포장만 바꾼 내용'이라는 평가도 가능하다. 기존의 '주민생활지원' 개편안에 비해 공공역할이 특별히 보강되거나 달라진 것이 없다. 또한 예전의 '지역사회복지협의체' 구도에 비해서 정부가 무엇을 더 투입하겠다는 것인지에 대한 청사진이 불분명하다. 희망복지 개편안에서는 현행 전달체계에 대한 문제점으로 기능면에서 기초보장 사후관리 취약, 서비스 간 연계 취약, 서비스 통합 제공 취약, 민간서비스에 대한 관리 통제 취약 등을 지적하고 있고, 구조면에서는 기존 전달체계가 주민생활지원국 내에서 업무 협력이 원활히 이루어지지 못하는 공공–민간의 협력이 취약한 구조라는 점 등을 지적하고 있다. 이러한 지적은 일정 정도 타당한 것이지만, 이미 오래 전부터 반복되어 온 내용이다. 현행 문제점을 타개하겠다고 제안하는 '희망복지지원단' 구조는 공공 영역 내에서는 부분적인 구조 개편을 주로 이야기하고 있다. 하지만 기대성과로 이야기한 현행 문제점 타개의 내용과 '희망복지지원단' 창설과는 적절한 연결점을 찾아볼 수 없다. 특히 공공자원의 추가적 투입 의사 없이 기존 인력의 재배치로 성과를 높이겠다는 발상은 '지역사회복지협의체' 구조 출발 이후 정책 일관성이 없어 나타난 일선의 혼란만 더할 우려가 있다.

두 번째로 사례관리의 필요성을 강조하고 있으나 희망복지전달체계에서는 효과적 사례관리가 가능하도록 하는 본질적 문제는 우회하고 있다는 것이다. 실제 사례관리에 대한 지적이나 역할 강화 지적은 오래된 것이다. 그리고 기존의 다른 전달체계 개편 방안에서도 동일한 역할은 계속 주요한 그림으로 그려져 왔었다. 사례관리를 위한 공공체계의 개편이나 민관협력 체계는 지역복지협의체나 주민생활지원서비스 논의에서 이미 충분히 강조되어 왔다. 현재 필요한 사례관리가 잘 이루어지지 않는 부분은 기본적으로 관리 인력과 제공 서비스 자원의 부족, 필요한 정보에 대한 공공집중 상황 등에 기인하고 있다. 하지만 희망복지전달체계의 안은 이에 대해 공공 인력의 확충 등 필수적인 내용이 사실상 결여되어 있다.

세 번째로 희망복지 개편안이 기존의 전달체계에 대한 구도와 핵심적인 차이를 나타낸다고 볼 수 있는 것은 공공사례관리를 위해 민간복지시설에서 근무하는 민간의 사회복지사[1])들을 공공(시 · 군 · 구청)에서 차출해 쓰겠

---

1) 경우에 따라서는 이들이 정부지원으로 인건비를 받으므로 공무원이나 마찬가지라고 보아 업무 배치의 효율화라는 주장이 있을 수 있지만, 이는 부적절한 판단이다. 정부가 복지시설을 설립하여 공무원으로 직원을 채용하지 않고, 민간에 위탁한 상황은 비영리 민간 영역의 전문적이고 융통성 있는 인력과 자원을 활용하겠다는 생각이었다. 민간 위탁처에서 활동 중인 사람들을 지자체에서 임의적으로 차출하여 쓴다는 것은 원래 민간에 위탁한 업무 내용에도 없는 월권이라 할 수 있다.

다는 것이다. 개편안에서 모형은 여러 가지가 있을 수 있다고 표현하지만, 실질적인 내용은 각 시 · 군 · 구별로 주요 민간의 (사례관리 능력이 있는) 인력을 차출하겠다는 의미다. 결국에는 '협력기관' 이라는 미명하에 5,000명에 달하는 인력을 차출하여 시 · 군 · 구청에 배치할 것인데, 시 · 군 · 구청 공공인력이 실질적 '상급자' 인 상태에서 민간인력을 '하급 업무대리인' 으로 만드는 소위 '민관협력(?)모형' 만이 관철될 것이다. 충분하지 않은 민간의 인력 중 특히 실질적 업무 능력이 좋은 인력을 시 · 군 · 구청이 차출할 경우 예상되는 민간서비스의 취약성 심화도 간과할 수 없다.

이러한 이유 때문에 희망복지 개편안이 가지는 적극적 측면에도 불구하고 일각에서는 이 개편안을 '인력과 자원 투입 없는 공공사례관리체계 구축안', '필요 자원은 서비스 제공에도 모자라는 민간 인력을 공공이 차출하겠다는 개편안' 의 성격을 가진 것으로 비판하기도 한다. 또한 이 개편안에서 제시하는 민간복지시설의 재편에 대해서도 현장 인식이 취약한 줄 세우기적 성격이라고 여기기도 한다. 통합 관리망 체계 역시 부정수급자 적발에만 방점이 두어진 통제적 성격이라는 비판이 가능하다.

2) 통합 정보 전산망에 대한 쟁점

공공복지서비스 전달과 관련하여 종합적인 정보관리체계에 대한 논의는 최근 지속적으로 강조되는 사안이다. 희망복지전달체계나 최근의 민생안정지원체계, 공무원 비리 사건에 대한 대책, 각종 업무 보고 등 여러 상황에서 복지부의 통합적 정보전산망 구축의 필요성이 계속 강조되고 있다. 이러한 일관성 있는 입장은 경우에 따라서는 공공복지전달체계의 취약성과 관련된 문제가 마치 전산 정보망의 취약성에 근거한 것이라는 생각마저 들게 한다.

정부는 통합 정보망에 대한 필요성을 강조하면서 '사회복지서비스 및 적격여부 관련 모든 개인정보를 일원화하여 실시간 관리 파악' 해야 함을 이야기하고 있다. 그러면서 기존의 공급 서비스별로 대상자에 대해 구축되어 있는 정보망이 아닌 각 개인별로 어떠한 서비스를 받고 있는지를 통합 관리해야 한다고 보고 있다. 그리고 이는 '수요자 중심 정보체계' 로 표현되곤 한다.

사례관리와 서비스 적절관리를 위해 복지서비스 정보망 및 관리망이 이전의 모든 정보 단절과 파편화 문제를 극복해야 한다는 문제의식은 적절할 수 있다. 하지만 고려해야 할 사항들이 있다. 가장 우선적으로는 '개인비밀' 과 관련된 철저한 보장의 문제다. 사회복지급여를 받고 있다고 해서 그렇지 않은 일반 국민과 달리 본인 개인에 대한 관련 정보 일체가 관리된다는 사실은 그 비밀의 철저한 보장에 대한 문제가 발생할 수 있다. 법적으로나 기술적인 측면에서 면밀한 고려가 필요하다.

이보다 더 근본적인 부분은 정부가 개편하고자 하는 정보망이 과연 '수요자 중심' 이라는 말을 붙일 수 있는 것인가 하는 점이다. 보다 정확히 표현한다면 '급여 제공자인 공공이 관리 통제를 쉽게 하기 위해 기존의 서비스별로 단절된 정보체계를 개인별로 모두 종합하여 살펴보겠다' 는 것에 가깝다. 즉, 수요자 중심이 아니라 공급자의 관리 편의를 위해 개인별 정보체계를 구축한다는 것이다. 사실상 새로운 통합 정보체계가 완성되어 일선 모두에서 활용된다고 해도 사회복지서비스 수요자의 입장에서는 아무런 접근성의 증진이나 자신의 권리에 대한 이점이 직접적으로 발생하지 않는다. 자신이 받아야 할 사회복지급여가 각 법률과 서비스 종별로 얼마가 되는지에 대한 자동적인 통보마저도 없다. 이를 수요자 중심체계라 부를 수 있는 근거는 없다. 수요자별로 관리하는 공급자 관리 통제의 강화일 뿐이다.

사실 아직까지도 복지서비스 수급자의 대다수가 정보 접근성이 취약하고 관련 공공복지제도에 대해 잘 알지 못하는 인구층이 다수다. 그렇다면 수요자 중심의 정보체계라면 이들의 정보 접근성과 알 권리를 증진하는 내용이 담보되어야 한다. 그렇지 못한 상황이라면 사실 '부정수급' 의 효과적 적발에 초점이 두어진 전산망 구축이 본질이 아니냐는 의혹은 당연한 반응일 것이다.

3) 민생안전지원체계 추진 및 관련 쟁점

2008년 말 이후 경제 위기에 따라 서민층의 어려움이 가중되자 정부에서도 여러 가지 측면으로 사회안전망의 역할에 대한 검토가 이루어져 왔다. 2008년 12월에 보건복지가족부 내에 민생안정지원본부가 설치되고, 2009년 3월에는 민생안전지원체계에 대한 추진 내용이 드러났다. 여기서는 기본적으로 기존의 사회복지통합전산망에 대한 강조가 다시 한 번 반복되었다. 그리고 중앙의 보건복지콜센터와 연계된 시 · 군 · 구 '민생안전추진 TF' 의 역할이 핵심적인 전달체계 내용으로 제시되고 있다.

그간 정부가 강조해 온 '민생안전추진단' 이 그다지 활발하지 않고 형식적이라는 판단에서 보건복지 영역을 넘어서 고용, 교육, 주거, 생업지원 등의 기능을 추가하여 민생안전추진 TF로 개편한다는 것이다. 그리고 향후에는 이 지원체계를 희망복지지원단체계와 연동시켜 안정적으로 정착하겠다는 것이다. 시 · 군 · 구 내의 유관부서의 인력 지원을 받고 시 · 군 · 구별로 3~5명의 계약직을 채용하도록 하고 있다. 채용되는 계약직은 '민생안전추진 TF 전문도우미' 로 불리고 있다. 또한 지역사회복지협의체와 민관협의체는 '민생안전지원협의회' 로 병기하고, 민생 안정 분야 중심의 보강을 통해 활동하도록 하고 있다.

이 지원체계 추진안은 2009년 4월까지 계약직인 '복지전문요원' 을 충원하고 활동을 시작하도록 계획되었다. 하지만 일선 시 · 군 · 구의 지역사회복지협의체(혹은 민관협의체)에서 이와 관련된 사항을 논의하거나 심지어 정보가 공개된 경우도 거의 없다.

중장기적으로 공공사회복지인력과 사례관리에 대한 강조가 이루어지고 있는 점은 고무적일 수 있다. 하지만 역시 짚어 보아야 할 사항이 있다.

첫째, 지나치게 잦은 일선 전달체계의 개편에 대한 것이다. 사실 지난 정부에서의 '지역사회복지협의체' 이후 '주민생활지원민관협의체', 이번 정부 들어서 '희망복지지원단전달체계' 개편, 그리고 이번 '민생안전지원 TF체계'에 이르기까지 일선 시 · 군 · 구의 공공복지전달체계 개편이 몇 년 사이에 계속 중복되어 나타났다. 특히 현 정부 들어서 작년에 나타난 희망복지지원단전달체계는 시 · 군 · 구에서 사실상 작동되기도 전에 민생안전지원 TF를 구성하라는 지시가 나타난 셈이다. 특히 지자체에서 민생안전지원체계 구축을 완료하였다고 2009년 1월에 보고되었으나, 이 구성 내용이 형식적이라 하여 사실상 새로운 전달체계 지시사항인 민생안전추진 TF로의 개편을 지시하였다. 이러한 상황은 현장에서는 전달체계를 효과적으로 개편한다기보다는 공공복지전달체계의 혼란 가중으로 판단될 뿐이다.

둘째, 주요 인력 구성 체계에서의 쟁점이다. 지난 희망복지지원단체계에서의 인력 구성 핵심 내용이 민간기관으로부터 사례관리에 필요한 인력을 차출하여 사용하는 것에 초점이 있었다면, 이번 민생안전추진 TF에서는 공공조직 내의 유관부서로부터 인력을 지원받거나 계약직 직원을 충원하는 것에 초점이 두어지고 있다. 공공복지전달체계 관련 인력을 충원하는 것은 필요하다. 그러나 이를 '계약직' 고용 형태를 통해 충원한다는 점은 문제가 있다. 필요한 자격을 명시하고 있지만, (소위 '작은 정부' 구상의 원칙 때문인지) 계약직 형태의 고용을 추진한다면, 아무래도 일선에서는 코디네이팅과 사례관리가 중요한 영역의 활동에서 효과를 낳기 어려울 것이다.

이 민생안정지원체계의 논의가 나타날 무렵은 시 · 군 · 구청의 기능직 공무원 등이 복지급여를 개인적으로 횡령한 사건이 다수 발각되어 문제화된 시기이기도 하다. 이에 대한 정부의 대처에서도 공공복지전달체계에 대한 입장들을 엿볼 수 있는데, 그 주된 내용은 민생안전지원 TF의 구상 내용에 대한 강조, 복지통합전산망을 통한 점검으로 유사한 문제를 예방하는 것 등이었다. 현 대통령은 구청 공무원들의 비리 사건에 대해 지적하며 "돈이 가지 않아도 되는 곳에 가는 일이 없도록 하고, 돈이 가야 할 곳에는 빠르게 (적절히) 가게 하는 것"을 강조하였다. 이는 공공복지전달체계의 현 기능의 문제점과 개편 방향에 대한 초점을 나타낸 것이라 볼 수도 있다.

3. 이명박 정부 공공복지전달체계 개편의 전망과 우려

희망복지, 통합전산관리망, 민생안정 TF, 복지보조금 비리 사건에 대한 정부의 입장 등을 통해 현 정부의 공공복지전달체계에 대한 관점들을 유추해 볼 수 있다. 그리고 이로부터 우려되는 몇 가지 사항도 생각해 볼 수 있다.

1) 기존 전달체계의 취약성과 개편에 대한 인식

현 정부는 기존의 공공복지전달체계가 적절히 잘 기능한다고 보지는 않는다. 사실 이는 다른 정부에서와 마찬가지다. 하지만 현 정부가 공공복지전달체계가 가지는 취약성의 핵심이라고 보는 부분은 기존의 관점과는 다소 차이가 있다.

지난 정부까지 공공복지전달체계는 '복지서비스를 실제적으로 지역주민들에게 전달하지 못하는' 효과성의 문제와 관련된 영역에서 그 개편의 필요성이 많이 제기되었다. 그런데 최근에는 특히 세 가지 측면에 대한 강조가 눈에 띤다.

첫 번째는 주민생활에 필요한 서비스를 제때 제공하지 못한다는 문제의식이고, 두 번째는 주민생활에 필요한 서비스 영역이 충분히 포괄되어 있지 못하다는 문제의식이다. 첫 번째는 즉각적인 문제해결에 대한 강조와 전달체계의 형식성 완화 등으로 연결된다. 두 번째는 기존의 보건복지 영역 외에 주거, 금융, 고용 등 분야를 전달체계 내에 보다 많이 포섭하려는 방안으로 연결된다. 그리고 이에는 개별 수요자에 대한 통합전산관리망도 문제해결의 중요한 기제로 강조된다. 그런데 문제는 세 번째 측면이다. 현 정부의 공공복지전달체계 개편의 모든 내용에는 '적정수급'의 관리에 대한 중요성을 강조하는 내용이 포함되어 있다. 과거의 복지전달체계에 부정수급의 문제가 팽배해 있고, 이 부정수급자의 적발과 과잉급여 방지를 위한 노력이 전달체계 개편과 관련된다는 인식이다. 이에 대한 강조는 공공복지전달체계가 '더 많은 자원을 투입'하거나 '효과성을 위한 사례관리'를 수행하는 데는 부정적으로 작용할 수밖에 없다.

2) 공공복지전달체계와 민간전달체계의 관계에 대한 인식

우리나라의 복지전달체계는 공공과 민간의 역할 설정에서 혼란스러운 측면이 있다. 기존의 복지전달체계는 일단 공공부조와 관련된 물적 급여가 공공의 전달체계를 통해 전달되고, 서비스의 대부분과 부분적인 물질적 급여는 공공의 (부족한) 예산지원과 이를 기초로 민간 비영리 영역이 약간의 자기자원을 할애하여 서비스를 전달하는 구조였다고 할 수 있다. 이러한 구조 속에서 기본적인 불충분성과 아울러 중복과 누락, 서비스에 대한 상호연계와 관리 부족 등 문제가 심각하게 대두되기도 하였다. 이에 대한 지역사회 수준에서의 공공과 민간복지전달체계의 조직화 시도가 전달체계 개편 방안을 통해 나타나곤 하였다. 또한 양적으로 증가하기 시작한 복지급여의 전달에 기존의 공공복지전달체계는 충분한 전문성과 관리 능력을 갖추지 못해 그 전문적 관리 능력을 제고하고자 하는 시도도 다양하게 나타났다. 최근에는 복지서비스 전달에 '시장영리적 요소'가 가미되면서 비영리 영역이 아닌 민간 영역도 포괄되고 있는 상태다.

이러한 상황에서 현 정부의 복지전달체계에 대한 인식은 첫째, 시장경쟁적 요소의 도입 가속화, 둘째, 민간 비영리 영역에 대한 공공의 관리기제 강화, 셋째, 공공복지전달체계에 대한 사회복지적 전문 인력의 추가 투입을 억제하면서 효율화 제고 등의 흐름에 기반해 있다. 물론 이전 정부에서도 이와 관련된 측면은 발견할 수 있었다. 하지만 현 정부는 과거에 비해 이러한 특성이 현저하게 두드러지고 있다.

바우처(voucher) 형태의 서비스 비중과 양을 강화하는 점은 민간 시장 영역을 활용하여 사회복지서비스 내에 경쟁 논리를 표방한 서비스 흐름을 나타낸다. 이와 동시에 민간 비영리 영역에 대해서는 공공의 강한 통제하에 효율적인 역할 배치(줄 세우기)를 시도하고 있다. 공공복지전달체계에서 자원과 인력의 추가 투입 없이, 기존 민간 비영리 영역은 일부분은 공공의 완전한 통제하에, 나머지 부분은 (서비스의 질 저하를 유발하는)서비스 시장 경쟁의 통제하에 놓이게 되는 상황이 발생하고 있다. 자칫 현재 수준의 서비스 충실성도 담보할 수 없는 상황으로 귀결될 우려가 있다.

우리나라 공공복지전달체계와 민간복지전달체계의 관계에서 '협동동반모형' 이 이상적이라고 통상 이야기된다. 그러나 현 정부의 공공복지전달체계 개편의 방향은 적어도 민간 비영리 영역에 대해서는 '대리' 적 성격에 민간전달체계를 위치시킨다는 점을 명백히 드러내고 있다. 시장경쟁적 서비스 전달과 공공 영역의 '대리' 적 역할을 강요받는 민간복지전달체계는 효과적 활동을 수행하기 어렵다. 특히 민간에 대한 이러한 역할을 유도하는 공공복지전달체계의 개편 방향이 '복지서비스의 양적 · 질적 증진보다는 효율화와 적정수급 관리' 에 초점을 두는 상황에서는 더욱 그러하다.

3) 적정수급과 부정수급의 문제에 대한 인식

공공복지전달체계 개편의 모든 자료나 문건에서 그 가장 중요한 취지로 이야기되는 부분이 적정급여의 관리다. 물론 적정하고 공평한 수준의 복지급여는 중요하다. 그런데 사실상은 현 정부가 이야기하는 적정급여의 관리에서 초점은 부정수급에 대한 통제라 할 수 있다. 심지어 최근에 나타났던 공무원의 복지급여 횡령사건에 대한 대책에서도 '적정급여 관리'와 부정수급자 적발 및 관리가 다시 강조되기도 하였다.

서울 양천구를 필두로 하여 문제가 되었던 사건들은 보조금과 관련된 횡령이고 비리 사건이다. 국고보조금의 집행과 운영에 대한 관리감독의 철저함이 필요하다. 하지만 개인의 비리 사건이 '필요치 않은 곳에 돈이 갔는가'의 부분을 급여 공급자인 공무원의 비리 차원을 넘어서 수급자의 부정수급 논의로 확장시키는 것은 비약이다. 물론 부정수급은 좋지 않은 일이다. 하지만 이 부정수급자 적발에 대한 지나친 정책 초점은 실제에서 필요한 수급자마저도 적절한 수급을 받기 어려워지는 현장 분위기로 연결되기 쉽다. 일선 담당자들이 급여 제공 여부의 선정 기준에 대해 행정적으로 까다로운 엄격성을 나타낼 우려가 있다. 급여의 경직성이 강화된다면 공무원에 의한 비리로 직간접적 피해를 본 복지급여수급자들에게 이중의 피해가 발생하게 된다.

적정수급은 대상자가 나타내는 사회복지 욕구에 대해 사회가 제공하기로 정해진 수준과 품질에 맞는 복지서비스가 제공되는 것이다. 그렇다면 적절하지 못한 수급에는 정해진 수준에 미달하는 것도 있고, 이를 부당하게 초과하는 것도 있다. 그런데 통상적으로 부정수급에 대해서 우리 정부는 복지급여 대상자의 부당한 과잉수급에만 초점을 두고 있다.

부정수급 혹은 부적절한 수급에는 과잉수급도 있지만 과소수급도 있다는 점을 염두에 두어야 한다. 또한 부정수급은 수요자에 의한 것만이 아니라 공급자에 의해 발생하는 것도 있다. 적절한 복지급여의 수급이 필요한데 행정적 혹은 여타 다른 장애 요인으로 제때에 적절한 만큼의 수급이 이루어지지 못했다면 이것도 국가에 의한 부정수급이다. 부정수급의 문제해결은 '돈이 가지 않아도 되는 곳에 가는 일이 없도록 하는 것' 만이 아니다. '돈이 가야 할 곳에는 빠르게 (적절히) 가게 하는 것' 도 부정수급의 문제해결이다.

그렇다면 공공복지전달체계가 적정수급을 관리하기 위해서 부적절한 과잉수급이 이루어진 상황의 통제에 집착하는 것은 바람직하지 못하다. 현재 법률 등에 근거한 권리 상황에 비해 과소수급이 이루어지는 상황은 우리 사회에 일반적이다.

4) 공공복지전달체계는 어떤 방향으로 나아가야 하는가

공공복지전달체계의 개편은 수단이다. 이 수단을 활용하고자 하는 목적과 목표에 대해 생각해 보아야 한다. 그 사회의 발전상황에 따라 구체적 목표는 달라질 수 있다. 어떤 경우에는 공공복지전달체계를 개편하는 이유가 만연해 있는 부정수급에 의한 비효율성을 제거하기 위한 것일 수 있다. 또 어떤 경우에는 공공복지전달체계가 점점 늘어나는 복지급여를 효과적으로 전달하기에 역부족이라는 것이 개편의 이유가 되기도 한다. 우리나라의 경우는 어떠한 상황인지 살펴보고자 한다.

현재 우리나라 공공복지서비스의 양과 질은 과잉급여와 부정수급의 단속이 주요한 과제가 될 만큼 충분하지 않다. 부정수급의 단속과 적발로 얻어지는 효율성 증진은 개편의 비용에 미치지 못할 가능성도 있다. 더욱 중요하게는 모자란 공공복지서비스의 확충을 저해하는 장애 요인이 될 수도 있다. 어떻게 생각하든 우리나라의 경우 공공복지전달체계의 개편은 복지급여의 양과 질을 증진하기 위한 것, 즉, 효과성의 증진이 목표이지 복지급여의 비용에 대한 관리와 효율성의 측면이 주된 목표가 될 수 있는 상황은 아니다.

그렇다면 그 수단으로 제기될 공공복지전달체계의 개편은 '공공 영역에서의 복지인력과 복지자원 확장' '복지자원 확장을 위한 효과적인 민간과 공공의 역할 정립과 소통' '지역사회에 기반한 사회복지 사례관리의 효과성 증진' 등에 초점이 두어져야 할 것이다.

그런데 현 이명박 정부의 공공복지전달체계의 개편 방향은 '공공복지자원의 투입을 억제하면서 부정수급에 대한 통제 기제를 발휘하여 효율성을 증진' 하는 데 사실상의 목표가 있다. 동시에 민간에 대해서는 시장 논리에 적응하거나 비영리 영역은 공공의 통제하에 역할을 부여받는 '대리' 적 성격으로의 개편을 추진하고 있다.

우리나라에서 '복지병' 을 운운하는 것은 사실 우스운 이야기다. 그런데 현 정부의 공공복지전달체계 개편은 우리 사회의 복시병을 무척이나 걱정하고 있는 듯한 양상이다.

현 정부는 공공복지전달체계 개편이나 관련 쟁점에 대한 논란 속에서 '돈이 가야 할 곳에는 신속하게 돈이 가게 하고, 가지 않아도 되는 곳에는 가는 일이 없도록 할 것' '신속한 맞춤형 서비스 제공 및 중복 부정수급 방지를 위한 체계의 구축' 등을 계속 강조하고 있다. 전산망을 통한 철저한 이력 관리가 이를 위해 필요하다고 한다.

하지만 이명박 정부의 공공복지전달체계의 개편 내용에서 '돈이 가지 않아도 되는 곳' 을 찾고, '중복 부정수급을 방지' 하는 부분에는 기여하지만, '돈이 가야 할 곳에 신속하게 돈이 가게 하고' '신속한 맞춤형 서비스 제공' 에는 턱 없이 모자란 사항들을 보게 된다.

기본적인 과소수급의 문제를 안고 있는 우리나라 상황에서 공공복지전달체계의 개편이 일단 관련된 복지 공공 인력의 대폭적인 확충을 기피하고 있다면 이는 일선의 현실에 적합하지 않다. 초기에 사회복지전담공무원의 필요한 수치를 2만 5,000명으로 추정하였으나 현재 1만 명 정도 수준에 불과하다. 그런데 관련된 급여나 서비스에서 필요한 사례관리 등 활동 요구 내용들은 계속 늘어나고 있다. 현 정부의 공공복지전달체계는 이 확충의 문제를 어떻게든 우회하려는, 혹은 확충하지 않는 것을 정당화하려는 편법을 보이고 있다. 이는 향후 공공복지전달체계가 본래의 목적에서 벗어났다는 사회적 비판을 면하기 어렵게 되리라는 우려를 낳고 있다.

참고문헌

강창현(2004). 지역주거복지서비스의 구성과 전달체계분석. 한국행정학회 동계학술대회논문집.

강창현(2005). 지역복지공동체형성에 있어 다자간 협력이론의 적용: 지역복지협의체의 가능성. 한국정책과학회보. 제9권, 제3호.

강혜규(2001). 사회복지전담공무원의 직무수행 실태와 인력관리의 쟁점. 한국공공복지행정학, 제5호. 한국공공복지행정학회.

강혜규(2003). 사회복지전달체계의 현안과 개선과제. 한국사회복지학회 한국사회복지학회 춘계학술대회 자료집.

강혜규(2004). 행정 환경의 변화와 지방 사회복지 행정체계 개편의 과제. 한국공공복지행정학회 추계학술대회 자료집. 한국공공복지행정학회.

강혜규(2005). 사회복지전달체계의 현안과 전망. 보건복지포럼, 제109호, 40-50.

강혜규(2008). 사회복지서비스 공공 전달체계 개선 방안. 희망복지전달체계개편방안 공청회 자료집. 한국보건사회연구원 · 서울복지재단.

강혜규 · 이현주 · 김영종 · 박경숙 · 백종만 · 심재호 외(2005). 사회복지사무소 시범사업 1차년도 평가 연구. 한국보건사회연구원.

공재근(2008). 사회복지통합관리망 구축방안. 희망복지전달체계개편방안 공청회 자료집. 한국보건사회연구원 · 서울복지재단.

기획예산처 사회서비스향상기획단(2006). 사회적 일자리 확충 계획.

기획예산처 · 행정자치부(2007). 사회투자확대에 따른 지방재정부담 완화 대책.

김연명(2003). 복지국가성격논쟁 I. 인간과 복지.

김영종(2006). 공공 복지전달체계 개편 방안에 대한 비판적 고찰. 社會福祉, 제168호, 6-20.

김용학(2004). 사회연결망 이론. 박영사.

김은지(2002). 일본재정개혁의 실태와 전망-사회보장개혁을 중심으로. 세계경제.

2002년 8월호.

김진학(2000). 사회복지직으로 전환되는 사회복지전문요원. 복지동향, 제16호, 38-40.

김진학(2003). 사회복지사무소 설치방안. 한국지역사회복지학회 2003년 춘계학술대회 자료집.

김필두 · 권오철 · 이태수 · 안혜영 · 임창모(2008). 시군구유형별 민관협력체계 실태 및 협력방안 연구. 기획예산처 · 한국지방행정연구원.

대통령자문 빈부격차차별시정위원회(2005). 사회복지전달체계 개선방안.

류명석(2008). 사회복지서비스 민간 전달체계 개선 방안. 희망복지전달체계개편방안 공청회 자료집. 한국보건사회연구원 · 서울복지재단.

박경숙 · 강혜규(1992). 사회복지사무소 모형개발연구. 한국보건사회연구원.

박미선(2005). 사회복지직공무원의 개인적 갈등요인에 관한 연구. 사회복지개발연구, 제45호, 223-242.

방성수 · 김한양(2002). 일본자치단체의 복지행정역할 정립에 관한 연구. 한국사회복지행정학, 제12권, 21호. 한국사회복지행정학회.

변재관(1997). 일본의 신골드플랜과 그 시사점. 보건보지포럼. 제10호.

변재관 · 강혜규 · 이현주 · 이윤경 · 김성한 · 심재호(2000). 공공 · 민간 지역복지전문인력의 직무분석을 통한 사회복지전달체계 효율화 방안 연구. 한국보건사회연구원.

보건복지부(2004). 지역사회복지협의체 민간위원교육.

보건복지부(2005). 지역사회복지협의체 운영조례(준칙안).

심재호(1997). 日本 福祉事務所의 發達過程에 關한 研究. 중앙대학교 대학원 사회복지학과 박사논문.

심재호(1999). 일본의 사회보장 위기와 구조개혁. 한국사회과학연구소 사회복지연구실(편). 세계의 사회복지. 인간과 복지.

심재호(2003). 지역보건복지 전달체계 구축에 관한 연구: 사회복지사무소를 중심으로. 비판과 대안을 위한 사회복지학회 2003년도 춘계학술대회.

안성호 · 배응환(2004). 지방거버넌스와 지방정책-네트워크관점에서 본 지방정책사례. 도서출판 다운샘.

원영희 외(2001). 미국의 노인소득보장 관련법 및 프로그램. 主要先進國의 老人所得保障政策, 제20호.

유재원 · 소순창(2005). 정부인가 거버넌스인가? 계층제인가 네트워크인가? 한국행정학보, 제39권, 제1호.

윤혜미(2000). 미국의 복지개혁과 공공부문 사회복지사의 역할의 변화: 공적 부조 서비스를 중심으로. 한국사회복지학회 학술대회 자료집, 제4호, 89-111.

이영찬(1998). 영국의 복지정책. 나남.

이인재 · 변재관 · 심재호 · 이재원 · 홍경준(1999). 생산적 복지구현을 위한 참여복지체계 구축방안. 보건복지부.

이인재(2004). 한국지역복지실천론. 서울: 나눔의 집.

이인재(2005). 참여정부의 지역복지정책 현황과 발전방향. 사회통합을 위한 시민사회 릴레이토론회 자료집. 빈부격차차별시정위원회.

이재완(2003). 사회복지사무소 설치방안 토론문. 한국지역사회복지학회 2003년도 춘계학술대회자료집.

이창호(1990). 한국 사회사업 정체성의 위기와 과제. 社會福祉研究, 제2권, 제1호, 95-120.

이태수(2008). 민주화 이후 복지정책의 변화와 과제. 사회경제평론, 제30호.

이태수 · 강혜규 · 이인재 · 김형욱 · 남찬섭(2006). 지역주민통합서비스제공체계 구축방안. 저출산고령사회위원회 · 한국보건복지인력개발원.

이태수 · 함철호 · 김신렬 · 지은구 · 강창현(2007). 주민통합서비스실현을 위한 민-관 협력체계 모형개발. 행정자치부 · 한국보건복지인력개발원.

이현송 · 강혜규(1997). 示範保健福祉事務所의 運營評價 및 改善方案. 韓國保健社會研究院.

이현주 · 박신영 · 유은주 · 유진영(2003). 지역사회복지협의체관련 사업운영분석 및 협의체모형개선방안. 한국보건사회연구원.

이현주 · 박신영 · 유은주 · 유진영(2005). 외국 공공부조 전달체계 비교분석. 한국보건사회연구원.

이현주 · 강혜규 · 노대명 · 신영석 · 정경희 · 유진영 외(2007). 주민생활지원서비스 업무수행체계 분석 및 개선방안. 한국보건사회연구원.

이화여자대학교 산학협력단 · 행정자치부(2007). 주민생활지원서비스 전달체계 혁신에 따른 지방자치단체 사회복지전담인력 진단 보고서.

장승전(2006). 공공복지 전달체계의 현황과 개선방안에 관한 연구. 명지대사회복지대학원.

전광현(1981) 勤勞靑少年의 福祉에 關한 研究: 産業體附設 中高等學校 在學生을 中心으로. 중앙대학교 대학원 석사논문.

정대권(2007). 강원도 사회복지직공무원의 직무만족향상에 관한 연구. 상지대 복지정책대학원.

정무성(2005). 양극화 문제 해소를 위한 사회 안전망 구축 방안. 社會科學論叢, 제8권, 431-449.

정문호(2006). 사회복지전달체계 개편에 따른 사회복지실무자의 전문성 강화방안. 社會福祉, 제168호, 52-61.

정부・민간합동작업반(2006). 비젼2030.

정영순・이은정(2002). 국민기초생활보장제도의 근로유인 방안 연구: 영국이 주는 시사점. 社會 保障 研究, 제18권, 제2호, 1-41.

지은구(2003). 지역복지론. 청목출판사.

지은구(2006). 지역사회복지전달체계의 개편과 공공과 민간의 역할. 사회복지정책세미나 자료집. 부산사회복지협의회.

차보현(2006). 사회복지전달체계의 개편과 발전과제: 이론적 배경을 바탕으로. 福祉行政論叢, 제16집, 제2권, 257-286.

한준(2001). 신뢰와 조직간 연결망. 신뢰연구. 한림과학원.

함신애(2006). 사회복지직공무원의 직무수행 실태와 개선방안에 관한 연구: 울산광역시를 중심으로. 동국대 사회과학대학원.

행정자치부(2006). 주민생활지원서비스 전달체계 혁신관련 2단계 시군구 조직개편 지침.

홍경준(2002). 공적 이전과 사적 이전의 빈곤 감소 효과 분석: 기초생활보장제도 도입 이후를 중심으로. 한국사회복지학, 제50호, 61-85.

황덕순(2003). 사회 안전망체계의 국제비교연구 2(미국). 한국노동연구원.

황성철(1998). 사회사업 실천의 효과성에 관한 논쟁과 미국 사회사업의 발전: 임상적 실천을 중심으로. 한국사회복지학, 제34호.

分權型社會の對應した地方行政組織運營の刷新に關する研究會(2005).

오오토모 노부까쯔(2003). 전후 일본의 사회복지 정책에서 보는 중앙정부와 지방정부의 역할 변화. 한국사회복지학회 2003년 춘계학술대회 발표자료집.

山本 隆(1995). 都市の高齢者を支えゐ. 啓文社.

千葉縣(2002). 自治とNPO支援に關する基礎調査報告書.

Aldrich, H. E. (1971). Organizational boundaries and interorganizational conflict. *Human Relations, 24*, 279-281.

Aldrich, H. E. (1979). *Organizations and environments*. Englewood Cliffs. NJ: Prentice-Hall.

Bailey, A., & Koney, K. M. (2000). *Creating and maintaining strategic alliances: From affiliation to consolidation*. Thousand Oaks, CA: Sage.

Blau, P. M. (1964). *Exchange and power in social life*. New York: Wiley.

Bourdieu, P. (1983). Forms of capital. In J. C. Richards (Ed.), *Handbook of theory and research for sociology of education*. New York: Greenwood Press.

Briggs, X. (1998). Forthcoming. Brown Kids in White Suburbs: Housing Mobility and the Multiple Faces of Social Capital. *Housing Policy Debate, 9*, 1.

Brock, T., & Harknett, K. (1998). A comparison of two welfare-to-work case management models. *Social Service Review, 72*, 492-520.

Cohen, D., & Prusak, L. (2001). *In good company. How social capital makes organizations work*. Boston, MA: Harvard Business School Press.

Coleman, J. C. (1988). Social capital in the creation of human capital. *American Journal of Sociology, 94*, 95-120.

Dosher, A. (1977). Networks: A key to person-community development. *Paper presented to Office of Youth Development. Department of Health, Education, and Welfare*. Denver Hearings.

Emery, F. E., & Trist, E. L. (1965). The causal texture of organizational environments. *Human Relations, 18*, 21-32.

Esping-Andersen, G. (1990). *The three worlds of welfare capitalism*. Cambridge, UK: Polity Press.

Fukuyama, F. (1999). *The great disruption: Human nature and the reconstitution of social order*. London: Profile Books.

Galaskiewicz, J., & Wasserman, S. (1993). Social network analysis: Concepts, methodology and directions for the 1990s. *Sociological Methods and Research, 22*, 3-22.

Gilbert, & Terrell (2005). *Dimensions of Social Welfare Policy* (6th ed.). Pearson Education. Inc. 남찬섭 · 유태균 공역(2007). 사회복지정책론. 나눔의집.

Gueron, J. M. (1996). A Research Context for Welfare Reform. *Journal of policy analysis and management, 15*(4), 547-561.

Hagen, L. (1987). Income maintenance workers: Technicians or service providers? *Social Service Review, 61*, 261-271.

Hagen, L., & Wang, L. (1993). Roles and functions of public welfare workers. *Administration in social work, 17*(2), 81-103.

Hanifan, L. J. (1916). The rural school community center. *Annals of the American Academy of Political and Social Science, 67*, 130-138.

Hanifan, L. J. (1920). *The community center.* Boston: Silver Burdett.

Hardcastle, D., Powers, P., & Wenocur, S. (1997). *Community practice: Theories and skills for social workers* (1st ed.). Oxford: Oxford University Press.

Hardcastle, D., Powers, P, & Wenocur, S. (2004). *Community practice: Theories and skills for social workers* (2nd ed.). Oxford: Oxford University Press.

Hasenfeld, Y. (2000). Organizational Forms as Moral Practices: The Case of Welfare Departments. *Social Service Review, 74*(3), 329-351.

Jacobs, J. (1961). *The death and life of great American cities.* New York: Random.

Keyes, L., Schwartz, A. Vidal, A., & Bratt, R. (1996). Networks and Nonprofits: Opportunities and Challenges in an Era of Federal Devolution. *Housing Policy Debate, 7*(2), 21-28.

Lee, J. A. B. (1994). *The empowerment approach to social work practice.* New York: Columbia University Press.

Levine, S., & White, P. E. (1961). Exchange as a conceptual framework for the study of interorganizational relations. *Administrative Science Quarterly, 5,*

583-610.

Marsh, D., & Rhodes, R. A. W. (1992). *Policy networks in British government.* Oxford: Clarendon Press.

Midgley, J. (1995). Partnership in Social Welfare: the United States of America. 한국사회복지학회 학술대회 자료집, 39-57.

Moynihan, D. P. (1990). *Congressional Record.* 3 Oct, the United States Government Printing Office.

Netting, F., Kettner, P., & McMurtry, S. (2004). *Social work macro practice.* New York: Pearson.

Pavetti, L. et al. (2000a). *Addressing mental health problems among TANF recipients: A guide for program administrators (Final Report 8528-100).* Washington D.C.: Mathematica Policy Research.

Pavetti, L. et al. (2000b). *Providing mental health services to TANF recipients: Program design choiccd and implementation challenges in four states.* Washington D.C.: Mathematica Policy Research.

Powell, W. (1990). Neither market nor hierarchy. *Research on Organizational Behavior, Vol. 12,* 95-336.

Putnam, R. D. (1995). Bowling Alone: America's declining social capital. *Journal of Democracy, 6*(1), 65-78.

Putnam, R. D. (2000). *Bowling Alone: The collapse and revival of american community.* New York: Simon and Schuster.

Shumaker, S. A., & Brownell, A. (1984). Toward a theory of social support: Closing a conceptual gap. In A. Brownell, & S. A. Shoemaker (Eds.), *Social support: New perspectives in theory, research, and intervention* (pp. 11-36). New York: Plenum.

Tobin, S. S., Ellor, J., & Anderson-Ray, S. (1986). *Enabling the elderly: Religious istitutions within the community service system.* New York: State University of New York.

Weick, K. (1976). Educational organizations as loosely coupled systems. *Administrative Science Quarterly, 21,* 1-19.

Whittaker, J. K., Garbarino, J., & Associates (Eds.). (1983). *Social support networks: Informal helping in the human services*. New York: Aldine.

Woodard, K. L., & Doreion, P. (1994). Utilizing and understanding community service provision networks: A report of three case studies having 583 participants. *Journal of Social Service Research*, *18*, 15-16.

www.hhs.gov/about/regions.

찾아보기

인명

내용

편저자

이태수

연세대학교 경제학 박사
전 한국보건복지인력개발원 원장
현 꽃동네대학교 사회복지전공 교수
　참여연대 사회복지위원회 위원장

참여 저자

강창현 단국대학교 행정학과 교수
강혜규 한국보건사회연구원 연구위원
김형욱 전 대통령자문 고령화 및 미래사회위원회 전문위원
남기철 동덕여자대학교 사회복지학과 교수
김신렬 전북대학교 사회복지학과 교수
김필두 한국행정연구원 연구위원
변재관 전 노인인력개발원 원장
이인재 한신대학교 재활복지학과 교수
지은구 계명대학교 사회복지학과 교수
함철호 광주대학교 사회복지학과 교수

사회복지전달체계의 개편과 민관협력

2010년 2월 26일 1판 1쇄 발행
2011년 9월 10일 1판 2쇄 발행

편저자 • 이태수
펴낸이 • 김진환
펴낸곳 • (주) 학지사
121-837 서울시 마포구 서교동 352-29 마인드월드빌딩 5층
대표전화 • 02-330-5114 팩스 • 02-324-2345
등록번호 • 제313-2006-000265호

홈페이지 • http://www.hakjisa.co.kr
커뮤니티 • http://cafe.naver.com/hakjisa

ISBN 978-89-6330-339-0 93330
정가 17,000원